플로리시

칭찬의 글

"뛰어난 심리학자 한 사람이 사람들이 건강한 마음을 갖고 상처를 치료받아 행복을 증진시키고 플로리시한 삶을 살 수 있도록 자신의 지혜와 경험을 제공하고 있다. 교실에서 학생들에게 긍정심리교육을 시키거나 군대나 직장에서 회복력 훈련 등을 실시하는 일, 의사들이 건강 지향적인 치료를 하는 데도 도움을 준다. 이는 국가 정책을 결정하는 사람들에게 더 나은 결과를 가져올 수 있는 정책을 마련하는 청사진을 제시한다. 이 책은 셀리그만의 명쾌한 성격이 그대로 나타나 있으며 긍정심리학 분야에서 대표작이라고 할 수 있다."

아론 T. 벡, 인지치료의 창시자

"아주 재미있는 책이다! 긍정심리학 분야에 또 하나의 고전이 탄생했다!"

야코프 스미르노프, 코미디언, 화가

긍정심리학의 웰빙과 행복에 대한 새로운 이해

Flourish

마틴 셀리그만의 **플로리시**

개정판

마틴 셀리그만 지음 | 우문식 · 윤상운 옮김

물푸레 KPPI 한국긍정심리연구소

행복과 웰빙의 새로운 이해

행복(Happiness)과 웰빙(Wellbeing)은 긍정심리학이 얻고자 하는 목표였으며, 이 두 용어는 서로 맞바꾸어도 전혀 상관없는 포괄적인 개념이었다(마틴 셀리그만, 2002). 실제 이 책의 저자인 마틴 셀리그만도 그의 첫 번째 긍정심리학 이론이 담긴 저서 『마틴 셀리그만의 긍정심리학 (Authentic Happiness)』에서 그렇게 사용했다. 황홀경, 평안 등의 긍정정서와 심취, 몰입처럼 정서라는 요소가 없는 긍정활동을 둘 다 지니고 있는 긍정심리학의 궁극적 목표를 설명하기 위해서였다. 중요한 것은 '행복'과 '웰빙'이 정서를 지칭하기도 하지만, 때로는 아무것도 느끼지 않는 활동을 가리킨다는 사실이다.

하지만 셀리그만은 이 두 용어에 대한 고민이 컸다. 긍정심리학이 성장하는 데 용어의 정의가 중요하다고 생각했기 때문이다. 특히 행복이란 용어였다. 그는 '인간의 궁극적인 목적은 행복이다'라는 아리스토텔레스의 행복론을 존중했다. 하지만 이러한 일원론, 즉 하나의 변수로 다양하고 복잡하며 과학화된 현실을 수용하기엔 한계가 있다는 것을 발견했다. 행복 안에 긍정심리학을 담기엔 무리가 있다는 것이다. 그는 오랜 고민 끝에 행복을 일원론이 아닌 다원론으로 확장시켜 이 책을 통해 웰빙 이론을 제시하며, 긍정심리학의 목표도 플로리시라고 했다. 행복은 일원론이 아니고, 최종 목적이나 목표가 아닌 플로리시를 위한 과정이며, 웰빙 이론을 통해 만들어간다는 것이다.

그래서 긍정심리학의 행복은 인간의 최종 목표가 아닌 다른 목표를 이루기 위해 동원할 수 있는 자원이라고 한다. 긍정심리학의 행복은 과거의 추상적이고, 관조적이며, 조건적이고, 감정과 감각적인 행복이 아닌 과학적으로 검증된 긍정심리학의 도구들을 통해 웰빙 이론의 6가지 요소들을 지속적으로 성장시키기 때문이다.

웰빙이란 무엇일까. 독자 여러분 중에서도 혼란을 겪고 있는 분이 많을 것이다. 사전적 의미로는 이해하고 긍정적으로 받아들이지만 오늘날 우리의 정치, 사회, 문화, 경제 분야에선 다소 왜곡된 이미지를 주고 있어서다.

나도 이 책을 처음 옮길 때 웰빙을 어떻게 정의해야 할까, 고민을 많이 했다. 그래서 셀리그만에게 이메일로 직접 질문했다. 다음은 셀리그만이 웰빙에 대해 정의해준 내용이다.

"글로벌(Global) 웰빙이 가능할까. 많은 과학자는 핵전쟁, 인구과잉, 자원 부족, 열생학적 선택(Dysgenic Selection), 사운드 바이트(Sound Byte·시간과 장소에 관계없이 원하는 사람과 언제든지 의사소통을 할 수 있는 환경)화되는 세상 등을 이야기하며 미래를 어둡게 본다. 인류의 미래는 밝다는 예상은 큰 관심을 끌지 못한다. 그러나 내 생각은 조금 다르다. 나는 인류의 긍정적 미래가 사실상 순식간에 펼쳐질 것이라고는 보지 않는다. 하지만 우리가 그러한 미래에 대해 체계적으로 숙고한다면 그 가능성이 더욱 높아질 것이다. 그것을 위해 우리는 먼저 측정 가능한 웰빙 요소를 제시한 다음 그 각각의 요소를 어떻게 성취할 수 있는지 탐구하는 것으로 시작할 수 있다. 나는 웰빙 측정에 관해서만 설명하겠다. 자신을 위해 선택하는 것과 관계있고 무관심과는 상반되는 개념이다. 배타적이고 각각 독립적으로 측정 가능하며 이상적으로는 모든 요소를 총망라해야 한다. 내 생각에 그러한 웰빙 요소는 5가지이며, 각 요소의 머리글자를 따서 팔마(PERMA)라고 부른다.

P 긍정정서(Positive Emotion)

E 몰입(Engagement)

R 긍정관계(Positive Relation)

M 의미와 목적(Meaning and Purpose)

A 성취(Accomplishment)

이 중 어느 한 가지가 웰빙을 만든다고 단정할 수 없지만 하나하나가 웰빙에 기여한다. 5가지 모두 배울 수도 있고 측정할 수도 있다. 자가보고를 통해 주관적으로 측정할 수 있는 항목이 있고 객관적으로 측정할 수 있는 항목이 있다.

지난 10년간 이 웰빙 요소를 측정하는 척도는 큰 발전을 이루었다. 팔마를 모두 합하면 '삶에 대한 만족'보다 더욱 포괄적인 웰빙지수를 얻게 되고 객관적 지표와 주관적 지표를 겸비할 수 있다. 팔마를 측정해 개인, 기업, 도시의 웰빙지수도 얻을 수 있다. 현재 영국은 공공정책의 성공 여부를 판단하는 한 가지 기준으로 국내총생산(GDP) 외에 자국의 웰빙 수준도 측정하고 있다. 팔마는 삶의 가능 조건을 약술한 추상적 개념이다. 우울, 침략, 무기력 등 불가능 조건은 팔마와 어떤 관계가 있을까. 삶의 불가능 조건은 팔마를 방해하지만 제거하지는 못한다. 중요한 것은 행복과 우울의 상관관계가 −1.00도 아닌 고작 −0.35 정도라는 사실이다. 소득이 삶에 대한 만족에 미치는 영향은 뚜렷한 곡선 형태로 나타난다. 즉 경제적 안전망을 확보할 경우 그 이상의 소득 증가는 오히려 삶에 대한 만족도를 더 낮춘다. 우리는 지금까지 불가능 조건을 개선하고 바로잡는 것에만 초점을 맞춰왔다.

하지만 팔마는 그것만으로는 충분하지 않다고 주장한다. 글로벌 웰빙을 원한다면 팔마를 측정하고 구축해야 한다. 개인의 삶도 마찬가지다. 플로리시한 삶을 원한다면 우울, 불안, 분노를 없애고 부유해지는 것만으로는 충분하지 않다. 그것과 함께 팔마도 구축해야 한다.”

웰빙은 팔마이며 이 팔마를 통해 플로리시를 증가시키는 것이다. 플로리시란 좋은 생각, 감정, 행동은 물론 모든 능력이나 잠재 능력까지 발휘해 번성시켜 활짝 꽃피우게 하는 것이다. 개인의 지속적인 행복 증진, 기업의 지속적인 성장, 종교의 부흥, 나라의 번성도 플로리시다. 인간이 누리고 이룰 수 있는 최고의 삶과 결과를 말하는 것이다. 플로리시는 라틴어 ‘Florere(꽃이 피다)’에서 13세기 중세 프랑스어 ‘Florris(꽃)’로 쓰이다 14세기 중반부터 번성, 번영이라는 비유적인 단어로 사용되면서 오늘날에 이르게 됐다.

최근 들어 인간의 플로리시에 대한 관심이 커지는 가운데 셀리그만을 비롯한 주요 이론가인 펠리시아 후퍼트(Felicia Huppert), 티모시 소(Timothy So), 키이스(Keyes) 등은 플로리시에는 좋은 감정(쾌락 등)과 효율적 기능(행복, 웰빙 등)이 모두 포함되며, 그렇게 해야만 우울증, 불안증 같은 흔한 정신장애, 즉 부정적 혹은 평탄한 감정과 저하된 기능을 포함하는 상태의 정반대가 된다는 데 동의했다. 키이스와 동료들은 인간의 플로리시를 쾌락적 웰빙(Hedonic Well-being)과 자아실현적 웰빙(Eudaimonic Well-being)의 다차원적 결합이라고 개념화했다. 이를 기반으로 바버라 프레드릭슨(Barbara Fredrickson)은 인간의 플로리시를 좋은 감정(Feeling Good)과 좋은 행동(Doing Good) 모두 포함하는 행복 이상의 것이라고 묘사하며 "플로리시란 인간 기능의 최상의 범위에 속하는 삶이며 그러한 삶은 선함, 후진 양성, 욕구, 성장, 회복력(Resilience)을 함축한다"고 말했다.

셀리그만은 이 책에서 "이제 당신을 플로리시하게 만들어줄 수 있다"고 단언했다. 그리고 팔마를 체계적으로 구축하면 미래의 희망이 있다고 했다. 긍정심리학은 과거에 지배당하지 않고 미래를 지향하는 희망의 회로다.

10년 만에 한국어 개정판의 옮긴이의 말을 쓰려니 기쁨과 아쉬움이 교차한다. 기쁜 마음이 드는 것은 그동안 긍정심리학이 눈부신 발전을 이루었고, 우리 사회 곳곳에 많이 알려지고 적용되면서 플로리시를 이루어가고 있어서다. 아쉬운 점은 2011년 처음 번역본을 출간할 때 용어

선택을 신중하게 고려하지 못했다는 것이다. 이 부분에 대해선 책 한 권의 공동 옮긴이보다 우리나라에 긍정심리학을 처음 도입한 사람으로서 큰 책임감을 느낀다.

셀리그만이 행복이라는 용어에 대해 깊이 고민했듯이 용어는 한 학문의 정체성과 성장에 큰 영향을 미칠 수 있다. 특히 회복력(Resilience)이란 용어가 그러하다. 그 당시 『회복탄력성』이 인기를 얻으면서 회복력보다 회복탄력성이란 용어를 많이 사용했다. 일반적으로 외국 책을 우리말로 옮길 때는 유명도서, 유명인사 또는 대중매체가 이미 사용한 용어를 우선시하는 경향이 있다. 나 역시 고민했지만 그 관례에 따라 회복탄력성이란 용어를 사용했다. 이후 긍정심리학을 좀 더 깊이 연구하고 가르치고 지도하면서 용어 선택에 대한 아쉬움과 책임감을 느끼게 됐다. 회복력은 긍정심리학의 중요한 요소이며, 우리나라에서도 몇 년 전 부터 회복력에 대한 관심이 뜨거워졌기 때문이다. 지금은 대부분 회복력보다 회복탄력성이란 용어를 많이 사용한다.

나는 용어 선택에 대한 고민을 참 많이 했다. 자문도 여러 번 받고 의견도 많이 들었다. 이 책이 긍정심리학에 미치는 영향이 그만큼 크기 때문이다. 최종적인 결론은 선택은 독자나 연구자들에게 맡기고, 긍정심리학의 올바른 발전을 위해 저자의 의도에 따라 원어 그대로 표기하자는 것이다. 그래서 이 책에서는 '회복탄력성'을 '회복력'으로 바꾸었다. 그동안 학자로서 신중하지 못한 용어 선택으로 혼란을 끼친 점에 대해 이 지면을 통해 사과를 드린다.

2003년 긍정심리학을 우리나라에 처음 도입해 지금까지 오직 긍정심리학을 연구하고 가르치고 실천하면서 살아온 것 같다. 긍정심리학만을 고집하며 살아온 지난 시간을 돌아보면 힘들고 아픈 일도 많았지만 참 행복하고 감사하다. 먼저 지난 20년 동안 열악한 환경 속에서도 긍정심리학을 포기하지 않고 지속적으로 배우고 연구하고 가르치게 인도해주신 하나님께 감사드린다. 그리고 일일이 기록할 수 없을 정도로 물심양면으로 도와주신 많은 분께 고맙다는 말을 전하며, 사랑하는 우리 가족인 아내 화담 김기숙 작가, 정현, 정훈에게도 감사의 마음을 표한다.

마지막으로 우리에게 미래의 희망을 주는 긍정심리학 창시자인 셀리그만의 희망 메시지를 전하며 옮긴이의 말을 마무리하고자 한다. 플로리시!

"긍정심리학은 순간적으로 사라질 쾌락만을 맛보며 아무런 의미와 가치를 찾을 수 없는 삶에서 플로리시한 삶으로 새롭게 나아갈 수 있는 길을 안내하는 밝은 희망의 메시지를 전해준다. 이 길은 우리를 기쁨과 만족이라는 산기슭을 오르고, 강점과 미덕이라는 산마루를 지나, 마침내 삶의 의미와 가치, 목적을 이루어주는 '플로리시'라는 우뚝 솟아 있는 봉우리에 닿게 해준다."

2020년 05월
한국긍정심리연구소 소장 우문식

차례

2부 플로리시 방법

이 책은 당신을 플로리시(번성)하게 만들어줄 것이다. 나는 그동안 지키지 못할 약속 같은 것은 하지 않으려고 노력했다. 그러나 이제 약속을 할 수 있을 것 같다.

"당신을 플로리시하게 만들어줄 수 있다고."

이렇게 말하고 나니 속이 시원하다.

나는 보수적인 연구 과학자다. 그렇기 때문에 내가 쓰는 글은 언제나 과학과 통계를 바탕으로 한다. 이 책도 통계와 정확한 설문조사, 연구평가 결과, 광범위하면서도 대표적인 표본조사 등 과학에 바탕을 두고 신중하게 썼기 때문에 대중심리학이나 자기계발에 대한 책들과는 다르게 신뢰할 수 있을 것이라고 생각한다.

심리학의 목적에 대한 나의 관점은 2002년 마지막 쓴 《진정한 행복(Authentic Happiness, 우리나라에서는 《마틴 셀리그만의 긍정심리학》이라는 제목으로 출간 -옮긴이 주)》 이후로 많이 바뀌었다. 뿐만 아니라 심리학 자체도 변하고 있다. 나는 인생의 대부분을 불행하다는 감정을 달래주는 심리학의 숭고한 목적을 위해 일해왔다. 솔직히 말하면 이것은 정말 지치는 일이다. 알코올 중독, 정신분열증, 트라우마, 우울증 등의 질병들을 다루기 때문이다.

심리학자로서 환자들을 위해 최대한 노력하지만 심리학이라는 학문은 사람들의 웰빙에 직접적인 도움은 되지 못했다. 오히려 심리학자들을 우울증에 시달리게 했다.

나는 긍정심리학이라는 과학적이고 전문적인 심리학 연구를 해왔다. 1998년, 미국 심리협회의 회장으로서 나는 심리학의 목표를 새롭게 바꾸자고 제안했다. (손쓸 도리없이 망가진 삶은 이제 그만 연구하고 모든 것이 잘 될 것 같은 사람에게 초점을 맞추어야 한다. -옮긴이 주) 왜 인생이 살 가치가 있는지, 그리고 행복이 뭔지에 대해 연구해야 한다. 지금 이 순간에도 세계 곳곳에서 수천 명이 이 분야에 종사하고 있다. 이 책은 그들의 노력에 대한 이야기를 담은 책이다.

긍정심리학은 사람들을 더 행복하게 만든다. 긍정심리학을 가르치고 연구하기, 긍정심리학에 바탕을 두고 다른 사람을 코치하거나 치료하는 일, 고학년 학생들에게 이를 실천하게 하거나 군대의 교관들에게 외상 후 성장을 겪는 사람들을 어떻게 훈련시켜야 하는지 알려주는 일, 다른 긍정심리학자들을 만나는 일 등은 사람들을 행복하게 만든다. 긍정심리학을 공부하고 연구하는 사람들은 내가 만난 사람들 중 가장 높은 단계의 웰빙을 경험한다.

이 책은 행복, 몰입, 삶의 의미, 사랑, 감사, 성취감, 더 나은 인간관계

등 인간을 플로리시하게 만들어주는 주제에 대해 이야기한다.

그리고 자기 인생에서 이것들을 더 많이, 더 효율적으로 성취할 수 있다는 것을 배우게 해준다. 이 책이 당신의 인생을 더 플로리시하게 만드는 데 도움을 줄 것이다.

1부

새로운 긍정심리학

chapter 1
웰빙이란?

긍정심리학이 실제로 어떤 식으로 탄생했는지는 지금까지 비밀이었다. 1997년에 미국 심리협회(American Psychological association, APA) 회장으로 선출된 이후 내게 오는 메일이 세 배로 늘었다. 나는 전화에 일일이 회신하거나 편지에 일일이 답장할 수는 없었지만, 24시간 접속 가능한 온라인 브리지 게임 덕분에 메일에 성실하게 답장할 수 있었다. 답장을 쓰는 데는 내가 더미(dummy, 자신의 카드 패를 모두 내보이고 상대방에게 게임을 맡기는 사람 –옮긴이 주)일 때 나의 게임 파트너가 카드를 내놓는 데 걸리는 딱 그만큼의 시간이 든다. 예를 들어, 이렇게 쓰면 된다. "제 이메일 주소는 *seligman@psych.upenn.edu*입니다. 한 줄짜리 답장도 괜찮으시다면 얼마든지 메일을 보내십시오."

그런데 1997년 말에 받은 메일에 나는 적잖이 당황했고, 그것을 "뭐라고?" 보관함에 넣어두었다. 그 메일은 그저 "저를 만나러 뉴욕으로 오십시오"라는 문장에 이니셜 서명이 전부였다. 2주 후, 나는 칵테일파티에서 주디 로딘(Judy Rodin)을 만났다. 당시 주디는 내가 40년간 강의했던 펜실베이니아 대학의 총장이었다. 지금은 록펠러 재단 회장인 그녀는 내가 대학원에 들어갔을 때 펜실베이니아 대학 4학년생이었고, 리처드 솔로몬 심리학 교수의 동물 실험실에서 함께 연구했다. 주디가 대단히 젊은 나이에 동부 심리협회(Eastern Psychological Association) 회장에서 예일대학 심리학과 주임교수로, 학과장으로, 다시 학장으로, 이어서 펜실베이니아 대학 총장으로 승승장구하는 것을 나는 존경과 아울러 상당히 부러운 눈으로 지켜보았다. 그 사이 우리는 노인들을 대상으로 낙관성과 면역력의 상관관계, 즉 심리적 사건이 신경계와 면역계에 순차적으로 영향을 미치는 경로들에 대해 공동 연구했다. 주디가 정신신경면역학에 관한 맥아더 재단의 대규모 프로젝트를 이끌고 있을 때였다.

"'PT'라는 이니셜로 메일이 왔는데, 나더러 자기를 만나러 뉴욕으로 오래. 그럴만한 사람 알고 있어?" 나는 주디에게 물었다. 그녀는 모르는 사람이 없기 때문이다.

"가서 만나!" 그녀가 말했다.

그래서 2주 후, 나는 로어 맨해튼 한복판에 있는 작고 추레한 건물 8층의 간판도 없는 사무실 앞에 서 있었다. 장식도 없고 창문도 없는 방으로 안내되어 들어가보니 회색 머리에 회색 양복을 입은 남자 둘이 앉아 있고 스피커폰이 한 대 놓여 있었다.

"우리는 모 재단에 소속된 변호사들입니다." 한 남자가 자신이 PT라고 소개했다. "우리 재단은 유망한 연구자를 선정하는데, 선생께서 선정되셨습니다. 선생이 하고 싶어 하는 연구와 학문에 대해 알고 싶습니다. 우리는 연구의 세세한 부분까지 관여하진 않습니다. 하지만 처음부터 분명히 밝혀둘 것이 있습니다. 선생께서 우리의 신원을 누설할 경우, 연구비 지원이 전면 중단될 겁니다."

두 변호사와 스피커폰 앞에서 나는 미국 심리학회에서 발의한 내 연구 중 하나, 긍정심리학과는 아무 상관이 없는 주제인 '민족 정치적 전쟁'에 관해 간단히 설명하고 집단학살을 연구하는 선도적인 학자 40명을 모아 회의를 열고 싶다고 말했다. 나는 20세기에 자행된 12건의 집단학살을 둘러싼 배경과 증오가 극에 달해서 집단학살이 일어나야 했으나 실제로는 일어나지 않았던 50건의 배경을 비교함으로써 집단학살이 언제 일어나고 언제 일어나지 않는지를 알아내고 싶었다. 그런 다음에는 21세기에 집단학살을 피하는 방법에 관한 책을 펴낼 계획이었다.

"말씀해주셔서 감사합니다." 5분 후에 그들이 말했다. "연구실로 돌아가시면 그것에 관해 한 페이지 분량의 계획서를 보내주십시오. 연구비 예산도 잊지 말고 첨부하시고요."

2주 후, 내 책상 위에는 12만 달러를 웃도는 수표 한 장이 놓여 있었다. 그것은 충격이었다. 내가 아는 거의 모든 연구가 지루한 연구비 요청과 동료들의 짜증스러운 연구 검토, 거들먹거리는 관료주의, 터무니없는 지연과 연구 주제의 변경, 그런 다음에는 연구비를 거부하거나 잘해야 심장이 철렁 내려앉는 연구비 삭감을 거쳐서 간신히 기금을 받기 때문이다.

나는 일주일에 걸친 회의를 계획했고, 연구 주제에 걸맞게 17세기에 수천 명의 시민이 학살당한 북아일랜드의 데리(Derry) 시를 회의 장소로 선택했다. 정치적 폭력을 연구하는 40명의 유능한 선남선녀 학자들이 참석했다. 두 명을 제외한 모든 사람이 같은 사회과학 분야 연구자로서 서로 안면이 있었다. 그 두 명 중 한 명은 나의 장인이자 은퇴한 영국인 기업가 데니스 맥카시였고, 다른 한 명은 전직 코넬 대학 공대 교수로 모 재단의 재무 책임자였다. 회의가 끝난 후 나의 장인은 그렇게 친절한 사람들은 처음 보았다고 말했다.《민족 정치적 전쟁(Ethnopolitical Warfare)》은 대니얼 치로트(Daniel Chirot)와 나의 공저로 2002년에 출판되었다.

6개월쯤 뒤, 그 재단에 대해서 거의 잊었을 때 재무 책임자에게서 전화가 한 통 걸려왔다.

"선생께서 계획하신 데리 회의는 정말 굉장했습니다. 그곳에서 저는 대단히 총명한 사람을 두 분이나 만났어요. 의료인류학자인 멜 코너와 맥카시라는 분입니다. 그런데 맥카시는 무슨 일을 하십니까? 그리고 선생의 차기 연구 계획은 무엇인가요?"

"차기 연구요?" 나는 말을 더듬었다. 연구비 추가 지원을 요청한다는 것은 전혀 생각하지 못했다. "아 네, '긍정심리학'이라는 걸 연구할까 생각 중입니다." 그것에 대해 나는 1분 정도 설명했다.

"저희를 만나러 뉴욕으로 오십시오." 그가 말했다.

그들을 만나는 날 아침, 아내 맨디는 최고급 셔츠를 내주었다. "낡은 셔츠를 입고 가야 할 것 같은데." 로어 맨해튼의 소박한 사무실을 떠올리며 내가 말했다. 그런데 그들의 사무실은 맨해튼의 가장 호화로운 빌딩으로 옮겨진 상태였다. 빌딩 꼭대기 층에 있는 사무실은 큰 창문이 있었다. 그러나 사무실에는 여전히 두 변호사와 스피커폰이 있었고, 간판이 없었다.

"긍정심리학이라는 게 무엇입니까?" 그들이 물었다. 10분 정도의 설명을 들은 후, 두 사람은 나를 배웅하며 말했다. "연구실로 돌아가시면 세 페이지 분량의 계획서를 보내십시오. 잊지 말고 연구비 예산도 첨부하시고요."

한 달 뒤, 150만 달러짜리 수표 한 장이 도착했다.

이 이야기는 시작처럼 끝도 이상했다. 이 연구비 덕분에 긍정심리학 연구는 탄탄대로였다. 모 재단도 이 사실을 알아차렸는지 PT에게서 다시 한 줄짜리 메일이 온 것은 그로부터 2년 후였다.

"만델라(Nelson Mandela, 흑인인권운동가)와 밀로셰비치(Slobodan Milosevic, 유고슬로비아의 독재자 –옮긴이 주)가 연속선상에 있을까요?"

"음, 이게 무슨 말이지?" 나는 알쏭달쏭했다. 하지만 곧 나는 성인과 악당에 관한 '본성 대 양육(nature vs nurture, 우생학 창시자인 프랜시스 골턴이 처음 사용한 용어 –옮긴이 주) 이론'을 요약한 장문의 답장을 보냈다. 뉴욕으로 오라는 PT의 답장이 곧바로 날아왔다.

나는 이번에는 최고급 셔츠를 입고 사무실을 찾았다. 사무실에는 이제 간판도 달려 있었다. '애틀랜틱 자선 재단(Atlantic Philanthropists)'. 그곳은 척 피니(Chuck Feeney)의 막대한 기부로 세워진 재단이었다. 그는 면세점 사업으로 갑부가 되었고, 좋은 일을 하고자 50억 달러나 되는 돈을 자선 단체에 내놓았는데, 익명의 기부자로 활동했지만 언론의 추적으로 세상에 알려지게 되었다.

"선생께서 선도적인 과학자와 학자들을 모아서 만델라와 밀로셰비치 문제를 다루어주셨으면 합니다. 유전학부터 정치학, 선악에 관한 사회학까지 전부 다 말입니다. 이 연구에 2천만 달러를 지원할 예정입니다."

2천만 달러는 대단한 액수였다. 그래서 나는 그들이 던진 미끼를 덥석 물었다. 그 후 6개월에 걸쳐 두 변호사와 나는 그 주제에 관해 학자들과 여러 차례 회의를 열고 논문 초안을 짜고 수정에 수정을 거듭하여 그 다음 주에 열릴 재단 이사회의 승인을 기다렸다. 그 논문에는 매우 엄밀한 과학적 사실이 담겨 있었다.

"선생, 무척 당황스러운 일이 생겼습니다." PT에게서 전화가 왔다. "논문이 이사회의 승인을 받지 못했어요. 재단 설립 이래 이런 일은 처음입니다. 유전학 부분을 트집 잡더군요. 정치적 파장이 너무 크겠답니다." 두 변호사는 그 일이 있은 지 1년이 못 되어 모두 사직했다.

그 후 3년 동안 나는 애틀랜틱 자선 재단이 하는 좋은 일들을 눈여겨보았다. 그들은 아프리카, 노화 연구, 아일랜드 학교에 기부금을 제공했다. 나는 재단의 신임 CEO에게 연락해보기로 마음먹었다. 그는 전화를 받았고, 나는 또 한 번의 연구비 요청에 그가 솔깃할 마음이 전혀 없다는 사실을 감지할 수 있었다.

"그저 CEO님께 감사하다는 말씀을 하려고 전화 드렸습니다. 또 척피니 씨께도 제가 정말 깊이 감사드린다고 전해주십시오." 나는 이렇게 말문을 열었다. "가치 있는 삶을 사는 법은 아주 색다른 심리학 분야인데, 애틀랜틱 자선 재단이 적기에 아주 적절하게 연구비를 지원해주셨습니다. 긍정심리학이 처음 시작되었을 때 저희를 도와주셨지요. 하지만 더 이상은 추가 연구비가 필요 없답니다. 이제는 긍정심리학이 스스로 발전하고 있거든요. 하지만 애틀랜틱 자선 재단이 없었다면 그 일은 가능하지 않았을 겁니다."

"이런 전화는 처음이군요." 신임 CEO는 의아해하는 목소리로 대꾸했다.

새로운 이론의 탄생

애틀랜틱 자선 재단과의 만남은 지난 10년에 걸친 긍정심리학 연구의 정점 중 하나였다. 그리고 이 책은 그러한 시작이 어떤 결과로 이어졌는가에 대한 이야기다. 발전을 거듭한 긍정심리학의 최근 모습을 설명하기 위해 나는 먼저 긍정과 플로리시란 무엇인가에 관해 새롭게 재고할 것이다. 하지만 그에 앞서 행복은 무엇인가에 관한 나의 새로운 생각에 대해 말해야겠다.

- 그리스의 철학자 탈레스는 만물의 근원은 물이라고 생각했다.
- 아리스토텔레스는 인간의 모든 행위의 궁극적인 목적은 행복이라고 생각했다.
- 니체는 인간의 모든 행위의 궁극적인 목적은 권력이라고 생각했다.
- 프로이트는 인간의 모든 행위의 궁극적인 목적은 불안감 부재라고 생각했다.

이 위인들이 똑같이 저지른 커다란 실수는 일원론이다. 일원론에서는 인간의 모든 동기가 단 한 가지로 귀착된다. 일원론은 가장 적은 변수들로부터 대부분의 결과를 도출하는데, 그 덕분에 절약의 원리(principal of parsimony)라는 시험대, 즉 가장 단순한 답이 올바른 답이라는 철학적 원칙을 위풍당당하게 통과한다. 하지만 절약의 원리에도 최소 수치라는 것이 존재한다. 즉, 변수가 너무 적어서 특정 현상의 다양하고 미묘한 차이를 설명할 수 없을 때는 어떤 것도 설명하지 못한다. 일원론은 치명적이다.

이 네 가지 일원론 중에서 나는 아리스토텔레스의 주장에 그나마 수긍했었다. 우리가 하는 모든 행위는 행복해지기 위해서라는 것이다. 하지만 사실 나는 '행복'이라는 말을 좋아하지 않는다. 이 말은 지나치게 남용되어서 그 의미를 상실했다. '행복'은 교육, 질병 치료, 공공 정책, 개인의 삶의 변화와 같은 실용적인 목적이나 과학 영역에는 참으로 비실용적인 단어다. 긍정심리학의 첫 단계는 '행복'에 관한 일원론을 보다 실용적인 단어들로 풀어내는 것이다. 이 일을 잘 해내는 것이 단순히 단어의 의미를 분석하는 것보다 훨씬 더 중요하다. 행복을 이해하기 위해서는 하나의 이론이 필요하다. 그래서 1장에서 나의 새로운 이론을 소개한다.

"교수님의 2002년도 이론은 옳지 않아요." 2005년, 응용긍정심리학 석사과정 입문반을 위한 긍정심리학 개론 시간에 나의 기존 이론에 대해 토론할 때 세니아 메이민이 말했다. 하버드대 수학과 우등생이자 러시아어와 일본어가 유창하고 자신의 헤지 펀드를 운용하는 서른두 살의 세니아는 긍정심리학의 광고모델이라 할 만하다. 그녀의 미소는 와튼 스쿨 학생들이 '죽음의 별'이라는 별명으로 부르는 펜실베이니아 경영대학원 본관 헌츠먼 홀의 음산한 강의실조차 훈훈하게 만든다. 석사과정을 듣는 학생들은 정말 특별하다. 세계 곳곳에 사는 성공한 서른다섯 명이 한 달에 한 번씩 필라델피아로 날아와서 사흘 동안 긍정심리학 최신 이론과 그것을 각자의 전문분야에 적용하는 법을 배운다.

"《진정한 행복》에서 다룬 2002년도 이론은, 인간은 무엇을 선택하는가에 관한 이론이에요. 하지만 거기엔 커다란 허점이 있어요. 바로 성공과 정복이 누락되었다는 거죠. 사람들은 그저 승리하기 위해 성취하려고 하기도 해요." 그 말을 들은 순간부터 나는 행복에 대해 다시 생각하기 시작했다.

10년 전에 《진정한 행복》을 쓸 때, 나는 그 책의 제목을 '긍정심리학'으로 붙이고 싶었다. 하지만 출판사 사장은 제목에 '행복'이 들어가야 책이 더 잘 팔릴 거라고 생각했다. 편집진과의 자잘한 충돌에서 나는 수없이 승리했지만, 책 제목에 관해서는 졌다. 그래서 그 단어를 감내할 수밖에 없었다. 나는 '진정한'이라는 단어도 좋아하지 않는다. 이 말은 지나치게 남용되는 '자아(self)'라는 단어와 밀접한 관계가 있고, 이 세상은 허세에 부푼 자아들로 가득하다고 생각하기 때문이다. 그 책 제목과 '행복'이라는 단어의 근본적인 문제는 그것이 우리가 무엇을 선택하는가를 설명하기에 부족하다는 것이다. 요즘 사람들은 '행복'이라는 말을 듣는 즉시 날아갈 듯한 기분, 희열, 유쾌, 미소를 떠올리기 때문이다. 긍정심리학이 거론될 때마다 정말 짜증스럽게도 나는 그 책 제목 때문에 떨떠름한 미소를 짓게 된다.

'행복'은 역사적으로 쾌락주의 같은 것과는 밀접한 관계가 없다. 유쾌한 감정이나 즐거움은 토머스 제퍼슨이 주장한 행복추구권과도 큰 차이가 있다. 그리고 내가 의도하는 긍정심리학과의 차이는 훨씬 더 크다.

기존 이론 : 진정한 행복

내가 의도하는 긍정심리학은 그 자체를 즐기는 것이다. 최근에 나는 미니아폴리스 공항에서 등 마사지를 받는 것을 선택했다. 등 마사지를 받으면 기분이 좋아진다. 나는 등 마사지 자체가 좋아서 선택한 것이지 그것이 다른 어떤 이유로 내 삶을 더욱 의미 있게 해주기 때문에 선택한 것이 아니었다. 우리는 기분을 좋게 해주는 것을 선택한다. 그러나 그 반대의 경우를 선택할 때도 많다는 사실을 깨닫는 것이 무척 중요하다. 어젯밤에 나는 여섯 살짜리 딸의 피아노 연주를 듣는 것을 선택했다. 몹시 고통스러웠다. 나는 그것이 나의 기분을 좋게 해주기 때문이 아니라 아버지로서의 의무와 부분적으로 내 삶에 의미를 부여하기 때문에 선택한 것이다.

《진정한 행복》에서 소개한 이론에 따르면 행복은 우리가 그 자체가 좋아서 선택하는 세 가지 요소로 분석될 수 있다. 긍정 정서, 몰입, 의미가 바로 그것이다. 이 세 가지 요소는 행복보다 더욱 명확하게 정의되며 측정 가능하다. 첫 번째 요소인 긍정 정서는 우리가 느끼는 것, 즉 쾌락, 황홀, 희열, 따뜻함, 안락 등이다. 평생 이러한 감정들을 성공적으로 이끌어내는 삶을 나는 '즐거운 인생'이라고 부른다.

두 번째 요소인 몰입. 몰입은 음악과 하나 되기, 시간 가는 줄 모르는 것, 특정 활동에 깊이 빠져든 동안 자각하지 못하는 것을 말한다. 이 요소를 지향하는 삶을 '몰입하는 인생'이라고 한다. 몰입은 긍정 정서와는 전혀 다르다. 심지어 상반되는 요소다. 몰입한 사람에게 지금 어떤 생각을 하며 어떤 감정을 느끼고 있는지 묻는다면 그들은 대체로 "아무 생각도 느낌도 없다"고 대답하기 때문이다. 몰입의 순간, 우리는 몰입 대상과 하나가 된다. 몰입에 필요한 주의 집중은 사고와 감정을 구성하는 인지적, 정서 자원들을 전부 사용한다.

몰입에 이르는 지름길은 없다. 몰입의 세계에 들어서기 위해서는 자신의 최고 강점과 재능들을 효율적으로 사용해야 한다. 긍정 정서에 이르는 지름길은 존재한다. 이것 역시 몰입과 긍정 정서의 차이 중 하나다. 우리는 마스터베이션을 하거나 쇼핑을 하거나 마약을 흡입하거나 TV를 볼 수 있다. 따라서 몰입하기 위해서는 자신이 지닌 최고의 강점들을 확인하고 그것을 더욱 자주 활용하는 법을 배우는 것이 중요하다. (www.authentichappiness.org)

마지막으로 행복의 세 번째 요소는 의미다. 나는 브리지게임을 할 때 몰입한다. 하지만 오랫동안 게임을 하고 나서 거울을 들여다보면 안절부절못하는 내 모습이 보인다. 몰입 추구와 쾌락 추구는 종종 고독하고 자기중심적인 시도다. 인간은 본래 인생의 의미와 목적을 추구한다. 의미 있는 삶은 당신이 자아보다 더 중요하다고 믿는 어떤 것에 소속되고 기여하는 것에 기초한다. 그리고 인류는 그것을 가능케 하는 온갖 긍정적인 수단들, 즉 종교, 정당, 지구 살리기, 보이스카우트, 가족을 창조해낸다.

이것이 진정한 행복 이론이다. 긍정심리학은 긍정 정서, 몰입, 의미이 세 가지 면에서의 행복에 관해 설명한다. 세니아의 지적 덕분에 이이론을 가르치고 고찰하고 시험해온 지난 10년간의 노력이 명확해졌으며 나는 더욱 열심히 이 이론을 발전시켰다. 그해 10월, 헌츠먼 홀에서수업을 시작하면서 나는 긍정심리학이란 무엇인가에 대한 기존의 생각을 바꾸었다. 긍정심리학의 구성 요소와 긍정심리학이 지향해야 할 목표에 대해서도 다시 생각했다.

기존 이론(진정한 행복)	새로운 이론(웰빙)
주제 행복	주제 웰빙
측정 기준 : 삶의 만족도	측정 기준 : 긍정 정서, 몰입, 의미, 긍정 관계, 성취
목표 삶의 만족도 증가	목표 긍정 정서, 몰입, 의미, 긍정 관계, 성취의 증가에 의한 플로리시의 증가

진정한 행복 이론에서 웰빙 이론으로

나는 긍정심리학의 주제는 행복이며, 삶의 만족도가 행복을 측정하는황금 기준이고 긍정심리학의 목표는 삶의 만족도를 높이는 것이라고 생각했었다. 그런데 지금은 긍정심리학의 주제는 웰빙이며, 웰빙을 측정하는 최선의 기준은 팔마이고 긍정심리학의 목표는 플로리시의 증가라고 생각한다. 내가 웰빙 이론이라고 부른 이 이론은 진정한 행복 이론과는 크게 다르기 때문에 그 차이점을 설명할 필요가 있다.

진정한 행복 이론에는 세 가지 약점이 있다. 첫 번째는 '행복'이라는 말에 내포된 의미는 유쾌한 기분과 밀접하게 연관될 수밖에 없다는 것이다. 긍정 정서는 '행복'이라는 단어가 주는 최소한의 의미만을 내포한다. 비판가들은 진정한 행복 이론은 단지 필요에 의해 몰입과 의미를 끌어들여서 긍정 정서를 보완하여 행복을 남보다 앞서 제멋대로 재정의 한다고 주장한다. 몰입과 의미는 우리가 느끼는 정서와는 아무 관계가 없다. 우리는 몰입과 의미를 갈망하지만 그 두 요소는 '행복'이라는 단어가 암시하는 것의 일부가 아니며 결코 일부가 될 수 없다.

진정한 행복 이론의 두 번째 약점은 삶의 만족도가 행복의 측정 기준으로서 지나친 특권을 누린다는 점이다. 진정한 행복 이론에서 행복은 삶의 만족도라는 황금 기준에 의해 측정된다. 이 기준은 광범위하게 조사된 자기 보고식 측정 방법으로서 자신의 삶에 얼마나 만족하는가를 1점부터 10점까지, 즉 끔찍하다(1점)부터 이상적이다(10점)까지의 범위에서 대답할 것을 요구한다. 긍정심리학의 목표는 이 황금 기준을 추종하여 삶의 만족도를 높이는 것이다. 그러나 사람들이 보고하는 삶의 만족도 수준은 그 질문을 받는 시점에서 그들의 기분이 어떠냐에 따라 결정된다는 사실이 드러났다. 수많은 사람을 조사한 결과, 보고 시점의 기분에 따라 삶의 만족도 수준을 결정하는 비율이 70퍼센트 이상이고, 당시의 기분과 상관없이 자신의 삶을 올바로 판단하는 비율은 30퍼센트도 못 되었다.

　따라서 긍정심리학의 오래된 황금 기준은 기분에 따라 좌우된다. 고대인들이 거만하게 그러나 올바르게, 저속하다고 여긴 형태의 행복이 바로 기분이다. 내가 기분을 중요하지 않게 여기는 이유는 거만해서가 아니라 자유로움 때문이다. 기분을 기준으로 행복을 판단할 경우, '낮은 긍정 정서'를 지닌 세계 인구의 절반이 불행이라는 지옥으로 떨어진다. 기분이 저조한 이 절반의 사람들은 유쾌하지 않을지라도 그들의 삶엔 즐거운 사람들보다 몰입과 의미가 더욱 많을지도 모른다. 내성적인 사람들은 외향적인 사람들보다 유쾌함이 훨씬 부족하다. 하지만 공공정책이 기분에 초점을 맞춘 행복의 극대화에 기초하여 시행될 경우, 내성적인 사람들보다 외향적인 사람들이 훨씬 더 많은 혜택을 누린다. 추가될 행복의 양을 근거로 도서관 대신 서커스 공연장을 세우려는 정책은 유쾌해지기 어려운 사람들보다는 쉽게 유쾌해질 수 있는 사람들을 훨씬 더 중요하게 생각한 결정이다. 긍정 정서의 증가와 함께 몰입 및 의미의 증가도 중요시하는 이론은 공공정책에 대해 보다 민주적일 뿐 아니라 도덕적으로 자유롭다. 삶의 만족도는 우리가 자신의 일에 얼마나 많은 의미를 부여하는지 또는 얼마나 몰입하는지, 사랑하는 사람들에게 얼마나 관심을 기울이는지는 별로 고려하지 않는다. 삶의 만족도는 근본적으로 유쾌한 기분을 측정하므로 행복학(happiology) 이상의 것을 추구하는 그 어떤 이론에서도 핵심이 되지 못한다.

　진정한 행복 이론의 세 번째 약점은 긍정 정서, 몰입, 의미가 사람들이 '그 자체가 좋아서' 선택하는 요소들을 철저히 설명하지 못한다는 것이다. 여기서 가장 중요한 말은 '그 자체가 좋아서'다. 한 이론에서 기본 요소가 되려면 그 요소가 다른 요소의 하위 개념이 되어서는 안 된다. 세니아는 바로 그 점을 지적했다. 많은 사람이 그저 성취가 좋아서 성취하기 위해 산다고 세니아는 주장했다. 보다 우수한 이론이라면 사람들이 선택한 것의 구성요소들을 더욱 완벽하게 명시할 수 있을 것이다. 따라서 이제부터 새로운 이론을 소개하고, 그것이 위의 세 가지 약점을 어떻게 보완하고 해결하는지 설명해보겠다.

웰빙 이론

웰빙은 구조물(construct)이고, 행복은 실물(real thing)이다. '실물'은 즉시 측정 가능한 완전한 개념이다. 그러한 개념은 '조작될 수(operationalize)' 있다. '조작될 수' 있다는 말은 대단히 구체적인 일련의 측정 도구들에 의해 정의된다는 뜻이다. 예를 들어, 기상학에서 '체감온도'라는 개념은 물이 어는 (그리고 동상을 일으키는) 기온과 바람의 조합에 의해 정의된다. 진정한 행복 이론은 하나의 실물인 행복을 삶의 만족도에 의해 정의되는 개념으로 설명하려는 시도다. 이때 사람들은 자신의 삶에 대한 만족 수준을 1점부터 10점까지의 범위에서 평가한다. 삶에서 긍정 정서를 가장 많이 느끼고 가장 많이 몰입하고 의미를 가장 많이 부여한 사람들이 가장 행복하다. 따라서 그들은 삶의 만족도가 가장 높다. 웰빙 이론은 긍정심리학의 주제가 '실물'이라는 것을 거부한다. 실제 주제는 '구조물'인 웰빙이다. 웰빙은 측정 가능한 몇 가지 요소를 가지고 있으며, 그 요소들은 각각 하나의 실물이고 각자 웰빙에 기여하지만 어떤 요소도 웰빙을 정의하지는 않는다.

기상학에서는 '날씨'가 그러한 구조물이다. 날씨 그 자체는 실물이 아니다. 각각 조작될 수 있고, 따라서 각각 하나의 실물인 여러 가지 요소, 즉 기온, 습도, 풍속, 기압 등이 날씨의 형성에 기여한다. 우리의 연구 주제가 긍정심리학이 아니라 '자유'라고 생각해보자. 자유를 과학적으로 연구하려면 어떻게 해야 할까? 자유는 실물이 아니라 구조물이며, 다양한 요소들이 이 구조물의 형성에 기여한다. 여기에는 국민이 감지하는 자유의 정도, 언론 검열 빈도, 선거 시행 빈도, 인구 대비 대표자 비율, 부패 공직자의 수와 그 밖의 요소들이 있다. 자유라는 구조물 자체와 달리, 이 요소들 각각은 측정 가능한 실물이다. 그러나 이 요소들을 측정하는 것만으로도 특정 지역에 어느 정도의 자유가 존재하는지에 대한 전체적인 그림을 얻을 수 있다.

웰빙은 그 구조상 날씨와 자유와 같다. 한 가지 요소만으로는 그것을 철저하게 정의하지 못하지만 몇 가지 요소가 합쳐지면 그 구조물을 형성할 수 있다. 그 몇 가지가 바로 웰빙의 요소들이며, 각각의 요소는 측정 가능한 실물이다. 이와 반대로 진정한 행복 이론에서는 삶의 만족도가 행복을 철저히 정의한다. 기온과 풍속이 체감온도를 정의하는 것과 똑같다. 중요한 점은 웰빙의 구성 요소들이 각각 별개의 실물이라는 것이다. 기존의 진정한 행복 이론에서와 달리 이 요소들은 긍정 정서라는 감정 및 생각들, 삶에 몰입하는 정도, 삶에 부여하는 의미 수준에 대한 단순한 자기보고서가 결코 아니다. 따라서 삶의 만족도라는 실물이 아닌 웰빙이라는 구조물이 바로 긍정심리학의 핵심 주제다. 이제부터 웰빙의 요소들을 하나씩 살펴보자.

웰빙의 요소

　진정한 행복 이론은 아리스토텔레스의 일원론과 위험할 정도로 가깝다. 행복이 삶의 만족도에 의해 조작 가능하기, 즉 정의되기 때문이다. 웰빙은 몇 가지 구성 요소를 가지고 있어서 일원론과는 안전한 거리를 유지한다. 웰빙은 비강제적인 선택 이론이며, 웰빙의 다섯 가지 구성 요소는 자유로운 사람들이 그 자체가 좋아서 선택하게 될 것들로 이루어진다. 웰빙의 구성 요소로 인정받으려면 요소마다 다음 세 가지 성질을 반드시 지녀야 한다.

　첫째, 웰빙의 형성에 기여한다.
　둘째, 많은 사람이 단순히 다른 요소들을 얻기 위해서가 아니라 그 자체가 좋아서 그 요소를 추구한다.
　셋째, 다른 요소들과는 독립적으로 정의되고 측정된다. (배타성)

　웰빙 이론에는 다섯 가지 요소가 있으며, 각 요소는 이 세 가지 성질을 갖는다. 다섯 가지 요소는 바로 긍정 정서(positive emotion), 몰입(engagement), 관계(relationship), 의미(meaning), 성취(accomplishment)다.
　기억하기 쉽게 첫 글자만 따서 팔마(PERMA)라고 부른다. 긍정 정서부터 시작해서 각 요소를 하나씩 살펴보자.

긍정 정서
　웰빙 이론의 첫 번째 요소는 긍정 정서(즐거운 인생)다. 진정한 행복 이론의 첫 번째 요소이기도 하다. 두 가지 면에서 결정적인 변화가 있지만 이 요소는 웰빙 이론에서도 여전히 주춧돌 노릇을 한다. 주관적인 측정 기준으로서 기존 이론의 목표였던 행복과 삶의 만족도는 이제 긍정 정서 요소에 포함되는 요인 중 하나로 꼽힌다.

몰입

몰입도 여전히 하나의 요소다. 긍정 정서처럼 이 요소 역시 주관적인 느낌으로만 측정된다. 예를 들어, "시간 가는 줄 몰랐다, 그 일에 완전히 빠졌다, 전혀 자각하지 못했다"는 등의 반응이다. 웰빙 이론에서 긍정 정서와 몰입은 모든 요인이 오직 주관적으로만 측정되는 두 가지 범주다. 쾌락적 요소, 즉 기쁨을 주는 요소로서 긍정 정서는 쾌락, 희열, 안락, 따스함 같은 일상의 주관적인 웰빙 변수들을 모두 포함한다. 그러나 몰입 상태에서는 대체로 사고와 감정이 결여된다는 점을 염두에 두어야 한다. 그래서 그 상태를 돌이켜보며 그저 "재밌었어" 또는 "정말 굉장했어"라고만 말할 뿐이다. 주관적으로 기쁜 상태는 현재에 있지만, 주관적으로 몰입한 상태는 오직 회상 속에만 있다.

긍정 정서와 몰입은 웰빙의 요소가 되기 위한 세 가지 성질에 쉽게 부응한다. 첫째, 긍정 정서와 몰입은 웰빙에 기여한다. 둘째, 많은 사람이 반드시 다른 요소를 얻기 위해서가 아니라 그 자체가 좋아서 이 두 가지 요소를 추구한다. 등 마사지는 어떤 의미도, 성취도, 긍정 관계가 없어도 등 마사지 자체가 좋아서 나는 그것을 원한다. 셋째, 이 두 요소는 나머지 요소들과는 독립적으로 측정된다. 사실, 주관적인 웰빙 변수를 모조리 측정하는 과학자 집단이 존재한다.

의미

나는 의미를 웰빙의 세 번째 요소로 둔다. 의미는 한 가지 주관적인 생각을 갖고 있다. 예를 들어, "저번에 기숙사에서 밤새워 얘기했을 때만큼 의미 있는 대화를 한 적이 없었지?" 같은 생각이다. 따라서 이 요소는 긍정 정서의 범주에 포함되기도 한다. 주관적 요인이 긍정 정서의 방향을 결정한다는 점을 기억하라. 쾌락이나 희열, 안락 등의 긍정 정서를 느끼는 사람은 그 감정을 오해할 리가 없다. 자신이 느끼는 감정이 오해의 여지를 잠재우는 것이다. 하지만 의미는 그렇지 않다. 당신은 밤새워 나눈 대화가 크게 의미가 있었다고 생각할지도 모른다. 그러나 오랜 시간이 지난 후 더 이상 마리화나에 취하지 않은 상태에서 대화 내용을 떠올려보고는 그것이 그저 철부지의 헛소리에 지나지 않았음을 깨닫는다.

의미는 주관적인 상태에만 있는 게 아니다. 역사, 논리, 일관성에 대한 냉정하고 보다 객관적인 판단은 주관적인 판단과 모순되기도 한다. 아주 우울한 기질의 에이브러햄 링컨은 몹시 절망해서 자신의 인생이 무의미하다고 판단했을지도 모르지만, 우리는 그의 인생이 의미로 충만했다고 판단한다. 제2차 세계대전 이후 장 폴 사르트르와 그의 추종자들은 그의 실존주의 희곡 〈출구 없는 방(No Exit)〉을 의미 있는 작품으로 판단했겠지만, 지금은 그 희곡이 그릇된 사고, 즉 "타인은 곧 지옥이다"로 요약되어 별 의미가 없는 작품처럼 보인다. 오늘날에는 타인과의 친교와 인간관계가 삶에 의미와 목표를 부여한다는 것에 이견이 없기 때문이다.

의미 역시 웰빙의 요소가 되기 위한 세 가지 성질을 충족시킨다. 첫째, 의미는 웰빙에 기여한다. 둘째, 의미는 종종 그 자체가 좋아서 한다. 한 예로, 당신이 에이즈 연구를 집요하게 옹호하기 때문에 사람들이 귀찮아하고 당신은 비참해지고 〈워싱턴 포스트〉지 칼럼니스트 자리에서 해고되었더라도 당신은 의연하게 신념을 고수한다. 셋째, 의미는 긍정 정서와 몰입, 그리고 앞으로 다룰 두 요소인 성취와 긍정 관계와 독립적으로 정의되고 측정된다.

성취

진정한 행복 이론에 대한 세니아의 반박 덕분에 변화가 일어난 요소가 바로 이것이다. 세니아는 사람들이 성공, 성취, 승리, 정복 그 자체가 좋아서 그것을 추구한다고 주장했다. 그녀의 말이 옳다는 사실과 긍정 정서와 의미, 즉 즐거운 인생과 의미 있는 인생을 그 자체가 좋아서 추구한다는 것을 설명하지 못한다는 사실을 나는 점차 확신하게 되었다. 새로 추가된 두 가지 상태는 '웰빙'의 요소가 될 자격이 충분하며 쾌락이나 의미에 종속되어 추구되지 않는다.

성취나 업적은 종종 그 자체가 좋아서 추구된다. 그것이 긍정 정서나 의미, 긍정 관계라고 할 만한 그 어떤 것도 제공하지 못할 때조차 그러하다. 나를 확신으로 이끈 것은 내가 진지한 듀플리킷 브리지 게임을 아주 많이 한다는 사실이다. 나는 최고의 플레이어들과 함께, 또는 그들을 상대로 게임을 해왔다. 전문 플레이어 중에는 실력을 키우고 문제를 해결하고 몰입하기 위해 게임을 하는 사람들이 있다. 게임에서 이기면 굉장한 희열감을 느낀다. 그것을 '아름다운 승리'라고 부른다. 그러나 게임을 잘했다면 지더라도 기분이 좋다. 이 전문 플레이어들은 게임을 하면서 몰입 또는 긍정 정서, 심지어 완전한 기쁨을 추구한다. 오직 이기기 위해서만 게임을 하는 전문 플레이어들도 있다. 패배할 경우, 게임을 아무리 잘했어도 그들은 극도의 슬픔에 빠진다. 그러나 승리한다면, 비록 '추악한 승리'라 해도 그 일은 굉장한 일이다. 어떤 사람들은 이기려고 속임수를 쓰기도 한다. 그들에게는 승리가 긍정 정서를 일으키지도 않고 승리 추구가 몰입을 불러일으키지도 않는 것 같다. 패배가 승리의 경험을 너무 쉽게 무효로 만들기 때문이다. 그 경험은 의미를 부여하지도 못한다. 브리지 게임이 자아보다 더 중요한 것은 결코 아니기 때문이다.

승리만을 위한 승리는 재산 추구에서도 찾아볼 수 있다. 일부 재벌은 부를 추구하고 깜짝 놀랄 만한 자선 행위로서 재산의 상당액을 기꺼이 나눠준다. 존 D. 록펠러와 앤드류 카네기가 모범을 보였으며, 척 피니와 빌 게이츠, 워렌 버핏은 자선 행위에 관한 한 이 시대의 귀감이 된다. 록펠러와 카네기 모두 삶의 전반기에는 엄청난 돈을 벌어들였고, 그중 상당 부분을 과학, 의학, 문화, 교육 분야에 기부하면서 삶의 후반기를 보냈다. 전반기에는 오직 승리가 좋아서 승리하는 삶을 살았고, 후반기에는 그 삶에서 의미를 창조한 것이다.

'기부자'와는 대조적으로 '축재자'도 있다. 돈을 제일 많이 갖고 죽는 자가 이긴다고 믿는 사람들이다. 그들의 삶에는 승리가 가장 중요하고 의미 있는 일이다. 패배는 곧 크나큰 좌절이므로 그들은 돈을 더 많이 벌 수 있는 경우가 아니라면 자신의 돈을 내놓지 않는다. 이러한 축재자들과 그들이 세운 기업 덕분에 다른 많은 사람이 삶을 건설하고 가정을 꾸리고 그들만의 의미와 목적을 창조할 수 있다는 사실은 부인하기 힘들다. 하지만 이것은 축재자의 승리욕의 부산물일 뿐이다.

따라서 웰빙 이론에는 네 번째 요소인 성취가 필요하다. 일시적인 상태로는 업적이며, 확장된 형태로는 '성취하는 인생', 성취를 위해 업적에 전념하는 인생이다.

그러한 인생은 순수하지만 결코 순수해 보이지 않는다는 점을 나는 충분히 인정한다. 즐거운 인생, 몰입하는 인생, 의미 있는 인생도 마찬가지다. 성취하는 인생을 사는 사람들은 자신이 하는 것에 자주 몰두하며 종종 쾌락을 추구하고 승리할 때 긍정 정서를 느끼며, 더 중요한 것을 얻으려고 승리하기도 한다. "신은 저를 빨리 달릴 수 있게 만드셨어요. 그래서 달릴 때마다 저는 신께서 기뻐하시는 걸 느낍니다." 영화 〈불의 전차(Chariots of Fire)〉에서 실존 인물인 육상 국가대표 선수 에릭 리델 역을 연기한 배우의 대사다. 그럼에도 나는 성취가 웰빙 이론의 네 번째 기본 요소이며 이것을 추가함으로써 이 이론은 한 단계 더 발전하여 사람들이 그 자체가 좋아서 선택하는 것들을 보다 완전하게 설명해준다고 확신한다.

그 자체가 좋아서 추구하는 요소로 성취를 꼽은 이유는 내가 전에 읽은 가장 과도기적인 논문 중 하나 때문이었다. 1960년대 초, 나는 프린스턴 대학 심리학 교수인 바이런 캠벨(Byron Campbell)의 쥐 실험실에서 연구하고 있었다. 그 당시 동기유발에 관한 포괄적인 이론은 '추동 감소 이론(drive-reduction theory)'으로, 동물은 오직 생물학적 욕구를 충족시키기 위해서만 행동한다는 주장이다. 1959년, 로버트 화이트(Robert White)는 가히 이단적인 논문, 즉 〈동기유발에 관한 재고 : 역량이라는 개념(Motivation Reconsidered: The Concept of Competence)〉을 발표했다. 쥐와 인간은 단순히 환경을 지배하기 위해 행동할 때도 많다고 주장함으로써 추동 감소 이론의 세계에 찬물을 끼얹은 것이다. 당시 우리는 그것이 멍청한 주장이라며 비웃었지만, 나의 분야에서 험난한 길을 걸어오면서 나는 화이트가 정곡을 찔렀다는 것을 알아차렸다.

성취하는 인생을 추가함으로써 나는 또한 긍정심리학의 과제는 사람들이 웰빙을 얻기 위해 실제로 행하는 것을 규정하기보다는 묘사하는 것이라는 점을 강조한다. 이 요소를 추가한 이유는 성취하는 인생을 적극 지지해서도 아니고, 더 자주 승리하려면 웰빙으로 방향을 틀어야 한다고 제안하기 위해서도 아니다. 그것보다는 강제 없이 우리가 그 자체가 좋아서 선택하는 것들을 더 잘 묘사하기 위해서다.

긍정 관계

긍정심리학의 창시자 중 한 명인 크리스토퍼 피터슨(Christopher Peterson)에게 긍정심리학이 무엇인지 한 마디로 설명해달라고 하면, 그는 이렇게 대답한다. "타인."

긍정적인 것이 홀로 있는 경우는 극히 드물다. 마지막으로 큰소리로 웃었을 때가 언제인가? 말할 수 없이 기뻤던 순간은? 가장 최근에 심오한 의미와 목적을 감지했던 순간은 언제인가? 자신의 성취에 엄청난 자긍심을 느꼈던 때는 언제였나? 당신의 삶에서 이 절정의 순간들을 내가 속속들이 알 수는 없지만 그것의 형태는 알고 있다. 그 모든 순간은 바로 타인을 중심으로 일어났을 것이다.

인생의 내리막길에서 타인은 최고의 해독제이며 가장 믿을 수 있는 유일한 존재다. 그래서 나는 사르트르의 '타인은 곧 지옥'이라는 말이 아주 못마땅하다. 내 친구이자 스토니브룩 대학의 의료인문학 교수인 스티븐 포스트가 자기 어머니에 관한 이야기를 들려주었다. 그가 어렸을 때 어머니는 아들의 기분이 언짢은 것을 볼 때마다 이렇게 말씀하셨다고 한다. "스티븐, 골이 난 모양이구나. 밖에 나가서 다른 사람을 도와주지 않을래?" 어머니의 말씀은 경험을 통해 엄격히 검증되어 왔으며, 과학자들은 친절한 행위는 우리가 검증해온 모든 웰빙 연습을 일시적으로 증가시킨다는 사실을 알아냈다.

친절 연습

"1센트짜리 우표 값이 또 오른다니!" 구불구불 끝도 없이 늘어선 줄에 서서 나는 툴툴거렸다. 1센트짜리 우표 100장짜리 1매를 사려고 줄을 선 지 45분이 지났다. 줄은 빙하처럼 느릿느릿 움직였고, 주위 사람 모두 짜증을 내고 있었다. 드디어 내 차례가 되어서 나는 100장짜리 우표 10매를 달라고 했다. 전부 합해 10달러였다.

"1센트짜리 우표 필요하신 분?" 나는 소리쳤다. "공짜예요!" 사람들이 열렬하게 박수를 치면서 내 주위로 몰려들자 나는 이 보물을 나눠주었다. 2분 만에 사람들이 모두 사라졌다. 그들과 함께 내 우표도 거의다 없어졌다. 내 인생에 가장 만족스러운 순간 중 하나였다.

> 연습 : 내일 전혀 뜻밖의 행동을 하나 찾아내서 실천하라. 기분이 어떻게
> 변하는지에 주목하라.

포르투갈의 마데이라 섬 근처에 거대한 실린더 모양의 섬이 하나 있다. 실린더 맨 꼭대기에는 3, 4에이커 크기의 평원이 있고, 거기서 자라

는 최상품 포도는 마데이라 와인으로 숙성된다. 이 평원에는 커다란 동물이 딱 한 마리 살고 있다. 포도밭을 가는 황소다. 섬 꼭대기에 이르는 방법은 한 가지뿐이다. 좁고 꼬불꼬불한 길을 따라 올라간다. 늙은 황소가 죽으면 새 황소를 도대체 어떻게 그 위로 데려갈까? 일꾼이 송아지를 업고 올라간다. 그 송아지가 앞으로 40년 동안 홀로 포도밭을 간다.

이 이야기에 감동했다면 그 이유를 자문해보라.

새벽 4시에 마음 놓고 전화해서 고민을 털어놓을 수 있는 사람이 있는가? 대답이 예스라면 당신은 노라고 대답한 사람보다 더 오래 살 가능성이 많다. 이 사실을 알아낸 하버드 의대의 정신의학자 조지 베일런트(George Vaillant)는 사랑받는 능력이 가장 중요한 강점이라고 보았다. 역으로 사회신경과학자 존 카치오포(John Cacioppo)가 주장했듯이, 고독은 너무나 무력한 상태여서 인간관계를 추구하는 것이 웰빙의 근본이라고 확신하게 만든다.

긍정 관계 또는 긍정 관계의 결여가 웰빙에 엄청난 영향을 미친다는 점은 부인할 수 없다. 그러나 이론적으로 긍정 관계가 웰빙의 요소로서 자격이 있는지는 생각해볼 문제다. 긍정 관계는 웰빙 요소의 두 가지 기준을 분명히 충족시킨다. 즉, 웰빙에 기여하며 다른 요소들과는 독립적으로 측정 가능하다. 하지만 우리는 인간관계 자체가 좋아서 관계를 추구하는 걸까, 아니면 긍정 관계가 긍정 정서나 몰입, 의미, 성취를 가져다주기 때문에 관계를 추구하는 걸까? 긍정 정서, 몰입, 의미, 성취를 가져다주지 못하더라도 우리는 애써 관계를 추구하려고 할까?

이 질문의 답을 나는 모른다. 어떤 실험을 하면 결정적인 답을 얻을 수 있는지도 알지 못한다. 내가 알고 있는 모든 긍정 관계는 긍정 정서

나 몰입, 의미, 성취를 수반하기 때문이다. 인간의 진화에 관한 대표적인 두 가지 최신 이론 모두 긍정 관계 자체와 자발적인 관계의 중요성을 지적한다.

인간의 뇌가 큰 이유는 무엇일까? 약 50만 년 전에 600입방 센티미터였던 인류의 두개골은 현대에 이르러 1,200입방 센티미터로 두 배로 늘었다. 이렇게 뇌가 커진 이유에 대한 인기 있는 설명은 인간이 도구와 무기를 만들 수 있게 하기 위해서라는 것이다. 도구를 사용해서 물리적 세계를 다루려면 정말로 똑똑해야 한다. 영국의 이론심리학자인 닉 험프리(Nick Humphrey)는 다른 이유를 내놓았다. 커다란 두뇌는 물리적 문제가 아닌 사회적 문제를 해결해준다는 것이다. 학생들과 토론할 때 나는 어떻게 하면 마지의 주장이 말도 안 된다는 것을 알려주고 탐이 불쾌해하지 않게 지적하고 데릭이 창피해하지 않으면서 자신의 오류를 인정하게끔 설득할 수 있을까? 이것은 극도로 복잡한 문제다. 순식간에 무기와 도구를 설계할 수 있는 컴퓨터도 풀지 못한다. 하지만 인간은 매일 매 순간 사회적 문제들을 해결해야 하고 해결해낸다. 인간의 거대한 전전두엽은 수십억 개의 신경연결을 쉬지 않고 이용해서 발생 가능한 사회적 문제를 모의 실험한 다음에 가장 적절한 행동 방침을 선택한다. 따라서 커다란 뇌는 인간관계 모의실험 장치이며, 진화는 조화로우면서도 효과적인 인간관계를 고안하고 실행하는 바로 그 기능 때문에 커다란 뇌를 선택해왔다.

커다란 뇌는 사회적 문제 모의실험 장치라는 주장과 꼭 들어맞는, 또 하나의 진화론적 관점은 집단 선택(group selection, 협동적인 집단은 살아남고 비협동적인 집단은 도태한다는 자연선택론 —옮긴이 주)이다. 영국의 저명한 생물학자이자 논객인 리처드 도킨스(Richard Dawkins)는 개체는 자연선택의 유일한 단위라는 이기적 유전자 이론을 널리 알렸다. 세계적으로 가장 유명한 생물학자 중 두 명의 윌슨(에드먼드 O. 윌슨(Edmund O. Wilson)과 데이비드 슬론 윌슨(David Sloan Wilson))은 최근에 집단은 자연선택의 기본 단위라는 증거를 모았다. 그들의 이론은 사회성 곤충(social insects)에서 시작된다. 말벌, 꿀벌, 흰 개미, 개미 같은 곤충들은 모두 공장과 요새, 통신 체계를 갖추고 있으며, 인간이 척추동물 세계를 지배하듯이 이들은 곤충 세계를 지배한다. 사회성은 가장 성공적인 고도의 적응 방식으로 알려져 있다. 내 생각으로는 시력보다 사회성이 훨씬 더 뛰어난 적응력을 발휘하며, 사회성 곤충의 생존에 관한 가장 그럴듯한 진화론적 관점은 개체 선택이 아닌 집단 선택인 것 같다.

집단 선택 이론은 단순하다. 두 인간 집단을 떠올려보자. 각 집단은 유전적으로 다양한 개인들로 이루어져 있다. '사회성' 집단은 사랑, 연민, 친절, 협동, 자기희생 등, 즉 '벌집 정서(hive emotions)'를 촉진하는 정서적 뇌 구조와 타인의 마음을 그대로 비춰주는 거울 뉴런(mirror neuron)과 같은 인지적 뇌 구조를 지닌다. '비사회성' 집단은 사회성 집단과 똑같이 물리적 세계에 대한 지식이 있고 강인하지만 상대 집단의 벌집 정서는 갖고 있지 않다. 이제 이 두 집단이 전쟁이나 기근 같은, 오직 한 집단만 살아남을 수 있는 죽음의 경쟁에 돌입한다. 결과는 뻔하다. 사회성 집단이 이길 것이다. 그들은 협동하고 무리 지어 사냥하고 농사를 지을 수 있기 때문이다. 사회성 집단 전체의 서로 다른 유전자 세트는 보존되고 복제된다. 그리고 이 유전자에는 벌집 정서와 타인에 대한 신뢰, 타인의 생각과 감정을 이해하는 능력에 필요한 두뇌 메커니즘이 포함되어 있다.

사회성 곤충이 실제로 벌집 정서를 갖고 있는지, 비정서적 방식을 찾아내고 활용해서 집단 협동을 지속하는지의 여부를 우리는 결코 알아내지 못할 것이다. 하지만 인간의 긍정 정서에 관해서는 잘 알고 있다. 그것은 대체로 사회적이며 관계 지향적이다. 정서적으로 인간은 벌집에 알맞은 존재다. 같은 벌집에 사는 다른 구성원들과의 긍정 관계를 필연적으로 추구하는 생명체인 것이다.

커다란 사회적 뇌와 벌집 정서, 집단 선택을 근거로 나는 긍정 관계가 웰빙의 다섯 가지 기본 요소 중 하나라고 판단했다. 중요한 사실은 긍정 관계는 언제나 긍정 정서나 몰입, 의미, 성취를 가져다준다는 것이다. 이 말은 긍정 정서나 의미, 성취를 얻기 위해서 관계를 맺는다는 뜻이 아니다. 그보다는 긍정 관계가 호모 사피엔스의 성공에 너무도 기본적인 요소이기 때문에 진화는 인간이 그것을 반드시 추구하게 하려고 나머지 세 가지 요소를 덧붙여서 긍정 관계를 부추겨온 것이다.

웰빙 이론 요약

웰빙 이론을 정리해보자. 웰빙은 구조물이다. 긍정심리학의 주제는 행복이 아닌 웰빙이다. 웰빙은 측정 가능한 다섯 가지 요소(PERMA)가 있고, 이것이 웰빙을 형성한다.

- 긍정 정서(positive emotion)(행복과 삶의 만족도는 긍정 정서의 일부다.)
- 몰입(engagement)
- 관계(relationship)

- 의미(meaning)

- 성취(accomplishment)

　한 가지 요소로는 웰빙을 정의하지 못하며 각 요소가 웰빙에 기여한다. 이 다섯 가지 요소 중 일부 영역은 자기보고서를 통해 주관적으로 측정되지만 그 밖의 영역은 객관적으로 측정된다.

　이와 반대로 진정한 행복 이론에서는 행복이 긍정심리학의 주인공이다. 행복은 삶의 만족도를 측정하여 정의되는 실물이다. 행복에는 세 가지 요소가 있다. 긍정 정서, 몰입, 의미다. 각 요소는 삶의 만족도에 반영되며 전적으로 주관적인 보고에 의해 측정된다. 해결되지 않은 부분이 하나 있다. 진정한 행복 이론에서는 강점과 덕목, 즉 친절, 사회성 지능, 유머, 용감성, 겸손 등 모두 24가지가 몰입을 뒷받침한다. 앞에 닥친 최고의 도전에 부응하기 위해 대표 강점들을 효율적으로 배치할 때 우리는 몰입한다. 웰빙 이론에서는 이 24가지 강점이 단지 몰입뿐 아니라 다섯 가지 요소를 모두 뒷받침한다. 대표 강점들의 효율적인 배치는 더 많은 긍정 정서와 더 많은 의미, 더 많은 성취, 더 좋은 관계로 이어진다.

　행복 이론은 일원적이다. 기분 좋은 느낌에 관한 것으로, 이것은 우리가 살아가면서 자신의 감정을 극대화하려는 방식으로 선택한다고 주장한다. 웰빙 이론은 다섯 가지 요소 모두에 관한 이론으로, 이 다섯 가지 요소의 기반은 강점이다. 웰빙 이론은 본질뿐 아니라 방법도 다원적이다. 즉, 긍정 정서는 주관적 변수이며 사고와 감정에 의해 정의된다. 몰입, 의미, 관계, 성취는 주관적인 동시에 객관적인 요소다. 그 이유는 심지어 착각일 때조차 자신이 몰입, 의미, 좋은 관계, 고도의 성취를 갖고 있다고 믿을 수 있고 틀릴 수 있기 때문이다. 결론을 말하자면, 웰빙은 단지 우리의 머릿속에서만 존재하지 않는다. 웰빙은 의미, 좋은 관계, 성취를 실제로 소유하는 것과 기분 좋은 느낌의 조합이다. 우리는 살아가면서 이 다섯 가지 요소를 모두 극대화하려는 방식을 선택한다.

행복 이론과 웰빙 이론의 이러한 차이점은 실제 시점에 관한 문제다. 행복 이론에 따르면 우리는 얼마나 많은 행복을 가져다줄지를 생각해서 선택하고 그런 다음에 미래의 행복을 극대화하는 행동 방침을 정한다. 즉, 행복의 극대화는 모든 개인적인 선택의 최종 목표다. 경제학자 리처드 레이어드(Richard Layard)가 주장하듯이, 개인의 선택 방식과 함께 행복의 극대화는 정부의 모든 정책 결정의 황금 기준이 되어야 한다. 토니 블레어와 고든 브라운 영국 총리의 실업 부문 고문이고 내 친구이자 스승인 리처드는 정통 경제학자이기도 하다. 그의 관점은 주목할 만하다. 그것은 부에 관한 경제학자의 전형적인 관점인 부의 목적은 더 많은 부를 생산한다는 생각에서 크게 벗어나 있다. 리처드가 보기에 부를 늘리는 유일한 이유는 행복이 커지기 때문이다. 따라서 그는 개인이 행동을 선택하는 기준으로서 행복을 강조한다. 그뿐만 아니라 정부가 정책을 결정하고자 할 때 그 정책의 결과로서 반드시 행복이 뒤따라야 한다고 주장한다. 나는 이러한 관점을 환영하지만 그것은 또 하나의 연약한 일원론이며, 행복이 웰빙의 전부이자 목적이며 최선의 측정 기준이라는 생각에는 동의하지 않는다.

이 책의 마지막 장은 웰빙의 정치와 경제에 관한 내용이다. 하지만 지금 여기서는 인간의 선택 방식에 대한 유일한 설명으로서 행복 이론이 바닥까지 추락한 이유에 관해 한 가지 예를 들려고 한다. 유자녀 부부가 무자녀 부부보다 행복도와 삶의 만족도가 대체로 낮다는 것은 기정사실이다. 진화가 행복의 극대화에 의지했다면 인류는 오래전에 멸종했을 것이다. 따라서 인간은 자녀가 삶의 만족도를 크게 높여줄 거라고 엄청나게 착각하고 있거나 아니면 어떤 다른 측정 기준을 추가로 사용해서 번식을 선택하는 게 틀림없다. 이와 비슷한 예로, 미래의 개인적인 행복이 인간의 유일한 목표라면 늙어가는 부모님을 부빙에 태워 바다 멀리 밀어낼 것이다. 따라서 일원론적인 행복 이론은 실제 사실과 모순될 뿐만 아니라 아주 비도덕적인 가이드다. 행복 이론을 선택 가이드로 참고해서 아기를 낳지 않기로 선택하는 부부들이 있을지도 모른다. 웰빙에 대한 관점을 확장해서 의미와 관계까지 포함시키면 우리가 아기를 낳기로 선택하는 이유와 늙은 부모님을 보살피기로 선택하는 이유가 분명해진다.

행복과 삶의 만족도는 웰빙의 한 가지 요소이며 주관적 척도가 된다. 그러나 웰빙은 단지 머릿속에서만 존재할 수 없다. 주관적인 웰빙만을 지향하는 공공 정책은 자칫 올더스 헉슬리의 《멋진 신세계(Brave New World)》가 되기 십상이다. 소설 속 정부는 국민에게 '소마'라는 신경안정제를 먹여서 행복을 조장한다. 우리는 매 순간 다원적 기준에 따라 선택을 하며, 그저 행복을 극대화하는 방식으로만 선택하지는 않는다. 마찬가지로 공공 정책 결정을 위한 실제로 유용한 웰빙 측정 기준에는 긍정 정서, 몰입, 의미, 좋은 관계, 긍정 성취라는 객관적 척도와 주관적 척도로 얻은 수치들을 모두 포함시켜야 할 것이다.

긍정심리학의 목표는 플로리시

진정한 행복 이론에서 긍정심리학의 목표는 리처드 레이어드의 주장 대로 자신의 삶에서 행복 지수를 높이는 것이다. 이와 반대로 웰빙 이론에서 긍정심리학의 목표는 다원적이며 전자와는 중요한 차이가 있다. 바로 자신의 삶에서 플로리시 수치를 높이는 것이다.

플로리시(flourish)란 무엇일까?

케임브리지 대학의 펠리시아 후퍼트(Felicia Huppert)와 티모시 소(Timothy So)는 플로리시를 정의하고 유럽 연합의 23개국에서 플로리시를 측정했다. 플로리시에 관한 그들의 정의는 웰빙 이론의 정신과 일치한다. 플로리시하기 위해 개인은 다음의 '핵심 요소'와 여섯 가지 '추가 요소' 중 세 가지를 갖춰야 한다.

핵심 요소	추가 요소
긍정 정서(Positive emotions) 몰입, 흥미(interest) 의미, 목적(purpose)	자존감, 자부심(self-esteem) 낙관성(optimism) 회복력(resilience) 활력(vitality) 자기 결정 능력(self-determination) 긍정 관계(positive relationships)

그들은 국가별로 2천 명 이상의 성인에게 다음의 웰빙 항목을 제시하여 국민의 플로리시를 측정하고, 그것을 기준으로 해당 국가가 어떻게 하고 있는지를 알아냈다.

조사 결과, 덴마크가 1위였다. 덴마크는 플로리시하는 국민이 전체의 33퍼센트였다. 영국은 그 절반인 18퍼센트였고, 최하위는 러시아로 고작 6퍼센트였다.

이 연구는 긍정심리학의 '웅대한' 목표로 이어진다. 그 목표는 맨 마지막 장에서 다룰 것이며, 이 책이 진정으로 추구하는 것이다. 긍정 정서, 몰입, 의미, 성취, 긍정 관계를 측정하는 기술이 발전하면서 한 국가, 한 도시, 또는 한 기업에서 얼마나 많은 사람이 플로리시하고 있는지를 정확하게 질문할 수 있다. 한 개인이 일생 중 어느 시점에 플로리시하는지도, 한 자선 단체가 수혜자의 플로리시를 증가시키고 있는지도 정확히 질문할 수 있다. 학교 시스템이 아동의 플로리시를 도와주고 있는지도 정확히 물을 수 있다.

공공 정책은 오직 우리가 측정한 것만을 추종한다. 그리고 최근까지 우리는 오로지 돈, 즉 국내총생산(GDP)만을 측정했다. 따라서 정부의 성공은 그 정부가 축적한 부의 양에 의해서만 수치로 나타낼 수 있었다. 하지만 무엇을 위한 부인가? 나의 관점에서 부의 목적은 더 많은 부를 양산하는 것이 아니라 플로리시를 낳은 것이다. 이제 우리는 공공 정책에 대해 질문할 수 있다. "이 공원 대신 새로운 학교를 짓는 것이 플로리시 수준을 얼마나 많이 증가시킬까?" 홍역 예방 접종 정책이 동일한 비용이 드는 각막 이식 정책보다 플로리시 수준을 더욱 높여주는지에 대해서도 물을 수 있다. 부모가 근무 시간을 줄여 집에서 자녀를

긍정 정서	모든 것을 고려할 때 당신은 얼마나 행복합니까?
몰입, 흥미	나는 새로운 것을 배우기를 좋아한다.
의미, 목적	나는 대체로 소중하고 가치 있는 일을 하며 살아간다.
자존감, 자부심	나는 나 자신에 대해 대체로 매우 긍정적이다.
낙관성	나는 나의 미래에 대해 언제나 낙관적이다.
회복력	삶에서 문제가 생길 때 나는 예전 상태로 돌아오는 데 대체로 오랜 시간이 걸린다. (반대로 대답할 경우 회복력이 더 높다.)
긍정 관계	나에게 진심으로 관심을 기울이는 사람들이 있다.

돌보게끔 양육비를 지불하는 정책은 플로리시 수준을 얼마나 증가시키는지도 질문할 수 있다.

그러므로 웰빙 이론에서 긍정심리학의 목표는 인간의 플로리시를 측정하고 구축하는 것이다. 이 목표를 이루기 위한 첫 단계는 우리를 진정 행복하게 해주는 것이 무엇인지 묻는 것이다.

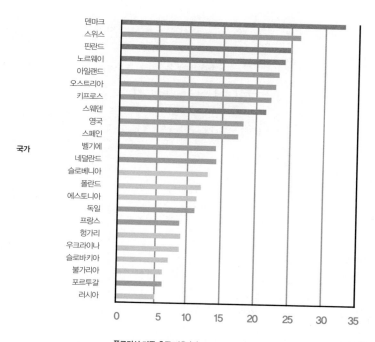

플로리시 기준 충족 비율 (%)

chapter 2

행복 만들기
효과적인 긍정심리학 연습

웰빙을 높이고 우울증을 낮춰줄 수 있는 간단한 실천방법이 하나 있다.

감사 방문

눈을 감는다. 생존 인물 중에서 오래전 당신의 인생을 바꾼 어떤 말을 해주었거나 어떤 행동을 했던 사람의 얼굴을 떠올린다. 당신이 충분히 감사하지 않았던 사람, 다음 주에 만날 수 있는 사람이다. 얼굴이 떠오르는가?

감사는 당신의 인생을 더욱 행복하고 더욱 만족스럽게 해준다. 감사함을 느낄 때 우리는 인생의 긍정 사건에 관한 즐거운 기억으로부터 혜택을 얻는다. 또한 타인에게 감사를 표현할 때 그 사람과의 관계가 강화된다. 하지만 때로 우리는 감사하다는 말을 너무 무심하게 또는 너무 재빨리 해버려서 그 의미가 많이 퇴색되었다. '감사 방문'이라는 이 연습에서 당신은 사려 깊고 결연하게 감사를 표현하는 것이 어떤 것인지 경험하게 될 것이다.

감사할 사람의 얼굴이 떠올랐다면 이제부터 할 일은 그 사람에게 감사 편지를 써서 직접 건네는 것이다. 편지는 구체적이고 적어도 300단어 이상이어야 한다. 그 사람이 당신을 위해 무엇을 했는지, 그것이 당신의 인생에 어떤 영향을 끼쳤는지 자세하게 써야 한다. 당신이 지금 그 일에 감사하고 있다는 것을 알리고 그 사람이 해준 것을 얼마나 자주 기억하는지 언급한다. 그를 칭송하라!

감사 편지를 다 썼다면 그에게 전화해서 만나고 싶다고 말하되 만나려는 목적은 얼버무린다. 이 연습은 깜짝 이벤트일 때 훨씬 더 흥미진진하다. 그 사람을 만나면 당신이 쓴 편지를 읽는 시간을 갖는다. 당신의 느낌은 물론이고 그 사람의 반응에 주목한다. 편지를 읽는데 그가 제지할 경우, 다 읽을 때까지 잘 들어주면 정말 좋겠다고 말한다. 처음부터 끝까지 다 읽은 후, 그 내용과 두 사람이 느낀 감정을 서로 나눈다.

이 순간부터 한 달 동안은 더 행복하고 덜 우울할 것이다.

웰빙은 바뀔 수 있을까?

긍정심리학의 목적이 웰빙을 건설하는 것이라면 웰빙은 건설될 수 있어야 한다. 이 말은 별것 아닌 것처럼 들리지만 그렇지 않다. 20세기 전반기의 행동주의자들은 낙관론자였다. 그들은 이 세상에서 가난, 인종주의, 불평등 등의 절망적인 상황들을 없앤다면 인간의 삶은 더 좋아질 거라고 믿었다. 그들의 태평한 낙관성과는 반대로 인간의 많은 행동은 영원히 바뀌지 않는다. 당신의 허리둘레가 좋은 증거다. 다이어트는 미국인들에게서 해마다 500억 달러를 뜯어내는 일종의 사기다. 유행 다이어트 비법 중 어떤 것이든 따라 하면 한 달 만에 체중의 5퍼센트를 줄일 수 있다. 나도 30일 동안 수박 다이어트를 해서 9킬로그램을 줄였다. 하지만 그 기간 내내 설사를 했다. 다이어트하는 사람의 80에서 95퍼센트와 같이 나도 3년 만에 체중을 모두 되찾았다. 오히려 더 늘었다. 2장에서 다루겠지만, 다이어트와 마찬가지로 심리치료나 약물은 대부분 고통 경감제에 불과하다. 잠시 증상을 완화시키고는 당혹스럽게도 원점으로 돌아간다.

웰빙도 당신의 허리둘레처럼 그저 일시적인 플로리시 후에 예전의 심술궂은 일상으로 돌아가는 걸까? 아니면 지속적인 변화가 가능할까? 긍정심리학이 아직 태어나지 않은 10여 년 전에 심리학자들은 대부분 행복의 지속적인 변화에 대해 비관적이었다. 외적 요인이 호전되면 사람들은 지속적으로 더욱 행복해질 수 있다는 희망은 복권 당첨자에 대한 연구로 허물어졌다. 복권 당첨자들은 일확천금을 얻은 후 처음 두세 달 동안은 더욱 행복했지만 곧바로 예전의 상태로 돌아갔다. 이론가들의 주장에 따르면 우리는 뜻밖의 횡재나 승진, 결혼에 금세 적응하고, 그래서 곤두박질친 행복을 올려놓으려고 더 많은 돈을 들여서 즐거운 것들을 훨씬 더 많이 구입한다. 그 일에 성공하면 쾌락의 쳇바퀴 위에 올라서지만 언제나 또 다른 한 방이 필요하다.

웰빙 추구를 위한 아름다운 장면은 아니다. 웰빙이 지속적으로 유지되지 못한다면 긍정심리학의 목표는 상실되어야 할 것이다. 그러나 웰빙은 튼튼하게 성장할 수 있다고 나는 확신한다. 그래서 2장에서는 실제로 우리를 지속적으로 더욱 행복하게 해주는 연습들을 소개한다. 부처에서부터 현대 대중 심리학에 이르기까지 이 지속적인 행복을 위해 제안된 방법만 해도 최소한 200가지다. 그중 어느 것이 웰빙을 지속시키고 어느 것이 일시적인 경감제이고 어느 것이 엉터리일까?

나는 과학의 판에 박힌 논리를 믿지 않는다. 즉, 경험론자다. 사람들을 파헤치고 또 파헤쳐서 진실에 이르는 사람이다. 나의 초창기 연구 중 몇 가지는 우울증을 줄여주는 치료법과 약물을 테스트하는 것이었다. 치료법 테스트에는 한 가지 황금 기준이 있다. 무작위 배정 및 위약 통제법(random-assignment, placebo-controlled study)이다. 즉, 실험에 자원한 우울증 환자 중 일부는 치료 집단에 무작위로 배정하고, 나머지는 통제 집단에 배정하는 방법이다. 일부 피험자는 치료 집단에, 나머지 피험자는 통제 집단에 무작위로 배정하는 것은 내적 혼입 변수(confounding factors, 독립변수와 종속변수에 영향을 미쳐서 인과적 추론을 방해하는 변수 — 옮긴이 주)를 통제한다. 우울증 호전에 대한 높은 의욕이 혼입 변수의 한 예다. 이론상으로 이 방법은 피험자를 무작위로 배정하여 실제로 의욕이 낮은 피험자와 실제로 의욕이 높은 피험자가 두 집단에 골고루 들어가게 해준다. 그리고 통제 집단의 위약 치료는 외적 요인을 통제한다. 즉, 두 집단에 배정된 동일한 수의 피험자들은 흐린 날이나 맑은 날이나 소속 집단에 예정된 치료를 받는다. 따라서 새로운 치료가 효과가 있고 무작위로 배정된 위약 통제 집단보다 치료 집단의 우울증이 더욱 호전된다면 그 치료는 황금 기준에 의해 '효험이 있는' 치료법으로 인정받고 우울증 호전의 실제 원인이 된다.

웰빙을 높여준다고 추정되는 연습을 테스트할 때도 이와 똑같은 이론을 적용한다. 2001년부터 펜실베이니아 대학 긍정심리학 센터(www. ppc.sas.upenn.edu/)는 인간을 실제로 더욱 행복하게 해주는 것이 무엇인지 묻기 시작했다. 이 연구에서 우리는 웰빙의 모든 요소를 측정하지는 않고 오직 정서 요소에 대한 만족도 증가와 우울증 감소만 측정했다.

우리가 무작위 배정 및 위약 통제법으로 검증한 두 번째 연습은 개입의 묘미를 맛보게 해준다.

감사일기(잘 됐었던 일)

우리는 살면서 겪은, 잘 안 됐었던 일은 너무 많이 생각하고 잘 됐던 일은 별로 생각하지 않는다. 물론 때로는 잘 안 됐던 일을 분석하고 그것을 통해 교훈을 얻고 앞으로 그런 일을 피하는 것은 합리적이다. 그러나 사람들은 잘 안 됐던 일에서 도움이 될 만한 것을 찾기보다는 그일을 곰곰이 생각하는 데 더 많은 시간을 보내는 경향이 있다. 더 나쁜 것은, 부정 사건에 그렇게 몰두하다 보면 불안하고 우울해진다. 이것을 방지하는 한 가지 방법은 잘 됐던 일을 떠올리고 음미하는 일에 능숙해지는 것이다.

타당한 진화적 이유로 대부분의 사람은 부정 사건을 분석하는 데는 유능하지만 긍정 사건은 그만큼 유능하게 분석하지 못한다. 인류의 조상 중에서 재앙에 대비해야 할 순간에 잘 됐던 일을 떠올리며 희희낙락하는 데 많은 시간을 보낸 이들은 빙하기에 살아남지 못했다. 그러므로 선천적으로 재앙에 더 몰두하는 우리의 뇌를 지배하기 위해서는 잘 됐던 일에 대해 생각하는 기술을 익히고 훈련해야 한다.

다음 한 주 동안 매일 밤 잠들기 전에 이 연습을 10분 실시한다. 그날 겪은 잘 됐던 일 세 가지를 적고, 그 일이 잘 됐던 이유를 적는다. 그것을 일기장에 적거나 컴퓨터로 입력시킨다. 어느 경우든 그 내용을 기록으로 남기는 것이 중요하다. 세 가지 잘 됐던 일이 세상을 뒤흔들 대단한 사건일 필요는 없다. "오늘 남편이 귀갓길에 내가 제일 좋아하는 아이스크림을 사왔다" 같은 사소한 사건일 수도 있고, "조금 전에 언니가 건강한 아이를 낳았다"처럼 중요한 사건일 수도 있다.

긍정 사건을 쓰고, 그 옆에 "이 일이 일어난 이유는 무엇인가?"라는 질문의 답을 적는다. 예를 들어서 남편이 귀갓길에 아이스크림을 사왔다고 적었다면, 그 이유로 "남편은 가끔 정말로 사려 깊어서" 또는 "남편에게 전화해서 잊지 말고 식료품점에 들르라고 말해야 한다는 걸 내가 기억했기 때문에"라고 적는다. "조금 전에 언니가 건강한 아들을 낳았다"라고 적었다면 그 이유로는 "신께서 돌봐주셔서" 또는 "임신 중에 언니가 철저히 관리했기 때문에"라고 쓸 수 있다.

자신의 삶에 긍정 사건이 일어난 이유를 적는 것이 처음에는 어색할 수도 있지만, 부디 일주일 동안 끈기 있게 시도하길 바란다. 점점 더 쉬워질 것이다. 당신은 덜 우울하고 더 행복하고, 지금부터 6개월 후에는 이 연습에 중독될 수도 있다.

나는 경험론자인 데다가 직접 겪어보는 타입이다. 45년 전, 개와 전기충격으로 실험을 할 때는 먼저 나에게 전기충격을 해보고 '퓨리나' 개사료도 먹어 보았다. 사료가 전기충격보다 더 끔찍했다. 그래서 '잘 됐던 일' 연습을 생각해냈을 때 제일 먼저 내가 직접 해보았다. 효과적이었다. 다음에는 아내와 아이들에게 시험해보았다. 역시 효과적이었다. 그 다음은 학생들이 직접 해보았다.

지난 45년에 걸쳐 나는 심리학의 거의 모든 주제를 가르쳐왔다. 하지만 긍정심리학을 가르칠 때만큼 강의가 그렇게 재미있었던 적도, 그렇게 높은 교수 평가 점수를 받은 적도 없었다. 25년 동안 이상심리학을 가르칠 때는 학생들에게 경험에 기초한 의미 있는 과제물을 내줄 수 없었다. 그들이 주말에 정신분열증 환자가 될 수는 없었으니까! 이상심리학은 모두 책으로 배웠으므로 학생들은 정신이상 자체를 결코 이해하지 못했다. 하지만 긍정심리학을 가르칠 때는 학생들에게 '감사 방문'이나 '잘 됐던 일' 연습을 과제물로 내줄 수 있었다.

연습의 많은 것이 실제로 내 수업 시간에 시작되었다. 한 예로, 감사에 관한 학술논문을 읽은 후 학생들에게 감사 연습을 고안하는 것을 과제로 내주었다. 감사 방문은 그렇게 해서 마리사 래셔가 생각해낸 것이다. 긍정심리학 강의 시간에 나는 학생들에게 우리가 고안한 연습을 자신의 일상에서 실천하라는 숙제를 내주었다. 결과는 놀라웠다. 나는 학생들의 삶이 그렇게 긍정적으로 바뀌는 것을 본 적이 없고, 교수가 들을 수 있는 가장 달콤한 칭찬도 처음 들어보았다. 내 강의는 너무 자주 '인생 역전'이라고 묘사되었다.

그런 다음 나는 새로운 시도를 했다. 대학생 대신 세계 도처의 정신건강 전문가들에게 긍정심리학을 가르친 것이다. 벤 딘(Ben Dean) 박사의 지원을 받아 나는 네 종류의 실시간 전화 강의를 시작했다. 딘 박사는 코칭에 관한 전화 강의를 통해 임상심리학자들을 지속적으로 교육시키는 일을 한다. 각 강의는 매주 2시간씩 6개월 과정이었고, 심리학자와 라이프 코치, 카운슬러, 정신과 의사를 포함하여 800명 이상의 전문가가 수강했다. 매주 나는 실시간으로 강의했으며 그런 다음 12가지 긍정심리학 연습 중 한 가지를 골라서 그들의 일상에서는 물론이고 환자와 고객들과 함께 실천해보라는 과제를 내주었다.

긍정심리학 개입과 사례

중증 우울증 환자들까지도 이 긍정심리학 개입을 너무나 잘 받아들인다는 사실에 나는 깜짝 놀랐다. 칭찬하는 말이 전부 사실은 아니라는 것을 나는 알고 있다. 하지만 30년간 심리치료사이자 심리치료사 교육가로서, 14년간 임상 훈련 지도자로서 일해왔지만 그렇게 많은 긍정적인 보고서를 받은 적은 한 번도 없었다. 긍정심리학을 새로 접하고 연습을 처음 시도한 심리치료사들이 보고한 세 가지 사례를 소개한다.

사례 1. 이 고객은 36세의 상근직 여성으로 현재 우울증 상담 및 약물 통원 치료를 받고 있다. 8주 전부터 이 여성의 심리치료를 맡은 나는 그녀에게 기본적으로 전화 강의를 처음부터 끝까지 들려주었다. 우리는 대체로 강의와 똑같은 과정을 따랐다. 한 가지 과제가 특히 효과가 좋았다.

바로 '세 번의 행복한 순간'인 잘 됐던 일이다. 그녀는 예전에 경험한 이 긍정 사건들을 모두 까맣게 잊고 있었다고 말했다. 우리는 그 연습을 '축복'으로 바꾸어서 '매일의 행복한 순간'이라고 불렀는데, 이것은 그녀의 일상을 보다 긍정적으로 바라보게 도와주었다.

한 마디로 모든 것이 대단히 효과적이었다. 웹사이트상의 검사에서도 그녀의 긍정정서 점수는 전보다 훨씬 더 높았으며, 그녀는 이 치료 과정을 아주 철저히 신뢰했다.

사례 2. 이 고객은 중년 여성으로 병적 비만을 가지고 있고, 잠재적 우울 진단을 받았다. 그것이 건강과 체중 감소를 가로막고 있었다. 심리치료를 받은 지 약 3개월 정도 되었고, 다양한 긍정심리학 개입 중에서 이 여성은 '행복으로의 접근' 검사(AHI, www.authentichappiness.org에서 이용 가능)를 받았다. 그녀는 몰입, 의미, 사교적인 유머, 이 세 가지 영역을 이용해서 생활의 균형을 잡는 훈련을 하고 있었다. 처음에 그녀는 자신의 인생에 몰입은 없으며 의미란 오직 타인을 도움으로써 생길 뿐, 자신의 욕구와는 아무 상관이 없는 것이라고 단정했다. 석 달간 열심히 훈련한 후, 그녀는 다시 검사를 받았는데, 5점 만점에 3.5점으로 세 영역이 상당히 균형이 잡혔다는 사실을 확인하고는 아주 좋아했다. 자신의 발전을 알려줄 수 있는 척도가 있다는 것에 그녀는 열광하며 용기를 얻었다. 세 영역을 훈련할 계획을 더 많이 세우고 자신의 삶에 몰입과 의미를 더해줄 온갖 새로운 방법을 궁리했다.

심리치료사들은 단지 환자의 약점을 고치려고 애쓰기보다는 그들의 강점을 일깨우는 것이 특히 유익하다고 보고서에 적었다. 이 과정은 체계적으로 진행된다. 즉, 환자가 VIA 대표 강점(Values-in-Action Signature Strengths VIA) 검사를 받을 때 과정이 시작된다.(11과 나의 대표 강점 찾기, www.authentichappiness.org에서 원본 검사 이용 가능)

사례 3. 나는 1년의 치료 중단 기간을 포함하여 약 6년 동안 엠마를 치료해오고 있다. 2년 전, 거의 유일한 친구의 죽음을 겪은 후, 엠마는 다시 심리치료실을 찾았다. 최근 나는 엠마의 치료에 긍정심리학 연습/개입 두세 가지를 적용했다. 유아기부터 성장기, 심지어 최근까지 엠마는 가능한 모든 방식으로 학대를 받았고 중증 우울증에 자살 시도 경력까지 있었다. 지난 몇 달 동안 나는 긍정심리학 요소들을 사용하기로 결정했다. 맨 먼저 엠마를 VIA 대표 강점 검사에 참여시켰다. 그녀는 자신을 '인간쓰레기'라고 믿고 있었는데, 그 모습이 아닌 깊이 감춰진 자신의 참모습을 보게 도와주기 위해서였다. 그 검사는 명확한 자아상을 세울 토대였으며, 내가 들고 있는 깨끗한 거울에 비친 선명한 엠마의 모습을 상징하는 도구였다. 진전은 더뎠다. 하지만 곧 엠마는 강점에 대해 이야기하고 자신의 진짜 강점을 찾아내고 그중 몇 가지 강점 때문에 자신이 얼마나 곤란을 겪었는지 알아차리고 그 강점과 그 밖의 강점들을 유리하게 활용할 영역을 확인하고 자신의 계발되지 않은 강점을 키우는 데 도움이 될 강점들이 무엇인지 알아냈다. 사흘 후, 엠마는 종이 두 장을 들고 나타났다. 거기에는 엠마가 시도하려고 마음먹은 일곱 가지 항목과 단계가 적혀 있었다. 그 내용을 읽는 동안 나는 눈물을 흘렸고 엠마는 내내 웃는 얼굴이었다. 엠마는 여간해선 웃지 않았었다. 참으로 기쁜 순간이었다. 게다가 엠마는 무기력 학습 과 연관된 가장 중요하고도 가장 힘겨운 수렁에서 벗어나고 있었으며 심리치료 대상의 일부였던 그 밖의 모든 개인적인 문제를 떨쳐내고 있었다.

당신도 엠마가 받은 VIA 대표 강점 검사에 참여하기 바란다. 이 책의 11과 '나의 대표 강점 찾기' 나 웹사이트를 통해 검사한 후, 엠마에게 치유의 길을 열어준 연습을 실천하면 된다.

내가 긍정심리학 웹사이트를 개설한 이유부터 설명하겠다. 그 웹사이트는 삶의 긍정적인 면에 관한 검증된 주요 검사들을 총망라하고 있으며 당신이 서 있는 곳을 알려준다. 무료로 이용할 수 있고 공익사업으로 계획된 것이다. 또 긍정심리학 연구자들에게는 금광이라 할 만하다. 대학 2학년생이나 자원한 피험자들에게 질문하는 것보다 타당한 결과를 얻기가 훨씬 쉽기 때문이다.

이 책을 쓰는 지금까지 웹사이트에 접속해서 검사에 참여한 사람이 180만 명이다. 신규 참여자 수는 하루에 500명에서 1,500명 사이며, 나는 가끔 새로운 링크를 건다. 하나는 연습에 관한 링크다. 이 링크를 클릭하는 사람은 우리가 새로 고안한 연습들을 테스트하는 데 도움을 줄 수 있다. 그들은 맨 먼저 역학 연구 센터 우울증 척도, 진정한 행복 검사와 같은 우울증 및 행복 검사를 받는다. 두 가지 모두 www.authentichappiness.org에 올라 있다. 검사를 마치면 우리는 그들에게 무작위로 연습을 한 가지 할당한다. 실제 연습이거나 가짜 연습이다. 어떤 연습이든 일주일에 걸쳐 두세 시간 정도 소요된다. 최초의 온라인 연구에서 우리는 '감사 방문'과 '잘 됐던 일'을 포함하여 여섯 가지 연습을 시도했다.

기초 설문 조사를 마친 577명의 참여자 중에서 471명이 다섯 가지 평가 검사를 모두 완수했다. 연구 결과, 일주일 동안 매일 밤 유년기의 추억을 한 가지씩 적는 연습을 해야 했던 위약 통제 집단을 포함해서 모든 참여자가 일주일 동안 더 행복하고 덜 우울했다. 그 기간 이후, 통제 집단 참여자들은 예전 수준보다 더 행복하지도 덜 우울하지도 않았다.

특히 두 가지 연습인 잘 됐던 일과 아래에 소개할 대표 강점 연습이 3개월에서 6개월 후 우울증을 현저하게 감소시켰다. 이 두 연습은 여섯 달 내내 행복 수준 역시 상당히 증가시켰다. 감사 방문은 1개월 후 우울증을 큰 폭으로 낮추고 행복을 높였지만, 그 효과는 3개월 후 사라졌다. 참여자들이 할당받은 연습을 규정기간 1주일 후에도 계속 열심히 실천하는 정도에 따라 향상된 행복 수준의 지속 기간이 달라졌다는 것은 놀랄 일이 아니다.

대표 강점 연습

이 연습의 목적은 새로운 대표 강점을 찾아내서 더 자주 활용함으로써 자신의 대표 강점을 소유하게 격려하는 것이다. 대표 강점의 특징은 다음과 같다.

- 소유감과 진정성, 정체성을 찾아준다. ("이게 진짜 나야.")
- 그 강점을 특히 맨 처음에 발휘할 때 짜릿하다.
- 그 강점을 처음 연습할 때 학습 속도와 일의 속도가 매우 빠르다.
- 그 강점을 활용할 새로운 방법을 아주 열심히 찾아낸다.
- 그 강점을 필연적으로 활용할 수밖에 없다. ("나 좀 그만두게 해줘.")
- 그 강점을 활용할 때 피곤하기는커녕 오히려 기운이 난다.
- 그 강점을 주로 활용할 수 있는 개인적인 프로젝트를 고안하고 추구한다.
- 그 강점을 활용하는 동안 기쁨, 열정, 열광, 심지어 황홀경에 빠진다.

이제 강점을 조사해보자. 웹사이트에 접속하기 어려운 사람은 이 책의 11장에 실린 약식 검사에 참여한다. 웹사이트에서는 검사 결과가 즉시 나오고 원한다면 프린트할 수도 있다. 그 설문 조사는 크리스토퍼 피터슨 미시건 대학 교수와 내가 개발한 것으로 200개국에서 100만 명 이상이 참여했다. 비슷한 결과를 얻은 다른 사람들과 당신 자신을 비교할 수 있다는 이점도 있다.

설문 조사를 완수할 때 당신이 소유한 강점들의 순위에 특히 주의를 기울인다. 놀라운 점이 하나라도 있는가? 순위가 제일 높은 다섯 가지 강점을 한 번에 하나씩 자문한다. "이것이 대표 강점일까?"

검사를 마친 후에는 다음 연습을 실천한다. 이번 주에 직장이나 집에서 또는 여가 중에 따로 시간을 마련해서 자신의 대표 강점 한두 가지를 새로운 방식으로 연습하기 바란다. 대표 강점을 활용하는 연습에만 몰두할 시간을 반드시 따로 배정해야 한다. 예를 들어서,

- 대표 강점이 창의성이라면, 당신은 저녁에 두 시간을 할애해서 시나리오 쓰기를 시작한다.
- 대표 강점이 희망/낙관성이라고 확인했다면 우주 탐험 프로그램의 미래에 대해 희망을 표현하는 칼럼을 써서 지역 신문에 낸다.
- 대표 강점이 자기 통제력이라고 믿는다면 저녁에 TV를 보는 대신 헬스클럽에서 운동을 한다.
- 대표 강점이 아름다움과 훌륭함에 대한 감상력이라면 시간이 20분 더 걸리더라도 더 길고 더 아름다운 길을 따라 출퇴근한다.

자신의 대표 강점을 활용할 새로운 방법을 스스로 생각해내는 것이 가장 좋다. 이 연습 경험을 글로 적는다. 이 연습을 하기 전에, 하는 동안에, 연습이 끝난 후에 어떤 느낌이었는가? 이 연습을 하는 게 힘들었는가? 수월했는가? 시간이 빨리 지나갔는가? 몰입했는가? 이 연습을 계속 할 계획인가?

이 긍정심리학 연습들은 나에게 효과적이었고, 내 가족과 학생들에게도 효과적이었다. 정신 건강 전문가들도 배웠으며 그 환자들, 심지어 중증 우울증 환자에게도 효과가 있었다. 이 연습은 무작위 배정 및 위약 통제법 피험자들에게까지도 효과적이었다.

긍정심리치료(PPT)

우리 긍정심리학자들은 일반인을 상대로 긍정심리학 연습을 계속 시험하고 효과가 입증된 약 12가지 연습에 관해 지속적으로 연구했다. 이 중 몇 가지를 이 책 곳곳에 적절하게 소개했다.

연구의 다음 단계는 그중에서 최고로 효과적인 연습을 우울증 환자들에게 테스트하는 것이었다. 당시 내가 가르친 대학원생이었고 지금은 리드 칼리지 교수인 아카시아 팍스(Acacia Parks)는 '6가지 연습 6주 훈련'을 고안하고 집단 치료에 도입해서 경증 우울증 청소년들의 우울 증세 치료법으로 사용했다. 그것은 극적인 효과를 보였다. 그 6가지 연습은 무작위 배정된 우울증 통제 집단과 비교해서 경증 우울증 청소년들의 우울 증세를 비우울 수준으로 현저히 감소시켰다. 그리고 우리가 추적 조사한 그해 동안 그들은 비우울 수준을 유지했다.

마침내 테이얍 라시드(Tayyab Rashid) 박사가 펜실베이니아 대학 심리상담 센터를 찾은 우울증 환자들을 위해 긍정심리치료(Positive Psychotherapy, PPT)를 창시했다. 긍정심리치료는 사랑, 공감, 신뢰, 진실성, 친밀한 관계 등 심리치료의 필수 요건을 갖출 때 가장 효과가 높았다. 바로 이 필수 요건들 덕분에 우울증 환자 개개인의 욕구에 꼭 알맞게 그 방법을 조정할 수 있다. 치료의 첫 단계는 www.authentichappiness.org를 통해 해당 환자의 우울 증세와 웰빙 점수를 자세히 평가하는 것이다. 그런 다음 웰빙의 결여, 즉 삶에서 긍정 정서 및 몰입, 의미의 결여가 우울 증세와 얼마나 관계가 있을지 분석한다. 아래의 개요에서 알 수 있듯이 13회 이상의 치료가 이어지고, 우리는 긍정심리학 연습을 해당 환자에게 꼭 알맞게 조정한다. 세부 내용은 라시드 박사와 나의 공저인 《긍정심리치료 : 치료 매뉴얼(Positive Psychotherapy: A Treatment Manual)》에서 확인할 수 있다(옮긴이 주: 2012년 출간하기로 했지만 충분한 검증과 신뢰도를 높이기 위해 출간이 늦어져 2018년, 20109년《긍정심리치료, 치료자매뉴얼(Positive Psychotherapy: Clinician Manual, 2018)과 《긍정심리치료, 워크북(Positive Psychotherapy: Workbook, 2019》으로 나누어 출간되었다. 다음은 독자들의 편리를 위해 새롭게 개발된 긍정심리치료(PPT) 15회기를 소개한다).

PPT는 긍정심리학 이론에 광범위하게 기반을 둔, 새롭게 등장한 심리치료 접근법이며, 긍정심리학의 심리치료 및 치료 과정의 실전응용분야다. PPT는 인간 경험의 내재적 복잡성을 균형 있게 이해하고자 심리적 증상과 강점을, 위험과 자원을, 약점과 가치를, 후회와 희망을 통합한다. PPT 치료자는 내담자의 호소를 무시하거나 최소화하지 않고 트라우마와 연관된 내담자의 고통을 공감하고 주의 깊게 살피며 그와 동시에 성장 잠재력을 탐색한다.

PPT는 긍정성 그 이상을 보여준다. 그렇다고 다른 심리치료가 부정적이라는 이야기는 아니다. 사실 PPT는 기존의 심리치료를 대체하는 것이 아니다. 그보다 약점 개선에 치중하는 치료의 균형을 맞추려는 점진적인 변화다. 심리적으로 고통 받는 내담자가 인생의 어려움을 헤쳐나가고자 개인적이고 대인적인 최고 자원을 활용하는 방법을 배운다면 보다 더 큰 이해와 도움을 받을 수 있다. 개인 강점을 알고, 긍정정서 배양에 필수적인 기술을 배우며, 긍정관계를 강화하고, 자신의 삶에 의미와 목적을 부여하면 엄청난 의욕과 힘이 생기면서 치료 효과가 나타날 수 있다. PPT의 궁극적 목적은 내담자가 즐겁고 의미 있고 만족한 삶을 추구하기 위해 강점을 최대한 활용하는, 구체적이고 응용 가능하며 개인적으로 적절한 기술을 배우도록 돕는 것이다. PPT는 이 목적을 달성하는 데 규범적 권위로 결점을 진단하는 치료자의 역할을 성장과 회복력(Resilience), 행복을 적극적으로 촉진하는 역할로 확장시킨다. 긍정심리치료(PPT)1에는 크게 3단계가 있다.

1. 1단계 시작 시점에서 내담자는 특히 역경을 극복하는 과정에서 최상의 나를 보여줬던 경험을 회상하고 글로 쓰며 개인적인 이야기를 만들어낸다. 이 단계에서 치료 작업은 대부분 대표 강점 프로필 평가 및 종합, 강점과 심리적 스트레스 요인의 통합에 필요한 기술 습득에 중점을 둔다.

2. 2단계에서는 내담자가 개인의 내적 경험과 대인 경험을 재검토하는 법을 배울 수 있도록 도와준다. 특히 부정경험을 긍정경험으로 바꿔 가급적 균형 잡힌 시각을 가질 수 있게 장려한다.

3. 3단계에서는 내담자가 자신의 강점을 활용해 미래의 희망을 찾고, 긍정관계를 증진시켜 삶의 의미와 목적을 추구하게 도와준다.

긍정심리치료(PPT) 15회기 묘사(셀리그만, 라시드, 2018)

회기	제목	내용	주요 실습
1단계			긍정소개: 역경을 극복한 후 최상의 나를 표출했던 사건을 떠올려보고 시작과 중간, 긍정 결말로 구성된 회복력 이야기의 긍정소개를 한 장 분량으로 쓴다
1	긍정소개 및 감사 일기	내담자들의 치료 환경 적응, 내담자와 치료자의 역할과 책임 정하기 등 치료 구조화하기, 긍정경험을 기록해 긍정정서 키우기, 감사하기가 행복에 미치는 영향을 평가하는 방법을 배우는 회기	감사 일기: 매일 밤 크고 작은 잘 됐던 일 3가지와 그 이유를 기록하는 일기 쓰기
2	성격강점과 대표 강점	성격강점과 대표 강점을 중점적으로 다루는 세 차례 회기 중 첫 번째 회기. 성격강점은 실습을 통해 개발할 수 있는 긍정특성으로 개인의 성장과 행복에 기여할 수 있음을 배우는 회기	성격강점: 강점 검사와 평가, 가족 구성원, 친구 등 다양한 출처에서 얻은 정보를 수집해 자신의 대표 강점 프로필을 작성
3	대표 강점 실용지혜	대표 강점 실용지혜를 발휘하는 기술을 보여주는 회기. 자신의 대표 강점을 균형 잡힌 방식으로 활용해 문제를 해결하는 법을 배우는 회기	강점 활용 노하우: 3가지 구체적인 상황을 해결하는 4가지 실용지혜 전략(구체화하기, 적절성 찾기, 충돌 해소하기, 성찰하기 및 계측하기)을 활용
4	더 나은 버전의 나	긍정적이고 실용적이며 지속적인 자기계발 계획을 명확하게 작성하고 실행하는 회기	더 나은 버전의 나: 측정 및 성취 가능한 구체적인 목표를 정해 강점을 융통성 있게 활용해 더 나은 버전의 나라는 자기계발 계획을 작성
2단계 5	종결된 기억, 종결되지 않은 기억	내담자가 과거의 기억을 떠올려 기록하고 처리하는 회기. 종결되지 않은 기억, 부정적인 기억을 다루는 기술을 배우는 회기	긍정평가: 긴장을 풀고 나서 고통스러운 기억, 즉 종결되지않은 기억을 기록하고, 그러한 기억을 적절하게 다루는 4가지 방법을 탐색한다.
6	용서 하기	용서가 하나의 사건이 아니라 변화를 위한 과정임을 알고, 용서인 것과 용서가 아닌 것을 배우는 회기	리치(REACH): 용서에 이르는 길을 배운다. 용서 편지: 용서 편지를 쓰되 반드시 전할 필요는 없다.
7	최대자 vs 만족자	최대자(최상의 것을 선택하기)와 만족자(충분히 좋은 것을 선택하기: 이 정도면 괜찮아)의 개념을 제시하는 회기	만족자 지향: 최대자나 만족자의 자신의 생활 영역 탐색하기, 만족을 증진시키는 계획서 작성하기

8	감사	현재 생존해 있는 사람과 과거에 긍정적인 도움을 주었는데도 감사를 전하지 못한 사람을 떠올려보고 그 사람에게 편지를 써서 감사의 개념을 확장하는 회기	감사 편지: 어려울 때 도움을 받았지만 적절하게 감사 인사를 전하지 못한 사람에게 감사 편지를 쓴다. 감사 방문: 감사 편지를 쓴 사람을 초대해 일대일로 만나기, 사전 설명 없이 감사 편지 직접 읽어주기
3단계 9	희망과 낙관성	가능한 한 최상의 현실적인 결과를 생각하고 낙관성 키우는 법을 배우는 회기	문 하나가 닫히면 다른 문이 열린다고 생각하기: 닫혀 있는 문 3개와 열려 있는 문 3개를 생각해보고 기록하기
10	외상 후 성장	트라우마를 겪은 후 계속 마음에 걸리는 충격적인 경험에 관한 내담자 내면의 깊은 감정과 생각을 탐색해보는 회기	표현적 글쓰기: 충격적이고 고통스러운 경험을 종이 한 장에 옮기는 선택적 활동을 한다. 내담자가 건전한 대처 기술을 키워 현재의 스트레스 요소에 짓눌리지 않을 때 이 실습이 종료된다.
11	느림과 음미하기, 마음챙김	속도를 늦추는 법을 배우고, 음미하는 법과 마음챙김을 의식하고 배우는 회기	느림과 음미하기: 내담자 자신의 성격과 생활환경에 적합한 느림의 기법과 음미하는 5가지 방법을 하나씩 선택하기, 마음챙김 명상하기
12	긍정 관계	긍정관계를 위해 사랑하는 사람들의 강점을 인정해주는 것이 중요하다는 사실을 배우는 회기	긍정관계 나무: 사랑하는 사람들과 함께 자신의 강점 평가하기, 사랑하는 사람과 함께 서로의 강점을 칭찬해 관계를 강화하는 방법 논의
13	긍정 소통	긍정적인 소식에 대한 4가지 반응 기술과 그중 관계 만족을 예견해주는 기술을 배우는 회기	적극적이며 건설적인 반응 기술: 내담자 자신에게 중요한 사람의 강점을 탐색하고 적극적이고 건설적인 반응기술을 실습한다.
14	이타성	자신과 타인 모두에게 도움이 되는 이타적인 사람이 되는 법을 배우는 회기	시간의 선물: 내담자 자신의 대표 강점을 활용해 무언가를 해서 시간의 선물을 주는 계획을 세운다.
15	의미와 목적	보다 더 나은 선을 위한 의미 있는 노력을 찾고 추구하는 데 집중해 의미 있는 삶 만드는 법을 배우는 회기	긍정유산: 어떤 사람으로 기억되고 싶은지, 특히 어떤 긍정적인 발자취를 남기고 싶은지를 기록한다.

치료사는 PPT를 단독으로 사용하거나 다른 치료법을 통합해 사용할 수 있다. 치료자는 내담자가 전체 치료 과정 내내 감사 일기를 써서 하루 동안 자신에게 일어난 잘 됐던 일 3가지를 기록하도록 장려한다(감사 일기에 관한 보다 더 자세한 내용은 1회기 참조). 내담자는 대부분 부산스러운 일상에서 놓치기 쉬운 긍정경험을 의식적으로 주목하는 게 유익하다는 사실을 깨닫는다. 치료가 끝날 무렵 내담자는 일상적인 긍정경험을 서면(자필 문서, 메모, 전자문서)이나 시각적 형태(휴대전화로 사진 촬영하기), 대인적 형태(토론, 감사, 직접 만나 표현하기, 아니면 3가지 모두)로 기록하는 법을 알게 된다. 덕분에 내담자는 회기 중 키워나가는 더욱 광범위한 경험적 의식을 유지할 수 있고, 부정편향을 애호하는 인간 본성에 계속 저항할 수 있다. 내담자는 자신만의 독특한 강점들이 있으며, 그것들을 다양한 방법으로 활용할 수 있다는 사실을 배운다.

지금까지 일반적인 심리치료법은 내담자가 자신의 결점에 대해 상세하게 진술할 때 어느 정도 회복된다는 검증되지 않은 무언의 전제하에 이루어진다. 하지만 PPT는 그 반대다. PPT에서는 내담자가 자신의 삶에서 옳고, 강하며, 좋고, 잘하는 부분을 완전히 인식하고, 그중 최상의 것을 이용해 심리적 증상을 완화하도록 격려한다. 실례를 들자면 다음과 같다.

- 과거의 심리적 외상 경험에 집착하는 젊은 여성 엠마는 용서할 수 있는 용기를 내 용서가 아픔이 되기도 하지만 도움도 된다는 사실을 발견한다.

- 우울증과 자살충동에 시달리는 중년의 남성 알레한드로는 정신과 응급실에 앉아 있다. 그 순간 그곳에 있는 대부분의 사람이 자신보다 훨씬 더 상태가 심각해 보인다는 사실을 알아차리고, 자신이 자신의 문제에 대처할 수 있는 내적 자원을 충분히 갖추고 있음을 깨닫는다.
- 20대 후반의 여자 대학원생 미리엄은 어떠한 진단 범주에도 정확하게 맞아 떨어지지 않는 환영과 환각을 경험하고 있다. 다시 치료를 받기 시작한 미리엄은 수많은 전문가를 만나봤지만 그중 누구도 진단을 내리지 못했다.

이런 사람들과 그 밖에 다른 수많은 심리적 증상자가 지난 15년 동안 PPT를 선택했다. PPT에서는 그들을 단순하게 상처 입은 영혼에 지친 육체, 무기력한 정신을 가진 사람으로 보지 않기 때문이다. PPT는 그들의 고통을 과소평가하지 않으면서 좋은 점을 평가하고 인정하며 증폭시킨다. 또한 그러한 내담자들의 강점을 치료 수단으로 사용한다.

- 엠마가 자신의 심리적 외상을 똑바로 들여다볼 준비가 됐을 때 PPT는 용서의 미묘한 차이를 이해하는 과정이 됐다. 다시 말해 엠마는 용서가 도움이 되거나 아픔이 될 수도 있다는 사실을 이해하게 된 것이다. 엠마는 용서라는 자신의 강점 덕분에 자신이 공감할 줄 아는 친절한 사람이 된다는 사실을 깨달았다.
- 알레한드로는 PPT 도중 예견력이 자신의 대표 강점 중 하나라는 사실을 발견했다. 알레한드로는 다른 사람들이 자신보다 상태가

훨씬 심각하다고 결론내릴 수 있었고, 그 사실을 이해하자 자신의 강점을 이용해 자기 인생에서 긍정자원을 찾아 활용하는 것이 가능해졌다.

- 우리의 치료 서비스가 미리엄에게 특화돼 있지 않았는데도 미리엄은 무엇 때문에 다시 치료받기 시작했느냐는 우리의 질문에, 이 세상에서 자신의 심리적 증상만을 보지 않고 창의성과 끈기로 학위를 딸 수 있던 자신을 인정해주는 것은 PPT뿐이라고 했다.

심리치료는 대개 약점을 고치고 바로잡는 치료 학문으로 발달해왔다. 하지만 PPT는 진정한 긍정정서와 성격강점, 의미, 목표를 탐구하고 키워나가는 데 중점을 두고 심리치료를 할 수 있다는 사실을 알려준다.

중증 우울증에 PPT를 시도한 한 연구에서 환자들은 앞의 PPT 개요를 따르는 개인 PPT 또는 기존 개인 심리치료에 무작위로 배정되었다. 무작위 배정되지 않은 중증 우울증 환자 집단은 기존치료에 항우울제를 추가했다. 약물에 환자를 무작위 배정하는 일은 비윤리적이므로 우리는 인구 통계적 변수와 우울증 강도에 따라 동일한 속성을 지닌 환자들로 집단을 구성했다. PPT는 모든 결과 측정치에서 기존 치료와 항우울제보다 더 우수하게 우울 증세를 완화시켰다. PPT를 받은 환자의 55퍼센트, 기존 치료 환자의 20퍼센트, 기존 치료와 항우울제를 병행한 환자의 8퍼센트가 우울증이 호전되었다.

PPT의 실행과 응용은 아직 시작 단계일 뿐이다. 앞으로 무수한 반복과 연구가 필요하다. 환자의 증상에 맞춰서 긍정개입(긍정심리학의 긍정 연습 도구)을 시도하고 지속적인 실천 기간을 조정하는 일이 중요할 것이다. PPT 15회기에 여러 가지 긍정개입을 시도하는 것은 새로운 시도이지만 각각의 긍정개입 자체로도 충분히 검증되었다.

긍정심리학의 연습 도구(긍정개입)의 가장 놀라운 결과는 2005년 1월에 나타났다. 〈타임〉은 긍정심리학을 커버스토리로 다루었다. 검사 요청이 쇄도하리라고 예상한 우리는 한 가지 연습을 무료로 제공하는 웹사이트를 개설했다. 감사일기 즉 '잘 됐던 일' 연습이었다. 수천 명이 접속했다. 가장 심각한 우울증 환자 50명이 웹사이트를 방문해서 우울증 검사와 행복 검사를 받고 잘 됐던 일 연습을 했다는 점이 특히 나의 관심을 끌었다. 이들의 평균 우울증 점수는 34점이었다. 그 정도면 '극단적' 우울증 범주에 속하는데, 바로 그런 사람들이 가까스로 침대 밖으로 나와서 컴퓨터 앞에 앉았다가 다시 침대 속으로 들어간 것이다. 그들은 각자 '잘 됐던 일' 연습을 실천해서 일주일 동안 매일 그날 잘 됐던 세 가지 일을 적은 다음 웹사이트에 다시 접속해서 보고했다. 그들의 평균 우울증 점수는 34점에서 17점으로, 즉 극단적 우울증에서 경미한 우울증으로 크게 내려갔고 행복 백분위 점수는 15점에서 50점으로 올라갔다. 50명 중에서 47명이 이제 덜 우울하고 더 행복했다. 위의 두 연구와 마찬가지로 이 연구도 절대 통제되지 않았다. 무작위 배정과 위약 통제는 없었다. 그들 대부분은 처음부터 호전을 희망하며 웹사이트를 방문했다는 점에서 잠재적 편견은 존재한다. 그러나 나는 지난 40년 동안 심리치료와 약물로 우울증을 치료했지만 이런 결과를 목격한 적은 한 번도 없었다. 이 모든 연구를 통해 나는 심리치료와 약물의 숨기고 싶은 비밀을 알아차렸다

chapter 3

심리치료와 약물의
숨기고 싶은 비밀

나는 연구비를 얻어내는 솜씨가 좋다. 정부 연구 기금을 간청하는 일에 지난 40년의 상당 부분을 소모해서 내 무릎은 닳고 닳았다. 나는 40년 동안 꾸준히 국립정신건강연구소(National Institute of Mental Health, NIMH)의 연구비를 받았지만 진실을 알았을 때 중요한 돌파구를 찾아냈다. 2장에서 소개한 연구 결과가 그 돌파구다. 물론 최종 결과는 아니지만 그렇게 저렴한 우울증 치료법의 효험 여부를 알아내는 연구에 거액을 지원받을 수 있을 정도의 매력은 충분했다.

세계보건기구(WHO)에 따르면 우울증은 치료비가 가장 비싼 질환으로, 선택 가능한 치료법은 약물치료와 심리치료다. 보통 우울증 환자 한 명의 치료비는 연간 5,000달러이고, 해마다 약 1,000만 명의 미국인이 우울증에 걸린다. 항우울제는 수십억 달러짜리 산업이다. 아주 저렴하고 누구나 받을 수 있고 심리치료와 약물치료 못지않게 효과적인 치료법인 온라인으로 제공하는 긍정심리학 연습을 상상해보라. 그래서 국립정신건강연구소에 연구비 지원을 세 번 요청했지만 매번 제안서가 검토되지도 못하고 거절당했을 때 충격을 받았다. 그 연구 제안서가 거절당한 이유를 알기 위해서는 우울증을 포함한 기분장애 치료를 놓고 제약 산업과 심리치료 산업이 벌이는 교묘한 싸움을 이해해야 한다.

치료 대 증상 완화

생물정신의학과 임상심리학의 숨기고 싶은 첫 번째 비밀은 바로 두 가지 모두 치료 개념을 포기했다는 것이다. 치료는, 설사 가능하더라도 시간이 오래 걸리고, 보험 회사는 오직 짧은 치료에만 보험금을 지불한다. 그래서 심리치료와 약물치료는 전적으로 단기 위기관리이며 표면적 치료에 지나지 않는다.

약물에는 증상 완화와 치료제, 두 종류가 있다. 항생제를 적절하게 복용하면 침입한 박테리아를 죽여서 질병을 치료한다. 항생제 복용을 중단하더라도 병원체가 죽었으므로 그 질병은 재발하지 않는다. 그렇다면 항생제는 치료제다. 반면에 말라리아 때문에 퀴닌을 복용한다면 증상이 일시적으로 억제될 뿐이다. 퀴닌을 중단할 경우, 말라리아는 다시 활개를 친다. 퀴닌은 완화제, 즉 고통완화제다. 모든 약물은 그 목적에 따라 치료제 또는 완화제, 둘 중 하나다. 고통완화도 좋은 것이다. 하지만 최선은 아니며 의료 개입의 궁극적 목표도 아니다. 증상 완화는 치료의 길에 놓인 중간 기착지여야 한다.

하지만 그 길은 증상 완화 지점에서 막다른 골목에 처했다. 정신약전(精神藥典)에 올라 있는 약품은 전부 완화제다. 치료제는 없으며, 내가 아는 한 치료 목적으로 개발 중인 약품은 없다. 생물정신의학계는 치료를 단념했다. 나는 프로이트 옹호자는 결코 아니지만 한 가지 면에서는 그가 모범이 된다고 생각한다. 바로 치료를 추구했다는 것이다. 프로이트는 항생제처럼 작용하는 심리치료를 원했다. 그의 상담 치료는 통찰과 카타르시스를 이용하여 증세를 영원히 없앰으로써 환자를 치료하려는 시도였다. 프로이트는 증상 완화을 추구하지 않았다. 어떤 증상 완화은 '건강으로의 비행(flight into health, 치료 가능성에 접하자 저절로 회복되는 현상 —옮긴이 주)'으로 불리는 방어기제로 보일 수도 있는데, 이것은 해당 질환을 고스란히 보존한다. 고통완화는 정신역학 심리치료의 주요 목표가 아니다. 치료를 등한시하는 이유는 프로이트의 영향력이 감소했다기보다는 건강관리 제도 전략들이 심리학과 정신의학으로 하여금 치료가 아닌 증상 완화만을 다루게 부추겼기 때문이다.

65퍼센트 장벽

나는 인생의 상당 부분을 심리치료 및 약물치료의 효과를 측정하며 보냈다. 그리고 숨기고 싶은 두 번째 비밀을 알아냈다. 치료 효과는 엄밀하게 말해서 '적다.' 거의 언제나 그렇다. 우울증이 대표적이다. 무수한 논문에 의해 그 효과가 입증된 두 가지 치료법을 생각해보자. 우울

증 인지 치료(부정적 사건에 대한 사고방식을 바꾸는 치료)와 선택적 세로
토닌 재흡수 억제제(selective serotonin reuptake inhibitors, 프로작, 졸로프트, 렉
사프로 같은 상표명의 항우울제)다. 수많은 논문을 검토한 결과, 두 치료법
의 증세 완화 비율은 평균 65퍼센트이고 플라시보 효과(placebo effect, 약
효가 전혀 없는 거짓 약을 진짜 약으로 가장, 환자에게 복용토록 했을 때 환자
의 병세가 호전되는 효과를 말한다. —옮긴이 주)는 45에서 55퍼센트다. 약이 사
실적이고 정교할수록 플라시보 효과는 높아진다. 플라시보 효과가 어
찌나 높은지 미국식품의약국(U.S. Food and Drug Administration)이 항우울제
정식 승인을 위해 참고한 연구의 절반에서 플라시보와 항우울제 간에
효과는 차이가 없었다.

　항우울제에 관한 최신 연구들은 훨씬 더 절망적이다. 심리학자와 정
신의학자로 이루어진 권위 있는 한 협력 집단이 항우울제 대 플라시보
에 관한 엄밀한 연구, 6가지에 참여한 우울증 환자 총 718명의 자료를
취합하여 그들을 우울증 강도에 따라 분류했다. 극단적 우울증에는 항
우울제가 믿을만한 효과를 보였다. 그러나 중도 또는 경미한 우울증에
는 효과가 없었다. 불행하게도 이 중도 또는 경미한 우울증 환자들에게
엄청난 수의 항우울제 처방이 내려진다. 따라서 그 약품으로 얻는 이득
은 너그럽게 최대치로 추정해도 플라시보보다 20퍼센트 높은 정도다.
증상이 완화된 환자들의 비율을 확인하든 환자의 중상 완화 비율을 확
인하든 간에 이 65퍼센트라는 수치가 반복해서 나타난다. 나는 이 문제
를 '65퍼센트 장벽'이라고 부른다.

　65퍼센트 장벽은 왜 있으며, 항우울제는 왜 그렇게 효과가 적을까?

　스키를 타기 시작한 첫날부터 5년 후 그만둔 날까지 나는 항상 산과

싸움을 벌였다. 스키는 절대 쉽지 않다. 내가 아는 모든 종류의 심리치료, 모든 연습은 '산과의 싸움'에 개입하는 것이다. 다시 말해서 심리치료는 자기 강화 치료가 아니므로 시간이 지남에 따라 이득이 감소한다. 대체로 상담 치료 기법들은 모두 행하기 힘들고 재미가 없고 일상에 통합되기 힘들다는 속성이 있다. 사실 상담 치료의 효과를 측정하는 방법은 일단 치료가 끝난 다음 그 효과가 어느 정도의 기간이 지난 후 '녹아 사라지는지'를 재는 것이다. 모든 약품도 이와 똑같은 속성을 지닌다. 즉, 일단 약물 복용을 중단하면 원점으로 돌아간다. 재발과 악화는 통례적이다.

이와 반대로, 다음의 긍정심리학 연습을 시도해보라. 재미도 있고 한 번 터득하고 나면 자기 강화적이다.

적극적이며 건설적인 반응

이상하게도 결혼 상담은 대체로 부부에게 더 잘 싸우는 법을 가르치는 것으로 이루어져 있다. 그것은 도저히 참을 수 없는 관계를 간신히 참을 수 있는 관계로 바꿔줄지도 모른다. 나쁘지는 않다. 하지만 긍정심리학은 좋은 관계를 훌륭한 관계로 바꾸는 법에 더 관심이 많다. 샌타바버라에 있는 캘리포니아 주립대학 심리학과 교수 셸리 게이블(Shelly Gable)은 싸우는 방법보다는 축하하는 방법이 인간관계의 강도를 더 잘 예측한다고 주장했다. 우리가 관심을 기울이는 사람들은 자신이 겪은 승리, 성취, 소소한 좋은 일들에 관해 자주 털어놓는다. 우리가 반응하는 방식이 관계를 강화하거나 약화시킬 수 있다. 기본적인 반응 방식은 네 가지인데, 관계를 강화하는 방식은 단 한 가지뿐이다.

이 표는 두 가지 예에 대한 네 가지 반응 방식을 보여준다.

배우자의 긍정적 사건 공유	반응 유형	당신의 반응
"회사에서 승진하고 월급도 올랐어!"	적극적이며 건설적	"대단해! 당신이 정말 자랑스러워. 그 승진이 당신에게 얼마나 중요한지 알고 있어! 어떻게 진행된 일인지 어서 얘기해봐. 사장이 어디에서 그런 말을 했어? 뭐라고 그래? 당신은 뭐라고 말했어? 밖에 나가서 축하해야 할 일이야." 비언어적 반응: 진정한 미소, 신체 접촉, 웃음 등의 태도로 감정 표현, 눈 맞춤 유지.
	소극적이며 건설적	"좋은 소식이네, 당신은 승진할 만해." 비언어적 반응: 적극적인 감정 표현이 거의 없음.
	적극적이며 파괴적	"책임이 늘었다는 소리로 들리는군. 이제 야근하는 날이 훨씬 더 많아지는 거야? 비언어적 반응: 눈썹 찡그리기, 인상 쓰기 등 부정적 정서 표현.
	소극적이며 파괴적	"저녁 식사는 뭐야?" 비언어적 반응: 눈 맞춤 걸여, 고개 돌리기, 방에서 나가기
"5백 달러짜리 자선 복권에 당첨됐어!"	적극적이며 건설적	"와, 진짜 운 좋네. 뭐 좋은 거 살 거야? 그 복권은 어떻게 샀어? 복권 같은 것에 당첨되면 정말 기분이 굉장할 거야." 비언어적 반응: 눈 맞춤 유지, 태도로 감정 표현.
	소극적이며 건설적	"잘 됐네." 비언어적 반응: 적극적인 감정 표현이 거의 없음.
	적극적이며 파괴적	"장담하는데, 당신은 그 당첨금에 대한 세금을 내야 할 거야. 난 뭐든 당첨된 적이 한 번도 없어." 비언어적 반응: 부정 정서 표현.
	소극적이며 파괴적	"난 오늘 회사에서 진짜 끔찍했어." 비언어적 반응: 눈 맞춤 걸여, 고개 돌리기.

적극적이며 건설적인 반응, 이번 주 과제는 이것이다. 당신이 관심을 기울이는 사람이 자신이 겪은 좋은 일을 이야기할 때마다 세심하게 경청한다. 특별히 애써서 적극적이며 건설적으로 반응한다. 그 일이 일어난 상황을 자세히 들려달라고 요구한다. 그가 오래 이야기할수록 좋다. 많은 시간을 들여서 반응한다. 짧은 반응은 나쁘다. 일주일 내내 긍정적 사건을 찾아 듣고, 매일 밤 다음 양식에 따라 적는다.

타인의 긍정 사건	나의 반응 (사실 그대로)	나를 향한 타인의 반응

이 일에 별로 소질이 없는 사람은 미리 계획을 세운다. 최근에 당신이 들은 긍정 사건들을 구체적으로 적어보고, 어떤 식으로 반응해야 했는지 적는다. 아침에 일어났을 때 5분 정도 시간을 내서 오늘 만날 사람들을 떠올리고 그들이 자신에 관해 당신에게 말할 가능성이 있는 좋은 일을 상상한다. 적극적이며 건설적인 반응을 계획한다. 다양하게 변형된 적극적이며 건설적인 반응을 일주일 내내 활용한다.

산과 싸움을 벌이는 것과는 반대로 이 기술은 자기 강화적이다. 하지만 그 기술을 선천적으로 타고나는 사람은 별로 없다. 따라서 그것이 습관이 될 때까지 부지런히 실천해야 한다.

2010년 7월, 베를린에서 실시한 워크숍 맨 앞줄에 열여섯 살짜리 내

아들 대릴이 앉아 있는 것을 보고 나는 아주 기뻤다. 컴퓨터 앞에서 글을 쓰고 브리지게임을 하는 아빠가 생계를 위해 실제로 어떤 일을 하는지 보여줄 기회가 드디어 온 것이다! 처음 한 시간 동안 나는 참가자 600명에게 적극적이며 건설적인 반응 연습을 알려주고 두 사람씩 짝을 지어 A는 긍정 사건을 말하고 B는 반응한 다음 서로 역할을 바꾸게 했다. 대릴도 낯선 사람과 짝이 되어서 그 연습을 했다.

다음 날, 온 가족이 베를린 중앙 공원에 있는 커다란 벼룩시장에 갔다. 우리는 뿔뿔이 흩어져서 동유럽 여행을 기념할 값싼 장신구와 다양한 기념품을 샀다. 아홉 살인 칼리와 여섯 살인 제니는 이 모험에 신바람을 내며 여기저기로 뛰어다녔다. 그날 베를린은 지독하게 무더워서 기온이 38도에 달했다. 오래지 않아 더위에 지치고 돈도 떨어진 우리는 근처 카페에 모여 에어컨 바람을 쐬며 아이스커피를 마셨다. 칼리와 제니 모두 플라스틱에 모조 보석을 잔뜩 붙여 만든 황금 왕관을 자랑스럽게 내보였다.

"전부 다 해서 13유로에 샀어요." 칼리가 의기양양하게 말했다.

"안 깎았어?" 나는 아무 생각 없이 내뱉었다.

"아, 그게 바로 적극적이며 파괴적인 반응의 훌륭한 예군요, 아빠." 대릴이 말했다.

그래서 나는 지금도 많은 지도를 받아가며 이 연습을 실천하고 있다.

하지만 그것을 일단 실천하기 시작하면 다른 사람들이 당신을 더 좋아하고 당신과 더 많은 시간을 보내고 자신의 개인적인 사건을 더 많이 시시콜콜 털어놓는다. 당신은 자신에게 더욱 만족하며, 이 모든 것이 적극적이며 건설적인 반응 기술을 강화한다.

부정 정서 다루기

지난 20세기에 치료사가 하는 일은 부정 정서를 최소화하는 것이었다. 사람들을 덜 불안하고 덜 분노하고 덜 우울하게 해주는 약물이나 심리학적 의료 개입을 제공한 것이다. 지금도 치료사의 일은 불안, 분노, 슬픔을 최소화하는 것이다. 부모와 교사도 똑같은 일을 맡고 있는데, 나는 그 점이 걱정스럽다. 왜냐하면 이 불쾌한 정서에 접근하는 보다 현실적인 다른 방법이 있기 때문이다. 슬프거나 두렵거나 분노할 때조차 올바로 기능하는 법을 배우는 것, 다시 말해서 부정 정서 다루기가 그것이다.

나의 이러한 태도는 20세기 후반에 시행된 성격 영역에서 가장 중요한 연구 결과에서 비롯된 것이다. 그 결과는 나를 포함하여 환경을 중시하는 연구자 세대의 환상을 깨뜨렸지만, 성격 특성이 대부분 유전될 가능성이 높다는 것은 엄연한 사실이다. 이 말은 인간은 강렬한 슬픔, 심각한 불안, 독실한 신앙심을 갖는 성향을 물려받을 수 있다는 뜻이다. 항상 그렇지는 않지만 불쾌한 정서는 종종 성격 특성에서 생겨난다. 강력한 생물학적 기반이 일부 사람들에게 슬픔, 두려움, 분노 성향을 띠게 한다. 치료자는 그 감정을 수정할 수 있지만 그것도 한계가 있다. 우울, 불안, 분노는 단지 개선될 수 있을 뿐 완전히 제거할 수는 없는 유전 가능한 성격 특성에서 생기기 쉽다. 타고난 비관적인 사람인 나는 저절로 떠오르는 재앙적 사고에 반박하는 것에 관한 모든 심리치료 기법을 알고 이용하지만 여전히 이런 말이 자주 맴돈다. "나는 실패자야." "인생은 살아갈 가치가 없어." 나는 그 말에 반박함으로써 대체로 그 목소리를 낮추려고 노력한다. 하지만 그 목소리는 언제나 몰래 숨어서 모든 불행에 참견할 준비를 하고 있을 것이다.

부정 정서의 유전성이 65퍼센트 장벽의 한 가지 원인이라면 치료사는 무엇을 할 수 있을까? 신기하게도 심리치료사들은 저격수와 전투기 조종사의 훈련 방식에서 얻은 정보를 이용할 줄 안다. 이것을 이용하는 것은 저격 행위를 옹호해서가 아니라 다만 그들의 훈련법을 설명하고자 하는 것이다. 저격수가 정확한 위치를 잡는 데는 꼬박 하루가 걸리기도 한다. 그런 다음 다시 36시간을 기다려서 방아쇠를 당긴다. 이 말은 저격수들은 총을 쏘기까지 이틀 이상 잠을 자지 않는다는 뜻이다. 그들은 극도로 피곤하다. 저격 부대가 심리치료사를 찾아와서 저격수를 어떻게 훈련시킬지 물었다고 하자. 심리치료사는 각성제나 졸음을 경감시키는 심리학적 개입, 예를 들어 손목에 고무줄을 튕겨서 잠깐 정신을 차리는 방법을 사용할 것이다.

하지만 저격수들은 그런 식으로 훈련하지 않는다. 사흘 동안 잠을 자지 않아서 극도로 피곤할 때 사격 훈련을 한다. 즉, 저격수들은 자신이 처한 부정 상태를 다루는 법, 피곤할 때조차 올바로 기능하는 법을 배우는 것이다. 이와 비슷하게 전투기 조종사도 두려움을 모르는 강인한 사람 중에서 선발된다. 하지만 아무리 강인한 조종사라 해도 겁에 질리는 일이 많이 일어난다. 전투기 훈련 교관은 심리치료사를 찾아와 두려움을 줄여주는 비법을 배워가서 훈련병들에게 긴장이 풀린 전투기 조종사가 되는 법을 가르치지 않는다. 오히려 그들이 공포에 질릴 때까지 전투기를 지상으로 수직 하강시킨다. 그런 다음에야 훈련병은 공포 상태에서 전투기를 상승시키는 것을 배운다.

부정 정서와 부정적 성격 특성은 생물학적 한계가 매우 강하다. 그래서 임상의가 경감제로 할 수 있는 최선의 치료는 유전적으로 타고난 우울 성향, 또는 불안, 분노 성향의 최저 수준에서 살아가게 해주는 것이다. 중증 우울증 환자였던 에이브러햄 링컨과 윈스턴 처칠을 생각해보자. 두 사람 모두 우울증과 자살 충동을 잘 느꼈다. 링컨은 1841년 1월에 자살할 뻔했다. 그러나 이들은 올바른 방법으로 극복했다. 그들은 극도로 우울할 때조차 탁월하게 기능하는 법을 배웠다. 그러므로 인간의 질병의 완고한 유전성을 고려해서 임상심리학 분야가 개발해야 할 것은 '질병 다루기'에 대한 심리학이다. 우리는 환자에게 이렇게 말해야 한다. "자, 치료가 아무리 성공적이더라도 당신은 잠에서 깨어날 때 우울하고 삶에 희망이 없다고 생각되는 날이 많을 겁니다. 그게 사실이에요. 당신은 그 부정 정서와 싸워 아주 씩씩하게 살아야 합니다. 그러니까 무척 슬플 때조차 올바로 기능해야 하는 거지요."

새로운 치료법

지금까지 나는 모든 약품과 대부분의 심리치료가 그저 완화제일 뿐이며 그것이 할 수 있는 최선의 치료는 65퍼센트 고통 완화에 다가가는 것이라고 주장했다. 65퍼센트 이상 호전될 한 가지 방법은 환자에게 질병을 다루는 법을 가르치는 것이다. 그러나 더 중요한 점은 긍정심리치료 개입이 65퍼센트 장벽을 돌파하고 표면적인 증상 완화를 뛰어넘어 치료에 이르게 해줄 수 있다는 것이다.

현재 그렇듯이 심리치료와 약물치료는 불충분하다. 드물지만 완전히 성공할 경우, 그것은 환자의 고통, 비참함, 부정 증상을 없애준다. 간단히 말해서 삶의 내적 불가능 조건을 제거한다. 그러나 불가능 조건을 없앤다는 것이 가능 조건을 구축한다는 것은 결코 아니다. 플로리시를 원하고 웰빙을 누리고 싶다면 고통을 실제로 최소화해야 한다. 그에 더해서 긍정 정서, 의미, 성취, 긍정 관계도 갖춰야 한다. 이 요소들을 구축하는 기술과 연습은 고통을 최소화하는 기술과는 완전히 다르다.

나는 장미를 키운다. 많은 시간을 들여서 덤불을 치우고 잡초를 뽑아낸다. 잡초는 장미의 성장을 막는다. 따라서 잡초는 불가능 조건이다. 하지만 장미꽃을 보고 싶다면 덤불과 잡초를 없애는 것으로는 충분하지 않다. 물이끼로 토양의 성질을 바꾸고 좋은 장미 묘목을 심고 물을 주고 영양분을 줘야 한다. 플로리시를 위해 가능한 조건을 제공해야 하는 것이다.

이와 비슷하게 심리치료사로서 나는 가끔 환자가 자신의 분노, 불안, 슬픔을 모두 없애게 도와주었다. 그러면 행복을 느낄 것이라고 생각했다. 하지만 그런 적은 결코 없었다. 그는 여전히 '공허'했다. 그 이유는 플로리시하는 기술, 즉 긍정 정서, 의미, 성취, 긍정 관계를 갖추는 것이 고통을 최소화하는 기술보다 우위에 있기 때문이다.

40여 년 전, 처음 심리치료를 시작했을 때 환자들은 하나같이 이렇게 말했다. "저는 그저 행복해지고 싶어요, 선생님." 나는 이 말을 고쳐주었다. "우울증을 없애고 싶다는 말씀이군요." 당시 나는 웰빙 구축 도구를 갖고 있지 않았고, 지그문트 프로이트와 인간이 성취할 수 있는 최선은 자신의 고통을 극소화하는 것이라고 가르친 아르투르 쇼펜하우어에게 맹목적이었다. 따라서 그 차이를 나는 알지 못했다. 내게는 우울증 완화 도구만 있었다. 그러나 모든 사람, 모든 환자가 그저 행복해지기를 원한다. 이 타당한 목표는 고통 완화와 웰빙 구축을 결합시킨다. 내 생각에 치료는 고통을 최소화하는 약물이나 심리치료를 모두 이용하고 긍정심리학을 추가함으로써 이루어진다.

미래의 치료법에 대해, 치료에 대해 나는 다음과 같은 비전을 갖고 있다.

첫째, 환자에게 약물과 심리치료는 일시적인 증상 완화제일 뿐이며 치료가 끝나면 질병의 재발을 예상해야 한다는 점을 알려야 한다. 그러므로 질병을 다루고 증세가 있을 때도 올바로 기능하는 법을 명확하게 성공적으로 실천하는 것이 치료의 중요한 부분이 되어야 한다.

둘째, 고통이 완화되었다고 치료를 중단해서는 안 된다. 환자는 긍정심리학의 구체적인 기술을 배울 필요가 있다. 즉, 더 많은 긍정 정서, 더 많은 몰입, 더 많은 의미, 더 많은 성취, 더 좋은 인간관계를 갖추는 법을 배워야 한다. 고통을 최소화하는 기술과 달리, 이 긍정심리학 기술은 자기 유지적이다. 이 기술은 우울과 불안을 다루고 예방에 일조할 것이다. 증상 완화보다 더 중요한 점은 이 기술들이 바로 플로리시라는 것이다. 또한 모두가 추구하는 웰빙에 꼭 필요하다.

하지만 이 기술을 누가 세상에 널리 퍼뜨릴 것인가?

응용심리학 대 기초심리학 : 문제 대 수수께끼

2004년 펜실베이니아 대학 최고 행정부가 긍정심리학에 관한 대중의 요구를 돈벌이로 이용하기 위해 새로운 학위를 수여할지 여부를 놓고 논쟁할 때, 자연과학장은 독기 어린 말투로 이렇게 말했다. "반드시 A라는 철자를 집어넣읍시다. 어쨌든 그건 순수 과학을 하는 심리학 영역인데 사람들을 헷갈리게 하고 싶지 않잖아요, 안 그래요?"

"셀리그만 교수님도 동의하십니까?" 사회과학장이 물었다. "조금 모욕적이군요. 응용(applied)의 A를 말씀하신 거죠? 응용긍정심리학 석사요?"

모욕은커녕 나는 'A'를 환영했다. 벤저민 프랭클린은 '응용' 학문과 '장식용' 학문을 모두 가르치려고 펜실베이니아 대학을 설립했지만 오랫동안 장식용 학문이 승승장구해왔다. 프랭클린이 '지금 당장은 쓸모가 없는' 것으로 이해했던 장식용 학문 일색인 세계에서 나는 유별난 '응용' 학문 연구자로 40년간 고생해왔다. 파블로프 고전적 조건형성, 색채시(color vision), 직렬 대 병렬 심상주사(serial-versus-parallel mental scanning), 쥐의 T자 미로 수학적 학습 모형, 달 착시(moon illusion), 이것들이 내 전공 분야에서 명망 높은 대규모 사업이다. 현실 세계에 대한 연구는 학구적인 고상한 심리학 영역에서 살짝 악취를 풍긴다. 신규 석사학위에 대한 학장들의 논쟁 내내 감돌던 냄새다.

원래 나는 인간의 고통을 줄여주고 웰빙을 높이려고 심리학을 공부했다. 이 일을 해낼 준비가 잘 되어 있다고 생각했지만 사실 나는 그 과업에는 부적합한 교육을 받았다. 뒤에서 이야기하겠지만 내가 수수께끼를 찾아내고 해결하는 연구에서 벗어나 문제를 해결하는 연구에 들어서기까지는 수십 년이 걸렸다. 실제로 그것은 나의 지적 발달과 직업적 발전에 관한 이야기다.

내가 받은 부적합한 교육은 아주 유익하다. 1960년대 초, 프린스턴 대학에 들어간 나는 세상을 바꾸려는 희망으로 불타올랐다. 너무 교묘하게 기습 공격을 당해서 20여 년 동안 내가 공격당하고 있다는 것을 알아채지 못했다. 나는 심리학에 매료되었지만 심리학 연구는 단조로워 보였다. 대학 2학년생이나 흰쥐를 대상으로 한 실험실 연구가 고작이었다. 당시 프린스턴 대학 철학과에는 세계 최고의 석학들이 있었다. 그래서 나는 철학을 전공했다. 수많은 총명한 청년들과 다르지 않게 비트겐슈타인의 유령에 홀려서 그곳에 간 것이다.

비트겐슈타인과 포퍼, 그리고 펜실베이니아 대학

케임브리지 대학 철학과의 제왕인 루드비히 비트겐슈타인(Ludwig Wittgenstein, 1889-1951)은 가장 카리스마 넘치는 20세기 철학자다. 그는 중요한 두 가지 철학 운동을 창시했다. 비엔나에서 태어나 오스트리아를 위해 용감히 싸우다가 이탈리아 군대에 잡혀 감옥에 갇혔다. 1919년, 전쟁 포로의 몸으로 《논리철학논고》를 집필했다. 일련번호를 매긴 짧은 경구 모음집으로 논리 원자주의와 논리 실증주의의 창시로 이어진 책이다. 논리 원자주의는 현실은 궁극적 사실들의 위계로 이해할 수 있다는 이론이고, 논리 실증주의는 오직 개념과 경험적으로 입증할 수 있는 진술만 의미가 있다는 이론이다. 20년 후, 비트겐슈타인은 철학이 해야 할 일에 대한 자신의 생각을 바꾸어 《철학적 탐구》에서 철학의 과제는 현실의 구성요소(논리 원자주의)를 분석하는 것이 아니라 인간의 '언어 게임'을 분석하는 것이라고 주장했다. 이것은 일상 언어 철학, 즉 일상에서 사용되는 단어들에 대한 체계적인 분석을 촉구하는 나팔소리였다.

비트겐슈타인이 창안한 두 가지 철학 운동의 핵심은 분석이다. 철학의 과제는 현실과 언어의 토대를 엄격하고 아주 자세하게 분석하는 것이다. 이 예비 분석이 성공해야만 철학과 관련된 더 중요한 주제들인 자유 의지, 신, 윤리, 미 등과 씨름할 수 있다. "말할 수 없는 것에 대해 우리는 침묵해야 한다." 《논리철학논고》는 이 유명한 문장으로 끝난다.

비트겐슈타인의 철학만큼 중요한 것은 그가 대단히 매혹적인 선생이었다는 사실이다. 비트겐슈타인이 휑한 방에서 서성이며 경구를 중얼거리고 도덕적 순수를 위해 분투하고 학생들의 의문을 제압하고 자신의 생각을 정확히 표현할 수 없다며 자기 비하하는 것을 보려고 가장 똑똑한 케임브리지 대학생들이 찾아왔다. 그의 총명함과 잘생긴 외모, 독특한 성적 매력, 비현실적인 신비로움은 매혹적이었고, 학생들은 그 남자와 그의 사상을 사랑했다. 이어서 이 학생들이 1950년대 지식인 세계 곳곳으로 퍼져 나갔으며, 그 후 40년 동안 영어권 철학을 지배하면서 자신의 열병을 제자들에게 옮겼다. 비트겐슈타인 학파는 프린스턴 대학 철학과를 확실히 지배했고, 우리 학생들은 비트겐슈타인 교리에 물들었다.

내가 교리라고 부른 이유는 우리가 엄격한 언어 분석으로 벌을 받았기 때문이다. 한 예로, 나의 졸업 논문은 나중에 내 지도교수가 자기 이름으로 놀랍도록 비슷한 논문을 발표했는데, '똑같은' 대 '동일한'에 대한 주의 깊은 분석이었다. 우리는 '말할 수 없는 것'에 대해 말하려고 했다는 이유로 처벌을 받았다. 니체의 철학, '철학의 핵심은 당신의 인생을 바꾸는 것'을 가르친 카리스마 넘치는 교수 발터 카우프만(Walter Kaufmann)에 빠져든 학생들은 모호하고 건방진 사람으로 크게 격하되었다. 우리는 "처음부터 뭐 하러 힘들게 언어 분석을 하는 걸까?"와 같은 노골적인 질문은 하지 않았다.

1947년 10월에 케임브리지 도덕 철학 클럽에서 비트겐슈타인과 칼 포퍼(Karl Popper)의 역사적인 만남에 대해 우리는 결코 배운 적이 없다. 이 사건은 데이비드 에드먼즈와 존 에이디노의 《비트겐슈타인의 부지깽이(Wittgenstein's Poker, 우리나라에서는 《비트겐슈타인은 왜?》라는 제목으로 출간 ─옮긴이 주)》에 그대로 묘사된다. 수수께끼를 던져 놓음으로써 한 시대의 모든 철학자를 매수했다며 포퍼는 비트겐슈타인을 비난했다. 철학은 '수수께끼(puzzle)'에 관한 것이 아니라 '문제(problem)'에 관한 것이어야 한다고 포퍼는 주장했다. 비트겐슈타인은 극도로 격분해서 포퍼에게 부지깽이를 휘두르고는 문을 쾅 닫고 나갔다고 한다.

대학에 다닐 때 내가 비트겐슈타인은 현대 철학의 소크라테스가 아니라 다스 베이더일지도 모른다는 의심을 품었더라면 얼마나 좋았을까. 그가 허세덩어리라는 것을 알아볼 만한 소양이 있었더라면. 마침내 나는 길을 잘못 들어섰다는 것을 깨달았다. 그리고 옥스퍼드 대학에서 분석철학을 연구하기 위한 장학금을 거절하고 1964년에 펜실베이니아 대학 심리학과 대학원에 들어갔다. 철학은 환각성 게임이었지만 심리학은 게임이 아니었다. 심리학이 인간을 실제로 도와줄 수 있기를 나는 간절히 소망했다. 그것을 깨닫는 데는 로버트 노지크(Robert Nozick) 교수의 도움이 컸다. 그에게 데카르트를 배운 나는 장학금을 받았을 때 그의 조언을 구했다. 내가 그때까지 들었던 가장 잔인하고 가장 현명한 조언이었다. 그는 말했다. "다른 것을 하기 위한 준비로 철학은 좋은 학문일세, 마티." 후에 하버드 대학 교수가 된 로버트 노지크는 비트겐슈타인이 던진 일련의 수수께끼에 이의를 제기하고 언어적 수수께끼를 푸는 대신 철학적 문제를 해결하는 자기만의 방식을 갈고 닦는다. 그런데 그 일을 아주 능수능란하게 해내서 부지깽이로 위협하는 사람은 아무도 없었고, 그래서 그는 학문적 고등 철학을 포퍼가 주장한 방향으로 조금씩 이끌었다.

나는 브리지게임 전문 플레이어가 될 기회도 거절했다. 그것 역시 게임이라는 이유 때문이었다. 철학에서 심리학으로 전공을 바꾸었음에도 여전히 나는 훈련받은 비트겐슈타인 학파의 한 사람이었다. 그리고 나는 예나 지금이나 장식용 학문의 성지이자 심리적 수수께끼를 푸는 성지인, 내게 딱 들어맞는 분야에 들어선 것이다. 펜실베이니아 대학의 학문적 명성은 그 수수께끼를 엄밀하게 푸는 데서 생겨났다. 그러나 성취와 절망 같은, 실생활에서 겪는 문제를 해결하고자 하는 열망이 끝없이 나를 괴롭혔다.

나는 흰쥐 실험으로 박사학위를 받았다. 박사 논문은 학술지를 편집하는 수수께끼 전문가들을 만족시켰으나 그 논문은 겉핥기였다. 즉, 예측할 수 없는 충격은 예측 가능한 충격보다 더 많은 두려움을 일으키는데, 흰 쥐는 언제 충격이 올지 결코 알 수 없기 때문이다. 나는 무기력 학습, 즉 통제할 수 없는 충격이 일으키는 수동성에 대해서도 연구했다. 하지만 그것 또한 실험실 연구 모델이었다. 따라서 우수 학술지들은 그 논문을 받아들였지만 그것 역시 인간의 문제를 단순하게 생각한 것이었다. 1970년부터 1971년까지 아론 벡(Aron Tim Beck)과 앨버트 스턴커드(Albert Mickey Stunkard) 정신의학과 교수들 밑에서 레지던트 과정을 마친 직후, 전환점이 찾아왔다. 나는 1967년에 박사 과정을 마친 후 나의 첫 직업이었던 코넬 대학 조교수직도 정치적 항의 표시로 사임했었다. 그리고 나의 수수께끼 풀이를 실생활 문제와 더욱 밀접하게 연결시키려고 두 교수와 함께 실제 정신의학 문제 중 어떤 것을 배우려고 시도 중이었다. 1972년에 펜실베이니아 대학 심리학과로 돌아온 나는 동네 음식점 '켈리 앤 코헨'에서 가끔 벡 교수와 함께 점심을 먹었다.

"마티, 실험 심리학자로서 계속 동물을 대상으로 연구한다면 자넨 인생을 허비하는 거야." 그릴에 구운 루벤 샌드위치를 볼이 터지게 먹고 있는 나를 보며 벡 교수는 내가 들은 최고의 두 번째 조언을 건넸다. 그래서 나는 명확하게 문제를 연구하는 응용심리학자가 되었다. 그 순간부터 나는 괴짜 '대중화 저자'의 역할을 하게 되고 동료들 틈에서는 양의 탈을 쓴 늑대가 되었다. 기초 학문 연구자로서의 시절은 지나간 것이다.

놀랍게도 펜실베이니아 대학은 나를 종신 조교수로 임명했다. 내 연구가 응용 분야로 흘러들어 갈 엄청난 가능성에 초점을 둔 교수진의 논쟁이 있었다고 한다. 그때부터 펜실베이니아 대학에서 나의 힘겨운 싸움이 시작되었다. 그러나 1995년, 사회심리학자 채용 문제로 위원회에 들어갔을 때에야 비로소 나는 그것이 얼마나 힘겨운지 알게 되었다. 동료 존 배런 교수는 일, 사랑, 놀이에 관해 연구한 사람을 찾는 광고를 내자는 혁명적인 제안을 했다. "산다는 게 그런 거잖아요." 배런이 말했다. 나는 열렬하게 동의했다.

그리고 그날 밤 잠을 이루지 못했다.

나는 세계 10대 심리학과의 종신교수들을 한 명씩 계속 떠올려보았다. 일이나 사랑이나 놀이에 초점을 맞춘 연구자는 단 한 사람도 없었다. 모두 기초 과정, 즉 인지, 정서, 의사 결정 이론, 지각을 연구했다. 삶을 가치 있게 해주는 것에 대해 가르칠 학자는 어디에 있을까?

다음 날, 그 일이 일어난 것은 심리학자 제롬 브루너(Jerome Bruner)와 점심을 먹고 있을 때였다. 당시 80대 중반으로 앞을 거의 못 보던 브루너 박사는 걸어 다니는 미국 심리학사다. 나는 우수한 대학의 교수들이 모조리 소위 기초 과정만 연구할 뿐 실생활에 대해서는 연구하지 않는 이유를 그에게 물었다.

"그 일은 한순간에 일어났네, 마티." 제롬이 말했다. "내가 그 자리에 있었지. 실험심리학자 협회의 1946년도 회의에서였어. 나는 아이비리그 교수들로 이루어진 이 엘리트 협회에 참석하지 않는다. 에드윈 보링, 허버트 랭펠드, 사뮤엘 펀버거와 하버드, 프린스턴, 펜실베이니아 대학 총장들이 만나서 점심을 먹고 심리학이 물리학, 화학과 더욱 비슷해져야 한다는 것에 동의했지. 오직 기초 연구만 하면서 말이야. 그리고 응용심리학자들을 해고할 거라는 것에도 의견 일치를 보았네. 학계의 나머지 사람들은 모두 즉시 그 대열에 들어섰지."

이 결정은 큰 실수였다. 1946년의 심리학처럼 불안정한 과학으로서는 물리학과 화학을 모방함으로써 얼마간 학과장의 환심을 얻을지도 모른다. 하지만 그것은 과학적으로 도저히 말이 되지 않는다. 고대 공학의 뒤를 이은 물리학은 추상적인 기초 연구와 접목되기 전에 실제로 문제들을 해결했었다. 응용물리학은 일식, 홍수, 천체 운동을 예측했고, 돈을 주조했다. 아이작 뉴턴은 1696년에 영국 조폐국을 운영했다. 화학자들은 화약을 만들었고 납으로 금을 만들려는, 막다른 골목으로 판명된 목표를 추구할 때조차 엄청난 양의 과학적 사실을 알아냈다. 이 실생활 문제와 응용 연구는 기초 수수께끼를 위한 경계선을 설정했고, 그러자 응용물리학은 그 수수께끼들을 풀기 시작했다. 반면에 심리학은 추종할 공학이 없다. 실생활에서 효과적이라고 입증된 것이 하나도 없는 것이다. 기초 연구가 다루어야 하는 것을 안내하고 강요할 토대가 없다.

좋은 과학은 분석과 통합의 상호작용을 필요로 한다. 기초 연구가 정말로 기초인지는 그것이 기초라는 것을 누군가 알아내기 전에는 아무도 모른다. 현대물리학이 명예를 얻은 것은 물리학 이론 덕분이 아니라 물리학자들이 원자 폭탄과 핵발전소를 만들었기 때문이다. 현대물리학 이론들은 대단히 반직관적이며 상당히 논란이 많다. 뮤온(muon, 소립자의 한 가지), 파립(wavicles, 파동을 지닌 입자), 초끈(superstrings, 앤트로피 법칙) 등이 그렇다. 1940년대에 의학 연구 산업의 오지에 있었던 면역학은 조너스 솔크와 앨버트 세이빈의 소아마비 백신에 힘입어 명예를 얻었다. 기초 연구의 급성장은 그저 뒤따라 일어날 뿐이다.

19세기에 새가 나는 법에 관해 물리학계에서 격렬한 논란이 일었다. 그 논란은 1903년 12월 17일, 라이트 형제가 직접 제작한 비행기를 띄우자 12초 만에 진정되었다. 그래서 많은 사람이 새들도 모두 그런 식으로 난다는 결론을 내렸다. 사실 그것은 인공지능의 논리다. 즉, 기초 과학이 단순히 스위칭 회로들을 연결함으로써 언어를 이해하거나 말하거나 대상을 지각할 수 있는 컴퓨터를 개발한다면 인간은 그 신기한 일들을 틀림없이 응용해낸다. 응용 연구는 종종 기초 연구로 향하는 길을 제시한다. 반면에 기초 연구가 어떻게 응용될 수 있는지에 대한 증거가 없는 기초 연구는 대체로 자기만족일 뿐이다.

좋은 과학은 응용 과학과 순수 과학의 활발한 상호작용을 반드시 수반한다는 원칙은 순수 과학자와 응용 과학자 모두와 함께 불편하게 공존한다. 지금까지 펜실베이니아 대학 심리학과에서 괴짜 응용 과학자로 지내온 탓에 나는 순수 과학자들이 응용 과학을 얼마나 회의적인 눈초리로 바라보는지를 매주 상기한다. 그러나 1998년에 미국심리학협회 회장이 되고 나서야 나는 응용 과학자들이 순수 과학에 얼마나 회의적인지를 깨달았다. 나는 역사상 최대 다수에 의해 선출되었다. 그 압도적인 득표는 내 연구가 순수 과학과 응용 과학의 경계선 바로 위에 서 있어서 순수 과학자와 임상가 양측에서 많은 사람을 끌어당겼기 때문이다. 내가 수행한 상징적인 연구는 심리치료의 효과에 관한 〈컨슈머 리포트(Consumer Reports, 미국 소비자협회가 발간하는 월간지 −옮긴이 주)〉의 1995년도 연구를 도와준 것이었다. 〈컨슈머 리포트〉는 정교한 통계 도구를 이용한 대규모 조사를 통해 심리치료에 관한 타당한 결과를 발견했다. 심리치료는 대체로 특정 종류의 장애에 구체적인 효과가 있는 것도 아니었고, 유난히 효과가 좋은 특정 치료법도 없었다. 모든 종류의 장애에 모든 종류의 치료법을 시도하는 응용심리학자들은 이 결과를 반겼다.

미국심리학협회를 이끌기 위해 워싱턴에 도착했을 때 나는 순수 과학자들 틈에 있을 때와 똑같이 선도적인 응용 과학자들 틈에서도 양의 탈을 쓴 늑대 신세라는 것을 깨달았다. 회장으로서 내가 맨 처음 발의한 '증거에 기초한 심리치료'는 결코 순조롭지 않았다. 당시 국립정신건강연구소 소장이었던 스티브 하이먼(Steve Hyman)은 이 발의안에 관한 연구를 지원하기 위해 자신이 약 4천만 달러를 끌어낼 수 있을 거라고 말했다. 크게 용기를 얻은 나는 개업의들로 이루어진 〈전문 의료인의 발전〉의 최고 자문 위원회를 만났다. 그 위원회는 내 경우만 제외하고는 미국심리학협회 회장 선거에 영향력을 행사했다. 점차 표정이 굳어지는 이 여론형성가 20명 앞에서 나는 발의안을 요약하고 치료 효과에 대한 과학적 증거에 기초한 심리치료의 장점을 부풀려서 말했다. 가장 충성스런 고참자 중 한 명인 스탠 몰다브스키는 이런 말로 나의 발의안을 끝맺게 했다. "만약 우리에게 불리한 증거가 나온다면?"

스티브의 동지인 론 레반트가 그 후에 나와 술을 마시며 말했다. "마티, 어렵겠어요." 사실 이 쓰라린 경험이 긍정심리학을 탄생시켰다.

응용 과학과 순수 과학 간의 이러한 긴장 상태로 마음이 착잡하던 2005년 바로 그 무렵, 나는 펜실베이니아 대학 긍정심리학 센터를 책임지고 새로운 학위인 응용긍정심리학 석사(MAPP)를 제정하는 것을 기꺼이 수락했다. 새 학위의 임무는 최신 학문과 현실 세계에서 그 지식의 응용을 결합하는 것이 될 터였다.

chapter 4

웰빙 교육
MAPP의 마법

…우연히 사거리에 이르렀고
그곳에서 하나뿐인 쉼터를 금방 찾아냈다.
하지만 배낭을 내려놓고 신발을 벗을 때
나는 이 쉼터가 내가 지금껏 갔던 곳과는 다르다는 것을 알아차렸다.

이곳은 따뜻한 분위기가 감돌았고
잔잔한 파동이 모든 물건에 스며들어 있었다.
여기 모인 여행자들에게 나를 소개할 때
나는 망설임이나 낙담이 아닌
진실함과 낙관성을 감지했다.
그들의 눈에서 나는 딱히 이름 지을 수는 없지만

정말 내 집처럼 느끼고 있는 어떤 것을 보았다.

이 쉼터에서 우리는 함께 풍요로운 삶을 공유하고 격려하고

그 속에서 아주 즐거워했다.

사거리, 데릭 카펜터(Derrick Carpenter)

나는 전 세계의 교육 혁명을 원한다. 젊은이들은 모두 각종 업무 기술을 배워야 한다. 그것이 200년 전부터의 교육 주제였다. 게다가 지금 우리는 웰빙 기술까지 가르칠 수 있다. 더 많은 긍정 정서, 더 많은 의미, 더 좋은 관계, 더 많은 긍정 성취를 얻는 법을 가르칠 수 있다. 하급학교부터 상급학교까지 모든 교육 기관에서 이 기술을 가르쳐야 한다. 앞으로 다섯 장은 그것을 중점적으로 다룰 것이다. 이 4장은 대학원의 응용긍정심리학 교육 과정과 웰빙을 누가 가르칠 것인지를 설명한다. 5장은 학교에서의 웰빙 교육을 다룬다. 6장은 새로운 지능 이론을 소개할 것이며, 7장과 8장은 미 육군을 대상으로 한 웰빙 교육에 관한 내용이다. 교육 목표는 새로운 세대의 젊은이들이 플로리시하게 하는 것이다.

나는 대학교, 초등학교, 고등학교 수준에서 가르쳐왔지만 가장 즐겁고 신기한 일들은 긍정심리학을 가르쳐온 지난 10년 동안에만 경험했다. 나만 그런 게 아니다. 긍정심리학을 가르치는 세계 곳곳의 다른 사람들도 자신이 경험한 신기한 사연을 들려준다. 그 이야기를 함으로써 나는 그 경험이 왜 그렇게 즐겁고 신기한지, 그리고 평범한 교육이 왜 그렇게 자주 실패하는지를 이해하고자 한다. 그 다음에는 MAPP, 즉 응용긍정심리학 석사 과정에 대해 설명하고 그 구성 요소들이 '마법'인 이

유를 밝혀줄 것이다. 마법과도 같은 요소들은 이렇다. 첫째, 그 내용이 지적 도전의식을 고취하며 유익하고 희망적이다. 둘째, 긍정심리학은 개인에 따라 직업에 따라 변형 가능하다. 셋째, 긍정심리학은 일종의 부름이다.

최초의 MAPP

2005년 2월, 펜실베이니아 대학은 조금 주저하며 응용긍정심리학 석사를 새로운 교육 과정으로 공식 승인했다. 지원 마감일은 2005년 3월 30일로 정해졌다. 우리는 대학을 갓 졸업한 젊은이나 심리학자들이 지원할 거란 생각은 하지 않았다. 세상에서 성공을 거둔 원숙한 사람들과 긍정심리학을 자신의 직업에 적용하고자 하는 사람들을 예상했다. 그들은 화려한 학력을 내보일 필요도 있었다. 아홉 번의 주말 수업과 졸업 논문으로 구성된 1년 과정의 경영자 육성 코스로 등록금이 무척 비싸다. 수업료에 호텔, 식사, 항공료를 포함하여 4만 달러가 넘게 든다.

시작은 화려했다. 펜실베이니아 대학이 밴더빌트 대학에서 종교, 철학, 심리학을 가르친 걸출한 학자, 제임스 파월스키(James Pawelski) 박사를 끌어온 것이다. 그는 밴더빌트 대학에서 이제 막 MBA 과정을 마친 데비 스위크(Debbie Swick)를 채용했다. 이 두 사람이 MAPP 프로그램을 책임지고 있다. 지원 마감일까지 고작 한 달을 남겨놓고도 데비와 제임스와 나는 이 최초의 프로그램에 11명의 지원자가 반드시 등록할 수 있기를 낙관적으로 희망했다. 학장들이 우리에게 한 번 이상 상기시켰듯이 11명은 우리 프로그램의 손익분기점이었다.

놀랍게도 지원자는 120명이 넘었는데, 그 가운데 60명 정도가 펜실베이니아 대학의 아주 높은 아이비리그 입학 기준을 충족시키고 있었다. 우리는 그중에서 36명을 선발했고, 35명이 최종 등록했다. 그렇게 짧은 기간에 별다른 광고도 없이 우리가 기대한 수의 다섯 배가 넘는 사람이 지원한 것이다.

9월 8일 오전 8시, 휴스턴 홀의 벤저민 프랭클린 룸에 35명이 모였다. 이 학생들 속에 다음과 같은 사람들이 있었다.

- 톰 래스, 베스트셀러 작가이자 〈갤럽(Gallup Corporation)〉 부사장
- 쇼나 미첼, 탄자니아의 재정 연구원이며 리얼리티 쇼 〈서바이버 (Survivor)〉의 결승전 진출자
- 앵거스 스키너, 스코틀랜드 정부 사회 복지 책임자로 에든버러에서 등교
- 야코프 스미르노프, 유명한 코미디언이자 화가, 브로드웨이에서 원맨쇼를 마치고 등교
- 세니아 메이민, 하버드 대학 수학 석사, 헤지 펀드 회사 사장 (1장에서 이미 소개)
- 피터 미니치, 캐나다 출신의 의학박사이자 신경외과의사
- 후안 훔베르토 영, 성공한 재정 자문 회사 사장으로 스위스 취리히에서 등교

응용긍정심리학의 구성 요소

지적 도전을 자극하는 응용 가능한 내용

이 학생들을 교육하기 위해 우리는 세계 도처에서 긍정심리학을 가르치는 일류 교수를 선별했다. 학생들처럼 그들 역시 한 달에 한 번씩 지적 향연을 펼치기 위해 필라델피아로 날아왔다. 바버라 프레드릭슨(Barbara Fredrickson)은 긍정심리학의 실험 천재이며 긍정심리학 연구로 〈템플턴 학술상〉을 수상하고 상금 10만 달러를 받았다. 교육 과정을 소개하느라 9월에 5일 일정으로 열린 '몰입 주간'에서 그녀는 언제나 중심인물이었다. 긍정심리학 교육 내용은 연금술의 첫 번째 요소로서 MAPP의 마법이다.

바버라는 먼저 긍정 정서에 대한 자신의 '확장 및 구축' 이론을 자세하게 설명했다. 부정적이고 격렬한 정서는 짜증을 유발한 외부 자극을 확인하고 구분하고 그것과 싸운다. 이와 달리 긍정 정서는 우리가 인생의 후반기에 꺼내 쓸 수 있는 영구적인 심리적 자원을 확장하고 구축한다. 그래서 단짝 친구와의 대화에 몰두할 때 우리는 남은 인생에서도 꺼내서 활용할 수 있는 사회적 자원을 구축하고 있는 것이다. 시끌벅적하게 몸싸움을 하며 즐거워하는 어린아이는 체육 시간에 큰 도움이 되어줄 운동 협업 능력을 구축하고 있다. 태도로 표현하는 긍정 정서는 단순히 기쁨을 느끼는 것보다 훨씬 더 중요하다. 그것은 성장이 진행 중임을 알려주는, 즉 심리적 자원이 축적되고 있음을 신호하는 네온사인이다.

"가장 최근에 발견한 사실을 소개하겠습니다." 바버라는 35명의 학생과 5명의 교수에게 말했다. 모두 그녀의 흥미진진한 설명에 완전히 빠져들었다. "우리는 기업을 방문해서 그들이 업무 회의에서 주고받는 단어를 모조리 기록했습니다. 이 연구는 60개 기업에서 수행되었습니다. 그중 20개 기업은 경제적으로 플로리시하고 있고 20개 기업은 양호한 수준이었으며, 20개 기업은 쇠퇴하고 있었습니다. 우리는 각 단어를 긍정적 단어 또는 부정적 단어로 구분한 다음, 간단히 긍정적 단어 대 부정적 단어의 비율을 얻었습니다. 뚜렷한 경계선이 있더군요." 바버라가 말을 이었다. "긍정적 단어 대 부정적 단어의 비율이 2.9 대 1보다 높은 기업은 플로리시 중이었습니다. 그 비율보다 낮은 기업은 경제적으로 좋지 않았습니다. 우리는 이것을 '로사다 비율(Losada ratio)'이라고 부릅니다. 이 사실을 발견한 브라질 출신의 동료 마르셀 로사다의 이름을 딴 것이죠. 하지만 긍정성에 지나치게 열광하진 마십시오. 인생은 키와 돛이 있는 한 척의 배입니다. 비율이 13 대 1 이상이어서 부정적인 노가 없다면 긍정적인 돛은 목적 없이 펄럭입니다. 그러면 우리는 신뢰성을 상실하고 맙니다."

"잠깐만요." 데이브 섀런이 차분한 억양으로 반박했다. 데이브는 변호사이자 신입생 중 한 사람으로 테네시 변호사 협회의 교육 프로그램을 책임지고 있다. "저희 변호사들은 온종일 싸웁니다. 장담하건대 저희의 비율은 훨씬 더 부정적일 겁니다. 아마 1 대 3 정도로요. 소송이 원래 그렇지요. 교수님 말씀은 저희가 온종일 반드시 상냥한 언어로 대화해야 한다는 뜻입니까?"

"부정적인 로사다 비율은 유능한 변호사를 양산할지도 모르지요." 바버라가 되받았다. "하지만 그건 개인적으로 엄청난 희생을 치를 수도 있습니다. 변호사는 우울증, 자살, 이혼율이 가장 높은 직업입니다. 변호사 분들이 가정에서도 그 비율을 유지한다면 문제가 생깁니다. 존 고트먼은 부부들의 주말 대화를 분석한 연구에서 동일한 비율을 얻었습니다. 2.9 대 1은 이혼에 이른다는 것을 의미합니다. 다정하고 안정된 결혼 생활을 예측하기 위해서는 5 대 1 비율이 필요합니다. 배우자에게 비난하는 말을 한마디 할 때마다 긍정적인 말을 다섯 마디 하는 거지요. 부부 사이에서 습관적인 1 대 3 비율은 그야말로 재앙이에요."

나중에 다른 학생 한 명이 내게 털어놓았다. "바버라 교수님은 업무 팀에 대해 설명하셨지만 저는 온통 집에 있는 '팀'에 대한 생각뿐이었어요. 바로 제 가족이요. 설명을 들을 때 눈물이 났어요. 저와 제 맏아들의 로사다 비율은 1 대 1 정도라는 걸 문득 깨달았거든요. 우리는 그 아이가 제대로 해낸 것보다는 제대로 하지 못한 것을 지적하는 게 전부인 관계로 굳어졌어요. 바버라 교수님이 말씀하시는 동안 저는 머릿속으로 영화를 한 편 상상했어요. 비율이 적어도 5 대 1인 다정하고 너그러운 모자 관계를 연달아 보여주는 영화요. 장면이 바뀔 때마다 저와 열여섯 살짜리 아들의 긴장이 감도는 대화 장면을 나란히 떠올렸지요. 사실 저는 책을 싸서 곧장 집으로 달려가고 싶었어요. 바버라 교수님 덕분에 다르게 대화하는 법에 관한 아이디어도 하나 떠올랐거든요. 저는 진심어린 칭찬과 유쾌한 말로 대화를 시작한 다음에 숙제나 과속운전이나 그 밖에 제가 비난하려고 했던 것에 대해 이야기하는 걸 상상했어요. 집에 가서 얼른 시도해보고 싶어요."

최근에 나는 이 학생에게 그 결과에 대해 물었다. 그녀는 대답했다.

"제 아들은 이제 스무 살이에요. 그리고 저희 관계는 전보다 더 좋아요. 긍정 단어 비율이 바뀌었어요."

그 강의를 바탕으로 인생이 바뀐 사람은 학생들만이 아니다.

"아빠! 알렉시스네 집까지 좀 태워다 주실래요? 중요한 일이에요, 제발이요." 열네 살인 내 딸 니키가 사정한다. 나는 니키가 다섯 살 생일을 지내고 얼마 후 정원에서 잡초를 뽑다가 우리가 나눈 중요한 대화를 《마틴 셀리그만의 긍정심리학》에서 이야기했다. 당시 니키의 표현대로, 그 아이는 울보였지만 다섯 살 생일에 그걸 바꾸기로 결심했고 성공했다. "그건 지금까지 제가 해낸 그 어떤 일보다 훨씬 힘들었어요. 만일 내가 징징거리는 걸 그만둘 수 있다면 아빠도 신경질 부리는 걸 그만두실 수 있을 거예요."

긍정심리학은 니키의 힐책에서 생겨났다. 나는 50년 동안 실제로 신경질쟁이였고 아이를 키우는 일은 강점 구축보다는 약점 교정이 전부였으며 심리학 교수로서는, 그때 막 학과장이 되었는데, 사람들이 플로리시할 가능 조건을 창출하기보다는 불가능 조건을 제거하는 것에 주로 집중했다.

그때는 금요일 밤 11시 15분이었다. 나는 바버라 프레드릭슨이 MAPP 강의 중에 소개한 새로운 이론이 암시하는 것을 철저히 따져보느라 온종일 머리를 싸매고 있었다. 플로리시를 야기하는 최저 로사다 비율에 대한 바버라의 주장을 떨쳐낼 수 없어서 이 문제에 사로잡힌 채 가족과 저녁을 먹었다.

"니키, 열두 시가 다 됐다. 아빠 일하는 거 안 보이니? 가서 숙제하든지 아니면 자!" 나는 버럭 소리를 질렀다. 10년 전에 정원에서 보았던 그

위압적인 기운이 니키의 두 눈에 다시 한 번 어리는 것을 나는 보았다.

"아빠, 지금 아빠의 로사다 비율은 아주 끔찍해요." 니키가 말했다.

마법 같은 MAPP의 첫 번째 요소는 긍정심리학의 내용 자체다. 그것은 대부분의 학문처럼 지적 도전을 자극하지만, 대부분의 학문과 달리 개인적으로 유익하고 심지어 변형할 수 있으며 또한 재미있다. 우울증과 자살에 대한 강의는, 그 일을 25년 동안 해왔지만 맥이 빠진다. 우울증과 자살을 진지하게 받아들이면 그것을 가르치고 배우는 일은 기분을 끌어내린다. 낙담과 실의 속에서 많은 시간을 보낸다. 이와 반대로 긍정심리학에 대해 배우는 것은 재미있다. 통상적인 배움의 기쁨은 물론이고, 기쁨을 주는 소재들에 대해 배우는 기쁨까지 누린다.

재미에 관해 말하자면 MAPP는 에너지 브레이크(energy break)의 중요성을 재발견했으며, 학급 활동이 너무 신체적이어서 예의범절이 깍듯한 학장들을 당황하게 했다. '기본적인 휴식 활동 주기(basic rest and activity cycle)', 즉 BRAC는 인간과 그 밖의 주행성 동물의 특징이다. 대체로 우리의 각성 수준은 늦은 오전과 초저녁에 최고 상태이고, 새벽 4시와 오후 3시에 최저 상태가 된다. 그래서 그 무렵에는 피곤하고 짜증스럽고 비관적이고 산만해진다. 이 주기는 대단히 생물학적이어서 죽음 자체도 BRAC 최저 상태에서 주로 일어난다. MAPP에서는 BRAC 최저 상태가 과장된다. 수업이 한 달에 한 번 주말 사흘 동안 하루 아홉 시간씩 집중적으로 진행되고, 게다가 쿠알라룸푸르, 런던, 서울 등 아주 먼 곳에서 녹초가 되어 날아온 후에 시작되기 때문이다.

따라서 BRAC가 최저 상태일 때 우리는 신체를 활발하게 움직인다. 초기에 긍정심리학은 주로 점잖은 장년 남성들이 많았다. 그런데 긍정심리학의 절반 정도는 목 아래 부위로 진행한다. 그래서 매년 MAPP 신입생 중에 서너 명이 요가 지도자, 춤동작 치료사, 스포츠 코치, 마라톤 선수, 3종 철인경기 선수 등 신체가 유연한 사람들인 것이 중요하다. 수업일 정각 3시, 신체 유연한 소수 정예 학생들의 지도에 따라 우리는 춤을 추거나 격렬한 동작을 하거나 명상을 하거나 활기차게 걷는다. 처음에 점잖은 사람들은 얼굴을 붉히며 뒤로 물러났다. 하지만 피곤이 사라지고 즉시 정신이 또렷해지는 것을 체험하자 한 사람도 빠짐없이 열정적으로 참여했다. 교실에서 자주 행해지는 에너지 브레이크의 중요성은 아무리 말해도 지나치지 않다. 그것은 유치원 아이들에게만 필요한 것이 아니다. 나이가 들수록 에너지 브레이크는 우리가 배우고 가르치는 것을 더 많이 도와준다.

개인 및 직업 변형

MAPP의 첫 번째 요소는 내용이다. 그 내용은 도전 의식을 자극하고 개인적으로 응용 가능하며 재미있다. 두 번째 요소는 MAPP가 개인에 따라, 직업에 따라 변형 가능하다는 것이다.

이것을 이해하는 한 가지 방법은 긍정심리학이 코치들에게 미친 영향을 확인하는 것이다. 라이프 코치, 경영자 코치, 개인 코치 등 현재 미국에서 전문 코치로 생계를 유지하는 사람은 5만 명이 넘는다. 나는 코칭이 사나워질까봐 두렵다. MAPP 학생들의 20퍼센트 정도가 코치이고, 우리의 목표 중 하나는 코칭을 길들이고 변형하는 것이다.

코칭과 긍정심리학

코칭이란 근간을 찾는 실행이다. 근간은 실제로 두 종류다. 증거에 기초한 과학적 근간과 이론적 근간이다. 긍정심리학은 두 가지 모두 제공할 수 있다. 긍정심리학은 코칭에 일정 범위의 실행, 효과적인 개입과 척도, 코치가 되기 위한 적절한 자격증을 제공할 수 있다.

현재 코칭의 분야를 보면 알 수 있듯이 실행의 범위는 끝이 없다. 옷장을 정리하는 법, 기억을 스크랩북에 남기는 법, 연봉 인상을 요구하는 법, 더욱 확신에 찬 리더가 되는 법, 발리볼팀의 사기를 돋우는 법, 업무에 더욱 몰입하는 법, 음울한 생각과 싸우는 법, 인생에서 더 많은 목적을 갖는 법 등이 모두 코치가 실행하는 것이다. 코칭에는 거의 무한한 종류의 기술이 사용된다. 확언, 시각화, 마사지, 요가, 집요한 훈련, 교정, 인지 왜곡, 향기요법, 풍수, 명상, 자신이 누리는 축복 세기 등이 그 기술이다. 누구든 자칭 코치가 될 수 있다. 그렇기 때문에 과학적 근간과 이론적 근간이 시급하다.

코칭을 변형하는 일에는 맨 먼저 이론이 필요하다. 그 다음에 과학이, 이어서 응용이 필요하다.

첫째, 이론. 긍정심리학은 긍정 정서, 몰입, 의미, 긍정 성취, 좋은 관계에 대한 연구다. 삶의 이 다섯 가지 면을 측정하고 분류하고 구축하려고 시도한다. 측정, 분류, 구축, 시도, 이 네 가지를 정확히 실행함으로써 실행의 범위를 정의하고 그것을 임상심리학, 정신의학, 사회사업, 결혼, 가족 상담과 구별함으로써 혼돈에서 질서를 끌어낼 것이다.

둘째, 과학. 긍정심리학은 유효한 과학적 증거에 근거한다. 경험으로 검증된 방법을 이용하여 측정하고 실험하고 연구하고 무작위 배정 및 위약 통제된 연구 결과를 분석해서 어떤 개입이 실제로 효과적이고 어떤 것이 엉터리인지 평가한다. 긍정심리학은 이 황금 기준을 통과하지 못하는 개입은 비효과적이라고 판단하여 폐기한다. 증거에 기초한 개입과 검증된 웰빙 척도는 코칭의 책임감 있는 실행 범위를 설정할 것이다.

셋째, 응용. MAPP 교육 과정은 코치 훈련 지침과 승인 지침 확립에 일조할 것이다. 반드시 심리학자가 되어야만 긍정심리학을 실천하거나 코치가 될 수 있는 것은 아니다. 프로이트 추종자들이 저지른 중대한 실수는 오직 정신과 의사들만 정신분석을 할 수 있게 제한한 것이다. 긍정심리학은 또 하나의 자기방어적인 협회를 보호하는 안전막이 될 마음이 없다. 코칭 기술, 긍정심리학 이론, 긍정적 상태 및 긍정적 특성의 타당한 측정, 효과적인 개입 부문에서 충분한 훈련을 받는다면, 그리고 고객을 더욱 노련한 전문가에게 맡겨야 할 시점을 안다면 실제로 당신은 긍정심리학이라는 씨앗을 뿌리는 사람이 될 것이다.

긍정심리학의 변형

캐럴라인 애덤스 밀러는 내 말에 동의했다. 키 180센티미터의 근육질 몸매에 두려움을 모르는 여성인 캐럴라인은 첫 번째 MAPP 과정에서 가장 눈에 띄는 학생이었다. "저는 전문 코치에요, 교수님. 그리고 코치가 된 게 자랑스러워요. 하지만 정말 맘에 안 드는 게 한 가지 있어요. 바로 존중받지 못한다는 거예요. 저희는 사실 일부 전문 코치 모임을 비웃어요. 저는 코칭이 더욱 존중받을 방법을 열심히 찾고 있어요. 그리고 교수님은 제게 꼭 필요한 정보를 주셨어요."

캐럴라인은 자신의 목표에 따라 산다. MAPP 학위를 받은 후에도 잃어버린 커다란 조각을 찾아서 코치의 세계에 덧붙였다. MAPP를 통해 그녀는 목표 설정 이론을 알게 되었다. 코치 훈련 과정 중에는 한 번도 들어보지 못한 이론이었다. 졸업 논문에서 캐럴라인은 목표 설정 이론을 행복 연구 및 코칭 기술과 연계시켰다. 그런 다음에 《베스트 인생 목표 이루기(Creating Your Life, 물푸레)》를 출간했다. 이 책은 자기 계발 분야의 베스트셀러로서 일반인은 물론이고 코치들을 위해 연구에 기초한 목표 설정을 다루고 있다. 현재 그녀는 꽉 들어찬 청중 앞에서 강연을 하며, 그녀의 책은 전 세계 스터디그룹의 애독서다.

직업에 따른 긍정심리학 변형에 대해 캐럴라인은 자신의 경험을 이렇게 말한다. "MAPP는 제 직업을 소명으로 바꾸었습니다. 그리고 다른 사람들이 일상의 행복 속에서 의미 있는 목표를 추구하고 자신의 역할을 깨닫게 도와줄 능력을 제게 주었어요. 저는 전에는 결코 생각하지 못한 방식으로 큰 변화를 일으키고 있어요. 아침에 일어날 때마다 제가 이 세상에서 가장 운 좋은 코치라고 생각해요."

긍정혁명(Appreciative Inquiry)의 공동 창시자, 데이비드 쿠퍼라이더(David Cooperrider)는 MAPP에서 언제나 제일 인기 있는 교수다. 그의 이야기는 긍정심리학이 직업에 따라 어떻게 변형될 수 있는지를 더 자세하게 보여준다.

"개인이 변할 때는 언제일까요? 조직은 언제 변할까요?" 수업 중에 데이비드가 물었다.

게일 슈나이더가 그 도전에 응했다. 게일은 〈JP모건체이스(JPMorgan Chase)〉의 전직 부사장으로 연봉 100만 달러짜리 직장과 맨해튼 상공의 호화로운 사무실을 떠나 긍정심리학 석사 과정을 시작했다. 《난 떠납니다》라는 그녀의 책이 곧 출간된다. "개인은 실수할 때, 만사가 완전히 어긋날 때 변합니다. 타인에 대한 무자비한 비난은 그 사람을 변화로 내몰지요."

"제가 원한 정답입니다, 게일." 데이비드가 대답했다. "거의 모든 사람이 변화에 대해 그렇게 생각합니다. 바로 영혼의 어두운 밤 관점이지요. 바로 그런 이유로 많은 기업이 360도 관점을 사용합니다. 이 관점에서 모든 동료는 한 사람의 최악의 결점에 대해 무자비하게 비난합니다. 그 사람은 자신의 결점에 대한 이 360도 관점을 파악합니다. 그 모든 엄청난 비난에 압도될 때 그는 변하게 됩니다.

그러나 긍정혁명은 완전히 상반된 관점을 제시합니다. 무자비한 비난을 들으면 우리는 종종 방어적인 태도로 자신의 입장을 옹호합니다. 더 나쁜 경우, 무기력해집니다. 우리는 변하지 않습니다. 그러나 자신의 최고 강점을 발견할 때, 자신의 강점을 더 많이 활용할 구체적인 방법을 알아낼 때, 우리는 변합니다. 저는 대기업을 방문해서 전 직원에게 잘 수행되고 있는 것에 초점을 맞추라고 요구했습니다. 그들은 소속 기업의 강점을 자세히 묘사하고 동료가 지닌 최고의 장점에 대해 이야기했습니다. 미시건 대학의 긍정조직학 센터(Center of Positive Organizational Scholarship)는 긍정적인 360도 관점을 개발하기까지 했습니다. 자신이 잘하는 것에 초점을 맞추는 것은 기꺼이 변하려는 태도를 강화합니다." 데이비드는 계속 설명했다. "이것은 로사다 비율과 관계가 있습니다.

비난을 건설적으로 받아들이고 그에 따라 창의적으로 행동할 수 있으려면 안정감을 느껴야 합니다."

이 강의는 미셸 맥콰이드에게 변형에 관한 통찰을 주었다. 그녀는 호주 멜버른에서 날아온 젊은 여성으로 세계적 규모의 회계법인 〈프라이스워터하우스쿠퍼스〉 CEO의 오른팔이다. "PWC는 왜 긍정심리학과 긍정혁명 이론에 따라 경영하지 않는 겁니까?" 미셸은 CEO에게 물었다. "그럼 그렇게 해봅시다." 그래서 미셸은 MAPP 학우이자 〈랜드로버(Land Rover)〉의 세계 최우수 세일즈맨인 로버트 도먼과 함께 MAPP 수업을 하루 추가해서 컨퍼런스를 열었다. 주제는 "긍정 경영의 장점은 무엇인가?"였다. 많은 사람들이 참석했다. 그들의 컨퍼런스는 우리는 이제 삶의 만족도의 경제에 들어섰으며 기업이 플로리시하려면 관계를 육성하고 의미를 창조해야 한다는 이론을 중심으로 계획되었다. 그 목표를 위해 그들은 더 좋은 로사다 비율 창출하기, 감사하기, 적극적이며 건설적으로 반응하기, 몰입할 기회 만들기, 희망 및 목표 설정하기, 직업을 소명으로 바꾸기에 관한 워크숍을 열었다. 이 시도에 대한 열렬한 찬사에 그들은 2009년 12월, PWC의 후원으로 멜버른에서 또 다른 컨퍼런스를 열었다.

긍정심리학은 직업에 따른 변형이 가능하다. 애런 코헨은 그것을 개인적으로 변형시킨 경험을 글로 써서 내게 보냈다.

긍정심리학을 배우던 2006~2007년도 학기에 저는 독신 여성이었습니다. 교수님들께서 결혼의 이점에 관한 연구를 인용하실 때 저는 자주 절망했어요. 결혼한 성인, 특히 안정적인 결혼생활을 하고 있는 사람은 독신 성인보다 더 건강하고 더 오래 사는 경향이 있다는 것이었어요. 교수님께서는 결혼은 세 가지 사랑을 허락한다고 말씀하셨습니다. 자신에 대한 사랑, 타인에 대한 사랑, 낭만적인 사랑이 그것이죠.

그게 바로 제가 원하는 것이었습니다. 더 이상의 확신은 필요 없었지요. 하지만 행복한 긍정심리학자들로 이루어진 학급에서 서른이 넘은 소수 독신 여성 중 한 사람으로서 저는 자문하지 않을 수 없었어요. 어떻게 하면 결혼을 해서 이 정서적이고 신체적인 이점을 모두 얻을 수 있을까?

물론, 저는 그렇게까지 계산적이지는 않아요. 하지만 〈섹스 앤 더 시티(Sex and the City)〉를 너무 많이 본 서른넷의 노련한 뉴요커였죠. 저는 내가 먼저 남자에게 다가가면 어떨까, 생각하기 시작했습니다. 지금까지 수도 없이 데이트해왔지만 어쩐 일인지 그런 적은 한 번도 없었어요. MAPP에서 여러 가지 긍정적 개입을 배웠기에 저는 긍정심리학 지식을 실천해보기로 작정했어요. 그리고 정확히 바로 그 순간에 놀랍게도 앙드레가 제 인생에 등장했답니다. 제 남편이에요.

'정확히 바로 그 순간'을 만들어내기 위해 제가 제 삶을 어떻게 바꾸었을까요? 우선, MAPP 프로그램에서 배운 것 덕분에 저는 점점 더 행복한 사람이 되었고 제 영성과 감사할 이유들에 더욱 친숙해지고 있었어요. 축복 일기를 계속 썼고 미래를 위해 목표를 설정하고 제가 원하는 것을 시각화하기 시작했어요. 리스트도 작성했습니다. 제 인생관과 목표에 더 잘 들어맞는 다른 표현은 없을까 궁리하면서 "내가 찾아낼 남자는…"이라는 문장에서 시작해서 "내 남편은…"이라는 문장으로 끝나는 리스트였지요. 〈섹스 앤 더 시티〉를 보는 것도 그만두었어요.

저는 시각화 기술을 사용했습니다. 명상과 콜라주도 포함시켰어요. 콜라주는 제가 원하는 삶의 윤곽을 묘사하는 단어와 이미지로 만들었어요. 끝으로 제가 제일 좋아하는 사랑 노래를 골랐어요. 제임스 테일러가 부른 〈아, 달콤해라〉예요. 그리고 매일 밤 잠들기 전에 그 노래를 들었어요. 경건하게, 마치 제 인생에 사랑의 세레나데를 불러주듯이 귀 기울여 들었지요. 그리고 석 달 후, 제 남편을 만났답니다. "아, 달콤해라" 이 단어 역시 제 콜라주에 있었어요. '신혼부부용 스위트룸' 바로 위에요.

이것이 제 인생에 로맨틱한 사랑을 심기 위해 제가 시도한 변화들이에요. 오늘은 결혼 1주년 기념일입니다. 그런데 지금 제 인생에 가장 큰 변화가 뭔지 아세요? 음, 몇 가지 돼요. 저는 더 많이 타협해요. 훨씬 더 많이 서로 껴안아줘요. 더 많이 웃어요. "사랑해요"라는 말을 훨씬 더 자주 주고받아요. 가장 중요한 건 제가 신뢰할 수 있는 사람, 제가 사랑하는 사람, 저를 사랑해주는 사람이 있다는 겁니다.

한 가지 더 있어요. 저는 더 자주 요리해요! 사랑으로 직접 만든 음식을 차리는 일처럼 긍정 정서를 끌어내는 건 아무것도 없어요. 저희 부부가 가능한 한 자주 함께 실천하는 긍정심리학의 일부는 집에서 저녁 식사를 하는 거예요. 긍정심리학 기술을 본떠서, 저희는 감사해야 할 게 너무 많다는 걸 기억하려고 언제나 이런저런 축복의 말을 해요. 특히 서로에게요.

그 내용이 지적 도전을 자극하고 응용 가능하고 재미있다는 점에 더해서 MAPP는 개인에 따라, 직업에 따라 변형이 가능하다. 마지막 요소는 MAPP 관련자는 긍정심리학의 부름을 받는다는 것이다.

긍정심리학의 부름

나는 긍정심리학을 선택하지 않았다. 긍정심리학이 나를 불렀다. 나는 처음부터 긍정심리학을 하고 싶었지만 실험심리학에 이어 임상심리학을 연구했다. 그 두 분야가 나를 불렀다고 말한다면 그건 그것들이 도시에서 할 수 있는 유일한 게임이었다는 것 정도다. 신비스럽지 않게 설명할 방도가 없다. 소명은 예스러운 단어지만 진짜다. 타오르는 덤불 숲이 모세를 불렀듯이 긍정심리학은 나를 불렀다.

사회학자들은 생업, 커리어, 소명을 구분한다. 당신은 생업으로 돈을 벌고, 돈을 주지 않으면 그 일을 하지 않는다. 당신은 승진하려고 커리어를 추구하고, 승진하지 못해서 계속 제자리걸음이라면 그 일을 그만두거나 시간만 때우는 껍데기가 된다. 반대로 소명은 그 일 자체가 좋아서 하는 것이다. 돈을 주지 않아도 승진하지 못해도 당신은 어쨌든 그 일을 한다. "나 좀 그만두게 해줘!" 당신이 좌절할 때 가슴이 그렇게 울부짖는다.

한 달에 한 번씩 나는 팝콘과 와인, 피자, 베개를 바닥에 준비해놓고 영화를 보는 무비 나이트를 마련했다. 배경 음악과 감동적인 장면 없이 온통 말만 늘어놓는 강의보다 긍정심리학을 더 잘 전달할 수 있는 영화를 보여준다. 언제나 〈사랑의 블랙홀〉로 시작했다. 그 영화를 다섯 번 본 후에도 우리는 크게 감동해서 긍정심리학을 개인적으로 변형하는 것을 열망한다. 그것이 나는 지금도 참 의아하다. 〈악마는 프라다를 입는다〉도 보여주었다. '순진한' 주인공 앤 해서웨이가 아닌 악마 같은 상사 메릴 스트립의 진실성에 관한 영화다. 〈쇼생크 탈출〉에서 실제로 구원된 사람은 누명을 쓰고 수감된 은행가 앤디 듀프레인(팀 로빈스)이 아니라 내레이터, 레드(모건 프리먼)다. 〈불의 전차〉는 승리하려는 세 가지 동기를 보여주는 영화다. 에릭 리델은 신을 위해, 앤드류 린제이 경은 아름다움을 위해, 해롤드 에이브러햄은 자아와 자신의 민족을 위해 승리를 추구한다. 〈공원에서 조지와 함께 일요일을(Sunday in the Park with George, 쇠라의 그림 〈그랑자트 섬의 일요일 오후〉에서 모티브를 따온 뮤지컬 영화 —옮긴이 주)〉은 25번이나 보았는데, 지금도 나는 1막의 마지막 장면, 그림 속에서 프랑스 파리와 아이들과 삶에 깃드는 것과 덧없이 사라지는 것들이 화면에 가득한 그 장면에서 감동의 눈물을 흘린다.

지난해 나는 〈꿈의 구장〉을 끝으로 무비 나이트 시리즈를 마쳤다. 그 영화는 천재적인 작품으로 킨셀라(W. P Kinsella)의 잊히지 않는 소설 〈맨발의 조〉보다 훨씬 좋다. 나는 이 영화를 기이하고도 감동적인 상황에서 처음 보았다. 1989년 어느 비 오는 겨울날 저녁, 집에 와보니 흠뻑 젖은 채 피로에 지친 심리학자 한 명이 문 앞 계단에 서 있었다. 아주 서툰 영어로 자신을 모스크바에서 온 바딤 로텐베르그라고 소개했다. 소련에서 이제 막 탈출했고 미국에서 자신이 아는 사람은 오직 나 하나뿐이라는 설명이었다. 이 '아는 사이'란 1979년으로 거슬러 올라간다. 그때, 동물의 돌연사에 대한 그의 환상적인 논문을 다시 출판해달라고 내가 편지를 보내자, 그는 아제르바이잔 바쿠에서 강연해달라며 나를 초대했다. 냉전이 악화된 시기여서 미국무부의 충고로 그 여행은 갑자기 취소되었다.

소련에서 간신히 도망쳤다고 그는 힘들게 설명했다. 개인사도 조각조각 들려주었다. 레오니트 브레즈네프 치하에서 그는 실험실을 통째로 얻은 유일한 유대인이었고, 소련 정치국은 무기력 학습과 돌연사에 대한 연구가 군사적으로 중요하다고 생각했다. 1982년, 브레즈네프가 사망하자 로텐베르그의 별은 빛을 잃었고 반유대주의가 되살아났으며 모든 것이 무너지고 있었다.

평소에 낯선 사람과 함께 있을 때보다 나는 훨씬 더 불편했다. 그래서 그를 영화관으로 데려갔다. 마침 〈꿈의 구장〉이 상영 중이었다. 아이오와 옥수수밭이 야구장으로 바뀌고 시카고 블랙 독스 선수들이 야구장에 나타나고 보스턴 펜웨이파크 전광판에 '문라이트 그레이엄'이라는 글자가 번쩍이는 장면을 우리는 넋 놓고 바라보았다. 오래전 세상을 뜬 레이 킨셀라(케빈 코스트너)의 아버지가 그에게 캐치볼을 하겠느냐고 물을 때 로텐베르그가 내게로 몸을 기울였다. 눈물을 흘리며 그 심리학자는 속삭였다. "이거 야구 영화 아니오!"

실제로 이것은 소명에 관한 영화다. 아무것도 없는 곳에 어떤 것을 세우는 것이냐에 관한 영화다. "네가 세운다면 그들이 올 거다." 부름, 내가 받은 것이 그것이었다. 학장과 심리학 교수와 이사들의 반대를 넘어서 MAPP 프로그램은 황량한 필라델피아 옥수수밭에 세워졌다. 그리고 누가 왔을까?

"여러분 중 몇 분이나 여기 오라는 부름을 받으셨습니까?" 나는 조심스럽게 물었다. 손이 올라갔다. 모든 사람이 손을 들었다.

"저는 여기 오려고 벤츠를 팔았어요."

"제가 〈미지와의 조우〉 주인공이 된 것 같았어요. 탑을 조각하는 꿈을 여러 번 꾸었거든요. 그러다가 MAPP 광고를 보았고, 여기 상아탑에 오게 된 거죠."

"제 병원과 환자들을 그대로 두고 왔습니다."

"저는 비행을 아주 싫어해요. 그런데 한 달에 한 번씩 뉴질랜드에서 그 끔찍한 비행기를 타고 60시간을 날아왔다가 돌아가요. 여기 오려고요."

MAPP는 마법이다. 45년간 계속해온 그 모든 강의 경험을 초월한다. 그 요소를 요약해보자.

- 지적인 내용 : 지적 도전을 자극하고 개인적으로 응용 가능하며 재미있다.
- 변형 : 직업에 따라 개인에 따라 변형할 수 있다.
- 부름 : 학생과 교수진은 부름을 받는다.

이 요소들은 모든 연령대의 학생에게 긍정심리 교육이 가능하다는 것을 암시한다. 이것이 바로 지금부터 내가 소개하려는 더 커다란 비전이다.

chapter 5

긍정심리 교육
학교에서 가르치는 웰빙

우선, 질문을 해보자.

질문 1. 자녀를 위해 당신이 가장 원하는 것은 무엇인가? 한두 단어로 대답하라.

내가 설문조사한 수천 명의 부모와 비슷하다면 당신은 이렇게 대답할 것이다. "행복, 자신감, 풍족, 달성, 균형, 좋은 짝, 친절, 건강, 만족, 사랑, 교양, 의미" 등등. 간단히 말해서, 자녀를 위한 당신의 최우선 사항은 웰빙이다.

질문 2. 학교에서는 무엇을 가르치는가? 한두 단어로 대답하라.

다른 부모들과 비슷하다면 당신은 이렇게 대답할 것이다. "성취, 사고하는 기술, 성공, 순응, 읽고 쓰기, 수학, 일, 시험 보기, 규율" 등등. 간단히 말해서, 학교가 가르치는 것은 직장에서 성공하는 방법이다.

두 대답 사이에 중복되는 단어가 거의 없다는 점에 주목하라.

100년 넘게 학교 교육은 아동에게 성인의 노동을 준비시키는 것이었다. 나는 성공, 읽고 쓰기, 끈기, 규율에 대찬성한다. 하지만 학교에서 한쪽으로만 기울지 않고 웰빙 기술과 성취 기술 두 가지를 모두 가르칠 수 있다. 긍정 교육이 가능하다.

학교에서 웰빙을 가르쳐야 하는가?

전 세계적으로 젊은이들의 우울증 발병률이 충격적으로 높다. 어떤 조사 결과에 따르면 오늘날 우울증은 50년 전에 비해 10배 정도 늘었다고 한다. 이 수치는 우울증을 정신 질환으로 더욱 확고하게 인식한 사람들에게서 나온 결과가 아니다. 자료의 상당 부분이 수만 명을 직접 찾아가서 우울증을 언급하지 않은 채 "자살을 시도한 적이 있습니까?", "2주 동안 매일 울어본 적이 있습니까?" 등을 질문한 조사로 얻은 것이기 때문이다. 우울증은 이제 십대를 유린한다. 50년 전에는 우울증의 초발 평균 연령이 약 30세였다. 현재 초발 연령은 15세 이하다. 이 급격한 증가가 우울증을 '유행병'이라는 무서운 이름으로 부를 정도인지에 대해서는 논란이 있다. 하지만 이 분야에서 일하는 사람들은 현재 우울증이 얼마나 흔하며 얼마나 많은 우울증 환자가 치료받지 못하는지에 경악한다.

이것은 역설적이다. 좋은 웰빙은 좋은 환경에서 나온다고 믿는다면 특히 그렇다. 부유한 국가에서는 거의 모든 것이 50년 전보다 더욱 좋아졌다. 당신은 이데올로기에 눈이 멀어서 그 사실을 깨닫지 못하는 게 틀림없다. 오늘날 미국인의 실제 구매력은 세 배 가까이 높아졌다. 집의 크기는 평균 111제곱미터에서 232제곱미터로 두 배나 커졌다. 1950년에는 운전자 두 명당 자동차 한 대를 소유했다. 지금은 면허증 소지자보다 자동차 수가 더 많다. 고등학교 이상 졸업자는 다섯 명 중 한 명이었는데, 지금은 두 명에 한 명꼴이다. 의복은, 심지어 사람들까지도 더욱 멋있어 보이는 것 같다. 진보는 물질의 제한을 받지 않았다. 음악이 풍부해지고 여성의 권리는 늘었으며 인종주의가 감소했고 오락거리가 많아지고 책이 증가했다. 111제곱미터짜리 집에서 누나 베스와 나를 데리고 살았던 부모님께 고작 50년 후에는 그렇게 달라질 거라고 말씀드렸다면 아마 이렇게 대답하셨을 것이다. "그거 천국이겠군."

그러나 그건 천국이 아니다.

우울증은 훨씬 더 늘었고 훨씬 더 어린 사람들에게 손을 뻗는다. 물질적인 세계는 훨씬 더 좋아지고 있는데, 미국의 평균 행복 수준은 그 세계에서 멀리 뒤처진 채 따라잡지 못하고 있다. 행복은 증가하더라도 그저 찔끔찔끔 증가했을 뿐이다. 덴마크인, 이탈리아인, 멕시코인들은 평균적으로 50년 전보다 삶에 더욱 만족하지만 미국인, 일본인, 호주인들의 평균 만족도는 50년 전보다 별로 높지 않고, 영국인과 독일인들은 만족도가 감소했다. 평균 러시아인들은 훨씬 더 불행하다.

이유는 아무도 모른다. 생물학적이거나 유전적인 이유는 결코 아니다. 인간의 유전자와 염색체는 지난 50년 동안 변하지 않았다. 생태학적인 이유도 아니다. 내 집에서 30마일 떨어진 랭커스터 카운티에 있는 아미시(Amish) 마을의 우울증 발병률은 필라델피아의 10분의 1에 불과하다. 그들은 매연이 섞인 똑같은 공기를 호흡하고 불소가 섞인 똑같은 물을 마시고 방부제가 섞인 음식을 즐겨 먹는데도 그렇다. 우울증 급증은 모두 현대성, 그리고 우리가 '번영(prosperity)'이라고 잘못 부르는 것과 관계가 있다.

이제는 학교에서 웰빙을 교육해야 한다. 그 타당한 이유로는 첫째, 현재 우울증이 만연하고 있으며 둘째, 지난 두 세대에 걸쳐 행복이 아주 조금 증가했기 때문이다. 세 번째 이유로 웰빙의 증가는 교육의 전통적인 목적, 즉 학습을 향상시킨다. 긍정 정서는 관심의 범위를 넓혀주고 창의적 사고와 포괄적 사고를 높여준다. 부정 정서는 그 반대여서 관심 범위를 좁히고 비판적 사고와 분석적 사고를 높인다. 기분이 나쁠 때는 "무엇이 잘못된 걸까?"에 더 유능하고, 기분이 좋을 때는 "무엇이 잘된 걸까?"에 더 유능하다. 훨씬 더 나쁜 경우, 기분이 안 좋을 때 우리는 이미 알고 있는 것에 수동적으로 의지하고 명령에 잘 따른다. 올바른 상황에서는 긍정 사고방식과 부정 사고방식이 모두 중요하다. 하지만 학교는 창의적 사고와 새로운 시도보다는 비판적 사고와 명령 복종을 강조할 때가 너무 많다. 그 결과, 아이들은 학교에 가는 것을 치과에 가는 것보다 아주 조금 더 좋아하는 정도다. 현대 세계에서 마침내 우리는 더 많은 창의적인 사고와 더 적은 명령 복종, 훨씬 더 많은 즐거움이 더욱 성공하는 시대에 이르렀다고 나는 믿는다.

결론은 학교에서 웰빙을 가르쳐야 한다는 것이다. 웰빙은 고삐 풀린 우울증의 해독제이자 삶의 만족도를 높여줄 방법이며, 학습을 향상시키고 창조적 사고를 증가시킬 것이기 때문이다.

펜실베이니아 회복력 프로그램 : 학교에서 웰빙을 교육하는 법

캐런 레이비치(Karen Reivich)와 제인 길햄(Jane Gillham)이 이끄는 내 연구팀은 지난 20여 년간 엄밀한 방법을 통해 학교에서 웰빙을 가르칠 수 있는지 알아냈다. 모든 의료 개입과 마찬가지로 웰빙 프로그램도 반드시 증거에 기초해야 한다. 그래서 우리는 학교를 대상으로 서로 다른 두 가지 프로그램을 시험해보았다. 펜실베이니아 회복력 프로그램(Penn Resiliency Program, PRP)과 스트래스헤이븐 긍정심리학 교육과정이었다. 그 시험 결과를 소개하겠다.

먼저 PRP에 관해 알아보자. 이 프로그램의 주요 목적은 청소년기의 일상적인 문제를 다루는 학생들의 능력을 높이는 것이다. PRP는 학생들이 그 일상 문제에 보다 유연하고도 현실적으로 사고하게끔 가르침으로써 낙관성을 향상시킨다. 또한 자기주장, 창의적인 브레인스토밍, 의사 결정, 이완, 그 밖의 몇 가지 대처 기술도 가르친다. PRP는 세계에서 가장 광범위하게 연구된 우울증 예방 프로그램이다. 지난 20년 동안 통제 집단과의 비교를 통해 PRP를 평가한 연구는 21개에 달한다. 그중 다수가 무작위 배정 및 통제 집단 연구법을 사용했고, 이 연구들에 8세에서 21세 사이의 아동과 청소년 3천 명 이상이 참여했다. PRP에 대한 연구들은 다음을 포함한다.

- 다양한 표본. PRP 연구는 다양한 인종, 민족, 지역사회(도시와 교외와 시골, 백인과 흑인과 히스패닉, 부유층과 빈민층), 국가(미국, 영국, 호주, 중국, 포르투갈 등) 출신의 청소년들을 포함한다.
- 다양한 집단의 리더. 집단의 리더는 교장, 카운슬러, 심리학자, 사회

복지사, 군대 부사관, 교육학 및 심리학 전공의 대학원생들을 포함한다.

- PRP에 대한 독자적인 평가. 우리는 다수의 PRP 평가 연구를 수행했다. 그러나 몇몇 연구팀도 독자적으로 PRP를 평가했다. 한 예로, 영국 정부는 교사 100명과 학생 300명이 참여한 대규모 연구로 PRP를 시험했다.

그 결과, 다음과 같은 기본적인 사실을 알아냈다.

- PRP는 우울증 증상을 감소시키고 예방한다. '메타 분석(meta-analysis)' 이란 동일한 주제를 다룬 과학 문헌 전체의 방법론적으로 타당한 모든 연구를 다시 분석하고 통합하는 문헌 연구다. 모든 평가 연구에 대해 메타 분석한 결과, 즉각적인 우울증 예방과 프로그램 시행 후 6개월에서 12개월 사이의 우울증 예방 등의 통제 집단과 비교한 후속 평가에서 PRP는 상당한 이점을 보였다. PRP의 효과는 적어도 2년간 지속된다.
- PRP는 무기력을 감소시킨다. 메타 분석 결과, PRP는 무기력을 감소시키고 낙관성을 향상시키고 웰빙을 증가시켰다.
- PRP는 임상적 수준의 우울증과 불안증을 예방했다. 몇몇 연구에서 PRP는 중도적 수준에서 중증 수준의 우울 증상을 예방했다. 예를 들어, 첫 번째 PRP 평가 연구에서 이 프로그램은 시행 후 2년 내내 중도적 수준에서 중증 수준의 우울 증상 비율을 절반으로 줄였다. 한 의료 현장에서 PRP는 높은 수준의 우울 증상을 지닌 청소년들의 우

울증과 불안 장애를 즉각적으로 예방했다.

- PRP는 불안을 감소하고 예방한다. 불안 증상에 대한 PRP 효과 연구는 그 수가 적다. 하지만 대부분의 연구에서 PRP의 효과는 상당히 높고 오래 지속된다.

- PRP는 품행 문제를 감소시킨다. 청소년의 공격성, 비행 등의 품행 문제에 대한 PRP 효과 연구는 훨씬 더 적지만, 대부분의 연구에서 높은 효과를 보인다. 한 예로, 최근에 대규모로 시행된 PRP에서 시행 3년 후 참여 청소년의 품행 문제에 대한 부모들의 보고서에 따르면 PRP는 상당한 이점들이 있었다.

- PRP는 인종/민족 배경에 상관없이 모든 학생에게 매우 효과적이었다.

- PRP는 건강과 관련된 행동을 개선시킨다. 프로그램을 완수한 청소년들은 신체 질환 증세가 더 적었고 병원 치료를 더 적게 받았고, 더 좋은 식단에 운동을 더 많이 했다.

- 집단 리더에 대한 훈련과 감독이 대단히 중요하다. PRP의 효과는 연구에 따라 상당히 달라진다. 그것은 적어도 부분적으로는, 교사가 훈련과 감독을 얼마나 많이 받느냐와 관계가 있다. 교사가 PRP 팀의 일원이거나 훈련 후 PRP 팀의 엄중한 감독을 받을 때 그 효과가 강력하다. 최소한의 훈련과 감독을 받은 교사 밑에서는 효과가 덜 강력하고 덜 지속적이다.

- 교육 과정의 충실한 전달이 대단히 중요하다. 한 예로, 1차 의료 현장에서 시행된 PRP에 대한 연구에서 프로그램 내용을 높은 수준으로 고수한 집단의 우울 증상은 상당히 감소한 반면, 낮은 수준으로

고수한 환자 집단에서는 우울 증상이 감소하지 않았다.

따라서 PRP는 청소년의 우울증, 불안 장애, 품행 문제를 믿을 만한 수준으로 예방한다. 그러나 회복력은 단지 긍정심리학의 일면에 불과하다. 우리는 긍정 정서를 높이고 부정 정서를 줄이는 것은 물론이고 성격 강점, 관계, 의미까지 구축하는 보다 종합적인 교육 과정을 설계했다. 미 교육부로부터 받은 280만 달러의 기금으로 우리는 고등학교 긍정심리학 교육과정에 대해 대규모 무작위 배정 및 통제 집단 평가 연구를 시행했다. 필라델피아 외곽에 있는 스트래스헤이븐 고등학교에서 우리는 14세에서 15세인 9학년 학생, 347명을 언어학 수업 두 집단에 무작위 배정했다. 그리고 한 집단에는 언어학 수업에 긍정심리학 교육과정을 포함시키고 다른 집단에는 포함시키지 않았다. 참여 학생, 학부모, 교사들은 프로그램 시행 전, 시행 직후, 2년 후에 각각 표준 설문지를 작성했다. 우리는 학생들의 강점, 사회적 기술, 행동 문제, 학교생활을 즐기는 정도를 조사했다. 덧붙여 그들의 성적도 확인했다.

이 종합적인 프로그램의 주요 목표는 첫째, 학생들이 자신의 대표 강점을 확인하게 도와주고 둘째, 일상생활에서 이 강점의 활용을 증가시키는 것이다. 이 목표에 더해서 회복력, 긍정 정서, 의미, 목적, 긍정 관계를 향상시키기 위해 긍정심리학 개입을 시도한다. 교육 과정은 80분짜리 수업, 20회 이상으로 9학년 내내 시행된다. 여기에는 성격 강점들과 그 밖의 긍정심리학 개념 및 기술에 대한 토론, 수업 중 활동 주 1회, 긍정심리학 기술을 자신의 삶에 적용하는 실생활 숙제, 성찰 일기가 포함된다.

이 교육 과정에서 사용한 연습 중 두 가지를 소개하겠다.

세 가지 좋은 일 연습

학생에게 일주일 동안 매일 그날 일어난 좋은 일 세 가지를 쓰라고 지시한다. 세 가지는 조금 중요한 일인 "오늘 언어학 시간에 정말 어려운 질문에 올바로 대답했다"일 수도 있고, 아주 중요한 일인 "내가 오랫동안 좋아한 남자애가 나한테 데이트하자고 했다!!!"일 수도 있다. 각각의 긍정 사건 옆에 다음 질문 중 하나에 관해 적는다. "이 좋은 일이 일어난 이유는 무엇입니까?" "이것이 당신에게 어떤 의미가 있습니까?" "어떻게 하면 이렇게 좋은 일을 앞으로 더 많이 경험할 수 있을까요?"

새로운 방법으로 대표 강점 활용하기

정직. 용감성. 끈기. 창의성. 친절. 예견력. 용기. 공정성. 이것과 나머지 16가지 강점은 세계 모든 문화가 중요시한다. 이 강점 중에서 자신에게 풍부한 강점이 무엇인지 확인하고 그것을 학교에서, 취미생활에, 친구와 가족에게 최대한 많이 활용한다면 삶의 만족도가 더 높아진다.

학생들은 VIA 대표 강점 검사를 받고, 그 다음 주에 학교에서 자신의 대표 강점을 새로운 방법으로 활용한다. 교육 과정 중 몇 번의 수업은 그들 자신, 친구, 자신이 읽은 소설 속 등장인물의 성격 강점을 확인하고 그것을 활용하여 역경을 이겨낸 것에 초점을 맞춘다.

스트래스헤이븐 고등학교에서 긍정심리학 프로그램을 시행한 후 다음과 같은 결과를 얻었다.

학습 몰입, 학교생활의 즐거움, 성취

긍정심리학 프로그램은 호기심, 학구열, 창의성 이 세 가지 강점을 향상시켰다. 이 결과는 해당 학생이 긍정심리학 집단과 통제 집단 중 어디에 배정되었는지 모르는 교사들의 보고서를 통해 얻은 것이다. 이것을 '블라인드(blind)' 연구라고 한다. 평가자는 자신이 평가하고 있는 학생의 상황을 모르기 때문이다. 이 프로그램은 또한 학교에서 학생들의 몰입과 즐거움을 증가시켰다. 이 효과는 일반 수업에서 특히 강력하다. 긍정심리학 프로그램 참여 학생들은 11학년 내내 일반 언어학 점수와 작문 기술이 향상되었다. 우등반에서는 학점 부풀리기가 만연해서 거의 모든 학생이 A학점을 받기 때문에 점수가 높아질 여지가 거의 없다. 중요한 점은 웰빙이 교실 학습의 전통적인 목표인 학습을 약화시키지 않았다는 것이다. 오히려 강화시켰다.

사회적 기술과 품행 문제

긍정심리학 프로그램은 사회적 기술, 즉 연민, 협동, 자기주장, 자기통제를 향상시켰다. 엄마와 교사 양측의 보고서에 기초한 결과다. 엄마들의 보고서에 따르면 나쁜 행동 역시 감소했다.

따라서 결론은 이렇다. 모든 교실에서 웰빙을 가르쳐야 하며 가르칠 수 있다. 사실, 학교 전체를 긍정심리학으로 가득 채울 수 있지 않을까?

질롱 그래머스쿨 프로젝트

2005년 1월, 호주에서 순회강연을 하고 있을 때 전화를 한 통 받았다. 처음 듣는 목소리였다. "안녕하세요, 교수님. 닥터 트렌트 배리입니다. 교수님의 학생이에요."

"제 학생이요?" 처음 듣는 이름이어서 되물었다.

"네, 6개월 과정의 전화 강의하시잖아요. 저는 멜버른 교외에 삽니다. 주중에 날마다 새벽 네 시에 일어나 교수님 강의를 열심히 들었습니다. 강의가 환상적이었어요. 저는 광적인 학생인데 한 번도 내놓고 말한 적은 없습니다. 교수님을 헬리콥터로 질롱 그래머스쿨에 모시고 싶습니다. 저는 그곳 운영위원회 위원입니다. 지금 웰빙 센터 건립을 위한 기금 조성 캠페인이 한창이에요. 교수님께서 졸업생들에게 강연하셔서 기금 조성을 도와주셨으면 좋겠습니다."

"글롱 그래머스쿨이 어떤 곳이죠?" 내가 물었다.

"그런데 발음이 '글롱'이 아니라 '지이일롱'입니다, 교수님. 호주에서 가장 오래된 기숙학교 중 하나예요. 창립된 지 150년이 넘었지요. 네 곳에 캠퍼스가 있는데, 산 위에 있는 팀버탑 캠퍼스는 9학년 전 학생이 가서 꼬박 1년을 지내는 곳입니다. 팀버탑에서 뜨거운 물로 샤워하고 싶으면 직접 장작을 패야 합니다. 찰스 왕세자도 팀버탑에 갔어요. 학교생활에 관해서는 오직 팀버탑에 대한 기억들만 좋았다더군요. 메인 캠퍼스 코리오는 멜버른에서 남쪽으로 50마일 떨어진 곳에 있어요. 학생은 모두 1,200명이고 교사는 200명입니다. 어마어마하게 부유하답니다. 학교에는 새로운 체육관이 필요해요." 그는 말을 이었다. "하지만 운영

위원회는 학생들을 위해 건물 못지않게 웰빙도 원합니다. 저는 그들에게 셀리그만 교수님에 대해 말했어요. 교수님 성함을 들어본 사람이 하나도 없더군요. 운영위원들은 교수님께서 오셔서 부유한 졸업생들에게 강연해주시길 원합니다. 웰빙을 실제로 가르칠 수 있고 웰빙 교육 과정을 설계해서 웰빙 센터라는 이름의 새 건물에 참된 의미를 부여할 수 있다는 걸 그들에게 확신시켜주십사 하는 거지요. 저희는 고작 6개월 만에 1,400만 달러를 모았어요. 200만 달러가 더 필요합니다."

그래서 나는 가족과 함께 멜버른 야라 강 한복판에 있는 금방 무너질 듯한 승강장에서 헬리콥터에 올라탔고, 6분 후 트렌트의 궁궐 같은 집 앞마당에 착륙했다. 내릴 때 아내 맨디가 내게 속삭였다. "우리가 안식년을 지내러 여기 올 것 같은 이상한 느낌이 들어요."

그날 오후, 다소 찡그린 얼굴로 모여든 교사 80여 명 앞에서 강연을 했다. 가장 과묵한 사람 중 한 명이 신임 교장 스티븐 미크라는 점에 나는 특히 주목했다. 키가 훤칠하고 인물이 좋고 대단히 잘 차려입었고 지극히 영국적이고 나만큼이나 저음의 목소리를 가졌는데, 물 흐르듯 말을 하는 그는 참석한 사람 중 가장 꼿꼿한 자세로 앉아 있었다. 그리고 그날 저녁, 스티븐의 소개에 이어 나는 똑같이 멋지게 차려입은 졸업생 50여 명에게 긍정심리학에 대해 이야기했고, 바로 그 자리에서 여러 장의 수표가 서명되어 1,600만 달러를 채우는 것을 지켜보았다. 루퍼트 머독의 누이인 헬렌 핸드버리가 1,600만 달러의 꽤 많은 부분을 내놓았다는 말을 들었다. 그 후 얼마 못 가 임종의 자리에서 핸드버리는 말했다. "체육관은 아니야. 내가 원하는 건 젊은 아이들의 웰빙이야."

필라델피아로 돌아온 지 일주일 후, 스티븐 미크에게서 전화가 왔다.

"마티, 학교 전체에 웰빙을 가르치는 것을 논의하기 위해 대표단을 필라델피아로 보내고 싶습니다." 일주일 후, 선임 교수진의 의사 결정권자 세 명이 웰빙 도입을 위해 일주일 일정으로 펜실베이니아에 도착했다. 교육 과정 책임자 데비 클링, 학생주임 존 렌드리, 코리오 캠퍼스 교장 찰리 스커다모어였다.

그들은 캐런 레이비치와 내게 물었다. "두 분이 전권을 위임받고 자금이 무한하다면 학교 전체를 긍정심리학으로 가득 채우기 위해 어떻게 하시겠습니까?"

"우선……" 캐런이 대답했다. "긍정심리학의 원칙과 연습에 관해 2주일 동안 전체 교사진을 훈련시킬 겁니다. 저희는 수많은 영국 교사를 그렇게 훈련시켜왔습니다. 교사들은 먼저 자신의 삶에서 긍정심리학 기술을 사용하는 것을 배운 다음, 그것을 학생에게 가르치는 법을 배웁니다."

"좋습니다." 찰리가 말했다. "그 다음에는요?"

"그다음에는……" 캐런이 계속 말했다. "긍정심리학 영역에서 선도적인 미국 고등학교 교사 중 한두 사람을 학교에 상주시켜서 해당 학교 교사진이 전 학년에게 웰빙을 가르칠 때 그들의 교육 궤도를 수정하게 할 겁니다."

"좋습니다. 그 밖에는요?"

"사실은……" 내가 끼어들어 무리한 요구를 늘어놓았다. "긍정심리학의 별들이 있습니다. 바버라 프레드릭슨, 스티븐 포스트, 로이 바우마이스터, 다이앤 티스, 조지 베일런트, 케이트 헤이즈, 프랭크 모스카, 레이 파울러입니다. 이들을 매달 한 명씩 데려와서 교사진, 학생, 지역 사회를 위해 강연하게 하는 겁니다. 그런 다음에 그들은 각자 2주 동안 캠퍼스에 기거하며 교사진과 학생들을 가르치고 교육과정에 대해 조언합니다."

"좋습니다."

"만약 질롱 그래머스쿨이 이 모든 것을 지원할 수 있다면 저는 안식년에 제 가족과 함께 그 학교에 거주하며 프로젝트를 지도할 겁니다."

이 모든 것이 바로 그렇게 진행되었다. 2008년 1월, 나와 캐런은 긍정심리학 교육가, 주로 MAPP 졸업자 15명과 함께 호주로 날아가서 질롱 그래머스쿨 교사진 100명을 훈련시켰다. 9일 훈련 과정에서 우리는 먼저 교사들에게 그들의 삶에서 긍정심리학 기술을 사용하는 법을 가르쳤다. 그런 다음, 다양한 사례를 제시하고 그 기술을 학생들에게 가르치는 법에 관한 교육 과정을 자세하게 설명했다. 긍정심리학 원칙과 기술은 교사진이 전원 출석한 시간에 교육되었고 2인 집단, 소집단, 30명 집단을 대상으로 연습과 응용을 통해 강화되었다. 교사들이 부여한 드높은 강의 평가 점수(5.0 만점에 4.8점)와 그들이 2주 여름휴가를 보수 없이 반납했다는 사실은 둘째 치고, 스티븐 미크의 변화가 상징적이었다.

그 교장은 딱딱하고 쌀쌀맞은 환영인사로 우리를 맞았고, 그 프로젝트 자체에 대한 의구심을 솔직하게 표현했다. 목사의 아들인 스티븐은 모든 면에 철저하고 정직했다. 그러나 나는 아직 그의 그런 면을 알지 못했고, 그가 우리를 '환영'하는 동안 이대로 짐을 싸서 집으로 돌아갈까 생각 중이었다. 하지만 둘째 날, 스티븐은 모든 것에 즉시 전심전력을 다했다. 그의 말에 따르면, 그 프로젝트에 열의를 느끼게 되었다. 9일 훈련 과정이 끝날 무렵, 그는 환한 얼굴로 우리 교수진을 끌어안았다. 그는 더 많은 것을 원했고, 교사들에게 이 일은 학교 역사상 네 번째 위대한 사건이라고 말했다. 첫 번째 사건은 1910년에 대도시 질롱에서 시골의 코리오로 캠퍼스 이전, 두 번째는 1955년 팀버탑 캠퍼스 창립, 세 번째는 1978년 남녀공학 실시, 그리고 지금 그가 '긍정심리 교육'이라는 별명으로 부르는 것이 네 번째 사건이다.

훈련에 이어 우리 중 일부는 1년 동안 상주했고, 약 12명의 객원 학자가 방문해서 각자 일주일 동안 자신의 긍정심리학 전문 영역을 교사진에게 가르쳤다. 우리가 창안한 교육과정을 소개한다. 이 과정은 근본적으로 가르치기, 끼워 넣기, 따라 살기로 나뉜다.

긍정심리 교육 가르치기(독립 과정)

현재 일부 학년에는 독립 과정과 단원 과정을 통해 긍정심리학의 요소들, 즉 회복력, 감사, 강점, 의미, 몰입, 긍정 관계, 긍정 정서를 가르친다. 코리오 캠퍼스의 10학년 학생 200명은 각자 기숙사 10곳의 해당 책임교사가 가르치는 긍정심리 교육 수업에 1주일에 2회 참석했다. 학생들은 객원 학자의 강의를 몇 번 들었지만, 이 과정의 근간은 자신의 대표 강점을 확인하고 활용하는 것이었다.

첫 번째 수업 시간에 대표 강점 검사를 받기에 앞서 학생들은 자신이 지극히 최상일 때가 언제인지에 대해 작문을 했다. 검사 결과를 받은 후 그들은 직접 쓴 작문을 다시 읽고 자신의 대표 강점을 찾아보았다. 거의 모든 학생이 두세 가지 강점을 찾아냈다.

그 밖의 대표 강점 수업에는 가족과 면담해서 강점 가계도 그리기, 강점을 활용해서 역경을 이겨내는 법 배우기, 자신의 상위 강점 다섯 가지에 속하지 않는 강점 개발하기가 포함되었다. 마지막 강점 수업 시간에 학생들은 그들이 각 강점의 귀감이라고 여기는 캠퍼스 리더를 지명했다. 자신의 삶을 논할 때 교사와 학생들은 이제 강점이라는 새로운 공용어를 가지고 있다.

대표 강점 수업 이후, 10학년 학생을 위한 다음 수업은 긍정 정서를 더 많이 구축하는 법에 초점을 맞추었다. 학생들은 부모님께 감사 편지를 썼고, 좋은 기억을 음미하는 법, 부정 편견을 극복하는 법, 친절을 받은 사람보다 베푼 사람이 더 큰 기쁨을 누린다는 것을 배웠다. 그들은 매일 밤 그날 '잘 됐던 일'을 떠올리는 축복 일기를 썼다. 전 학년은 이제 이 연습을 고정적으로 실천한다.

빅토리아 주, 맨스필드 근처의 산 위에 세워진 팀버탑 캠퍼스에서는 9학년 220명 전원이 꼬박 1년 동안 야외에서 고달프게 지낸다. 그 생활은 모든 학생이 마라톤 하듯 그 산을 구석구석 달리는 것으로 끝이 난다. 팀버탑에서 시행하는 긍정심리 교육 독립 과정은 회복력을 강조한다. 우선, 학생들은 ABC 모델을 배운다. 즉, 역경(adversity, A)에 대한 믿음(belief, B)이 그 결과로서(consequent, C) 감정을 일으킨다. 이 시점에서 학생들은 중요한 통찰을 얻는다. 바로 감정은 반드시 외부 사건에 뒤이어 생기는 것이 아니라 그 사건에 대한 자신의 생각을 뒤따르며, 우리는 자신의 생각을 실제로 바꿀 수 있다는 것이다. 그 다음에 학생들은 보다 유연하고 정확한 사고를 통해 이 ABC의 진행 속도를 늦추는 법을 배운다. 끝으로 그들은 9학년생이 팀버탑에서 너무 자주 직면하는 '순간적으로 열 받는' 역경을 다루기 위해 '실시간 회복력'을 배운다.

회복력을 가르친 후에는 친구와의 적극적이며 건설적인 반응기술

(ACR)과 3 대 1 로사다 비율(긍정성 대 부정성 비율)의 중요성을 설명한다. 첫 번째와 두 번째 단원 모두 건강 교육 담당자와 체육 교사가 가르친다. 팀버탑의 혹독한 목표를 생각하면 당연한 조치다.

이 독립 과정은 긍정심리학의 내용과 기술을 가르치지만 긍정심리 교육에는 독립 과정보다 훨씬 더 많은 교육 과정이 있다.

긍정심리 교육 끼워넣기

질롱 그래머스쿨 교사들은 긍정심리 교육을 학과목 수업, 스포츠 활동, 목회 상담, 음악, 예배에 끼워넣는다. 우선 몇 가지 수업을 예로 들면, 영어 교사는 대표 강점과 회복력을 이용해서 소설을 토론한다. 셰익스피어의 《리어왕》은 꽤 우울한 내용이지만, 학생들은 주인공의 강점과 그 강점들이 어떻게 좋은 면과 어두운 면을 모두 갖고 있는지 확인한다. 영어 교사는 회복력을 이용해서 아서 밀러의 《세일즈맨의 죽음》과 프란츠 카프카의 《변신》에 나오는 등장인물의 재앙적 사고방식을 설명한다.

수사학 교사는 말하기 숙제를 "자신이 망신당한 순간에 대해 연설하라"에서 "자신이 타인에게 소중한 사람이었던 순간에 대해 연설하라"로 바꾸었다. 학생들은 이 숙제를 하는 데 시간이 덜 들고 더욱 열심히 연설했고, 그 연설을 경청했다.

종교 교사는 학생들에게 윤리학과 쾌락의 관계에 대해 묻는다. 그들은 아리스토텔레스, 제러미 벤담, 존 스튜어트 밀의 철학을 쾌락과 이타심에 관한 최신 뇌 연구에 비추어 숙고한다. 그 연구에 따르면, 이타심과 동정심은 자연선택이 총애한 뇌 회로에 기반을 둔다. 학생들은 무엇이 삶에 목적을 부여하는지에 대한 관점을 조사한다. 학생과 학부모는 '의미 있는 대화'에 참여해서 삶에 의미를 부여하는 것에 대한 메일을 주고받는다. 의미에 관한 유명한 문장 60개가 이 일을 돕는다.

지리 교사들은 보통 가난, 가뭄, 말라리아 등 우울한 변수를 측정한다. 하지만 질롱의 지리 교사는 학생들에게 모든 국가의 웰빙을 측정하고 호주, 이란, 인도네시아의 웰빙 기준이 서로 어떻게 다른지 확인하게 한다. 그들은 또한 한 장소의 지리적 특성, 예를 들어 녹지 공간이 웰빙에 얼마나 기여하는지도 조사한다. 외국어 전임 강사는 학생들에게 일본, 중국, 프랑스의 민속 문화에서 성격 강점을 조사하게 한다.

신임 교사는 '잘 됐던 일'을 묻는 것으로 하루를 시작하고, 학생들은 '이번 주의 강점'을 잘 보여준 학생을 지명한다. 음악 교사는 회복력 기술을 이용하여 망쳐버린 연주에서 낙관성을 이끌어낸다. 모든 학년의 미술 교사는 아름다움을 감상하는 것을 가르친다.

체육 교사는 경기를 망친 팀원에 대한 '원망을 내려놓는' 기술을 가르친다. 어떤 코치는 초점 수정 기술을 이용해서 학생들이 경기 중에 팀 동료가 잘해낸 것을 당사자에게 떠올려주게 한다. 이 코치의 보고에 의하면 부정 편견을 이겨낸 학생들이 플레이를 더 잘 한다.

어떤 코치는 성격 강점 연습을 하나 개발해서 경기를 마친 후 언제나 학생들의 보고를 듣는다. 보고 시간에 학생들은 성격 강점의 관점에서 그 경기의 성공적인 면과 도전적인 면을 재검토한다. 경기 중에 특정 성격 강점이 활용된 순간을 직접, 그리고 팀 동료와 코치를 통해 확인한다. 더불어 특정 강점을 활용할 수 있었던 '놓친 기회'를 확인한다. 이 연습은 그 놓친 기회를 확인함으로써 앞으로 있을 기회에서 강점 활용에 대한 자각이 증가할 것이라는 생각에 기초한 것이다.

예배는 또 하나의 긍정심리 교육 현장이다. 매일 예배 시간에 용감성, 용서, 끈기, 그 밖의 거의 모든 강점에 관한 성경 구절을 언급하고 그날의 학급 토론에서 강화한다. 예를 들어, 10학년 학급 토론 주제가 감사라면 예배 시간에 휴 켐프스터 교목의 설교와 성경 읽기도 감사에 관한 것이다.

독립 과정과 긍정심리 교육을 학교생활에 끼워넣고 교사와 학생들은 자신이 예상치 못한 방식으로 긍정심리 교육에 따라 산다.

긍정심리 교육 따라 생활하기

질롱 그래머스쿨의 모든 여섯 살배기처럼 케빈은 교복을 갖춰 입은 1학년 급우들과 함께 하루를 시작한다. 선생님을 쳐다보며 질문이 들릴 때마다 케빈은 손을 번쩍 든다. "여러분, 어제 저녁에 잘 됐던 일이 뭐였어요?" 서로 대답하려 조바심치며 몇몇 1학년생들이 짧은 일화를 털어놓는다. "어제 제가 제일 좋아하는 거 먹었어요, 스파게티요." "형하고 체스했는데 이겼어요." 케빈이 말한다. "저녁 먹고 나서 누나랑 같이 현관을 청소했어요. 다 하니까 엄마가 저희를 꺼안아주셨어요."

선생님은 케빈의 말을 잇는다. "잘 됐던 일을 이야기하는 게 왜 중요하지요?" 그는 머뭇거리지 않는다. "기분이 좋아지니까요?" "케빈, 더 할 이야기가 있어요?" "네, 있어요. 엄마는 매일 제가 집에 가면 잘 됐던 일을 물어 보세요. 얘기하면 엄마가 행복해해요. 엄마가 행복하면 모두 다 행복해요."

엘리즈는 양로원에서 이제 막 돌아왔다. 그녀와 5학년 학생들이 '제

빵학' 프로젝트를 완수한 곳이다. 그 프로젝트에서 유명 텔레비전 요리사이자 우리의 객원 학자 중 한 명인 존 애쉬튼이 자기 외할머니의 빵 만드는 법을 4학년 학생들에게 가르쳤다. 그런 다음, 아이들은 양로원을 방문해서 노인들에게 그 빵을 나눠 드렸다.

"맨 먼저 저희는 우수한 영양섭취에 대해 배웠어요." 엘리즈가 말했다. "그러고 나서 건강한 음식을 요리하는 법을 배우고요. 하지만 그것을 먹지 않고 다른 분들께 드렸어요."

"네가 그렇게 오랜 시간을 들여 준비한 음식을 먹지 않는 일이 힘들었지? 냄새가 정말 좋았는데."

"아뇨, 정반대에요." 그녀는 활짝 웃으며 단언했다. "처음에 저는 할아버지들을 무서워했어요. 하지만 제 마음속에서 작은 등불 하나가 켜지는 것 같은 느낌이 들었어요. 그 일을 또 하고 싶어요."

엘리즈의 절친한 친구가 재빨리 끼어들었다. "다른 사람을 위해 어떤 일을 하는 건 컴퓨터게임을 하는 것보다 기분이 더 좋아요."

케빈과 엘리즈는 질롱 그래머스쿨에서 '따라 생활하기'라는 태피스트리에 짜 넣어진 씨줄과 날줄이다. 케빈은 '잘 됐던 일'로 학교 수업을 시작하고, 집에 돌아가서는 긍정심리 교육에 따라 산다. '잘 됐던 일'은 결코 다른 수업 과정을 대체하지 않는다. 하지만 이 개선 조치로 하루의 출발이 더 좋아진다. 심지어 교무 회의조차 더 즐겁게 출발한다.

질롱 그래머스쿨의 긍정심리 교육은 진행 중인 연구이지 통제된 실험이 아니다. 질롱 그래머스쿨은 통제 집단을 원하지 않았다. 그래서 내가 소개할 수 있는 것은 긍정심리 교육 시행 이전과 이후의 이야기가 전부다. 그러나 변화는 뚜렷하며, 통계 자료를 초월한다. 그 학교는 더 이상 얼굴을 찌푸리지 않는다. 나는 2009년에 그곳으로 돌아가서 한 달을 머물렀다. 그렇게 의욕이 충천한 학교는 처음이었다. 그곳을 떠나 인상을 찌푸린 대학으로 돌아오기가 정말 싫었다. 교사 200명 중에서 학년 말에 질롱 그래머스쿨을 떠난 사람은 한 명도 없었다. 입학생, 입학 지원자, 기부금이 크게 늘었다.

전 세계에 웰빙을 전파하는 일에 긍정심리 교육은 더디지만 점진적인 방법이다. 훈련받은 교사와 긍정심리 교육을 기꺼이 적용하려는 학교의 수가 적다는 점이 긍정심리 교육을 제한한다. 긍정 컴퓨팅은 모자에서 꺼낸 토끼가 될 수도 있다.

긍정 컴퓨팅

"페이스북 사용자가 5억 명에 달해요. 절반은 적어도 하루에 한 번 로그인하죠." 아주 잘 생긴 페이스북의 연구팀장 마크 슬리가 말했다. "그중 1억 명은 모바일 사용자예요."

놀라서 입이 떡 벌어졌다. 마이크로소프트, 매사추세츠 공과대학 미디어랩, 스탠퍼드 설득 연구소에서 온 수석 연구원들과 긍정심리학자 여섯 명이 똑같이 반응했다. 2010년 5월 초, 펜실베이니아 긍정심리학 센터에서 긍정 컴퓨팅에 관해 회의하는 자리였다. 회의 주제는 '긍정심리 교육의 더딘 진행을 뛰어넘어 플로리시를 대규모로 퍼뜨리는 방법'이었다. 미래의 새로운 컴퓨터 테크놀로지가 열쇠를 쥐고 있을 수도 있었다.

회의를 조직한 사람은 토머스 샌더스(Thomas Sanders)로 휴렛패커드 출신의 비전이 풍부한 개인 연구자였다. 그는 회의 분위기를 주도했다. "대규모 플로리시, 특히 젊은이들의 플로리시에 필요한 조건이 하나 있습니다. 바로 긍정심리학이 전달 모형을 개발한다는 조건입니다. 그 모형은 웰빙을 향상시킬 긍정심리학 개입들을 전 세계로 전파하기 위한 것이죠. 정보 기술은 효과적이고 널리 퍼질 수 있고 윤리적으로 책임감 있는 방식으로 개인의 플로리시를 도와줄 수 있는 유일한 도구입니다." 그는 그렇게 선언하고 나서 긍정 컴퓨팅을 정의했다. 즉, 좋은 삶에 대한 개인과 공동체의 서로 다른 생각을 존중하며 사람들의 심리적 플로리시를 지원하기 위해 의도적으로 계획되는 정보 통신 기술의 연구 및 발전이 그것이다.

우리는 정보 통신 기술을 개인의 플로리시에 구체적으로 적용하는 법을 오랜 시간 토론했다. 효과적인 컴퓨팅, 즉 더 나은 정서적 삶을 건설하기 위한 컴퓨터 활용 분야에서 앞서가는 연구자 로잘린드 피카드(Rosalind Picard)가 '개인의 플로리시 조력자(Personal Flourish Assistant, PFA)'라는 아이디어를 내놓았다. PFA는 휴대전화 어플리케이션으로 당신이 어디에 있는지, 누구와 함께 있는지, 정서적으로 어떤지를 표시해주고 그런 다음에 관련 정보와 연습을 제공한다. 예를 들어, "지난번에 당신은 바로 이 시간에 이곳에 있었습니다. 당신은 최고로 행복했습니다. 일몰 사진을 찍어서 베키와 루시우스에게 전송하십시오"라는 식이다. PFA는 당신의 경험에 태그(tag)를 달아놓을 것이다. 나중에 검색해서 '긍정 포트폴리오'를 만들어갈 수 있다.

회의가 한창일 때 그 건물 바로 밑에 있는 미 육군 '종합 군인 피트니스' 프로그램 연구실에서 척 앤더슨 소장이 우연히 건너왔다. "놀랍군요." 그가 말했다. "아프가니스탄 파병 미군들이 전투를 마친 후 내게 맨 먼저 요구하는 건 햄버거가 아니라 와이파이(Wi-Fi)였습니다. 조지 케이시 장군은 군인을 심리적으로 단련시켜야 한다고 생각했습니다. 심리적 단련은 신체 단련 못지않게 중요하지요. 하지만 군인들은 날마다 푸쉬업과 조깅으로 신체 단련의 중요성만을 상기합니다. 나는 그들을 심리적으로 단련시킬 방법을 곰곰이 생각했어요. 군인들에게 더없이 중요하고 그들이 신체적 피트니스만큼 자주 실천할 수 있는 방법을요. 나는 목요일 아침마다 심리적 피트니스를 시행하고 군인들에게 긍정심리학을 연습시킬 수 있겠다고 생각했습니다. 그들은 모두 인터넷을 이용하고 휴대전화를 소지하고 대부분이 블랙베리나 아이폰을 씁니다. 여러분 말씀을 들으니 군인들이 더 잘할 수 있을 것 같군요. 우리는 '회복력 어플'을 만들 수 있으니까요. 아마도 여러분은 강점, 사회적 기술, 회복력을 가르치는 우수한 게임을 개발할 수 있을 겁니다."

그래서 제인 맥고니걸이 무대에 나섰다. "저는 진지한 게임을 개발합니다. 삶에 긍정성을 구축하는 게임들이지요." 예를 들어 제인이 만든 게임, 세이브더월드에서 플레이어들은 식량 부족, 세계 평화 같은 현실 세계의 문제를 해결한다. "우리는 게임을 통해 강점을 가르칠 수 있어요." 그녀가 말했다. "학생들은 자신의 강점을 확인한 후, 게임을 하면서 그 강점을 강화시켜줄 수 있는 문제들을 해결해볼 수 있을 겁니다."

창의적인 게임 개발과 더불어 페이스북은 플로리시의 측정에 안성맞춤인 것 같다. 페이스북은 관중, 즉 수용력이 있고, 웰빙 개발 및 측정을 전 세계에 알릴 어플리케이션을 만들고 있다. 시작은 다음과 같았다. 마크 슬리는 페이스북에서 '해고'라는 단어가 입력되는 횟수를 매일 세었고, 그 수를 전 세계의 해고 노동자 수와 비교 분석했다. 역시나 두 숫자가 정확하게 같았다. 당신은 대수롭지 않은 일이라고 생각할지도 모른다.

하지만 웰빙의 다섯 가지 요소를 생각해보자. 긍정 정서, 몰입, 의미, 긍정 관계, 성취가 그 요소다. 각 요소는 광범위한 단어들로 구성된 어휘집을 하나씩 갖고 있다. 한 예로, 영어에서 긍정 정서를 묘사하는 단어는 고작 80여 개 정도다. 이것을 확인하려면 우선 인터넷 영어사전 사이트로 가서 '기쁨' 같은 단어를 찾는다. 그 다음에 유의어를 모두 찾고, 다시 그 모든 유의어의 동의어를 세다 보면 80여 개의 단어를 거쳐 결국 '기쁨'으로 돌아간다. 엄청난 양의 페이스북 데이터에 매일 접속해서 긍정 정서 단어의 수를 센 다음, 그것을 해당 국가의 웰빙을 추정하는 첫 번째 근사치, 또는 어떤 중요한 사건의 작용으로 여길 수도 있을 것이다.

페이스북과 그 밖의 소셜네트워킹 서비스들이 할 수 있는 일은 비단 웰빙 측정만이 아니다. 웰빙을 증가시킬 수도 있다. "우리에겐 새로운 어플리케이션이 있어요. 골닷컴이죠(goal.com)." 마크는 계속 설명했다. "이 어플로 사람들은 자신의 목표와 목표로 향한 진행 과정을 기록할 수 있습니다."

나는 웰빙의 전파에 페이스북이 할 수 있는 일들을 언급했다. "지금 그렇듯이 페이스북은 웰빙의 네 가지 요소를 실제로 구축하고 있습니다. 긍정 정서, 몰입, 긍정 관계, 그리고 이제는 성취입니다. 무조건 환영입니다. 그런데 웰빙의 다섯 번째 요소를 구축하려면 노력이 필요해요. 페이스북의 자아도취적인 환경에서는 이 노력이 시급합니다. 그것은 바로 자아보다 더 중요한 어떤 것에 소속되고 기여하는 것입니다. 페이스북은 5억 명의 사용자가 자신의 삶에 의미를 부여하는 일을 실제로 도와줄 수 있어요. 마크, 이것에 대해 생각해보세요."

플로리시를 측정하는 새로운 방법

부는 무엇을 위한 것인가? 많은 경제학자의 주장과 달리, 부는 단지 더 많은 부를 생산하기 위한 것이 결코 아니다. 국내총생산(GDP)은 산업혁명 중에 한 국가가 얼마나 잘 돌아가는지를 짐작하는 적절한 첫 번째 근사치였다. 그러나 1분마다 교도소가 하나씩 늘어나고 1분마다 부부 한 쌍이 이혼을 하고 한 사람이 자살을 하고 교통사고가 일어나는 지금, GDP는 계속 상승하고 있다. 그것은 얼마나 많은 재화와 서비스를 이용하느냐를 측정할 뿐이다. 부의 목적은 무조건 더 많은 재화와 서비스를 생산하는 것이 아니라 더 많은 웰빙을 생산하는 것이어야 한다. 일반적인 웰빙, 즉 긍정 정서, 직장에서의 몰입, 긍정 관계, 의미로 플로리시한 삶은 이제 양적 측정이 가능하고, GDP를 보완한다. 공공 정책은 일반적인 웰빙의 증가를 지향하며, 이 기준이 그 정책의 성공 또는 실패를 가른다.

늘 그렇듯이 플로리시는 부와 동일시 되어왔다. 이 공식에 근거해서 부유한 국가에서는 지금 세대가 부모 세대보다 더 잘 사는 마지막 세대일지도 모른다는 말이 나온다. 돈에 관해서는 그 말이 사실일지도 모른다. 하지만 모든 부모가 자신의 자녀가 더 많은 돈을 갖기를 원할까? 나는 그렇게 생각하지 않는다. 부모는 자녀가 그들보다 더 많은 웰빙을 누리길 원한다고 나는 확신한다. 이 기준에 따르면 우리 자녀들이 부모보다 더 잘 살 거라는 희망이 있다.

새로운 플로리시의 시간이 왔다. 교육과 양육의 목표로서 플로리시를 진지하게 받아들일 시간 말이다. 플로리시를 중시하고 플로리시하는 법을 배우는 것은 학교 교육을 받으면서부터 시작해야 한다. 이제 세상이 선택할 수 있는 것은 긍정심리 교육이 불을 지핀 이 새로운 플로리시이다. 플로리시의 네 가지 요소 중 하나는 긍정 성취다. 다음 장은 성취를 이루는 요소를 탐구하고, 성공과 지능에 관한 새로운 이론을 소개할 것이다.

2부

플로리시 방법

chapter 6

GRIT(집념), 성격, 성취
새로운 지능 이론

펜실베이니아 대학 심리학과의 박사 과정은 경쟁이 심하다. 지원자는 매년 수천 명에 달하는데, 고작 열 명 정도를 뽑는다. 긍정심리학에는 한 해에 서른 명 정도 지원하고 겨우 한 명이 선택된다. 선택되려면 보통 미국 또는 유럽 유수 대학 출신으로 완벽에 가까운 평점에 심리학 석사 학위 소지자로 700점을 훨씬 넘는 GRE(Graduate Record Examination, 대학원 입학 능력 시험) 점수에 석 장의 추천서가 있어야 한다. 각 추천서는 이 지원자가 '정말로 비범하고 단연 최고'라는 문장 옆의 네모 칸에 체크한다. 입학위원회는 전통에 따르지만 때로는 융통성이 없어서 놀랍도록 훌륭한 몇몇 지원자를 떨어뜨린다.

기억나는 지원자는 포커 월드 시리즈 최초의 여성 챔피언 중 한 명이었다. 제출한 에세이에서 그녀는 돈을 많이 모은 다음 라스베이거스로 날아가서 월드 시리즈에 참가해 승리를 거두었다고 적었다. 셸던 해크니 총장과 나는 그녀가 단순한 재능이 아닌 실제로 세계 최고의 성과를 입증했으니 입학시켜야 마땅하다고 주장했다. 하지만 소용이 없었다. 그 여성의 GRE 점수가 그렇게 높지 않다는 것이었다. 그러나 나는 지금도 그녀에게 감사한다. 인터뷰 시간에 그녀는 내가 포커 게임 중에 하는 실수들을 고쳐줘서 그 후 10년 넘게 나는 수천 달러를 벌 수 있었다. "용기죠." 그녀가 말했다. "큰돈이 걸린 포커 게임에는 용기가 가장 중요해요. 화이트 칩은 그저 화이트 칩 한 장으로 봐야 해요. 그게 1페니짜리든 1천 달러의 가치가 있든 간에."

성공과 지능

지원서는 1월 1일까지 제출해야 한다. 진을 빼는 일련의 개인 인터뷰가 끝나면 2월 말에 합격자가 발표된다. 내가 이곳 심리학과에 몸을 담은 후 45년 동안 이것이 박사 과정 전형 절차였다. 내가 아는 한, 지금까지 단 한 사람의 예외가 있었을 뿐이다. 바로 앤젤라 더크워스였다.

2002년 9월 가을학기 시작을 앞두고 6월에 뒤늦은 지원서가 한 통 도착했다. 그것은 그 자리에서 쓰레기통에 던져져야 했을 테지만 대학원장 존 사비니가 끼어들었다. 존은 안타깝게도 2005년 59세의 나이에 갑자기 세상을 떠났다. 그가 편히 쉬기를 바란다. 그는 언제나 괴짜였다. 가십 같은 정말 비인습적인 주제에 관해 연구했고, 가십은 법적 형태의 도덕적 제재지만 법적 제재보다 처벌 수준이 더 낮다고 주장했다. 어떤 연구를 하든지 그는 학구적인 사회심리학계의 흐름을 거슬렀다. 나는 다른 영역에서 언제나 괴짜였고, 인기 없는 논쟁, 내 말을 들어줄 사람이 없는 논쟁에 충실했다. 존과 나는 1마일 밖에서도 괴짜의 냄새를 맡을 수 있었다.

"그게 엄청 늦게 왔다는 건 알아. 하지만 마티, 자넨 이 입학 에세이를 꼭 읽어야 해." 존이 메일을 보내왔다. 앤젤라 더크워스가 쓴 에세이였다. 그 내용의 일부는 이렇다.

졸업할 무렵, 저는 케임브리지의 공립학교 교실에서 자원봉사자로서 아주 많은 시간을 보냈습니다. 적어도 하버드의 대강의실과 실험실에서 보낸 시간과 비슷할 겁니다. 실패하는 도시 공립학교 안에서 실패하는 도시 학생들의 현실을 직접 눈으로 보면서 저는 호기심 대신 양심을 선택했습니다. 졸업 후, 저는 공립 교육 개혁 추구에 헌신했습니다. 대학 4학년 시절에 저는 저소득 중학생을 위한 비영리 섬머스쿨을 찾아냈습니다. …… 미국 전역의 다른 공립학교의 모델이 된 섬머브리지 캠브리지는 공영라디오 방송국과 많은 신문에 특집으로 보도되었고 케네디 스쿨에서 사례연구로 이용했으며 매사추세츠 주에 정부의 〈우수 혁신상〉을 안겨주었습니다. 그 후 저는 마샬 장학금을 받아 옥스퍼드 대학에서 2년을 보냈습니다. 제 연구 주제는 난독증에서 시각 정보의 거대세포신경경로와 대세포신경경로…… 그 시점에 저는 박사학위를 추구하지 않기로 결심했습니다. …… 그 후 공립 고등학교 교사, 비영리 지도자, 차터스쿨(charter school, 자율성이 보장된 공립학교 ―옮긴이 주) 자문위원, 교육정책 저술가로서 6년을 보냈습니다.

성취 수준의 최상층과 최하층에 있는 학생들과 오랜 시간을 보낸 지금, 저는 학교 개혁에 대해 완전히 상반된 관점을 갖게 되었습니다. 제 생각에 문제는 학교만이 아니라 학생 자신에게도 있습니다. 이유는 바로 공부가 힘들다는 것입니다. 사실 배우는 일은 재미있고 흥미진진하고 흐뭇합니다. 하지만 종종 두렵고 피곤하고 때로는 기가 꺾이기도 합니다. 더 이상은 배움을 원하지 않는 학생, 자신은 배울 수 없다고 믿는 학생, 공부할 때 요점을 보지 못하는 학생은 대체로 절대 공부하지 않습니다. 학교나 선생님이 아무리 훌륭해도 마찬가집니다. ……지능은 높지만 언제나 성취도가 낮은 학생을 돕기 위해 교육자와 부모들은 성격이 지능보다 중요하다는 것부터 인식해야 합니다.

나는 1964년에 펜실베이니아 대학원에 제출한 나의 입학 에세이를 찾아내서 이것과 비교해보지 않기로 결심했다.

거의 1세기 동안 사회적 통념과 정치적 공정성은 학생들의 성취 실패에 교사, 학교, 학급 규모, 교과서, 학자금, 정치가, 부모를 비난해왔다. 학생이 아닌 다른 이유나 다른 사람에게 비난을 전가했다. 뭐라고요? 그럼 피해자를 비난해요? 그 학생의 성격을 비난할까요? 감히 그럴 수는 없습니다! 사회과학에서 성격은 한 물 간 지 이미 오래였다.

긍정 성격

19세기에는 정치학, 도덕성, 심리학이 모두 성격에 관한 것이었다. '우리 본성의 더 착한 천사들'에게 호소한 링컨의 첫 번째 취임사는 미국인들이 좋은 행동과 나쁜 행동에 대해 설명하는 방식을 상징한다. 1886년 시카고에서 벌어진 헤이마켓 폭동(Haymarket Riot)이 전환점이었다. 일반적인 노동자 파업이 있었고, 지금까지 밝혀지지 않은 어떤 사람이 파이프 폭탄을 던지자 경찰이 발포했다. 5분 만에 그곳은 아수라장이 되었으며 경찰 8명과 수많은 시민이 사망했다. 이때 독일 이민자들에게 비난이 쏟아졌다. 언론은 그들을 '피에 물든 짐승'과 '악귀'라고 불렀다. 이민자들의 나쁜 도덕성 때문에 사망자가 생겼다는 것이 여론이었다. 그들에겐 무정부주의자라는 꼬리표가 붙었다. 그 중 네 명이 교수형을 당했고, 한 명은 사형 집행 직전에 자살했다.

좌익 진영에서는 교수형 집행에 엄청나게 반발했다. 이 흐름에 편승하여 터무니없는 주장이 하나 떠올랐다. 바로 나쁜 성격에 대한 기존의 통념을 대체하는 설명이었다. 유죄 판결을 받은 무정부주의자들은 모두 하층 노동자 출신이었다. 그들은 영어를 못했고 자포자기했으며 끼니도 잇기 힘든 임금에 공동주택의 단칸방에서 온 가족이 복작거리며 살았다. 새로 부각된 견해는 범죄를 양산하는 것은 나쁜 성격이 아니라 열악한 환경이라고 주장했다. 신학자와 철학자들이 이 외침을 받아들였고, 그 결과 '사회과학'이 탄생했다. 사회과학은 성격이나 유전보다는 환경이 사람들이 하는 짓을 더 잘 설명한다는 점을 입증하려 했다. 심리학과 사회학, 인류학, 정치학은 그 전제를 거행하는 일에 20세기를 거의 전부 소비했다.

우리는 미래를 지향한다

인간의 나쁜 행동을 성격으로 설명하지 않고 환경 때문이라고 하자 수많은 변화가 일어났다. 첫째, 개인은 자신의 행동에 더 이상 책임을 지지 않았다. 행동의 원인이 그 사람이 아닌 상황에 있기 때문이다. 이 말은 개입을 바꿔야 한다는 뜻이다. 즉, 더 좋은 세상을 원한다면 성격을 바꾸려고 애쓰거나 나쁜 행동을 처벌하고 좋은 행동을 보상하는 일에 시간을 낭비하지 말고 나쁜 행동을 양산하는 환경을 개선해야 한다는 것이다. 둘째, 진보적인 과학은 범죄, 무지, 편견, 실패 그리고 인간에게 닥치는 그 밖의 모든 해악을 야기하는 상황을 따로 분리해야 했다. 그래야만 그 상황을 교정할 수 있었다. 돈을 이용해서 사회 문제를 교정하는 것이 일차적 개입이 되었다. 셋째, 연구는 좋은 사건이 아닌 나쁜 사건에 초점을 맞춰야 했다. 사회과학에서는 새미가 학교 성적이 낮은 이유가 배가 고파서, 학대당해서, 배움을 중시하지 않는 집안 때문이라고 변명하는 것이 얼마든지 가능해졌다. 대조적으로 우리는 좋은 행동을 하는 사람을 폄하하지 않는다. 좋은 행동의 전주곡이 되는 환경을 들먹여서 그 행동을 '변명'하는 것이 말이 안 되기 때문이다. 새미가 연설을 아주 잘 해낸 이유는 그 아이가 좋은 학교에 다니고 배불리 먹고 부모님의 사랑을 듬뿍 받았기 때문이라고 말하는 것은 이상하다. 넷째, 상황적 관점은 우리는 미래를 지향하지 않고 과거에 지배당한다는 전제를 제기했다.

통상적인 심리학, 즉 피해자, 부정 정서, 정신이상, 질병, 비극에 대한 심리학은 헤이마켓 폭동의 의붓자식이다. 이 모든 것에 대한 긍정심리학의 입장은 통상적 심리학과 크게 다르다. 즉 때때로 사람들은 실제로 피해자다. 나는 끔찍한 아이티 지진이 일어난 다음날 이 글을 쓰고 있다. 지금 고통을 받거나 사망한 수십만 명은 진짜 피해자다. 하지만 사람들은 자신의 행동, 그리고 자신의 성격에서 나온 뜻밖의 선택에 종종 책임이 있다. 책임과 자유의지는 긍정심리학에 꼭 필요한 과정이다. 환경을 비난한다면 개인의 책임과 자유의지는 설사 사라지지는 않더라도 최소화된다. 이와 반대로 행동이 성격과 선택에서 나온다면 개인의 책임과 자유의지는 적어도 부분적으로는 원인이 된다.

이것은 개입하는 방법을 직접적으로 암시한다. 즉, 긍정심리학의 관점에서 이 세상은 나쁜 상황을 교정함으로써 더 좋아질 뿐만 아니라 좋은 성격과 나쁜 성격을 모두 확인하고 형성함으로써 더 좋아질 수 있다. 보상과 처벌은 단지 행동만이 아니라 성격에도 영향을 미친다. 불행한 사건과 실패, 비극, 부정 정서가 과학 연구 대상이듯이, 행복한 사건과 높은 성취, 긍정 정서는 긍정심리학의 타당한 연구 대상이다. 긍정 사건을 연구 대상으로 진지하게 받아들이면 우리는 새미의 탁월한 성취를 그 아이가 배불리 먹었거나 선생님이 훌륭하거나 부모가 배움을 중시하기 때문이라고 변명하거나 폄하하지 않는다. 새미의 성격, 재능, 강점에 관심을 갖는다. 끝으로, 인간은 과거에 지배당하기보다는 종종, 어쩌면 더 자주 미래를 지향한다. 따라서 기대, 계획, 의식적 선택을 측정하고 구축하는 과학은 습관, 충동, 환경의 과학보다 더욱 강력하다. 우리가 과거에 지배당하지 않고 미래를 지향한다는 것은 매우 중요하며, 사회과학의 유산과 심리학의 역사에 정면으로 배치된다. 그럼에도 그것은 긍정심리학의 기본적이고도 절대적인 전제다.

입학 에세이에서 앤젤라는 학교에서의 실패가 학생을 피해자로 만든 시스템만의 잘못이 아니라 실패한 학생의 성격이 부분적인 원인일 수도 있다는 견해를 제시했다. 그 견해는 내 안의 '긍정심리학자를 매혹시켰고 존 사비니의 교육학의 초석이었던 괴짜들의 훈육에 호소했다. 올바른 유형의 괴짜가 여기 하나 있었다. 최고의 지적 성취를 입증하는 다수의 증명서와 탁월한 교육을 받았지만 사회적 통념에 길들여지지 않고, 성공한 학생의 성격 강점과 실패한 학생의 성격 결점을 진지하게 연구하려는 괴짜가 등장한 것이다.

지능이란

속도

우리는 즉시 앤젤라와 인터뷰했다. 그녀를 처음 보는 순간, 한 가지 기억이 되살아났다. 그 이야기부터 해야겠다. 1970년대에 나는 앨런 코어스 교수와 함께 펜실베이니아 대학 기숙사 시스템을 고안하고 있었다. 앨런은 현대 유럽 지성사 교수로 대학 교육은 진실로 정신적 삶에 관한 것이라고 믿었다. 하지만 대학원생들을 가르칠 때 우리는 그들이 자신의 진짜 삶이라고 여기는 것과 강의실 사이에 괴리가 있는 것을 보았다. 강의실에서는 좋은 학점을 얻으려고 지적 열정을 발휘했지만 일단 강의실을 벗어나면 온통 파티, 파티, 파티였던 것이다. 앨런과 나는 이 동물적 삶을 1960년대 초 프린스턴 대학에서 처음 경험했었다. 그러나 우리는 안전한 피난처를 제공받았다. 동물적 삶과 정신적 삶을 모두 변화시킨 그 피난처는 바로 1960년대 프린스턴 대학의 기숙사인 윌슨 로지였다. 지적 향연에서 평생을 보내왔지만 그 무렵은 내 일생에서 가장 지적인 시절로 기억되었다.

로버트 고힌 총장의 격려에 힘입어 라바르트는 프린스턴의 견고하고 반지성적이고 반유대주의적인 클럽 시스템 탈퇴운동을 이끌었다. 두 사람은 함께 윌슨 로지를 마련해서 모든 학생과 교수진에게 개방했다. 지적 열정이 가장 충만한 학생들이 100명 이상 합류했고, 가장 헌신적인 교수 40명도 함께했다.

앨런과 나는 그렇게 헌신적인 교수진이 대학원생들과 기숙사에 함께 거주하는 시스템이 펜실베이니아 대학 기숙사의 동물적 삶에도 똑같은 해독 효과가 있을 거라고 확신했다. 그래서 우리는 1976년에 펜실베이니아 칼리지 하우스를 설립했다. 반 펠트 칼리지 하우스가 첫 번째 기숙사였다. 그리고 독신인 앨런이 초대 기숙사 책임교수가 되는 데 동의했다. 우리의 뜻을 지지해서 가족의 삶을 포기하고 대학원생 180명과 함께 지낼 정도로 헌신적인 교수는 없었다. 이혼 후 1980년에 나는 앨런에 이어 기숙사 책임교수가 되었다. 그 일이 쉬웠다는 거짓말은 못하겠다. 사실, 그것은 그때까지 해온 일 중 내가 유일하게 실패로 생각하는 일이었다. 부모 대신 후기 청소년들을 하루 24시간 내내 다루는 일과 룸메이트 간의 끝없는 말다툼, 자살 시도, 데이트 후 원치 않은 성관계, 비열한 농담을 해결하는 일에 나는 무능했고, 사생활은 사라졌다. 그중 최악은 몰인정한 행정 직원들이 거주 교수진을 교수가 아닌 시급 직원으로 대하는 것이었다. 그 모든 것이 기숙사 책임교수의 삶을 끝없이 들들 볶았다.

그러나 우리가 창조해낸 정신적 삶은 개선되었으며, 오늘날까지 살아남았다. 그리고 파티는 훌륭했다. 학생들은 그 파티를 '매스터 블래스터'라고 불렀다. 파티장 한복판에서 우아하게 춤을 추는 리자라는 학생이 있었다. 보통 아주 빠르고 비트가 강한 록 음악을 틀어놓았다. 리자는 한 박자에 두 스텝을 움직여서 다른 모든 사람보다 두 배는 더 빨리, 초저녁부터 늦은 밤까지 춤을 추었다.

이 기억이 앤젤라와의 첫 대면에 이어 떠올랐다. 그녀는 언어계의 리자였다. 내가 아는 모든 사람보다 두 배는 더 빨리, 지치지도 않고 말을 했다. 그러면서도 줄곧 대단히 논리정연했다.

학문적 삶에서 속도는 매혹의 대상인 동시에 혐오의 대상이다. 속도는 내가 진짜 지능이라고 여기는 것에서 중추적인 역할을 한다. 내 부모와 교사들은 지적인 속도를 무척 중요시했다. 따라서 우리가 본받아야 할 전형은 1950년대 라디오 쇼 〈퀴즈 키드〉의 스타였던 두 영재, 디키 프리먼과 조엘 쿠퍼먼이었다. 그들은 질문이 채 끝나기도 전에 다른 참가자들보다 더 빨리 정답을 내놓았다. 나는 4학년일 때 이 퀴즈 쇼의 지역 예선에 참가해서 정답을 하나 맞혔다. 하지만 로코 지아코미노에 이어 2등이 되었고, "불어라, 봄바람'의 가사는 누구의 시입니까?"에서 쩔쩔매는 바람에 전국 본선에는 나가지 못했다.

속도에 대한 내 부모와 교사들의 편견은 우연한 사회적 통념이 아니다. 속도와 IQ는 놀라우리만치 상관관계가 높다는 사실이 드러났다. '선택-반응 시간'이라는 실험에서 피험자들은 불빛과 버튼이 두 개 있는 스크린 앞에 앉는다. 그리고 초록 불이 들어오면 왼쪽 버튼을, 빨간 불이 들어오면 오른쪽 버튼을 최대한 빨리 누르라는 지시를 받는다. 사람들이 버튼을 누르는 속도와 IQ는 50퍼센트에 가까운 높은 상관관계가 있다. 선택-반응 시간이 빠르다는 말은 단순히 운동신경의 문제가 아니다. 운동신경과 '단순한 반응 시간'의 상관관계는 무시해도 좋을 수준이

기 때문이다.

지능은 정신의 속도와 왜 그렇게 밀접한 관계가 있을까? 내 아버지 에이드리언 셀리그만은 뉴욕 주 항소 법원의 부공보관이었다. 아버지의 일은 판사 7명의 비문법적이고 알아듣기 힘든 견해를 받아 적은 다음 읽을 수 있는 법률 용어로 번역하는 것이었다. 아버지는 기막히게 빨랐다. 법원 속기사로서 예리한 관찰자였던 엄마의 말씀에 따르면 아버지는 다른 법률가들이 근무 시간 내내 해야 하는 일을 한 시간 만에 끝낼 수 있었다고 한다. 그래서 남은 7시간 동안은 당신의 작품을 확인하고 수정하고 또 수정했다. 그 결과, 최종 완성품은 다른 공보관들의 것보다 훨씬 우수했다.

법적 견해 재작성, 세 자리 수 곱셈, 어릴 때 살던 집의 창문 수를 머릿속으로 세기, 어떤 혈관에서 처음 동맥경화가 생길지 예측하기, 근처 야산에 적이 매복해 있을지 여부 결정하기 같은 복잡한 정신적 과제는 신속하고 자동적인 요소와 훨씬 더 많은 노력을 요하는 보다 느린 언어적 요소를 갖는다. 당신은 아프가니스탄에서 야산에 신속하게 접근하는 노련한 하사다. 당신은 야산 진입로를 훑어보고, 지금껏 치른 교전을 토대로 갓 파헤친 흔적이 있는 흙과 침묵과 동물 소리가 안 들리는 것은 위험 신호라는 것을 즉시 알아차린다. 이 과제의 많은 부분이 자동으로 처리될수록 당신이 힘든 요소를 해낼 여유 시간이 많아진다. 이제 2분 남은 시간에 당신은 기지로 무전을 쳐서 적군 위치에 관한 최신 정보를 얻는다. 오늘 아침 가장 가까운 마을에서 낯선 사람 셋을 포착했다고 한다. 이 모든 것이 매복 또는 급조 폭탄을 의미한다. 그래서 당신은 야산을 돌아가는 에움길을 선택한다. 남은 2분이 인명을 구한 것이다.

하사의 정신적 속도는 그가 이미 갖고 있는 그 과제의 자동적 요소의 비율을 보여준다. 이것을 나는 진지한 브리지 게임을 할 때마다 목격한다. 나는 지금까지 25만 번 이상 패를 쥐었다. 그리고 4명의 플레이어가 각자 1슈트로 이루어진 13장의 카드를 쥐는 것은 이제 내게는 자동적이었다. 그래서 상대방이 스페이드 6장, 하트 5장을 갖고 있다는 것을 알아차리면 나는 그에게 다이아몬드 2장에 클럽이 없거나 또는 클럽 2장에 다이아몬드가 없거나 또는 각각 1장씩이라는 것을 즉시 알아차린다. 경험이 더 적은 플레이어들은 남아 있는 카드를 계산해야 한다. 어떤 사람은 혼잣말을 하기도 한다. 실제로 10만 번째 패를 쥐기 전까지 나는 "다이아몬드 둘 클럽 없고, 아니면 클럽 둘 다이아몬드 없고, 아니면 클럽 하나 다이아몬드 하나"라고 속으로 말해야 했다. 브리지 패는 우리가 치르는 거의 모든 시험처럼 시간제한이 있다. 듀플리킷 브리지 게임에서 각 패에 할당된 시간은 고작 7분이다. 따라서 자동적인 요소가 많을수록 힘든 요소를 해낼 여유 시간이 더 많아진다. 이길 가능성이 가장 높은 플레이는 단순한 피네스(finesse) 또는 스퀴즈(squeeze) 또는 앤드 플레이(end play)다.

훌륭한 브리지 플레이어나 훌륭한 외과 의사나 훌륭한 파일럿이 나머지 사람들과 다른 점은 그들이 지닌 아주 많은 지식이 자동으로 작동된다는 것이다. 전문가가 하는 것의 대부분이 자동으로 이루어질 때 사람들은 그가 "직관이 뛰어나다"고 말한다. 그러므로 나는 속도를 아주 중요하게 여긴다.

앤젤라는 그것을 이렇게 설명한다.

사람들은 고등학교 물리 시간에 물체의 운동을 다음과 같은 용어로 설명한다는 것을 기억할 겁니다. 즉, 거리 = 속도×시간입니다. 이 공식은 속도와 시간의 효과가 상호독립적이며 가산적이지 않고 상호의존적이며 승법적이라는 것을 명시합니다. 시간이 0이라면 속도가 얼마든 거리는 0이 됩니다. ……제가 보기에 거리는 성취를 적절하게 비유합니다. 성취는 무엇일까요? 출발점에서 목표까지의 진전이 아닐까요? 목표가 출발점에서 멀수록 성취는 커집니다. 거리가 속도와 시간을 곱한 결과인 것처럼, 기회를 상수로 놓으면 성취는 기술과 노력을 곱한 결과입니다. 계수를 배제하면, 성취 = 기술 × 노력입니다.

엄청난 노력은 보통의 기술을 보완할 수 있습니다. 마찬가지로, 엄청난 기술은 보통의 노력을 보완할 수 있습니다. 하지만 어느 하나가 0일 경우에는 그렇지 않습니다. 더욱이, 노력을 추가한 결과는 기술이 탁월한 개인일 경우 훨씬 더 커집니다. 목세공 장인이 2시간 동안 해낸 일은 동일한 시간에 아마추어가 해낸 일보다 더 많습니다.

따라서 기술의 중요한 요소는 당신이 지닌 얼마나 많은 것이 자동으로 작동하느냐 하는 것이다. 그것이 과제의 기본 단계를 얼마나 빨리 완수할 수 있는가를 결정한다. 청소년기에 나는 점점 빨라졌다. 앤젤라와 거의 똑같은 속도로 학력을 쌓아나갔다. 나는 대학원을 쏜살같이 통과했다. 말도 빠를 뿐더러 연구도 빨리 완수했다. 석사학위를 받은 지 고작 2년 8개월 후에 박사학위를 받았다. 그리고 브라운 대학에서 나의 교수였던 존 코비트에게서 불쾌한 편지를 받았다. 자신이 오래전에 세운 3년이라는 기록을 내가 깨뜨렸다는 것이다.

느림의 미덕

그러나 지능과 높은 성취에는 아찔한 속도보다 더 중요한 것이 있다. 속도는 과제의 비자동적인 부분을 수행할 여분의 시간을 제공한다. 지능과 성취의 두 번째 요소는 느림과 속도가 제공한 '여분의 시간을 전부 가지고 당신이 하는 것'이다.

정신적 속도에는 대가가 따른다. 정신이 심호흡을 해야 할 때 나는 미묘한 차이를 놓치고 지름길을 선택했다. 모든 단어를 낱낱이 읽어야 할 때 대충 읽었다. 다른 사람의 말에 차분히 귀 기울이지 않았다. 처음 몇 마디만 듣고 그가 어떤 말을 할지 짐작해서 끼어들었다. 그리고 나는 거의 언제나 불안했다. 속도와 불안은 함께 움직인다.

1974년에 우리는 에드 퍼그(Ed Pugh)를 고용했다. 그는 시각수용체 한 개를 자극하는 데 필요한 광자(photon)는 몇 개인가와 같은 질문의 정확한 답을 연구하는 지각심리학자다. 에드는 느렸다. 몸놀림은 느리지 않았고 모음을 길게 빼는 말투도 아니었다. 그는 말하는 속도와 질문에 반응하는 시간이 느렸다. 우리는 에드를 '생각이 깊은 사람'이라고 생각했다.

에드는 전설적인 윌리엄 에스테스(William K. Estes)의 화신이었다. 윌리엄은 가장 위대한 수학 학습 이론가이자 내가 만난 가장 느린 심리학자다. 윌리엄과의 대화는 고통이었다. 나는 2년 동안 꿈을 연구했다. 하룻밤에 약 2시간에 걸쳐 빠른 안구 운동 수면을 취하는 동안 신체는 마비되고 육식동물의 공격에 취약하다는 점을 고려할 때, 호모 사피엔스는 어떤 꿈꾸기를 완성했는지에 관해 주로 연구했다. 30년 전, 어떤 대규모 모임에서 윌리엄을 만났을 때 나는 물었다. "꿈꾸기의 진화적 기능은 무엇이라고 생각하세요?"

그는 눈도 깜빡이지 않고 5초, 10초, 30초 동안 나를 응시했다. 1분 후에 그는 말했다. "마티, 자네는 각성의 진화적 기능은 무엇이라고 생각하는가?"

나는 에디와 함께 파티에 있었다. 윌리엄이 오랜 침묵 후 또 그런 침묵이 이어질 때, 나는 에드에게 물었다. "자넨 어떻게 그렇게 느려졌어?"

"처음부터 느리진 않았어, 마티. 예전에는 빨랐었지, 거의 자네만큼. 나는 느려지는 걸 배운 거야. 박사학위를 받기 전에 예수회 학생이었거든. 나의 소시우스(socius, 예수회 학생의 사회성을 키워주는 멘토, 학생을 공부시키는 멘토는 따로 있다) 말씀이 내가 너무 빠르다더군. 그래서 매일 문장을 하나씩 주시고는 오후 내내 나무 밑에 앉아 그 문장에 대해 생각해보라고 하셨지."

"에드, 나도 느려지게 해줄 수 있어?"

실제로 그는 할 수 있었다. 우리는 쇠렌 키에르케고르(Sören Kierkegaard)의 《두려움과 떨림》을 함께, 그러나 일주일에 한 페이지씩 읽었다. 게다가 누나 베스는 내게 초월명상을 가르쳐주었다. 20년 동안 하루에 40분씩 나는 충실하게 초월명상을 실천했다. 나는 느림을 배양했다. 그리고 지금은 그 당시의 에드보다 훨씬 더 느려졌다.

성취 = 기술 × 노력, 이 공식에서 느림은 어떤 역할을 할까?

실행 기능

브리티시컬럼비아 대학의 발달심리학 교수이자 내가 제일 좋아하는 신경과학자 중 한 명인 아델 다이아몬드(Adele Diamond)는 유아들의 속도를 늦춘다. 충동적인 아동은 나이가 들면서 더욱 충동적이 된다는 것이 오래전부터 알려져 왔다. 월터 미셸(Walter Mischel)의 고전적 마시멜로 연구가 그 사실을 입증했다. 앞에 놓인 마시멜로 한 개를 먹어치운 아이들은 마시멜로 두 개를 먹으려고 몇 분 기다린 아동들보다 수행이 서툴렀다. 10년 이상 지난 후, 그들은 기다릴 수 있었던 아이들보다 학교 성적과 SAT 점수가 더 낮았다. 아델은 빠른 정서적·인지적 충동 통제에 대한 아동의 실패는 결정씨앗(seed crystal, 결정을 성장시킬 때 쓰는 작은 단결정 -옮긴이 주)으로서, 여기서부터 학교에서의 무수한 실패가 시작된다고 믿는다. 교사는 충동적인 아이들에게 짜증을 내고 절망하며, 이 아이들은 학교에 점차 흥미를 잃는다. 그들은 규칙을 지키기 힘들어 했고 더욱 불안해지고 점점 더 회피한다. 교사는 이들에게서 점차 기대를 거두고, 학교는 끔찍한 곳이 된다. 실패의 악순환이 시작된 것이다.

아델은 빠른 과정을 중단시켜서 이 아이들의 속도를 늦추는 것이 가장 중요하다고 믿는다. 느림은 실행 기능이 과제를 떠맡을 수 있게 해준다. 실행 기능은 집중하고 집중을 방해하는 자극은 무시하기, 새로운 정보를 기억하고 이용하기, 행동을 계획하고 계획을 변경하기, 빠르고 충동적인 생각과 행동을 억제하기로 구성된다.

아델은 데보라 레옹(Deborah Leong)과 엘레나 보드로바(Elena Bodrova)의 마음의 도구 교육 과정의 기술을 이용해서 충동적인 아동의 속도를 늦춘다. 그 기술 중 하나는 구조화된 놀이다. 교사가 4세 아동에게 가능한 한 오래 서 있으라고 지시하면 그 시간은 평균 1분이다. 하지만 그 아동이 공장 경비요원 역할을 맡은 가상 놀이 상황에서는 4분 동안 가만히

서 있을 수 있다. 아델은 '마음의 도구' 교육을 받은 아동은 실행 기능을 요하는 테스트에서 더 높은 점수를 받는다는 것을 발견했다. 이렇듯 느림의 과정은 실행 기능을 더 많이 이용하게 해준다.

더불어 과제의 많은 부분을 재빨리 자동으로 처리하는 느림의 과정들은 무엇일까? 창의성은 확실히 그중 하나다. 성취 = 기술 × 노력, 이 공식에서 성취를 정의하는 것은 단순히 모든 운동이 아니라 고정된 구체적인 목표, 즉 벡터(vector, 크기와 방향을 갖고 있는 양)를 향한 운동이다. 성취는 단순한 거리와는 다르다. 목표에 이르는 길은 보통 몇 가지가 존재한다. 어떤 길은 빨리 갈 수 있고, 어떤 길은 더디다. 막다른 길도 있다. 어느 길을 취할지 결정하는 것은 느림의 과정이다. 이 과정을 '계획하기'라고 부른다. 이것을 뛰어넘어 새로운 길의 발명은 창의성이 의미하는 것의 많은 부분을 차지한다.

학습 속도 : 속도의 첫 번째 파생물

주어진 과제에 대한 정신적 속도는 그 과제와 관련된, 얼마나 많은 재료가 자동으로 처리되는지를 반영한다. 이 재료를 '지식'이라고 한다. 즉, 그 과제에 관해서 당신이 이미 알고 있는 것들이다. 과제를 처리하는 속도는 시간이 지남에 따라 달라질 수 있으며, '가속도'와 나란히 움직인다. 가속도는 역학에서 속도의 첫 번째 파생물이다. 시간에 따른 정신적 속도의 증가, 즉 정신적 가속도 같은 것이 존재할까? 당신은 새로운 지식을 얼마나 빨리 습득할 수 있는가? 주어진 과제에서 자동으로 처리될 수 있는 재료의 양이 시간과 경험에 따라 증가할 수 있을까? 이 것이 학습 속도이며, 시간 단위당 얼마나 많이 학습할 수 있는가를 반영한다.

앤젤라는 빨랐다. 정신적 속도가 인간에게 가능한 최고한도로 빨랐다. 그래서 인터뷰 시간에 우리를 저 멀리 날려버렸다. 입학위원회는 전례를 뒤집고 굴복해서 그녀를 받아들였다. 입학 즉시 그녀는 좋은 학생과 나쁜 학생의 성격 조사에 대한 웅대한 프로젝트를 시작했다. 하지만 당혹스러운 일이 일어났다. 이것을 설명하려면 성취의 본질을 더 깊이 검토해야 한다.

앤젤라는 빨랐지만 심리학에 무지했다. 한심할 정도로 아는 게 없었다. 지금까지 받은 거의 모든 교육이 심리학 바깥 영역에 속했기 때문이다. 긍정심리학과 사귀게 해주려고 나는 2002년 8월에 마련한 엘리트 이벤트에 앤젤라를 초대했다. 해마다 여름이면 나는 일주일 일정으로 회의를 열어서 전 세계의 가장 탁월한 대학원생과 박사 후 과정 학생, 선도적인 긍정심리학자 스무 명을 한데 모은다. 초대받으려는 경쟁이 치열하며 지적 교양 수준이 아주 높다. 입을 여는 데 전혀 거리낌이 없는 앤젤라는 대화에 적극 참여했다. 하지만 그녀에 대한 평가는 실망스러웠다. "교수님이 우리한테 떠맡긴 그 고물차는 도대체 누굽니까?" 어느 고참 심리학자의 논평이었다.

자동차의 품질을 논하는 한 가지 기준은 속도다. 정신적 속도는 매우 훌륭한 품질이다. 아주 많은 오래된 지식을 자동으로 작동시키기 때문이다. 그러나 아직은 자동으로 작동하지 않는 새로운 지식을 습득하는 속도는 빠를 수도 있고 느릴 수도 있다. 시간 단위당 증가하는 속도, 즉 가속도는 속도의 첫 번째 파생물이다. 이것이 자동차의 품질 기준에 추가된다. 정신적 가속도, 즉 학습된 새로운 지식이 시간 단위당 학습에 공헌하는 비율은 우리가 '지능'이라고 부르는 꾸러미의 또 다른 일부다. 앤젤라의 정신적 가속도는 정신적 속도만큼이나 경이적이라는 것이 드러났다.

모든 사람이 대학원에서 학습하고, 대학원생이 자신의 작은 영역에서 전문지식을 꽤 빨리 습득할 거라고 예상한다. 그러나 내가 아는 학생 중에 앤젤라의 속도로 학습한 사람은 한 명도 없었다. 그녀는 지능, 동기, 성공에 관한 방대하고 방법론적으로 복잡한 문헌의 대가가 되었다. 몇 개월 만에 다른 학생들은, 나도 또한 지능을 다룬 심리학 문헌과 방법론에 관해 앤젤라에게 조언을 구했다. 채 1년도 못 돼서 앤젤라는 고물차에서 페라리 엔초가 되었다.

우리의 성취 이론에서 지금까지 탐구한 것은 다음과 같다.

- 속도 : 더 빠르고, 자동으로 작동하는 관련 재료가 많을수록 그 과제에 대해 더 많이 알게 된다.
- 느림 : 성취의 자발적이고 아주 중요한 과정으로 계획하기, 수정하기, 실수 확인하기, 창의성 등. 속도가 더 빠르고 지식이 많을수록 실행 기능을 이용할 여분의 시간이 더 많아진다.
- 학습 속도 : 새 정보를 자동적인 지식 계좌에 얼마나 빨리 저축할 수 있는지를 반영하며, 더 빠를수록 느린 실행 기능을 이용할 시간이 훨씬 더 많아진다.

자기 통제와 집념

앞서 소개한 세 가지 인지 과정은 기본 공식, '성취 = 기술 × 노력'에서 모두 '기술'을 이루는 요소들이다. 그러나 앤젤라가 노리고 있는 커다란 사냥감은 학문적 성취의 인지 과정이 아니라 성격의 역할과 그 공식에서 성격이 '노력'으로 들어가는 지점이었다. 노력은 과제에 소비한 시간의 양이다. 입학 에세이에서 선언했듯이, 앤젤라가 탐구하기로 작정한 것은 비인지적 요소들이었다. 성취의 비인지적 요소는 노력으로 요약되고, 노력은 '과제에 투입된 시간'으로 단순화된다. 노력 영역의 거장은 키가 크고 점잖지만 고집이 센 스웨덴 사람으로 플로리다 주립대학 교수인 안데르스 에릭손(Anders Erricsson)이다.

에릭손은 고도의 전문 지식을 쌓는 초석은 신이 주신 천재성이 아니라 의도적인 연습, 즉 의도적인 연습에 소비한 시간과 에너지의 양이라고 주장했다. 모차르트가 모차르트인 이유는 특출한 음악적 재능을 타고나서가 아니라 어릴 때부터 재능을 활용하는 데 모든 시간을 소비했기 때문이라는 것이다. 세계 최고의 체스 플레이어들은 사고 속도가 더 빠르지도 않고 말의 움직임에 대한 유리한 기억을 저장하고 있지도 않다. 그보다는 플레이 경험이 아주 많아서 경험이 적은 사람들보다 말의 위치로 패턴을 알아차리는 일에 훨씬 더 뛰어나다. 그리고 그 능력은 순전히 경험의 양에서 생겨난다. 세계 일류 피아노 독주자들은 20세 무렵이면 연주 시간이 1만 시간에 달한다. 이와 대조적으로 그 아래 수준의 피아니스트들은 5천 시간, 진지한 아마추어 피아니스트들은 2천 시간이다. 의도적 연습의 전형은 에릭손의 대학원생 중 한 명인 챠오 루다. 그는 원주율 자릿수 기억으로 기네스북 세계 기록을 갖고 있다. 무려 67,890자리까지 외운다. 다음의 조언은 간단명료하다. 어떤 것에든 세계적인 수준이 되고자 한다면 그것에 10년 동안 매주 60시간을 소비해야 한다.

한 아동이 얼마나 많은 시간과 의도적 노력을 기꺼이 성취에 할애할 지를 결정하는 것은 무엇일까? 성격일까? 자기통제는 의도적 노력을 유발하는 성격 특성이다. 앤젤라는 매스터맨 고등학교 학생들을 상대로 자기통제에 관한 첫 번째 연구에 뛰어들었다. 필라델피아 중앙에 있는 매그닛스쿨(magnet school, 특별한 영역에 재능 있는 학생들을 교육하는 특수학교 —옮긴이 주)인 매스터맨은 5학년에 올라가는 전도유망한 학생들을 받아들이지만, 그중 많은 수는 중도에 포기하고 진짜 경쟁은 9학년부터 시작된다. 앤젤라는 누가 성공할지 예측할 때 자기통제와 IQ를 어떻게 비교할지 알아내고 싶었다.

IQ와 학문적 성취의 관계는 검증된 수많은 척도를 통해 충분히 연구된 분야 중 하나지만 자기통제는 그렇지 않다. 그래서 앤젤라는 8학년 학생들이 보여준 자기통제의 다양한 면을 포함하는 복합 척도를 개발했다. 바로 아이젠크 주니어 충동성 척도(Eysenck Junior Impulsiveness Scale, 충동적으로 말하는 것과 행동하는 것에 대한 예/아니오 질문들)와 부모와 교사 자기통제 평가 척도, 평균 아동(4점)에 비해서, 이 아동은 극도로 충동적이다(7점)에서 극도로 자기통제적이다(1점)까지 측정, 그리고 만족의 보류(돈과 시간의 범위에 걸친 자기통제 측정; 한 예로 "당신은 오늘 1달러를 받는 것이 더 좋습니까, 아니면 2주일 후에 2달러를 받는 것이 더 좋습니까?")다. 그 다음 해에 걸쳐 관찰한 결과, 고도로 자기통제적인 8학년 학생들은,

• 평균 평점이 더 높았다.

- 성취 검사 점수가 더 높았다.
- 셀렉티브 고등학교(selective high school, 학습능력이 탁월한 학생을 시험으로 선발, 교육하는 공립 고등학교 −옮긴이 주)에 들어갈 확률이 더 높았다.
- 숙제를 더 일찍 시작하고 더 많은 시간을 소비했다.
- 결석하는 횟수가 더 적었다.
- TV를 더 적게 보았다.

성적을 예측할 때 IQ와 자기통제를 어떻게 비교할까? IQ와 자기통제는 서로 상관이 없다. 다시 말해서 IQ가 높으면서 고도로 자기통제적인 학생이 많은 것처럼, IQ가 낮으면서 고도로 자기통제적인 학생도 엇비슷하게 많다. 그 반대도 마찬가지다. 자기통제는 학문적 성공을 IQ보다 약 2배 정도 더 잘 예측한다.

이 프로젝트는 앤젤라의 대학원 첫해 논문이었다. 나는 논문을 출판하게 제출하라고 앤젤라를 격려했고, 그녀는 내 말 대로 했다. 나는 학술지에 논문을 실은 경험이 아주 많다. 하지만 최고 권위의 학술지로부터 게재 승인을 알리는 답장을 받은 것은 이 논문이 처음이었다. 게다가 수정이나 검토도 전혀 요구하지 않았다. 앤젤라는 다음의 문장으로 이 논문을 결론지었다.

미국 청소년의 학습 부진은 주로 부적합한 교사, 지루한 교과서, 커다란 학급 규모 탓으로 돌려진다. 우리는 학생들이 자신의 지적 잠재력에 부응하지 못하는 또 다른 이유를 제시한다. 즉, 그들은 자기통제를 연습하지 못했다. ……미국의 많은 아동이 장기적 이익을 위해 단기적 쾌락의 희생을 요하는 결정을 내리는 데 곤란을 겪는다. 따라서 자기통제력 구축 프로그램은 학문적 성취를 구축하는 왕도가 될 수도 있다.

이것은 또한 여학생과 남학생의 학교 성적 차이에 대한 영원한 수수께끼 중 하나도 해결해준다. 초등학교에서 대학교까지 여학생들은 모든 주요 과목에서 남학생보다 성적이 더 높다. 여학생의 평균 IQ가 남학생보다 더 높지 않더라도 결과는 똑같다. 사실, 남학생들은 지능 검사와 학력 검사에서 여학생보다 아주 조금 우수한 정도다. IQ는 남학생의 성적을 평균 이상으로 정확히 예측하는 반면, 여학생의 성적은 예측하지 못한다. 자기통제가 이 퍼즐의 잃어버린 조각이 될 수 있을까?

앤젤라는 8학년에 올라가는 여학생과 남학생들에게 자신이 개발한 자기통제 복합 척도를 실시해서 8학년 말의 대수학 점수, 출석, 수학 학력 검사 점수를 예측했다. 여학생들은 실제로 남학생보다 학급 성적이 더 높았지만, 수학 학력 검사 점수는 두 집단 사이에 큰 차이가 없었다. 예상과 달리, 학력 검사는 여학생의 학급 성적을 제대로 예측하지 못했다. 중요한 점은 여학생들은 복합 척도의 모든 요소에서 자기통제 수준이 남학생들보다 훨씬 더 높았다는 것이다. 그러면 질문이 생긴다. 자기통제 수준에서 여학생들의 우위가 학급 성적에서의 우위를 설명해줄까? 이 질문의 대답을 알아내기 위해서는 '위계 다중 회귀(hierarchical multiple regression)'라는 통계 기법이 효과적이다. 이 기법은 기본적으로 이렇게 묻는다. 자기통제 차이를 제거하면 성적 차이도 사라질까? 그래서 나온 대답은 '사라진다'는 것이다.

그런 다음 앤젤라는 다음해에 매스터맨 고등학교에서 IQ를 이용하여 이 연구를 되풀이했다. 여기서도 역시 여학생들은 대수학, 영어, 사회 과목에서 성적이 더 높았고, 자기통제 수준은 훨씬 더 높았다. IQ 점수 는 이 여학생들보다 남학생들이 상당히 더 높았다. 그리고 IQ와 표준화 된 학력 검사는 이 연구에서도 역시 여학생 집단의 학급 성적을 제대로 예측하지 못했다. 위계 다중 회귀를 사용한 결과, 여학생들의 자기통제 수준은 그들의 우월한 학급 성적에 역시나 중요한 요인이었다.

이 사실은 여성들이 대학교 때까지 언제나 더 좋은 성적을 얻는 이유 에 대한 의문을 해결해준다. 하지만 여성보다 남성들이 전문 학위와 석 사 학위를 더 많이 따고 더 높은 임금을 받는 이유는 알려주지 못한다. 여성들의 우월한 자기 통제력은 나이가 든다고 사라지지 않는다. 하지 만 대학 졸업 후, 여성의 자기통제 강점을 약화시키는 문화적 요인들 때문에 궁지에 몰리는 여성들이 많다.

자기통제는 학업 문제를 잘 예측하지만 그 밖의 다른 문제는 얼마 나 예측할 수 있을까? 예를 들어, 비만의 근원은 결정적 시기, 즉 사춘 기 초기의 체중 증가에 있다. 앤젤라는 학교 양호 기록을 통해 자신이 2003년에 자기통제 수준을 측정한 5학년 학생들의 체중을 확인하고, 그 들의 8학년 때 체중이 얼마인지 물었다. 자기통제는 성적을 예측했듯이 체중 증가도 예측했다. 자기통제 수준이 낮은 아동들은 자기통제 수준 이 높은 아동들보다 체중이 더 많이 늘었다. IQ는 체중 증가에 어떤 영 향도 미치지 않았다.

집념 대 자기통제

아동의 성취를 최대화하고자 한다면 자기통제를 장려해야 한다. 내가 제일 좋아하는 사회심리학자 로이 바우마이스터(Roy Baumeister)는 자기 통제력이 모든 덕목의 여왕, 나머지 강점들을 가능케 하는 강점이라고 믿는다. 그런데 극단적인 특성을 지닌 자기통제가 존재한다. 바로 집념이다. 실제로 앤젤라는 더 나아가 집념까지 탐구했다. 집념은 목표에 대한 높은 열정과 아주 강한 끈기의 결합체다. 어느 정도의 자기통제는 상당한 성취를 가능케 한다는 사실을 지금까지 살펴보았다. 그런데 정말로 이례적인 성취를 가능케 하는 것은 무엇일까?

이례적인 성취는 아주 드물다. 이 말은 언제나 참인 항진명제(tautology)처럼 들릴지도 모른다. 즉, 이례적이라는 말은 '매우 드물다'라는 뜻이다. 하지만 이것은 항진명제가 아니며, 그렇기 때문에 천재성 뒤에 숨겨진 토대를 노출하지 않는다. 나는 이 '천재성'을 정말로 이례적인 성취의 동의어로 사용할 것이다. 사람들은 대부분 천재성이 단순히 성공의 정규 분포 곡선 꼬리 부분의 극단에 있다고 생각한다. 종 모양의 이 곡선은 키, 매력, 아름다움, 학교 성적과 같은 평범한 현상의 분포는 잘 보여준다. 하지만 성취의 분포를 설명하는 데는 완전히 실패했다.

인간의 높은 성취

저명한 사회학자 찰스 머레이(Charles Murray)는 대표작 《인간의 성취》에서 먼저 스포츠를 예로 들어 설명한다. 프로 골퍼들은 평생 PGA 투어에서 몇 번이나 우승할까? 평균 0번에서 1번 사이다. 즉 가장 빈번하게 나오는 값은 0이다. 그러나 네 명의 프로 골퍼는 30번 넘게 우승했다. 아놀드 파머는 통산 61승, 잭 니클라우스는 72승이다. 타이거 우즈도 통산 72승이다. 한 플레이어의 PGA 투어 우승 횟수 분포 곡선은 종

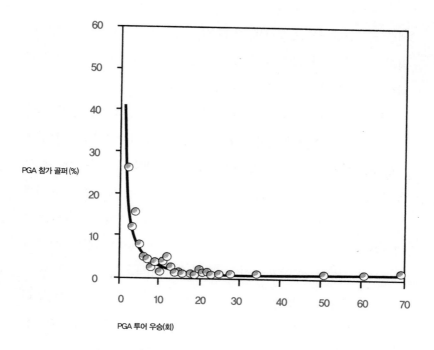

모양과는 거리가 멀고, 오목하게 점차 상승하다가 왼쪽으로 극단적으로 꺾여 절벽처럼 치솟는다.

이런 종류의 곡선을 통계학 용어로 대수 정규 분포(log-normal)라고 하는데, 이것은 변수의 자연대수 값이 정규 분포를 따른다는 뜻이다. 아주 똑같은 패턴이 테니스, 마라톤, 체스, 메이저리그 타격왕에서도 나타난다. 그리고 성취하기가 어려울수록 이 곡선은 점점 더 깎아지른 절벽을 닮아간다. 각 스포츠 영역에는 뛰어난 경쟁자가 많지만 거인은 겨우 두세 명에 불과하다. 그들은 모든 주목을 한 몸에 받으며, 단순히 뛰어난 플레이어들과는 연속선상에 있지 않다. 똑같은 현상이 모든 사회의 부에도 적용된다. 극소수의 사람이 다른 모든 사람보다 어마어마하게 더 많이 소유한다. 산업계도 마찬가지다. 고용인의 20퍼센트가 이익의 80퍼센트를 생산한다는 사실은 이미 잘 알려져 있다.

이것을 증명하기 위해 머레이는 천문학, 음악, 수학, 동양 철학, 서양 철학, 미술, 문학을 포함하는 21개 지적 영역에서 천재성의 분포 모양을 수량화한다. 각 영역에서 선도적인 인물이 인용되는 비율은 결코 종 모양이 아니다. 겨우 두세 명의 거인이 영광과 권력을 상당 부분 움켜쥐고 있다. 중국 철학에서 거인은 단 한 사람, 공자다. 기술 영역에서는 두 명, 제임스 와트와 토머스 에디슨이다. 서양 음악에서는 베토벤과 모차르트이고, 서양 문학 영역은 셰익스피어 한 명이다.

일단 설명을 들으면 당신도 나처럼 이렇게 반응할 것이다. "당연히 그런 줄 알고 있었어. 적어도 직감으로." 하지만 이것이 어째서 당연한 것일까? 그것은 어째서 노력의 맞은편에서 보편적이어야 할까?

최고의 성취자들은 평균적으로 뛰어난 성취자를 정규 분포 곡선에서보다 훨씬 더 큰 차이로 앞지른다. 천재성의 이러한 분포 모양은 가산적이 아니라 당연히 승법적이다. 이것이 천재성의 숨겨진 토대다. 트랜지스터 발명으로 노벨상을 수상한 윌리엄 쇼클리(William Shockley)는 과학 논문 출간 횟수에서 이 패턴을 발견했다. 극소수의 과학자가 다수의 논문을 발표하는 데 반해, 대다수의 과학자는 고작 한 편 또는 단 하나도 발표하지 않는다. 쇼클리는 이렇게 썼다.

예를 들어, 과학 논문 출간과 상관이 있는 요인들을 생각해보자. 일부 요인은 다음과 같은데, 이는 중요도 순이 아니다.

(1) 좋은 문제에 대해 숙고하는 능력,

(2) 그 문제를 연구하는 능력,

(3) 가치 있는 연구 결과를 알아차리는 능력,

(4) 연구를 중단하고 결과를 작성할 시점을 결정하는 능력,

(5) 논문을 적합하게 작성하는 능력,

(6) 비판에서 건설적으로 이익을 얻는 능력,

(7) 논문을 학술지에 제출하겠다는 결정,

(8) 끈질긴 변화 시도(논문 제출의 결과로서 필요할 경우)……

어떤 사람이 이 여덟 가지 요인 각각에서 다른 사람을 50퍼센트 능가한다면 그의 논문 생산성은 25배 더 높을 것이다.

이것이 집념(옮긴이주. GRIT: Growth(성장), Resilience(회복력). Intrinsic motivation(내재적 동기), Tenacity(끈기)), 즉 결코 굴복하지 않는 극단적인 자기 통제의 근거다. 극도의 열정과 끈기라는 성격 특성은 극한의 노력을 불러일으킨다. 집념이 강할수록 과제에 소비하는 시간이 늘어나고, 그 시간은 우리가 타고난 기술에 단순히 가산되지 않는다. 목표를 향한 진전을 승법적으로 증가시킨다. 그래서 앤젤라는 집념 검사를 개발했다. 이제 집념 검사를 받아보고 자녀에게도 실시해보라. (옮긴이주. 2011년에 8가지 문항이었으나 2016년 2가지 문항이 추가되어 10가지 문항이 되었다.)

다음의 기준을 이용해서 다음 10가지 문항에 대답하라.

집념검사

1 = 전혀 그렇지 않다

2 = 별로 그렇지 않다

3 = 다소 그렇다.

4 = 대체로 그렇다

5 = 매우 그렇다

—— 1. 나는 새로운 생각과 계획 때문에 기존의 생각과 계획에 집중하지 못할 때가 있다. ★
—— 2. 나는 좌절을 해도 용기를 잃지 않는다.
—— 3. 나는 목표를 세우지만 나중에는 다른 목표를 추구하기로 결정할 때가 많다. ★
—— 4. 나는 열심히 노력한다.
—— 5. 나는 두세 달 이상 걸려야 완성하는 프로젝트에는 계속 집중하기가 어렵다. ★
—— 6. 나는 시작한 것은 무엇이든지 끝을 낸다.
—— 7. 나의 관심사는 매번 바뀐다. ★
—— 8. 나는 부지런하다.
—— 9. 나는 특정 아이디어나 프로젝트에 잠깐은 집착하지만 나중에는 흥미를 잃는다. ★
—— 10. 나는 좌절을 딛고 중요한 도전에 성공한 적이 있다.

* 별표 문항은 점수가 반대다.

점수 계산은

1) 1, 3, 5, 7, 9번 문항의 점수를 더해서 5로 나눈 값이 열정 점수다.

2) 2, 4, 6, 8, 10번 문항의 점수를 더해서 5로 나눈 값이 끈기 점수다.

3) 홀수 짝수 점수를 더한 점수가 당신의 집념 점수이다.

다음은 집념 평균 점수이다.

백분위수		집념점수
10%	—	2.5
20%	—	3.0
30%	—	3.3
40%	—	3.5
50%	—	3.8
60%	—	3.9
70%	—	4.1
80%	—	4.3
90%	—	4.5
95%	—	4.7
99%	—	4.9
백분위수		집념점수

집념에 대해 앤젤라는 무엇을 알아냈을까? 교육 수준이 높을수록 집념이 강했다는 것이다. 놀라운 일은 아니다. 그런데 어느 것이 먼저일까? 교육을 더 많이 받아서 집념이 강해졌을까? 아니면 집념이 강한 사람들은 수많은 실패와 모욕을 끈질기게 견디고, 교육을 더 많이 받는 걸까? 후자가 그럴듯하지만, 이것은 아직 밝혀지지 않았다. 보다 놀라운 사실은 교육 수준을 배제할 경우, 나이가 더 많은 사람들이 나이가

적은 사람들보다 집념이 더 강했다는 것이다. 특히 65세 이상 집단은 다른 어떤 연령 집단보다 훨씬 더 집념이 강했다.

집념의 혜택

평균 평점

펜실베이니아 대학 심리학과 학생 139명이 집념 검사를 받았다. 우리는 그들의 SAT 점수를 알고 있는데, 이 점수는 IQ를 거의 정확하게 추정한다. 앤젤라는 학생들의 학업을 줄곧 추적했고, 그들의 성적을 계속 확인했다. 높은 SAT 점수는 높은 성적을 예측했다. 사실 이것은 높은 SAT 점수의 유일하게 입증된 혜택이다. 높은 집념 점수 또한 높은 성적을 예측했다. 중요한 점은 SAT 점수를 상수로 놓을 경우, 더 높은 집념이 더 높은 성적을 지속적으로 예측했다는 것이다. SAT 점수에 상관없이 집념이 더 강한 학생이 나머지 학생들보다 성적이 더 좋았으며, SAT 점수가 더 낮은 학생들이 집념은 더 높은 경향이 있었다.

미 육군사관학교

2004년 7월, 미 육군사관학교에 입학한 신입생 1,218명은 수많은 다른 검사와 함께 집념 검사를 받았다. 군대는 심리 검사를 통해 성취를 예측하는 것에 매우 진지하다. 흥미롭게도, 집념 검사는 특이해 보였다. '지원자의 총점', 즉 SAT 점수, 지도력 평가 점수, 체력 점수를 모두 합한 전체 점수와 상관관계가 없었기 때문이다. 집념 검사는 혹독한 여름 훈련, 보통 '짐승의 병영'이라고 불리는 이 훈련을 완수할 신입생과 낙오

할 신입생을 그 어떤 검사보다 더욱 정확히 예측했으며, 다른 검사들을 모두 종합한 것보다 더 잘 예측했다. 또 5년간의 평균 평점과 임무 수행 점수를 예측했지만, 이것은 보다 전통적인 검사들도 마찬가지였고 집념 검사가 전통적 검사의 예측 수준을 능가하지는 못했다. 사실, 평균 평점은 간단한 자기통제 척도가 집념 검사보다 더 잘 예측했다. 앤젤라는 2006년에 미 육군사관학교에서 이 연구를 반복했고, 더 나아가 집념이 부동산 매매는 물론이고 미 특수 부대의 잔류 부대원을 예측한다는 사실을 알아냈다.

영어 철자 말하기 대회

영어 철자 말하기 대회에는 세계 곳곳의 7세부터 15세 아동 수천 명이 참가한다. 2005년, 워싱턴에서 열린 치열한 결선에 오른 아동은 273명이었다. 앤젤라는 대규모 표본에 IQ 검사와 집념 검사를 시행했다. 또 그 아동들이 난해한 단어의 철자를 공부하는 데 소비하는 시간도 기록했다. 집념은 결선 진출을 예측한 반면, 자기 통제는 예측하지 못했다. 단어를 다루는 IQ 영역인 언어 지능 역시 결선 진출을 예측했다. 평균 집념 점수를 크게 웃도는 결선 진출자들은 연령에 따라 증가했고, 결선 진출자의 IQ는 21퍼센트 높았다. 통계 수치는 집념이 강한 결선 진출자가 나머지 진출자들보다 철자를 더 잘 맞춘다는 사실을 보여주었다. 적어도 부분적으로는 그들이 단어 공부에 더 많은 시간을 소비하기 때문이었다. 앤젤라는 다음해 대회에서 이 연구를 똑같이 시행했고, 이번에는 집념으로 얻는 모든 혜택은 추가 연습 시간 때문이라는 것을 발견했다.

성공 요소 구축하기

성취 = 기술 × 노력, 이 공식에서 나온 성취의 요소를 검토해보자.

1. 빠름 과제에 대해 사고하는 속도는 그 과제의 얼마나 많은 부분이 자동으로 처리되느냐, 즉 한 개인이 그 과제와 관련하여 이미 갖고 있는 기술 또는 지식의 양을 반영한다.

2. 느림 기본적으로 지닌 기술이나 지식과 달리, 계획하기, 작업 확인하기, 기억 되살리기, 창의성 등의 실행 기능은 느린 과정이다. 속도와 의도적인 연습으로 미리 습득한 지식과 기술이 더 많을수록 느린 실행 기능을 이용할 여분의 시간이 더 많아지고, 따라서 결과가 더 좋아진다.

3. 학습 속도 학습 속도가 빠를수록 과제 해결을 위해 시간 단위당 축적할 수 있는 지식이 많아진다.

4. 노력 = 과제에 들이는 시간 과제에 소비하는 시간은 목표를 추구할 때 당신이 지닌 기술의 양을 승법적으로 증가시킨다. 또 이것은 첫 번째 요소에 몰입한다. 과제에 소비하는 시간이 많을수록 추가되는, 즉 당신에게 '딱 달라붙은' 지식과 기술이 많아지는 것이다. 과제에 헌신하는 시간의 양을 결정하는 주요 성격 특성은 자기 통제력과 집념이다.

따라서 자신이나 자녀의 더 높은 성취가 목표라면 어떻게 해야 할까?

첫 번째 요소를 구축하는 법, 즉 사고의 속도를 높이는 방법에 대해서는 알려진 것이 별로 없다. 그러나 속도는 지식을 달성해낸다. 속도가 빠를수록 연습에 소비하는 시간 단위당 습득하고 자동으로 작동하는 지식이 더 많아진다. 따라서 과제에 더 많은 시간을 소비한다면 지식을 성취해낼 것이다. 자녀가 재능을 타고나지 않았더라도 의도적인 연습이 그의 지식 기반을 구축해서 엄청난 도움이 될 것이다. 연습하고 연습하고 또 연습하라.

느림 구축은 실행 기능이 작동할 여지를 허락한다. 계획하기, 기억하기, 충동 억제하기, 창의성이 성장할 수 있게 해준다. 정신의학자 에드 할로웰(Ee Hallowell) 박사는 주의력 결핍 과잉 행동 장애(ADHD) 아동에게 이렇게 말한다. "너의 정신은 페라리고, 나는 브레이크 전문가란다. 네가 브레이크 밟는 법을 배우게 도와줄 거야." 명상, 신중함 배양(천천히 말하기, 천천히 걷기, 천천히 먹기, 끼어들지 않기) 모두 효과적이다. 어린 아동에게는 '마음의 도구'도 효과적일 수 있다. 인기는 없지만 아주 중요한 덕목인 참을성을 키우는 법에 대해 훨씬 더 많이 알아야 할 필요가 있다.

내가 아는 한, 학습 속도, 즉 시간 단위당 얼마나 많이 습득하는가를 지식 자체의 양과 별개로 측정하기는 거의 불가능하다. 따라서 학습 속도를 높이는 방법에 대해서는 알려진 것이 전혀 없다.

더 많은 성취를 가능케 하는 진짜 요인은 더 많은 노력이다. 노력이란 과제 연습에 소비한 시간의 양, 더도 덜도 아닌 딱 그만큼의 시간을 이른다. 과제에 소비한 시간은 두 가지 방식으로 성취를 향상시킨다. 즉, 기존 기술과 지식을 승법적으로 증가시킨다. 또한 기술과 지식을 직접 증가시킨다. 가장 좋은 소식은 노력은 얼마든지 변화시킬 수 있다는 것이다. 특정 과제에 소비하는 시간의 양은 의식적인 선택에서 나온다.

자유의지의 산물인 것이다. 노력에 들이는 시간을 선택하는 데는 적어도 긍정 성격의 두 가지 측면이 영향을 미친다. 바로 자기 통제력과 집념이다.

인간의 더 높은 성취는 플로리시의 다섯 가지 요소 중 하나이며, 그렇기 때문에 의지와 성격은 긍정심리학 분야에서 중요한 연구 대상이다. 앞으로 10년 안에 집념과 자기 통제력을 높이는 법에 관한 중요한 사실을 찾아낼 수 있기를 나는 희망한다. 사실 그럴 것이라 예상한다.

최근까지 나는 긍정심리 교육을 귀중하게 생각했지만 그것이 과연 현실 세계에서 확립될 수 있을지는 의심했다. 그런데 긍정심리 교육 전파의 진원지가 된 중대한 어떤 일이 지금 일어났다. 그 이야기를 다음 두 장에 걸쳐 소개한다.

강인한 군대

종합 군인 피트니스(CSF)

2009년 로즈볼 결승에서 서던캘리포니아 대학 트로이언즈에게 이기고 돌아온 피트 캐롤 미식축구 코치가 흥분이 채 가시지 않은 목소리로 지시했다. "자신의 인생철학을 25단어 이하로 작성하십시오."

우리에겐 2분의 시간이 주어졌다. 100명에 가까운 사람들, 특수부대원, 정보 장교, 심리학자들과 장군 몇 명이 그 자리에 있었다. 나는 어안이 벙벙한 채 앉아 있었다. 실제로 작성하는 소수의 사람 중 한 명이 론다 코넘(Rhonda Cornum) 준장이었다.

피트는 론다의 인생철학을 물었다.

"우선순위를 정하십시오. A, B, C 이렇게요." "C는 버립시다."

론다와 가까이서 함께 일한 것은 내 인생에서 아주 즐거운 경험 중 하나였다. 우리의 공동 작업은 2008년 8월, 미 국방부의 귀향 군인 프로그램을 맡은 질 챔버스(Jill Chambers)가 나를 찾아온 후에 시작되었다.

심리적으로 단련된 군대

작고 마른 챔버스 대령이 설명을 했다. "우리 국방부는 구걸하는 참전 군인들로 가득한 워싱턴 거리와 외상 후 스트레스 장애, 우울증, 중독, 이혼, 자살을 유산으로 남기고 싶지 않습니다. 우리는 교수님의 책을 읽었고, 교수님께서 군대를 위해 어떤 것을 제안할지 알고 싶습니다."

나는 챔버스 대령의 방문을 거의 잊고 지내다가 2008년 11월 말에 펜타곤에 초대되었다. 이라크 주둔 다국적군의 전직 사령관이자 델타 포스(Delta Force, 미 육군 특수 부대)의 영웅인 전설적인 조지 케이시 참모총장과의 오찬 모임이었다. 50대 후반으로 짧게 깎은 잿빛 머리칼에 키가 작은 케이시 장군이 유연한 동작으로 걸어 들어왔다. 모두 기립했다. 우리는 자리에 앉았고, 나는 내 왼쪽에 앉은 별 세 개의 장군이 자신의 노트에 적어 놓은 것을 보았다. '셀리그만 점심.'

"나는 신체적으로 단련된 만큼 심리적으로도 단련된 군대를 만들고 싶습니다." 케이시 장군이 말문을 열었다. "여러분을 이 자리에 초대한 것은 이 문화적 변형을 시작할 방법에 관한 조언을 듣기 위해섭니다."

'말 그대로 문화적 변형이군.' 나는 생각했다. 하지만 대찬성이었다.

비전문가로서 전쟁의 미래에 대한 나의 관점은 밥 스케일스(Bob Scales) 준장의 영향을 받았다. 그는 전직 미 육군 대학 총장으로 군사 역사가 이자 〈군사 저널〉에 실린 뛰어난 에세이 《클라우제비츠(Clausewitz, 프로이센의 장군 —옮긴이 주)와 제4차 세계대전》의 저자다. 스케일스 준장은 제 1차 세계대전은 화학 전쟁, 제2차 세계대전은 물리학 및 수학 전쟁, 제 3차 세계대전은 컴퓨터 전쟁이었으며, 우리가 이미 들어선 제4차 세계 대전은 인간 전쟁이 될 거라고 주장했다. 분별 있는 적군이라면 공중에 서든 해상에서든, 미사일로든 미국에 맞서지 않을 것이다. 그런 종류의 전쟁에서 미국은 다섯 번 중 다섯 번을 이겼다. 불행하게도 최근에 미 국이 참전한 전쟁은 모두 인간 전쟁이었다. 그런 전쟁에서 미국은 일곱 번 중에서 한 번도 이긴 적이 없다. 베트남 전쟁과 이라크 전쟁이 대표 적인 예다. 따라서 이제는 군대가 인간 과학을 진지하게 다룰 시점이라 고 스케일스는 결론을 내린다. 신체적으로 단련된 만큼 심리적으로도 단련된 군대는 어떤 전쟁에든 투입될 것이다.

"심리적 단련의 열쇠는 회복력입니다." 케이시 장군이 말을 이었다. "그리고 지금 이후로 미 육군 전체를 상대로 회복력을 교육하고 측정할 겁니다. 이 자리에 계신 셀리그만 박사님은 세계적인 회복력 전문가이 십니다. 그것을 위해 우리가 해야 할 일을 박사님께서 말씀해주실 겁니 다."

초대를 받았을 때, 나는 외상 후 스트레스 장애(Post-Traumatic Stressed Disorder, PTSD)와 국방부가 현재 귀향 군인을 대하는 방식에 대해 듣게 될 거라고 짐작했다. 이 모임의 방향 전환에 깜짝 놀란 나는 우선 훌륭 하신 분들과 이 자리에 함께한 것이 참으로 영광이라는 말로 시간을 벌었다. 그리고 놀란 가슴이 진정되자, 질 챔버스 대령에게 했던 말을 되풀이했다. 즉 우울증, 불안, 자살, PTSD에 초점을 맞추는 것은 주객이 전도된 것이다. 미 육군은 귀향 군인에게 역경 대처 방식을 교육하는 기존 방침을 회복력 및 성장을 높이는 방향으로 전환할 수 있을 것이다. 이것은 PTSD 예방에 도움이 될 뿐만 아니라 역경에서 쉽게 회복되는 군인의 수를 증가시킬 것이다. 더욱 중요한 점은 그것이 혹독한 전투를 통해 심리적으로 성장하는 군인의 수도 증가시킨다는 것이다.

회복력은 적어도 젊은 군인들에게는 가르칠 수 있다. 그것은 긍정심리 교육의 골자였으며, 회복력 훈련을 통해 아동 및 청소년의 우울증, 불안, 인성 문제를 감소시킬 수 있음을 확인했다. 이것이 내 말의 요지였다.

"이것은 군대의 임무와 양립할 수 있습니다, 케이시 장군님." 조지 W. 부시 행정부의 공중위생국장인 리처드 카르모나가 끼어들었다. "우리는 건강에 매년 2조 달러를 지출합니다. 그중 75퍼센트는 만성 질환을 치료하고 저와 여기 계신 셀리그만 박사님 같은 노인들의 간호에 투입됩니다. 민간 의료가 고집스럽게 권장됩니다. 건강을 원한다면 심리적, 신체적 회복력 구축에 집중해야 합니다. 특히 젊은이를 대상으로요. 우리가 원하는 것은 앞으로 10년간 예상되는 끈질긴 전쟁을 감당하고 거기서 회복될 수 있는 전투 부대입니다. 군대 의료는 정확히 그런 방향으로 권장됩니다. 회복력 훈련이 효과가 있다면 군대 의료가 민간 의료의 모델이 될 겁니다."

"이 프로그램을 육군 의무 부대에서 제외하여 정신의학적 오명을 제거하고 교육 및 훈련에 회복력을 집어넣읍시다." 미 육군 위생국장이자 의무사령관인 에릭 슈메이커 중장이 제안했다. "그것이 효과가 있고 질병을 예방한다면 의료 예산이 절감될 겁니다. 군인들의 질병 치료에 많은 예산이 투입되니까요. 하지만 그건 당연히 해야 할 일이죠."

"얼마 전에 시작한 일이 바로 그겁니다." 케이시 참모총장이 말했다. "셀리그만 박사님, 〈종합 군인 피트니스(Comprehensive Soldier Fitness, CSF)〉를 두 달 전에 시작했어요. 코넘 준장이 지휘합니다. 미군은 전투와 가정 사이를 8년 이상 돌고 돕니다. 군대는 스트레스를 누적시켜왔습니다. 그것은 우리 군인들의 수행을 저하시키고, 많은 경우 후방에 남은 사람들과의 관계를 파괴합니다. 이 끝없는 전쟁의 시대가 언제 끝날지 나는 모릅니다. 하지만 가까운 장래에 미군과 여군들이 위험에 처할 거라고 확신합니다. 우리 군인과 그 가족들, 미 육군 소속 민간인 직원들이 반드시 신체적으로 심리적으로 만반의 준비를 갖춰서 앞으로 오랫동안 전투에 계속 참전하고 지원하게 하는 것이 나의 책임입니다. 코넘 준장, 자네와 마티가 서로 협력해서 〈종합 군인 피트니스〉 프로그램을 구체적으로 보강하게. 그리고 60일 후, 내게 보고하게."

다음 주, 론다 코넘 준장은 펜실베이니아 대학의 내 연구실에 있었다. 그녀가 말했다. "60일이면 제가 창안하려는 〈종합 군인 피트니스〉의 세 영역을 진척시키기에 많은 시간은 아닙니다. 세 가지 요소를 창안하는 데 교수님의 도움이 필요합니다. 바로 심리적 피트니스 검사, 검사를 수반한 자기 성장 강의, 회복력 훈련에 대한 예비 연구입니다."

전반적 평가 도구(GAT)

우리는 맨 먼저 사람들을 고용해서 전반적 평가 도구(Global Assessment Tool, GAT)를 새로 만들었다. 그것은 모든 계급의 군인들의 심리사회적 웰빙을 네 가지 영역, 즉 정서 피트니스, 사회 피트니스, 가족 피트니스, 영적 피트니스 영역에서 측정하기 위해 고안된 자기 보고식 설문지다. GAT를 이용해서 군인들에게 서로 다른 훈련 프로그램을 지시할 것이다. 게다가 GAT는 그 프로그램의 성공을 평가하는 도구로도 사용되고 미 육군 전체의 심리사회적 피트니스도 측정할 것이다.

GAT의 모델이 된 것은 론다가 '재정 피트니스'에 사용했던 실용적인 검사 도구다. 군인들은 제대한 후 재정적으로 빈털터리가 되는 경우가 흔했다. 론다는 재정적 피트니스 검사를 고안해서 널리 실시했고 재정 증강 교육 과정과 하나로 묶었다. 그리고 그 덕분에 불리한 조건으로 대출을 받는 귀향 군인의 수가 감소했다는 것을 발견했다. 따라서 우리가 할 일은 이 네 가지 심리사회적 피트니스를 측정할 검사를 고안하고, 미 육군이 수준 높은 신체 피트니스를 위해 검사하고 훈련하는 방법과 아주 비슷하게 각 영역의 피트니스를 향상시킬 방법을 찾아내는 것이었다.

미 육군은 예전부터 심리 검사 창안에 놀라운 실력을 발휘해왔다. 그들이 만든 심리 검사들은 민간 사회의 표준검사가 되었다. 제1차 세계 대전 때는 비문맹 군인용 〈아미 알파(Army Alpha)〉 검사와 문맹 군인용 〈아미 베타(Army Beta)〉 검사를 만들었다. 군인 200만 명이 그 검사를 받았다. 검사의 목적은 정신적으로 '유능한' 군인과 '무능한' 군인을 구별한 다음, 유능한 군인을 선발하여 책임 있는 지위에 앉히는 것이었다. 지능 검사는 논란이 많았지만 민간 사회 전역에 급속히 퍼져 나갔고, 1세기 가까이 지난 지금 여전히 견고한 주요 검사로 남아 있다. 제2차 세계대전 중에 미 육군은 보다 구체적인 능력을 측정하는 다양한 검사를 개발했다. 그중 하나가 항공 심리학 프로그램(Aviation Psychology Program)인데, 이것은 비행 요원을 선발하고 분류하는 새로운 절차를 개발했다. 이 일에 21세기 미국 심리학계의 유명 인사들이 고용되었다. 제2차 세계대전 이전에는 교육을 통해 파일럿을 선발했다. 그러나 오직 교육만을 선발 기준으로 삼다보니 필요한 자리를 채우기에는 파일럿이 턱없이 부족했다. 그래서 기민성, 예리한 관찰력, 지각 속도, 협응에 대한 실험실 검사와 함께 지능 검사, 성격 검사, 세부적인 흥미 검사, 생애사적 자료 검사를 포함하는 종합 검사 도구가 개발되었다. 이 검사 도구는 효과적이었다. 가장 모범적인 파일럿을 확인하는 일에는 미숙한 파일럿을 가려낼 때만큼 유용하지는 않았지만 파일럿이 실제로 저지를 실수를 정확히 예측했다.

제대로 수행된다면 기초 연구와 응용 연구는 공생한다. 두 번의 세계대전 이후, 심리학이 엄청나게 급성장한 것은 우연의 일치가 아닐 것이다. 제1차 세계대전 중의 검사들은 일반적인 능력 평가에 초점을 맞추었고, 제2차 세계대전 중에는 태도와 특정 능력 평가에 초점을 맞추었다. 〈종합 군인 피트니스〉는 개인의 자원에 초점을 둔다. 이 프로그램이 어느 군인이 임무를 잘 수행할지를 성공적으로 평가하고 예측한다면 아마도 심리학은 예전처럼 엄청나게 급성장할 것이다. 그렇게 되면 GAT는 기업, 학교, 경찰, 소방서, 병원 등 미숙한 수행을 제거 또는 교정하는 것이 아니라 양호한 수행을 인정하고 축하하고 격려하는 모든 환경에 유용한 검사가 될 것이다.

심리 피트니스 검사에 대해 론다와 나는 속으로 그렇게 희망했다. 그래서 우리는 절반은 민간인과 절반은 군인으로 이루어진 전문 검사 설계자 10명의 작업 집단을 꾸렸다. 그리고 미시건 대학의 저명한 교수이자 VIA 대표 강점을 나와 함께 창안한 크리스토퍼 피터슨과 카롤 카스트로 대령이 그 집단을 이끌었다. 크리스토퍼의 동료 교수인 박난숙과 함께, 그들은 다음 두 달 동안 무진장 열심히 일했다. 그들은 충분히 입증된 기존 검사들이 사용한 수천 개의 관련 문항을 철저히 조사해서 GAT를 새로 고안했다. GAT는 검사를 마치는 데 고작 20여 분밖에 안 걸린다.

장군의 번득이는 직관에 비뇨기과 외과의사의 행동력을 겸비한 론다의 리더십이 GAT를 고안하는 동안 확실하게 드러났다. 그 도구를 정교하게 다듬은 다음 군인 수천 명을 상대로 예비 검사를 실시한 직후, 선의를 지닌 민간인 심리학자 한 명이 론다 준장에게 일부 질문을 개선하는 게 좋겠다는 다소 퉁명스런 편지를 보내왔다. 론다가 우리 모두에게 보낸 이메일은 더없이 간단명료했다. "좋은 것은 더 좋은 것의 적입니다."

GAT 문항의 표본을 아래에 소개한다. 수많은 심리 검사와 달리, GAT는 약점은 물론이고 강점까지, 실패는 물론이고 성공까지, 부정성은 물론이고 긍정성까지 탐구한다. 또한 비밀이 철저히 보장된다. 오직 군인 당사자만 결과를 안다. 어떤 상급자도 개인의 결과를 확인하지 않을 것이다. 이 조치는 사생활에 대한 법적 보호와 정직한 답변을 얻을 가능성을 높이기 위해서다.

첫째, 전반적 평가도구(GAT)전체적인 만족도를 표본 조사한다. (견본 항목)

모든 것을 고려할 때, 지난 4주 동안 당신은 자신의 삶에 얼마나 만족했습니까? (숫자에 동그라미 치시오.)

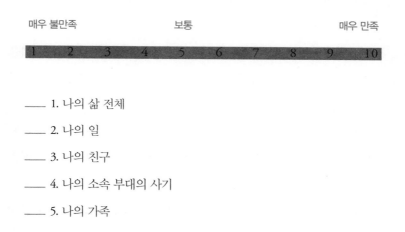

―― 1. 나의 삶 전체

―― 2. 나의 일

―― 3. 나의 친구

―― 4. 나의 소속 부대의 사기

―― 5. 나의 가족

지난 4주 동안 아래에 묘사한 실제 상황에서 당신이 어떻게 행동했는지 자세히 생각해보십시오. 당신이 실제로 취했던 행동에 관해서만 대답하십시오. (11장에서 GAT의 대표 강점 부분을 다룬 보다 자세한 검사를 받을 수 있다.)

강점

- 당신이 새롭거나 혁신적인 어떤 것을 할 기회가 있었던 실제 상황을 떠올려보십시오. 그 상황에서 당신은 창의성 또는 독창성을 얼마나 자주 활용했습니까?
- 당신이 복잡하고 중요한 결정을 내렸던 실제 상황을 떠올려보십시오. 그 상황에서 당신은 비판적 사고, 개방성, 또는 올바른 판단을 얼마나 자주 활용했습니까?
- 당신이 공포, 두려움, 당혹감, 불편함을 경험했던 실제 상황을 떠올려보십시오. 그 상황에서 당신은 담력 또는 용기를 얼마나 자주 활용했습니까?
- 당신이 어렵고 시간이 오래 걸리는 과제에 직면했던 실제 상황을 떠올려보십시오. 그 상황에서 당신은 끈기를 얼마나 자주 활용했습니까?
- 당신이 거짓말을 하거나 속임수를 쓰거나 호도할 수 있었던 실제 상황을 떠올려보십시오. 그 상황에서 당신은 정직을 얼마나 자주 보여주었습니까?
- 당신의 일상생활을 떠올려보십시오. 당신이 열정이나 열의를 느끼고 보여줄 수 있었을 때 실제로 얼마나 자주 그렇게 했습니까?
- 당신의 일상생활을 떠올려보십시오. 타인(친구, 가족)에게 사랑과 애정을 표현하고 타인의 애정을 받아들일 수 있었을 때 실제로 얼마나 자주 그렇게 했습니까?
- 당신이 다른 사람들이 필요로 하거나 원하는 것이 무엇이며 그것에 맞춰서 그들에게 반응하는 방법을 찾아내야 했던 실제 상황을 떠올

려보십시오. 그 상황에서 당신은 사회성 또는 사회적 인식 또는 실천적 지능을 얼마나 자주 활용했습니까?

- 당신이 당신의 도움과 충성이 필요한 한 집단의 일원이었던 실제 상황을 떠올려보십시오. 그 상황에서 당신은 협동심을 얼마나 자주 보여주었습니까?
- 당신이 두 명 이상의 타인에게 약간의 권력 또는 영향력을 행사했던 실제 상황을 떠올려보십시오. 그 상황에서 당신은 공정성을 얼마나 자주 활용했습니까?
- 당신이 당신의 명령이 필요한 집단의 일원이었던 실제 상황을 떠올려보십시오. 그 상황에서 당신은 지도력을 얼마나 자주 활용했습니까?
- 당신이 나중에 후회할지도 모를 어떤 것을 하고 싶었던 실제 상황을 떠올려보십시오. 그 상황에서 당신은 신중함 또는 조심성을 얼마나 자주 활용했습니까?
- 당신이 통제하고 싶었던 욕구, 충동, 또는 정서를 경험한 실제 상황을 떠올려보십시오. 그 상황에서 당신은 자기 통제력을 얼마나 자주 활용했습니까?

정서 피트니스(표본 항목)

당신이 평소에 어떻게 생각하는지 대답하십시오.

1 = 전혀 그렇지 않다
2 = 별로 그렇지 않다
3 = 다소 그렇다
4 = 대체로 그렇다
5 = 매우 그렇다

—— 1. 나쁜 일이 일어날 때 나는 나쁜 일이 더 많이 일어날 거라고 예상한다.

—— 2. 나는 내게 일어나는 일을 통제하지 못한다.

—— 3. 나는 스트레스에 대응해서 상황을 오히려 악화시킨다.

이 마지막 세 항목은 PTSD와 우울증 발생에 중요하다. 그것은 '재앙화(catastrophization)' 항목으로, 회복력 훈련에서 우리가 변화시키려고 구체적으로 노력한 인지 사고의 함정이며 다음 8장에서 논의할 내용이다. 이 항목에 "매우 그렇다"고 확언하는 사람은 불안, 우울증, PTSD에 걸릴 위험이 있다.

그 밖의 몇 가지 정서 피트니스 항목은 다음과 같다.

—— 1. 확실하지 않을 때, 나는 보통 최선을 예상한다.

—— 2. 나에게 문제가 될 수 있는 일은 실제로 문제가 된다.

—— 3. 나는 나에게 일어난 좋은 일은 거의 생각하지 않는다.

—— 4. 대체로 나는 나에게 나쁜 일보다는 좋은 일이 더 많이 일어날 거라고 예상한다.

이 네 문장은 낙관성 항목으로서 스트레스와 신체 질병 하에서 인내심을 예측한다.

—— 1. 나의 직업은 내 인생에서 가장 중요한 것 중 하나다.

—— 2. 나는 선택 기회가 있더라도 현재의 직업을 다시 선택할 것이다.

—— 3. 나는 내 직업에 헌신한다.

—— 4. 나의 일을 어떻게 했느냐가 내 감정에 영향을 미친다.

이 네 문장은 몰입 항목으로 임무 수행 수준을 예측한다.

—— 1. 나는 특정 아이디어나 프로젝트에 잠깐은 집착하지만 나중에는 흥미를 잃는다.(집념 항목)

—— 2. 나는 변화에 적응하는 것이 힘들다.

—— 3. 나는 보통 내 감정을 털어놓지 않는다.

—— 4. 확실하지 않을 때, 나는 보통 최선을 예상한다.

사회 피트니스(견본 항목)

다음 각 문장에 당신이 얼마나 강하게 동의하는지 또는 동의하지 않는지를 표시하십시오.

1 = 매우 아니다

2 = 아니다

3 = 보통이다

4 = 그렇다

5 = 매우 그렇다

—— 1. 내가 하는 일은 세상을 더 좋은 곳으로 바꿀 것이다.

—— 2. 나는 동료 군인들이 나의 안녕과 안전에 주의를 기울일 거라고 믿는다.

—— 3. 나의 가장 가까운 친구는 부대원이다.

—— 4. 전반적으로 나는 직속상관을 신뢰한다.

영적 피트니스(견본 항목)

1 = 매우 아니다
2 = 아니다
3 = 보통이다
4 = 그렇다
5 = 매우 그렇다

_____ 1. 나의 인생에는 지속적인 의미가 있다.

_____ 2. 나는 내 인생이 어떤 면에서는 모든 인류와 모든 세상과 밀접하게 연결되어 있다고 믿는다.

_____ 3. 내가 군대에서 하는 일에는 지속적인 의미가 있다.

가족 피트니스(견본 항목)

1 = 매우 아니다
2 = 아니다
3 = 보통이다
4 = 그렇다
5 = 매우 그렇다

_____ 1. 나는 내 가족과 매우 가깝다.

_____ 2. 나는 미 육군이 내 가족을 보살펴줄 것이라고 확신한다.

_____ 3. 미 육군은 내 가족에게 너무 많은 부담을 지운다.

_____ 4. 미 육군은 내 가족이 잘 지낼 수 있게 해준다.

GAT는 강점에 기초하기 때문에 군인이 갖춰야 할 바람직한 강점을 묘사할 때 평범한 어휘를 사용한다. 이 어휘에 친숙해지면 그 단어들이 피검 군인 개인의 자원과 함께 다른 군인들의 자원에 대해 알려주는 한 가지 방법이 될 것이다. 모든 군인은 반드시 GAT 검사를 받아야 하기 때문에 이로써 정신 건강 서비스를 둘러싼 오명이 감소할지도 모른다. 어떤 군인도 자신만 지목되었다고 느끼지 않을 것이며, 모든 군인이 자신의 강점에 대하여 서면 피드백을 받을 것이다. 끝으로, GAT 결과를 참고해서 각 개인의 심리 피트니스 수준에 꼭 알맞게 조정된 온라인 훈련 과정을 군인들에게 알려줄 것이다.

도구는 2009년 가을에 최종 완성되어 대규모 검사가 시작되었다. 모든 군인은 복무 기간 내내 적어도 1년에 한 번씩 검사를 받게 된다. 이 글을 쓰는 지금(2010년 9월), 군인 80만 명 이상이 검사를 받았다. 초기에 얻은 검사 결과들은 검사의 타당성을 입증한다. 즉, 계급이 높고 경험이 증가함에 따라 심리적 피트니스 수준이 높아진다. 정서적 피트니스 수준이 높아짐에 따라 PTSD 증상은 감소한다. 현재 미 육군의 5분의 1이 여군이다. 그들의 심리 피트니스 수준은 남성 군인들과 똑같았다. 오직 한 가지 면에서 두드러진 차이가 있었다. 여군은 신뢰 영역에서 남자들보다 점수가 더 낮았다.

미 육군에는 군인이 110만 명이며, 가족의 수는 훨씬 더 많다. 그렇기 때문에 이 검사를 통해 역사상 가장 방대하고 가장 완전한 심리 및 신체 데이터베이스 중 하나가 구축될 것이다. 미 육군은 군인들의 심리적 프로필을 시간에 따른 수행 및 의학 검사 결과와 결합시킬 것이다. 이 일에는 대규모 데이터 29개를 하나로 통합하는 엄청난 작업이 포함된다. 지금까지 어느 누구도 대답할 수 없었던 다음 질문에 확고한 대답을 얻게 되리라는 것은 상상만으로도 경이적이다.

- 자살을 예방하는 강점은 무엇일까?
- 높은 의미감이 신체 건강을 증진시킬까?
- 긍정 정서 수준이 높은 군인은 신체 손상에서 더 빨리 치유될까?
- 강점으로서 친절은 더 많은 전공훈장을 예측할까?
- 수준 높은 가족 피트니스는 빠른 진급을 예측할까?
- 높은 신뢰는 외상 후 더 많은 성장을 예측할까?
- 만족스러운 결혼은 감염성 질환을 예방할까?
- 모든 신체적 위험 요인을 상수로 놓으면, 심리 피트니스는 의료 보장 비용을 감소시킬까?
- 신체, 심리 피트니스 수준이 아주 높고 아픈 적이 거의 없고 빨리 회복되고 스트레스 하에서도 최고로 작전을 수행하는 '초건강한' 군인들이 있을까?
- 사령관의 낙관성이 부대에까지 전염될까?

GAT는 130만 달러짜리 〈군인 피트니스 트래커(Soldier Fitness Tracker, SFT)〉에 연결되어 있다. 그 자체의 목적을 위해 만들어진 SFT는 거대한 데이터 저장 시스템으로서 비할 데 없는 정보 기술 플랫폼을 제공하여 〈종합 군인 피트니스〉에 대한 육군참모총장의 비전을 뒷받침한다. SFT는 강력한 자료 수집과 보고 기능은 물론이고 SFT를 위해 신속한 전송 메커니즘을 제공한다. 그것은 미 육군에 소속된 모든 군인, 현역 정규군

뿐만 아니라 주방위군과 예비군까지 심리적 피트니스를 측정하고 추적하고 평가할 목적으로 개발되었다. 평가가 끝난 후, 군인들은 각 영역의 피트니스 증진을 위한 온라인 트레이닝 모듈을 즉시 이용할 수 있다. 이 트레이닝 모듈에 대해 간단히 소개하겠다. 미 육군의 성인 가족과 미 육군성 민간인 직원들은 GAT 수정판과 온라인 트레이닝 모듈을 이용할 수 있다. SFT는 신병이 입대할 때 처음 평가하기 시작해서 적당한 시간차를 두고 그 군인을 재평가한다. 이 작업은 해당 군인이 민간인으로 돌아갈 때까지 계속 진행된다.

모든 군인은 SFT를 반드시 완수해야 한다. 명령 이행을 보장하기 위해 부대 사령관은 누가 GAT를 완수했는지 확인할 수 있다. 하지만 개인의 점수는 여전히 비밀이다. 사령관은 각 군인의 완수 여부를 확인하는 것은 물론이고 각 부대의 검사 이행 백분율도 추적할 수 있다. SFT는 서로 다른 피트니스 영역의 온라인 트레이닝 모듈 이용 상황도 추적할 수 있다. 미 육군성은 계급, 성별, 연령, GAT 완수에 걸리는 평균 시간, 복무 지역에 따른 점수 분포에 따라 추가 보고서를 작성할 수 있다.

이 환상적인 데이터와 최신 테크놀로지를 염두에 두고, 9장에서 긍정적 건강을 다룰 것이다. 이 방대한 데이터 덕분에 과학은 어떤 개인적 자원이 통상적인 건강 위험 요인에 더해서 건강과 질병을 예측하는지를 정확히 알아낼 수 있을 것이다.

온라인 강의

　미 육군은 군사 역사, 경제학 등의 강의에 학점을 인정해준다. 〈종합 군인 피트니스〉의 두 번째 요지는 각 피트니스 영역의 온라인 강의다. 모든 군인을 대상으로 한 외상 후 성장에 관한 강의도 있다. 코넘 준장의 요청에 따라 선도적인 긍정심리학자들이 각 강의의 개발을 이끌었다. 정서적 피트니스는 바버라 프레드릭슨이 맡았고, 사회적 피트니스는 존 카치오포가, 가족 피트니스 영역은 존 고트만과 졸리 고트만이, 영적 피트니스는 켄 파가먼트와 패트 스위니가, 그리고 외상 후 성장 부분은 릭 테데시와 리치 맥널리가 주도했다. GAT를 완수하면 해당 군인은 검사 점수와 프로필을 받고, 그와 함께 어떤 강의를 들어야 할지 추천도 받는다.

　다음은 남성 중위의 GAT 점수와 그것을 기준 점수와 비교한 그래프다.

　이 남성 중위는 이 점수로 다음과 같은 프로필을 받았다.

　이 사람은 쾌활하고 낙관적이며, 친구와 가족 지향적인 면이 강하다. 이것은 그의 대표적인 자원이다. 그러나 다른 군인들과 비교할 때, 그는 자신의 직무에 열심히 몰두하지 않으며, 확고한 목적감이 결여된 듯하다. 문제에 적극적으로 대처하지 않고, 사고가 유연하지 못하다. 이러한 특징이 스트레스와 역경을 효과적으로 다루는 능력을 제한할 수도 있다.

　따라서 이 군인에게는 군인용 펜실베이니아 회복력 프로그램처럼 유연한 사고와 적극적인 문제 해결을 격려하는 훈련이 유익할 것이다. 이와 함께

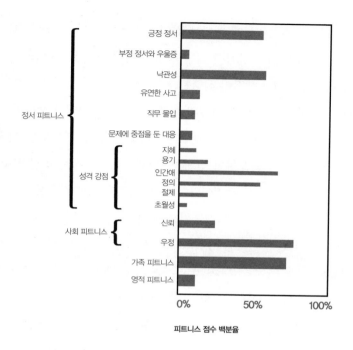

정서 피트니스

성격 강점

사회 피트니스

긍정 정서
부정 정서와 우울증
낙관성
유연한 사고
직무 몰입
문제에 중점을 둔 대응
지혜
용기
인간애
정의
절제
초월성
신뢰
우정
가족 피트니스
영적 피트니스

0%   50%   100%

피트니스 점수 백분율

직무의 중요성을 깨닫게 도와주는 영적 피트니스 온라인 훈련 강의 또한 이로울 수 있다. 그는 가족과 친구와 이미 견고한 관계를 맺고 있으므로 가족 피트니스 고급 강의를 듣고, 자신의 이 자원을 다른 영역의 피트니스 증진을 위해 이용한다면 더욱 이로울 것이다.

정서 피트니스 모듈

사라 앨고(Sara Algoe)와 바버라 프레드릭슨은 다양한 정서가 우리를 위해 하는 일과 그 정서를 한층 더 유리하게 이용하는 방법을 군인들에게 두루 가르쳤다. 부정 정서는 구체적인 위험을 경고한다. 두려움을 느낄 때는 거의 언제나 위험에 대한 생각이 선행된다. 슬픔을 느낄 때는 그에 앞서 거의 언제나 상실에 대한 생각이 존재한다. 분노를 느낄 때도 언제나 침해에 대한 생각이 선행된다. 생각이 감정에 앞선다는 것은 자신의 부정 정서 반응이 저 바깥의 실제 위험, 상실, 침해와 균형이 맞지 않을 때 잠깐 멈춰서 지금 실제로 일어나고 있는 일을 확인할 여지를 준다. 그러면 현실과 균형이 맞게끔 자신의 정서 반응을 조절할 수 있다. 이것이 인지 치료의 본질이다. 하지만 이것은 예방 차원이다.

정서 피트니스 모듈은 프레드릭슨이 시행한 긍정 정서에 관한 로사다 비율 최신 연구 결과를 중점적으로 가르친다. 긍정 정서를 더 자주 느낌으로써 튼튼한 로사다 비율, 즉 부정 생각보다 더 많은 긍정 생각을 쌓는다면 심리 자원과 사회 자원을 구축할 수 있다. 이 기술은 중역 회의, 결혼 생활, 십대 자녀 양육에서는 물론이고 군사적 상황에서도 아주 중요하다. 그래서 군인들에게 '자원 구축자(resource builder)'로서 긍정 정서를 더 많이 느끼는 기술을 가르친다. 다음은 긍정 정서를 구축하는 법에 관한 앨고와 프레드릭슨의 강의 중 일부다.

정서를 활용하라

어떻게 하면 긍정 정서를 활용할 수 있을까요? 오늘은 그 방법을 논의할 겁니다.

긍정 정서를 '활용'한다는 말은 모든 것에서 오직 긍정적인 면만 보고 언제나 활짝 웃으면서 살아가야 한다는 뜻이 아닙니다. 노란색 스마일 배지가 목표가 아니에요. 긍정 정서가 어떻게 작용하며 그것이 무엇을 암시하는지를 안다면 여러분은 세 가지를 배울 수 있습니다. 첫째, 긍정 정서가 만들어준 기회를 적극적으로 이용하는 법을 배우게 됩니다. 둘째, 긍정성을 경험하는 횟수와 긍정성 지속 기간을 늘리는 방법을 찾아내는 법을 배울 수 있습니다. 셋째, 여러분이 속한 공동체에서 훌륭한 시민이 되는 법을 배울 수 있습니다.

이 훈련의 목적은 여러분이 자신의 정서적 삶에 적극적으로 참여하는 방법을 알려주는 겁니다. …… 사실, 긍정 정서는 정서 시스템의 거물입니다. 이 유력한 긍정 정서를 키워냄으로써 우리는 학습하고 성장하고 플로리시할 수 있는 겁니다. 이것은 '행복'을 추구하자는 말이 아닙니다. 그 점에 유념하세요. '행복'은 이것과는 다소 거리가 먼 개념입니다. 이것은 다양한 긍정 정서를 느끼는 순간을 그저 단순히 일궈내자는 말입니다. 그 순간들은 여러분을 성공의 길로 이끌어줄 수 있습니다.

긍정 정서 : 자원 구축자

긍정 정서를 활용하는 비결은 그것을 '자원 구축자'로 여기는 겁니다. 여러분이 자긍심, 감사, 기쁨, 만족, 흥미, 희망 같은 긍정 정서 중 하나를 정말 뚜렷하게 느꼈던 순간을 떠올려보세요. 오늘 일어난 일이든 지난주에 경험한 일이든 상관없습니다. 그 사건의 세부 사항을 몇 가지 떠올린 다음, 그것에 이름을 붙여보세요. 예를 들어, '미래에 대한 생각'처럼요. 그러고 나서, 그때 어떤 정서를 느꼈는지 구체적으로 명시하세요.

이제 여러분은 긍정 정서를 느낀 순간을 하나 간직했습니다. 그러면 정서에 대해 우리가 알고 있는 것으로 돌아가 봅시다. 감정, 즉 정서는 우리를 위해 두 가지 방식으로 작동합니다. 첫째, 주의를 끌어오고 둘째, 반응을 조정합니다. 긍정 정서는 자신에게 특히 잘 되고 있는 일 또는 잘 될 가능성이 있는 일에 주의를 기울이게 해줍니다. 즉, 자신의 목표와 일치되는 상황에 주목하게 해주지요. 이러한 상황들을 자원을 구축할 기회로 여길 수 있습니다. 가령, 여러분이 흥미나 열의를 느낀 상황, 또는 누군가가 유난히 친절하게 대해준 상황이 그렇습니다.

몇 가지 예를 들어봅시다.

첫째, 여러분이 누군가에게 감탄을 한다면 그건 그 사람이 훌륭한 기술이나 재능을 보여주는 어떤 것을 했다고 생각한다는 뜻입니다. 적어도 그 영역에서 성공의 귀감으로서 그 사람에게 주의를 기울일 경우, 여러분은 그가 그 기술을 어떻게 수행하는지 알아차릴 수 있을 겁니다. 그것은 여러분이 똑같은 기술을 익히는 데 드는 시행착오를 크게 줄여줄 겁니다. 시간을 확실히 벌게 되지요. 여러분이 느낀 감탄은 우리 문화가 중시하는 기술을 신속하게 학습할 기회를 인식하게 해줍니다.

둘째, 크나큰 기쁨을 느낀다면 그건 여러분이 갈망하는 것을 얻었다는, 또는 얻고 있다는 뜻입니다. 진급을 했을 수도 있고 첫 아이를 얻었거나 그저 좋은 친구들과 저녁을 맛있게 먹고 있을 수도 있겠지요. 기쁨은 만족한 상태를 나타내는데, 이것은 성장의 기회를 제공합니다. 그러한 순간에는 다른 것들을 걱정하지 않습니다. 안전하고 열려 있다고 느끼게 되지요. 여러분이 느낀 기쁨은 새로운 것을 경험할 기회를 인식하게 해줍니다.

셋째, 자긍심을 느낀다면 그것은 문화적으로 중시되는 어떤 기술이나 재능을 여러분 개인이 보여주었다고 믿는다는 뜻입니다. 자긍심은 나쁜 명성을 지니고 있습니다. 어떤 것이든 도를 넘으면 그렇듯이, 사람들은 자신의 자긍심에 도취될 수 있고, 그러면 자긍심은 자기 과시적인 자만심으로 변하기 때문이지요. 그러나 적절한 수준에서 자긍심은 자신의 기술이나 재능을 일깨워주고 그것을 자랑거리로 삼을 수 있게 해주며 여러분이 앞으로 성공할 수 있게 준비시켜 줍니다.

넷째, 누군가에게 감사를 느낄 때 그것은 그 사람이 여러분 자신에게 인간적으로 관심을 기울이고 앞으로도 자신의 곁에 있으리라는 것을 입증했다고 생각한다는 뜻입니다. 감사는 여러분을 염려하는 사람들과의 관계를 돈독하게 할 기회를 나타냅니다.

긍정 정서가 매우 유용할 수 있다는 것을 입증하더라도 사람들은 자기 안에 아주 커다란 힘이 있다는 사실을 자주 간과합니다. 잠깐 멈춰서 그 사실에 주의를 기울이는 것이 더없이 중요합니다. 여러분의 열정을 자극하는 것은 무엇입니까? 무엇이 여러분을 웃게 만듭니까? 무엇이 여러분에게 희망을 갖게 합니까? 여러분 안에는 그 '무엇'을 알아내고 열정, 기쁨, 희망 같은 정서를 키워낼 힘이 있습니다. …… 이것은 여러분 혼자 힘으로 진실로 긍정적인 순간들을 배양함으로써 자신의 삶을 낙관적으로 바라보게 도와줄 수 있습니다. 그런 의식적인 배양의 혜택을 과소평가하지 마십시오. 긍정적인 순간들은 여러분이 미래에 꺼내 쓸 수 있는 개인 자원과 사회 자원을 구축하게 도와줄 수 있습니다. 더욱이 여러분이 느낀 긍정 정서의 효과가 다른 사람들에게 퍼져 나갈 수 있습니다. 여러분이 더욱 행복해지고 자신의 삶과 그 속에 있는 것들에 더욱 만족함에 따라 타인에게 내어줄 것이 더 많아질 겁니다.

가족 피트니스 모듈

지금 미국은 거의 모든 군인이 휴대전화, 인터넷, 웹캠을 사용하는 최초의 전쟁에 참전 중이다. 이 말은 어느 때나 집과 연락할 수 있다는 뜻이다. 그래서 전쟁터에서조차 군인은 실제로 가정의 안락함을 누리는 동시에 안타깝게도 집안의 골칫거리에서 벗어나지 못한다. 이 골칫거리들은 군인의 우울증, 자살, PTSD를 유발하는 주요 요인이다. 이라크에서 자살한 미군 중에는 배우자나 연인과의 관계가 끝장난 경우가 대다수였다.

존과 줄리 고트만 부부는 현대 미국인의 결혼 생활을 연구하는 걸출한 심리학자들로서 〈종합 군인 피트니스〉를 위한 가족 피트니스 모듈을 개발하기로 동의했다. 다음은 그들이 보고한 내용이다.

전투 스트레스 클리닉의 조사 결과에 따르면, 이라크와 아프가니스탄에서 자살 생각(suicidal ideation, 자살 시도에 대한 생각에 집착하는 상태 —옮긴이 주)과 타살 생각으로 이어진 한 가지 결정적인 사건은 스트레스가 많은 인간관계에서 생긴 정서적 사건이었다. 우리가 수집한 결정적 사건에는 격렬한 말다툼으로 끝난 전화 통화, 가정에서 통제권 및 주도권 싸움, 고독, 소외감, 버림받은 느낌을 들게 하는 의사소통, 격려하며 대화하지 못하는 서로의 무능, 집 떠난 아빠가 너무 그리워서 반항하는 자녀와 대화하는 법을 모르는 것, 관계를 끝내겠다는 일방적인 또는 양방 모두의 협박, 신뢰와 배신에 관한 주기적이거나 갑작스런 위기 등이 있다. 참전 군인의 즉각적인 성적 만족을 위한 인터넷 포르노와 셀 수 없이 많은 실제 성관계 기회가 고향에 있는 배우자나 연인에게는 중요한 문제다. 그들은 신뢰와 배신을 놓고 자주 싸운다.

고트만 부부의 가족 피트니스 모듈은 민간인들에게도 그 효과가 입증된 결혼 및 인간관계 기술을 군인들에게 가르친다. 그 기술은 다음과 같다. "신뢰와 안전을 창조하고 유지하기, 우정과 친밀감을 창조하고 유지하기, 신뢰와 정직 증진시키기, 서로 격려하는 전화 대화 능력 갖추기, 갈등을 온화하게 건설적으로 다루기, 폭력으로 이어지는 갈등의 고조 피하기, 인지적 자기 위로, 생리적 및 인지적 홍수법(flooding, 공포 유발 자극에 장기간 노출시켜 공포를 없애는 치료법 ─옮긴이 주)을 포함시키고 완수하기, 배우자 위로하기, 관계와 무관한 스트레스 해결하기, 배신을 다루고 그것에서 치유되기, 관계를 통해서 PTSD를 외상 후 성장으로 전환시키기, 서로 공유할 수 있는 의미를 창조하고 유지하기, 각 자녀와 긍정 관계를 구축하고 유지하기, 효과적인 자녀 훈육 연습하기, 각 자녀의 가정 학습 도와주기, 각 자녀가 또래와 올바른 관계를 맺게 격려하기, 건강하지 않은 관계의 징표 인식하기 등 건강하지 않은 관계를 끝내는 기술들, 가족과 친구에게 격려 부탁하기, 필요할 경우 직업적인 지원 요청하기, 별거나 이혼의 부정 영향으로부터 자녀 보호하기, 자신과 자녀를 위해 삶에 당당한 새로운 관계 맺기."

사회 피트니스 모듈

많은 구성원이 높은 애국심, 충성심, 복종, 용기, 연민을 지니고 있는 부족은 언제나 서로 도울 준비가 되어 있다. 그리고 공동선을 위한 자기희생은 다른 부족들에 대한 승리가 될 것이다. 따라서 이것은 자연선택이 된다.

찰스 다윈(Charles Darwin)

시카고 대학 심리학 교수인 존 카시오포는 미국의 선도적인 사회심리학자 중 한 명이자 신경과학자이며 고독에 관한 세계 최고의 권위자다. 바로 그의 연구를 통해서 고독 자체가 우울증 이상으로 정신 건강과 신체 건강에 명백하게 파괴적인 영향을 미친다는 사실이 드러났다. 사생활을 과대평가하는 사회에서 그의 연구는 고독한 개인과 번영하는 공동체 사이의 균형을 바로잡기 시작한다. 존은 자신의 지식을 〈종합 군인 피트니스〉에 응용하기로 동의하여 자신이 사회 회복력(Social Resilience)이라고 부르는 온라인 사회 피트니스 모듈을 만들어냈다.

사회 회복력이란 "긍정적인 사회 관계를 조성하고 몰입하고 지속하며 스트레스 요인과 사회적 고립을 견디고 거기서 회복되는 능력"이다. 이것은 집단을 단결시키고 외떨어진 자아보다 더 중요한 목적을 부여하고 집단 전체가 도전에 응할 수 있게 만드는 접착제다.

진화이론에서는 인간은 근본적으로 철저히 이기적인 존재라는 주장이 50년 동안 인기를 끌었다. 1976년에 출간된 리처드 도킨스의 〈이기적 유전자(Selfish Gene)〉는 자연선택은 서로 경쟁하는 다른 개체를 유전자 풀에서 서서히 쫓아내는 외떨어진 개체의 우월한 생존력과 번식력을 통해서만 작동한다는 학설을 상징한다. 개체 선택(individual selection, 한 집단 내에서 개체 간의 유전자 차이로 인해 일어나는 자연선택 —옮긴이 주)은 동기와 행동의 많은 부분을 잘 설명해주지만, 이기적 유전자 이론가들에게 이타심은 울화통 터지는 수수께끼다. 그들은 '혈연 선택(kin selection)', 즉 친족 간 이타심을 가정함으로써 빠져나갈 구멍을 마련한다. 이 가정에 따르면, 이타심을 베푸는 대상과 공유하는 유전자가 많을수록 이타적으로 행동할 가능성이 커진다. 즉, 일란성 쌍둥이 형제를 위해 당신은 자기 목숨을 선뜻 내놓을 수도 있다. 하지만 이란성 쌍둥이 형제나 부모를 위해서는 그렇게 선뜻 나서기가 어렵고, 사촌을 위해서는 더욱 망설여지고, 생판 남을 위해서는 절대 그러지 않는다는 것이다.

이 복잡한 주장은 평범한 이타심, 즉 타인을 돕는 것보다 더 기분 좋은 일은 없다는 사실과 영웅적 이타심, 한 예로 제2차 세계대전 중에 독일이 점령한 유럽 국가들에서 기독교인들이 유대인을 숨겨준 것에 정면으로 위배된다. 타인을 향한 이타심이 너무 흔한 나머지 대커 켈트너(Dacher Keltner)는 자신의 괄목할 만한 저서에서 우리는 "착하게 태어났다(Born to Be Good, 국내에서 《선의 탄생》으로 출간 ─옮긴이 주)"고 선언하기에 이르렀다.

앞에서 인용한 다윈은 또 하나의 진화적 압력을 추가했다. 바로 집단선택(group selection)으로, 나는 이것이 그림을 완성하는 조각이라고 믿는다. 다윈은 유전적으로 무관한 개체들로 이루어진 한 집단이 경쟁 집단보다 더 오래 생존하거나 더 잘 번식한다면 이기는 집단의 전체 유전자 풀은 급속도로 증식할 거라고 가정했다. 따라서 협동과 벌집 정서, 즉 협동의 토대가 되는 사랑, 감사, 존경, 용서와 같은 정서가 그 집단의 생존에 유리해진다. 협동하는 집단은 비사회적 집단보다 더 쉽게 매머드를 쓰러뜨릴 것이다. 협동하는 집단은 전투에서 '귀갑 대형' 전법을 구사할 수 있다. 귀갑 대형은 로마의 공격 대형으로 바깥쪽에 선 병사들은 희생되지만 이기적인 병사들뿐인 적군을 쉽게 물리친다. 협동적인 집단은 농업, 도시, 테크놀로지, 음악을 창조할 수 있다. 협동과 이타심이 유전적 기반을 지닌다는 점에서, 이 집단 전체는 협동과 이타심이 결여된 집단보다 그들의 유전자를 더 쉽게 전달할 것이다. 개체 선택의 보완 이론으로서 집단 선택을 강력하게 옹호하는 데이비드 슬론 윌슨과 E. O. 윌슨은 하찮은 닭을 생각해보라고 말한다.

달걀 생산을 극대화하려면 암탉을 어떻게 선택해야 할까? 이기적 유전자는 농장 주인에게 1세대에서 제일 좋은 달걀을 낳은 암탉을 하나하나 선별해서 키우고 몇 세대에 걸쳐 이와 똑같이 하라고 말한다. 6세대에 이르면 농장 주인은 훨씬 더 좋은 달걀을 얻을 것이다. 맞는가? 틀렸다. 이 전략을 이용해서 6세대에 이르면 생산되는 달걀이 거의 없다. 지나치게 공격적이고 지나치게 알을 잘 낳는 경쟁자들의 발톱에 암탉이 대부분 죽었기 때문이다.

암탉은 사회 동물이며, 무리지어 생활한다. 따라서 집단 선택은 달걀 생산을 극대화할 다른 방법을 제안한다. 대대로 달걀을 가장 많이 낳는 집단 전체를 키우라는 것이다. 이 방법을 이용하면 달걀 생산은 실제로 엄청나게 늘어난다. 자연선택은 사회성 곤충에 똑같은 논리를 고수하는 것 같다. 엄청나게 성공한 전체 곤충의 절반이 사회성 곤충인 이 종은 공장, 요새, 통신 체계를 갖추고 있으며, 곤충의 진화는 개체 선택보다는 집단 선택에 더 잘 들어맞는다. 이런 이유로 인간은 필연적으로 사회성 동물이다. 그리고 인간의 비장의 무기는 바로 사회성이다.

사회 회복력 모듈에서 카시오포는 이렇게 강조한다. "인간은 육체적으로 특별히 인상적인 동물이 아니다. 무수한 다른 종이 타고난 속도, 천연 무기, 갑옷, 체력, 은폐술의 혜택을 인간은 입지 못했다. 인간을 다른 동물과 구별해주는 것은 사유하고 계획하고 함께 일하는 능력이다. 인간의 생존은 개인의 힘이 아닌 집단의 능력, 즉 목표를 추구할 때 다른 인간들과 행동을 함께하는 능력에 달렸다. 그러므로 집단의 응집력과 사회 회복력이 중요하다. 서로 이해하고 원활하게 소통하는 전사들, 하나의 응집된 집단을 이룬 전사들, 서로 좋아하고 함께 일을 잘하는 전사들, 각자의 차이점을 서로 회피하는 데 이용하지 않고 그 차이점을 활용하는 전사들, 서로를 위해 자신을 희생하는 전사들은 생존하고 승리를 거둘 가능성이 가장 높다."

사회 회복력 모듈은 연민, 즉 다른 군인이 느끼는 정서를 알아차리는 능력을 강조한다. 군인들은 맨 먼저 미러 뉴런에 대해 배우고, 자신이 고통을 겪을 때 일어나는 뇌 활동과 타인이 고통을 겪는 것을 목격할 때 미러 뉴런의 뇌 활동 간의 유사점에 대해 배운다. 두 활동은 비슷하지만 아주 똑같지는 않다. 그래서 자신의 고통과 타인의 고통 간의 차이점을 강조하면서도 구별할 수 있게 해준다. 그런 다음 군인들은 여러 장의 사진을 받아서 타인의 감정을 정확히 알아차리는 연습을 한다. 이 모듈은 인종적·문화적 다양성을 강조한다. 미 육군에서 다양성은 귀중하고도 오랜 전통을 갖고 있으며 편리한 정치적 구호가 아니라 미 육군의 힘의 근간이기 때문이다.

사회 피트니스 모듈의 또 다른 핵심 주제는 정서의 전염에 관해 새로 발견한 중요한 사실들이다. 50여 년 전, 매사추세츠 주 프레이밍험에서 5,000명이 넘는 주민을 대상으로 신체 건강을 조사했고, 20세기 후반기에 심혈관 질환 위주로 그들을 추적 조사했다. 고혈압과 높은 콜레스테롤 수치가 심장마비 유발 요인이라는 지식을 제공한 것이 바로 이 연구였다. 프레이밍험 주민들은 매우 철저히 추적 조사되었기 때문에 심장 질환 외에 다른 분야의 연구자들도 이 데이터를 이용했다.

신체 건강 데이터에 더해서 슬픔, 행복, 고독 등 심리적인 항목도 몇 가지 있었고 여러 번에 걸쳐 조사되었다. 그리고 조사에 참여한 모든 가구의 실제 지리적 위치가 공개되었다. 그래서 연구자들은 정서적 '소시오그램(sociogram)', 즉 물리적 근접성이 미래의 정서에 어떤 영향을 미치는지에 대한 도표를 그릴 수 있었다. 고독한 개인과 가까운 곳에 사는 사람일수록 고독을 느끼는 정도가 심했다. 우울증도 마찬가지였다. 그러나 행복의 영향은 가히 폭발적이었다. 행복은 고독이나 우울증보다 훨씬 더 전염성이 강했으며 시간을 넘어 작동했다. A의 행복이 시간 1에서 상승했다면 바로 이웃집에 사는 B의 행복은 시간 2에서 상승했다. 두 집 건너서 사는 C의 행복도 다소 적게나마 상승했다. 심지어 세 집 떨어진 곳에 사는 D까지도 더 행복해졌다.

이 결과는 군인 집단의 사기와 리더십에 대한 중요한 사실을 암시한다. 부정적인 면에서 보자면, 슬프거나 외롭거나 분노한 군인 두세 명이 부대 전체의 사기를 떨어뜨릴 수도 있다는 얘기다. 사령관들은 아주 오래전부터 그 점을 알고 있었다. 그러나 긍정적인 사기는 훨씬 더 강력하며 부대 전체의 웰빙과 수행을 북돋울 수 있다. 따라서 리더십에서 크게 도외시된 측면인 행복의 배양이 중요하며 어쩌면 결정적일 것이다.

2020년으로 예정된 유럽 화성 탐사 계획에 참여한 항공우주심리학자들의 네덜란드 회의에서 나는 유럽 우주 기구(European Space Agency)에 이 점을 강조했다. 항공우주심리학자들은 우주 공간에서 일어날 수 있는 부정성, 자살이나 살인, 공포, 반란을 최소화하는 것에 주로 관심을 기울인다. 그들은 우주비행사가 정서 문제에 빠질 때 조언하기 위해 지상에서 대기한다. 어떤 미국 우주비행사는 수차례 요청했음에도 자신의 뮤직플레이어를 고쳐 놓지 않았다는 이유로 홧김에 궤도 수정에 필요한 통신을 차단해서 지구 궤도 비행 계획이 완전히 수포로 돌아갈 뻔하기도 했다고 한다. 그러나 유럽 화성 탐사 계획은 노르드비크나 휴스턴의 우주 비행 관제 센터에서 대기 중인 심리학자들에게서 많은 도움을 받을 수 없다. 화성이 너무 멀리 떨어져 있어서 지구와 화성 궤도 간의 통신은 90분 지체된다.

> 우주비행사 : "저 빌어** 함장! 산소 공급을 차단시켜 버려야지!"
>
> (90분 지체)
>
> 휴스턴의 심리학자 : "당신이 중요시하는 권리를 함장이 어떤 식으로 침해했는지에 대해 당신은 이성적으로 생각해보아야 합니다.
>
> 관제 센터 : "함장, 함장! …… 대답하라, 함장!"

부정 정서에 대항하는 것이 중요하다. 어쩌면 우주선에 미리 설치한 모듈(격분했다면 1번을 누르세요. 불안하다면 2번을 누르세요. 절망스럽다면 3번을 누르세요)에 의해 가능할지도 모르겠다. 하지만 내 생각에 우주 공간에서는 행복이 그에 못지않게 중요하다. 최상의 수행은 웰빙과 하나로 묶여 있다는 것이 이 책의 요지다. 긍정 정서가 높을수록 수행은 좋아진다. 이 말은 우주 공간에서, 특히 3년에 걸친 화성 탐사 기간에 행복의 배양, 즉 포커 게임, 몰입 구축, 견고한 우정, 향상된 목적감, 높은 성취가 성공과 실패를 가를 수 있다는 뜻이다. 지금 우주선 승무원 여섯 명의 선발 작업이 세심하게 분석된 심리적 조화가능성이 아닌 정치학, 즉 국가별, 민족별, 성별 균형을 맞추는 문제에 의해 좌우될 것이라는 점이 특히 한심하다.

우주 공간에서의 만족스럽고 의무적인 성관계라는 주제를 내가 거론 했다는 말을 하자니 얼굴이 화끈거린다. 대단히 정력적인 남성과 여성 여섯 명이 지구에서 멀리 떨어진 곳에서 3년을 지낸다. 따라서 성적 조 화가능성을 협의하는 일은 꽤 중요해 보인다. 휴스턴에서는 이 주제가 금기시된다. 어느 누구도 감히 그것을 입에 올리지 못한다. 하지만 노 르드비크에서는 적어도 의논할 수는 있었다. 참석자들은 그 주제에 일 단 '셀리그만 이슈'라는 이름을 붙인 다음, 그것을 놓고 다함께 오랫동 안 토론했다. 남극 탐험, 히말라야 등반, 러시아 우주 탐사가 성적 갈등 때문에 엉망진창이 되었다는, 완전히 실패했다는 이야기를 우리는 자 세히 들었다. 그러면 어떻게 해야 할까? 어떤 종류의 성관계를 계획하 고 어떤 것을 금지하고 어떤 성적 취향을 선택해야 할까? 집단 성관계, 동성애, 양성애, 비성애? 셀리그만 이슈의 해결책에 대해 나는 어떤 것 도 들은 바가 없다. 그것은 허리 아래에서 일어나는 일은 고려하지 않 고 정치적으로 이로운 국제적 균형에 맞게 승무원을 미리 선발하려는 것에 위배된다. 그러나 적어도 유럽인들은 그 이슈에 대해 생각하고 있 으며, 우주 공간에서의 웰빙은 이제 회의실에서 정식으로 거론된다.

긍정 정서의 전염성에 대한 새로운 결과를 고려할 때 군부대의 올바 른 리더십이 매우 중요해진다. 20년 전에, 캐런 레이비치와 나는 어떤 미국 프로농구팀이 패배에서 재기하고 어떤 팀이 그대로 무너질지 예 측하고 싶었다. 그래서 시즌 내내 두 농구팀의 모든 선수가 언급한 내 용을 인용한 스포츠면을 모두 구했다. 그런 다음, 그 인용문을 일일이 확인해서 무조건 낙관성 또는 비관성으로만 평가했다. "우리가 실수해서 졌다"는 비관성 7점, "주심의 한심한 판정 때문에 졌다"는 낙관성 7점이다. 그러고 나서 우리는 팀의 평균 점수를 구했고, 다음 시즌에 각 농구팀이 패배한 후 포인트 스프레드(point spread)에 어떻게 대처할지 예측해보았다. 포인트 스프레드란 한 게임에서 이긴 팀과 진 팀의 최종 점수 차이로, 라스베이거스의 전문 스포츠 도박사들이 베팅할 때 예측하는 점수다. 우리의 예상대로, 다음 시즌에 낙관적인 팀인 보스턴 셀틱스는 패배한 후의 게임에서 도박사들이 예측한 포인트 스프레드를 넘어서 승리한 반면, 비관적인 팀인 필라델피아 세븐티식서스는 패배 후 게임에서 예측된 포인트 스프레드보다 큰 점수로 패배했다. 낙관적인 팀은 한 게임에서 패한 후 예상한 것보다 더 잘했고, 비관적인 팀은 더 나빠졌던 것이다.

이것은 엄청난 노동을 요하는 연구였다. 한 시즌 내내 스포츠면에 실린 두 농구팀의 모든 선수의 말을 모조리 찾아내서 일일이 평가해야 했다. 가장 헌신적인 과학자나 도박사에게조차 일거리가 너무 많았다. 그래서 캐런과 나는 농구팀 감독이 언급한 내용만을 조사하기로 결정했다. 과연, 팀 전체의 낙관성과 다를 바 없이 감독의 낙관성 또한 회복력을 예측했다. 그 사실을 익히 알고는 있었지만, 부대를 지휘할 때 긍정성을 선택하고 부대원들의 웰빙을 키워주는 리더의 강력한 역할과 행복의 전염성이 특히 중요하다는 것을 이제는 확신할 수 있다.

영적 피트니스 모듈

1968년 3월 16일은 미 육군에게 참담한 날이었다. 윌리엄 캘리와 그의 중대가 베트남 남부의 작은 마을 밀라이에서 무장하지 않은 민간인

347명을 학살했다. 학살이 자행되고 있을 때 휴 톰슨 준위는 헬리콥터를 타고 밀라이 상공을 날고 있었다. 군법 회의에 회부되고 부하 두 명의 목숨을 희생시킬 위험을 무릅쓰고, 그는 착륙해서 부하들에게 캘리의 중대가 민간인을 계속 살해할 경우 그들에게 발포하라는 명령을 내림으로써 학살을 중지시켰다. 격노한 톰슨은 이 잔혹한 사건을 지휘관에게 보고했고, 나중에는 의회와 캘리의 군법 회의에서 증언했다. 밀라이 참극은 군인들이 극악무도한 행위를 수행하라는 명령을 받을 때와 상관의 명령에 복종해야 한다는 규정을 거부할 때 직면하는 끔찍한 딜레마를 명확하게 보여준다.

〈종합 군인 피트니스〉에 영적 피트니스 모듈을 포함시킨 데는 두 가지 기본적인 이유가 있다. 첫째, 미 육군은 군인들이 상관의 도덕적인 명령에 따르기를 실제로 원하고 있으며, 따라서 군인들의 도덕적, 윤리적 덕목을 강화한다면 복잡한 도덕적 딜레마를 자주 유발하는 군사 작전이 윤리적으로 수행될 것이라고 판단했다. 둘째, 더욱 수준 높은 영성은 더욱 우수한 웰빙, 더 적은 정신 질환, 더 적은 약물 남용, 더욱 안정적인 결혼 생활과 밀접한 관계가 있다는 증거가 상당하다. 군사적 수행 능력이 향상되는 것은 말할 것도 없다. 높은 영성은 전투와 같은 심각한 역경에 직면할 때 특히 두드러지는 강점이다. 밀라이에서 아군에게 발포하기로 결심할 때 휴 톰슨의 영적인 번민은 그의 인생에서 갈림길이었을 것이다. 그의 결심은 성장의 전제조건이었다. 학살이 지속되게 방치했다면 그의 개인적인 영성은 쇠퇴하는 과정에 들어섰을 것이다. 다음 8장에서 외상 후 성장을 다룰 때 그 점을 기억해둬야 한다.

미국 수정헌법 제1조는 정부가 국교를 정하는 것을 금지하고 있다.

그래서 이 모듈에서 영적 피트니스는 신학이 아닌 인간에 관한 것이다. 그것은 종교적 또는 세속적 관점의 타당성에 입각하지 않는다. 그보다는 군인들이 진실, 자기 이해, 올바른 행위, 삶의 목적을 추구하게 지지하고 격려한다. 즉, 군인이 자아보다 더 중요하다고 믿는 어떤 것에 소속되고 기여하는 것에 근거한 도덕적 규범에 따라 살아가게 응원한다.

볼링그린 주립대학 심리학 교수인 켄 파가먼트와 웨스트포인트의 행동 과학 및 리더십 교수인 팻 스위니 대령이 영적 피트니스 모듈을 설계했다. 이 모듈은 군인의 '영적 핵심'에 초점을 맞추는데, 자기인식, 행위자 의식, 자기조절, 자기 동기화, 사회 인식이 영적 핵심을 이룬다.

군인의 영적 핵심은 인간 정신의 토대를 형성하며 삶의 목적과 의미, 세상에 대한 진실들, 자신의 잠재력과 목적을 깨닫기 위한 비전 등에 관한 개인의 가장 중요한 중심 덕목과 신념으로 구성된다.

자기 인식(self-awareness)은 삶의 시급한 의문들을 통찰하기 위한 숙고와 자기 성찰을 수반한다. 이 의문들은 정체성, 목적, 의미, 세상의 진실, 진정성, 가치 있는 삶의 창조, 자신의 잠재력 이행 등과 연관된다.

행위자 의식(sense of agency)은 개인은 자신의 영성을 계발하는 여행을 계속할 책임이 있다는 가정과 관계가 있다. 이것은 사람들이 자신의 결점과 불완전함을 받아들이고 자신이 인생의 주인이라는 사실을 깨달을 것을 요구한다.

자기조절(self-regulation)은 자신의 감정, 생각, 행동을 이해하고 통제하는 능력을 포함한다.

자기 동기화(self-motivation)는 인간 정신과 관련하여 개인이 가는 길은 가장 간절한 염원에 대한 깨달음으로 이어질 것이라는 기대를 수반한다.

사회 인식(social awareness)은 인간관계가 인간 정신의 성장에 중요한 역할을 한다는 깨달음을 말한다. 다른 사람들은 자신과 다른 덕목, 신념, 관습을 가질 권리가 있다는 것을 인정하고 또한 자신의 신념을 포기하지 않으면서 타인의 대안적 관점을 적절히 배려하고 열린 태도로 받아들여야 한다는 점을 인정하는 것이 특히 중요하다.

영적 피트니스 모듈은 세 단계로 구성되며 점차 어려워진다. 첫 번째 단계는 전사한 전우를 위해 추모사를 쓰고, 그 친구가 추구했던 덕목과 목적을 강조하는 것으로 시작한다. 이것은 상호교환적인 과정이다. 그래서 자신을 위한 추모사도 쓰고 자신의 강점을 확인하고 영적 핵심에 존재하는 중심 덕목을 강조한다. 두 번째 단계에서는 영적 번민의 결과가 영적 성장 또는 퇴보로 이어진 군대 이야기를 자세하게 주고받음으로써 곳곳에 놓인 도덕적 갈림길을 여행한다. 세 번째 단계는 군인들이 타인과 타 문화의 덕목과 신념에 보다 밀접하게 연결되어 있음을 깨닫게 도와준다. 군인은 다양한 배경을 지닌 사람들을 소개받고, 그들이 소중히 지키는 것들과 인생 경험에 대한 대화를 통해 자신과의 공통점을 찾아낸다.

군인들은 이 네 가지 모듈 중에서 선택한다. 자신의 선택에 따라 기본 강의와 점차 발전된 고급 강의를 들을 수 있다. 하지만 너무 중요해서 모든 군인이 반드시 들어야 할 모듈이 한 가지 있다. 바로 외상 후 스트레스 장애(Post-Traumatic Stressed Disorder, PTSD) 및 외상 후 성장(post-traumatic growth, PTG)에 관한 모듈이다.

chapter 8

회복력(Resilience)

트라우마, 성장의 계기

"그 아이디어 정말 대단합니다, 셀리그만 박사님." 데이비드 페트레이어스 대장이 말했다. "PTSD에만 초점을 맞추지 않고 트라우마(trauma, 외상) 후 더 많은 성장을 유도하고 각 군인의 약점을 교정하기보다는 강점을 훈련시킨다는 것 말입니다." 나는 케이시 참모총장을 위시한 별 네 개의 장성 열두 명 앞에서 회복력 훈련(resilience training)과 그것이 전투에 임한 군인의 반응에 미치는 효과에 대해 간단히 설명을 마쳤다.

우선 PTSD가 무엇인지부터 알아보자. 그러면 〈종합 군인 피트니스〉를 창안한 한 가지 이유가 명확해지고 내가 사성 장군들에게 PTSD에 집중하는 것은 주객이 전도된 일이라고 한 말이 무슨 뜻인지 이해할 수 있을 것이다.

외상 후 스트레스 장애(PTSD)

탄환 충격(shell shock)과 전투 피로증(combat fatigue)은 두 차례의 세계대전으로 생겨난 정신 질환이다. 하지만 오랜 전투로 인한 심리적 손상을 일컫는 PTSD는 전투가 아닌 홍수에서 비롯되었다. 1972년 1월 26일 이른 아침, 웨스트버지니아 주 석탄 지역의 버펄로 크리크에 세워진 댐이 무너지면서 4억 9,970만 리터의 시커먼 진흙탕물이 애팔래치아 산 밑에 사는 주민들을 순식간에 집어삼켰다. 저명한 심리학자 에릭 에릭슨(Erik Erikson)의 아들인 케이 에릭슨(Kai Erickson)은 이 재앙을 다룬 대표적인 책을 저술했다. 1976년에 출간된 《그 길에 있는 모든 것(Everything in Its Path)》을 기점으로 트라우마에 대한 생각이 바뀌게 된다. 그 책에서 에릭슨은 PTSD를 명확하게 묘사했다. 그것은 곧바로 미국 정신의학회의 정신 장애 진단 및 통계 편람(Diagnostic and Statistical Manual, DSM) 제3판에서 진단 기준으로 이용되고 베트남 참전 군인들에게 즉각적으로 마음껏, 무분별하다 싶게 적용되었다. 에릭슨이 연대순으로 기록한 버펄로 크리크 재앙의 생존자의 말을 들어보자.

월버와 그의 아내 데보라, 그들의 네 자녀는 간신히 살아남았다.

무슨 이유에서인지 나는 문을 열고 길을 올려다보고 있었습니다. 그런데 그게 다가오고 있었어요. 엄청나게 거대한 검은 구름이었죠. 4, 5미터쯤 되어 보이는 파도였어요. ……이웃집 건물이 우리가 사는 곳 바로 앞까지 떠내려오다가 강물 속에 잠겨버렸어요. ……그건 천천히 다가오고 있었어요. 하지만 제 아내는 막내 아이를 데리고 아직 잠들어 있었죠. 그 아이는 그때 일곱 살이었어요. 다른 아이들은 2층에서 자고 있었고요. 나는 고래고래 비명을 지르며 아내를 불렀습니다. 그 바람에 아내는 얼른 깨어날 수 있었지요. 아내가 아이들을 어떻게 그렇게 빨리 아래층으로 데려왔는지 모르겠어요. 하지만 아내는 부리나케 2층으로 달려 올라가 아이들을 깨워서 내려왔어요. ……우리는 길을 따라 올라갔습니다. 아내와 세 아이는 곤즈(철로에 달린 곤돌라) 사이로 올라가고, 나는 막내 아이를 데리고 그 밑으로 올라갔어요. 시간이 별로 없었거든요. 나는 주변을 둘러보았어요. 우리 집은 사라졌어요. 물에 휩쓸려 완전히 떠내려간 건 아니고요. 휩쓸려가다가 대여섯 채의 집과 한데 부딪쳐서는 모두 산산조각이 났지요.

그 재난이 있은 지 2년 후, 윌버와 데보라는 자신의 심리적 상흔을 묘사했다. PTSD로 정의되는 증상들이다. 첫째, 윌버는 꿈에서 그 트라우마를 거듭 재경험했다.

버펄로 크리크에서 겪은 일이 바로 제 문제의 원인이에요. 밤에 잘 때, 저는 꿈속에서도 그 일을 처음부터 끝까지 또 한 번 겪습니다. 꿈에서 저는 언제나 물을 피해 달리고 또 달려요. 언제나 그래요. 꿈속에서 그 일이 전부 다 자꾸만 일어나요.

둘째, 윌버와 데보라는 심리적으로 '마비'되었다. 감정이 둔화되어서 자신의 주변에서 일어나는 슬픔과 기쁨에 정서적으로 무감각해진 것이다. 윌버는 이렇게 말한다.

홍수가 난 지 약 1년 후에 아버지가 돌아가셨는데 그때 저는 묘소에도 가지 않았습니다. 아버지가 영원히 떠나셨다는 게 실감나지 않았어요. 지금은 주변 사람들이 세상을 떠나도 저는 별로 마음 아프지 않아요. 그 사고를 겪기 전에는 안 그랬어요. 아버지가 돌아가셔서 두 번 다시 볼 수 없다는 것이 결코 슬프지 않았어요. 죽음 같은 것에 대해 예전에 느끼던 감정을 지금은 느끼지 않아요. 그런 일은 예전과 달리 그렇게 충격적이지 않습니다.

데보라는 이렇게 말한다.

저는 아이들을 방치하고 있어요. 요리하는 건 얼마 전에 아예 그만두었어요. 집안일도 안 해요. 어떤 것도 하지 않을 겁니다. 잠을 잘 수가 없어요. 먹을 수도 없고요. 그저 수면제를 잔뜩 먹고 침대로 들어가 잠들고 다시는 깨어나지 않으면 좋겠어요. 가정과 가족은 제게 기쁨이었어요. 하지만 그것 외에 제가 조금이라도 흥미를 느꼈던 인생의 다른 것들은 모두 파괴되었어요. 저는 요리하는 걸 무척 좋아했어요. 바느질도 좋아했고 살림하는 걸 아주 좋아했지요. 늘 집안일을 했고 집을 항상 뜯어고쳤어요. 하지만 지금은 그런 게 저에게 어떤 의미도 없는 지경에 이르렀어요. 아이들을 위해 따뜻한 음식을 준비해서 식탁에 차려놓지 않은 지가 3주 가까이 되었어요.

셋째, 윌버는 불안 장애 증상을 경험한다. 거기에는 비와 악천후처럼 홍수를 떠올려주는 사건에 대한 과민 반응과 공포 반응이 포함된다.

저는 뉴스를 자세히 들어요. 그리고 폭풍우 경보가 발효되면 그날 밤은 잠을 못 잡니다. 밤새 앉아 있어요. 아내에게 이렇게 말하지요. "애들은 잠옷으로 갈아입히지 말고 입은 옷 그대로 재워요. 무슨 일이 있으면 다들 집밖으로 여유 있게 나갈 수 있게 내가 미리 당신을 깨울 거요." 저는 잠자리에 들지 않습니다. 밤을 꼬박 새우지요.
제 신경이 문제예요. 비가 올 때마다 폭풍이 불 때마다 저는 도저히 견딜수가 없어요. 마루를 서성입니다. 신경이 너무 곤두서서 두드러기가 납니다. 그것 때문에 요즘 주사를 맞고 있어요.

또한 윌버는 생존자의 죄책감으로 고통스러워한다.

그때 누가 제게 고함치는 소리를 들었어요. 둘러보았더니 콘스터블 부인이보이더군요. ……어린 아기를 안은 채 계속 소리치고 있었어요. "이봐요,윌버 씨, 이리 와서 저 좀 도와주세요. 그럴 수 없으면 제 아기만이라도 구해주세요." ……하지만 저는 돌아가서 부인을 도울 생각을 못했어요. 그것때문에 지금까지도 아주 많이 자책합니다. 그 부인은 아기를 안고 있었는데 저한테 아기를 던져 주려는 것 같았어요. 저는 가서 그녀를 도와줄 생각이 전혀 없었어요. 제 가족만 걱정하고 있었지요. 그 부인네 식구 여섯 명이 모두 물에 빠졌어요. 부인은 허리까지 차오른 물속에 서 있었는데, 그들모두 익사했습니다.

이 증상들은 1980년에 장애 질환 진단 및 통계 편람 제3판에 하나의
'장애'로서 정식으로 인정을 받았다. 제5판에 실린 PTSD의 최신 진단
기준은 다음과 같다.

- DSM 5 진단 기준 -

A. 개인이 트라우마 사건에 노출된 적이 있다.

B. 그 트라우마 사건을 지속적으로 재체험(이미지, 꿈, 생각)을 한다.

C. 그 트라우마와 관련된 자극을 지속적으로 회피하고 일반적인 반응이 마
　비된다.

D. 지나친 흥분과 공포 증상들이 지속된다.

E. 트라우마와 관련된 각성과 반응성의 뚜렷한 변화가 나타난다.

F. 심리적 혼란(기준 B, C, D의 증상들)이 1개월 이상 지속된다.

G. 심리적 혼란은 임상적으로 상당한 고통을 유발하거나 사회적, 직업적,
　그 밖의 주요 영역에서 기능하는 것을 손상시킨다.

H. 심리적 혼란은 물질 혹은 다른 의학적 조건의 심리적 영향으로 돌릴 수
　없다.

진단에서 더욱 존중되는 중요한 한 가지 기준은 그 증상들이 트라우
마 사건 이전에는 결코 나타나지 않는다는 것이다.

PTSD는 베트남 전쟁 막바지에 처음 등장하기 시작했고, 즉시 광범위
하게 적용되었다. 다음은 이라크 전쟁으로 인한 PTSD 복합 사례다.

K씨는 38세의 주 방위군이다. 이라크 수니 삼각지대에 배치되어 12개월 동

안 복무하고 귀국한 후 정신과 외래 환자로 진단되었다. 주 방위군 복무 10년 만에 그는 수니 삼각지대에서 처음으로 전투에 참전했다. 이라크로 배치되기 전에는 성공한 자동차 세일즈맨으로서 10세와 12세 자녀를 둔 행복한 아빠였고 사회성이 풍부해서 친구가 많았으며, 시민 활동과 교회 활동에 적극적이었다. 이라크에 있는 동안 그는 수많은 전투에 참전했다. 그의 소대는 폭탄 세례를 받았으며 매복 공격을 당한 적도 많았고 전우들이 자주 전사하거나 부상당했다. 그는 정찰 및 호위 부대 소속이었는데, 급조 폭탄으로 차량이 파괴되었고 친하게 지냈던 동료들이 다치거나 목숨을 잃었다. 그는 자신이 적군을 수없이 죽였다는 것을 깨달았고 민간인들의 죽음에 자신도 책임이 있을 거라고 두려워했다. 그리고 제일 친한 전우의 죽음을 막지 못했다며 자책했다. 그 친구는 저격수의 총에 희생되었다. 이라크 복무 중 가장 끔찍했던 순간이 언제였느냐고 묻자, 그는 유난히 잔인한 전투에서 집중 사격을 가하는 바람에 이라크 여성들과 어린아이들이 죽어나가고 있는데 자신은 개입할 수 없어서 그저 무기력하게 지켜보기만 했던 때라고 대답했다.

귀국한 후, 그는 거의 언제나 불안해하고 쉽게 짜증내고 안절부절못했다. 가족의 안전에 집착해서 장전한 9밀리 권총을 항상 소지했고 밤에는 베개 밑에 놓아두었다. 잠들기가 어려웠고 겨우 잠이 들어도 생생한 악몽에 잠을 설치기 일쑤였다. 악몽을 꿀 때는 심하게 몸부림을 치거나 아내를 발로 차거나 침대에서 갑자기 벌떡 일어나 불을 켰다. 아이들은 아빠가 지나치게 자기들을 보호해서 시야에서 벗어나게 두지 않는다며 불평했다. 아내는 그가 집에 돌아온 후부터 자신에게 정서적으로 멀어졌다고 보고했다. 또한 남편이 조수석에 타고 있을 때는 운전하는 것이 위험하다고 생각했다.

때때로 그가 길거리에 설치된 급조 폭탄을 보았다며 별안간 손을 뻗어 운전대를 잡았기 때문이다. 친구들은 그를 모임에 초대하는 일에 지친 기색이 역력했다. 모든 초대를 그가 번번이 거절했기 때문이다. 참을성 있게 그를 격려한 고용주는 그의 업무 능력이 급격히 떨어졌고 멍하니 자신의 생각에만 골몰하는 것처럼 보이며 고객에게 화를 내고 자주 실수하고 이전에 최우수 세일즈맨이었던 자동차 영업소에서 효율적으로 기능하지 못한다고 보고했다. K씨는 이라크 참전 이후 자신이 변했다는 것을 인정했다. 이따금 강렬한 두려움, 공포, 죄의식, 절망을 경험하며 자신이 정서적으로 죽었다는 느낌이 들 때가 있고, 가족과 친구의 사랑과 온정에 보답할 수 없을 것 같다고 보고했다. 인생이 끔찍한 짐이 되었다. 그는 자살을 적극적으로 시도한 적은 없지만 자신이 이라크에서 살아 돌아오지 않았더라면 모든 사람에게 더 좋았을 거라는 생각이 가끔 든다고 보고했다.

PTSD 진단은 이라크 전쟁과 아프가니스탄 전쟁을 치르는 동안 미국 의무 부대의 주요 임무였다. 전체 군인의 20퍼센트에 이르는 많은 수가 PTSD 진단을 받았다. 바로 그것 때문에 내가 국방부 장성과의 오찬에 초대된 것이다.

장군들에게 나는 극심한 역경에 처했을 때 인간의 반응은 종 모양의 정규 분포 곡선으로 나타난다고 말했다. 극단적으로 취약한 부류에서 그 반응은 질병이다. 즉 우울증, 불안증, 약물 중독, 자살 그리고 정신질환 진단 및 통계 편람에 PTSD로 공식 등재된 장애가 발생한다. 이라크나 아프가니스탄에 파병된 모든 군인은 PTSD에 대해 들어본 적이 있다. 그러나 인간은 트라우마 사건으로 점철된 수천 년 동안 진화해왔으며, 극심한 역경에 대한 통상적인 반응은 단연코 회복력이다. 비교적 단기간 동안 우울증과 불안증을 동시에 겪은 후 예전 수준으로 다시 기능하는 것이다.

웨스트포인트에서 PTSD에 대해 들어본 적이 있다고 대답한 생도는 90퍼센트 이상이었다. 이것은 사실 비교적 드물게 높은 수치다. 하지만 PTG에 대해 들어본 생도는 10퍼센트 미만이었는데, 이런 수치는 드물지 않다. 중요한 점은 그것이 의학적 무지라는 것이다. 모든 군인이 PTSD는 알고 있지만 회복력과 PTG에 대해서는 모른다면 그로 인해서 자기충족적인 연쇄적 하락이 일어난다. 당신의 친구가 어제 아프가니스탄에서 전사했다. 오늘 당신은 울음을 터뜨리며 생각한다. "나는 무너질 거야." "나는 PTSD에 걸렸어." "내 인생은 끝났어." 이 생각이 우울과 불안 증상을 증가시킨다. 사실 PTSD는 우울증과 불안증이 특별히 고약하게 조합된 결과다. 이제 그 증상 자체가 증상의 강도를 높인다. 전우의 죽음에 울음을 터뜨리는 것은 PTSD 증상이 아니라 지극히 정상적인 비탄과 애도 증상이다. 그 사실을 알고 나면 보통 회복력이 뒤따르고 연쇄적 하락에 제동을 걸 수 있다.

재앙적 사고와 자신이 PTSD에 걸렸다는 믿음이 초래한 연쇄적 하락의 자기충족적인 성질은 PTSD를 확실히 증가시키는 것 같다. 처음부터 재앙적 사고방식을 지닌 개인은 PTSD에 훨씬 더 취약하다. 한 연구에서 군인 5,410명을 2002년부터 2006년까지 복무 기간 내내 추적 조사했다. 이 5년 동안 395명이 PTSD 진단을 받았다. 그중 절반 이상이 처음부터 정신 및 신체 건강 수준이 하위 15퍼센트에 속했다. 이 결과는 PTSD 관련 논문 전체에서 가장 신뢰성이 높지만 가장 적게 알려진 사실 중 하나다. 즉, 처음부터 심리적으로 허약한 사람이 심리적으로 강인한 사람보다 PTSD에 걸릴 위험이 훨씬 더 크고, PTSD는 처음 사례보다는 기존의 우울증 및 불안증이 악화된 상태로 간주될 때가 더 많다. 바로 이 연구 결과가 〈종합 군인 피트니스〉에 회복력 훈련을 포함시킨 한 가지 이유를 뒷받침한다. 즉, 미 육군은 전투에 투입하기 전에 미군을 심리적으로 단련시킴으로써 PTSD 사례를 일부 예방할 수 있다고 생각했다.

이쯤에서 야박한 소리를 조금 해야겠다. 버펄로 크리크 인근 주민은 댐을 소유한 〈피츠틴 컴퍼니(Pittston Company)〉를 상대로 10억 달러 이상을 청구하는 소송을 제기했다. 연구 결과는 생존자들이 꾀병을 부리는 게 아니라는 것을 암시하지만, 내 생각에 그러한 거액은 PTSD 증상을 과장하고 지속시킬 수 있다. 주민들은 결국 소송에서 이겼다. 그래서 우리는 그 경제적 보상이 어떤 영향을 미치는지 결코 알지 못할 것이다. 안타깝게도 군인의 PTSD에서도 아주 비슷한 시스템이 작동한다. 중증 PTSD 진단을 받은 참전 군인은 일생 동안 매달 3,000달러 정도의 장애자 연금을 받는다. 유급 직원으로 채용되거나 PTSD 증상이 완화될 경우, 더 이상은 연금을 받지 못한다. PTSD 환자로 진단되어 장애자 연금을 받기 시작한 참전 군인의 82퍼센트가 두 번 다시 치료실을 찾지 않는다. 우리는 이 금전적 보상이 전쟁으로 인한 PTSD 진단에 어떤 영향을 미치는지 알지 못한다. 그러나 이라크와 아프가니스탄 전쟁에서 PTSD 진단을 받은 미군은 전체의 20퍼센트에 해당하는데, 이 비율은 이전에 치른 전쟁이나 PTSD를 장애로 간주하여 배상하지 않는 다른 나라 군대의 PTSD 진단 비율보다 훨씬 높다. 이라크와 아프가니스탄 전쟁에서 귀향한 영국군인 중에서 PTSD 진단을 받은 사람은 전체 영국군의 4퍼센트다. 나는 남북전쟁 관련 자료도 면밀하게 조사했는데, 그 끔찍한 기간에 PTSD 또는 그와 유사한 어떤 질환도 찾아낼 수 없었다.

회의적인 시각 외에도, 나는 핵심적인 PTSD가 있다고 확신한다. 나는 PTSD가 꾀병이라고 생각하지 않는다. 과잉 진단을 의심할 뿐이다. 우리 사회는 돌아온 참전 군인에게 감사하는 마음에서나 금전적인 면에서나 현재 보상하고 있는 것보다 훨씬 더 많은 빚을 지고 있다. 하지만 감사하는 마음을 참전 군인의 자긍심을 훼손하는 시스템과 장애 진단을 통해 표현해야 한다고 생각하지는 않는다.

외상 후 성장(PTG)

결코 잊지 말아야 할 것이 외상 후 성장(post-traumatic growth, PTG)이다. 극심한 역경을 겪은 후, 상당히 많은 사람이 종종 PTSD 수준에 달하는 심각한 우울증과 불안증을 보인다. 하지만 그런 다음에 그들은 성장한다. 장기적으로 그들의 심리적 기능 수준은 전보다 더욱 높아진다. "나를 죽이지 못한 것은 나를 더욱 강하게 만든다"고 니체는 말했다. 외국전 참전 용사 협회(Veterans of Foreign Wars) 게시판에 전쟁 경험담을 올리는 노병들은 전쟁이 그들 인생에서 사실상 최고의 시간이었다는 점을 부인하지 않는다.

몇 년 전에 크리스토퍼 피터슨과 박난숙 그리고 나는 웹사이트(www.

authentichappiness.org)에 링크를 하나 추가했다. 개인의 인생에서 일어날 수 있는 최악의 사건, 즉 고문, 심각한 질병, 자녀의 죽음, 강간, 수감 등 15가지를 나열한 새로운 설문지였다. 링크를 올린 지 한 달 만에 1,700명이 그 끔찍한 사건 중 적어도 한 가지를 겪은 적이 있다고 보고했다. 그들은 웰빙 검사도 받았다. 놀랍게도, 최악의 사건을 한 가지 경험한 사람은 그렇지 않은 사람보다 강점 점수가 더 높았으며, 따라서 웰빙 수준도 더 높았다. 끔찍한 사건을 두 가지 경험한 사람은 한 가지만 겪은 사람보다 더욱 강인했다. 그리고 세 가지 사건을 겪은 사람은 두 가지만 겪은 사람보다 강인했다.

론다 코넘 준장은 PTG을 대표하는 인물이다. 론다가 장교 신분으로 사담 후세인 군대의 전쟁 포로였던 1991년에 나는 그녀에 관해 읽은 적이 있다. 비뇨기과 의학박사이자 생화학 박사, 공군 의무관, 제트기 조종사, 민간 헬리콥터 조종사인 론다는 당시 이라크 사막 상공에서 구조 임무를 수행 중이었다. 그녀가 탄 헬리콥터는 적군의 사격을 받아 추락했다. 헬리콥터 꼬리 날개가 떨어져 나가고, 대원 여덟 명 중에서 세 명이 사망했다.

두 팔과 다리 하나가 부러진 론다는 포로가 되었다. 성폭행을 당했고 잔혹한 취급을 받았다. 8일 후 풀려난 론다는 전쟁 영웅으로 돌아왔다. 자신이 경험한 트라우마 사건의 여파를 그녀는 이렇게 묘사한다.

- **환자와 관련해서** : "군의관이자 외과의사로서 나는 전보다 훨씬 더 잘 준비가 되었다. 내 환자에 대한 관심은 더 이상은 학문적인 것이

아니다."

- **개인적 강점** : "나는 지도자이자 사령관이 되기 위한 자질을 훨씬 더 잘 갖추었다. 이제 나는 그것을 기준 삼아 다른 모든 경험을 축적하고 있다. 따라서 도전에 직면할 때 불안감이나 두려움을 훨씬 덜 느낀다."
- **가족에 대한 감사** : "나는 더 훌륭하고 더 세심한 부모이자 배우자가 되었다. 생일을 기억하고 조부모를 방문하려고 노력한다. 가족과 헤어질 뻔한 경험 덕분에 이제 그들에게 더욱 감사하게 되었다는 데는 의심의 여지가 없다."
- **영적 변화** : "유체 이탈 경험은 나의 인식을 바꾸었다. 이제 나는 육체적 삶과 비교해서 영적 삶이 적어도 가능하다는 점을 인정한다."
- **우선순위** : "나는 내 인생의 우선순위를 언제나 A, B, C로 나누었다. 하지만 이제는 C 순위를 가차 없이 삭제한다. 나는 딸이 참가한 축구 경기를 언제나 보러 간다!"

론다가 풀려나자 한 대령이 그녀에게 말했다. "자네가 여자라는 것이 참 안됐네. 그렇지 않으면 장군이 될 수도 있을 텐데." 나는 이 전설적인 인물을 개인적으로 만난 적이 있다. 2009년 8월, 우리 두 사람이 연설을 하기로 되어 있는 음침한 강당으로 론다가 걸어 들어오자 1,200명의 장교와 영관이 기립해서 박수를 쳤다. 〈종합 군인 피트니스〉 책임자로서 론다 코넘 장군이 PTG 모듈에 기울이는 관심은 공정한 직업적 관심 그 이상이다.

외상 후 성장 강의

론다는 PTG 모듈을 감독할 심리학 교수 두 명을 채용했다. 노스캐롤라이나 대학교수로 PTG 분야의 학문적 리더인 리처드 테데시(Richard Tedeschi)와 하버드 대학의 리처드 맥널리(Richard McNally)다. PTG 모듈은 우선 고대의 지혜로 시작한다. 즉, 개인적 변화의 특징은 살아있음에 대한 새로운 감사, 개인적 강점의 강화, 새로운 가능성에 따른 행동, 인간관계 개선, 영적 발전인데, 이 모두가 종종 비극적 사건에 뒤따라 일어난다. 관련 자료가 이 사실을 뒷받침한다. 일례로 북베트남 군대에 포로로 잡혀서 오랫동안 고문을 당한 공군 장병의 61.6퍼센트가 그 역경이 심리적으로 유익했다고 보고했다. 게다가 혹독한 대우를 받을수록 외상 후 더 많이 성장한다. 이것은 트라우마 자체를 환영해야 한다는 말이 절대 아니다. 트라우마가 종종 성장의 계기가 된다는 사실을 최대한 이용해야 하며 군인에게 그러한 성장을 가능케 하는 조건에 관해 가르쳐야 한다는 말이다.

외상 후 성장조사 일람표

테데시 박사는 외상 후 성장 조사 일람표(Post-Traumatic Growth Inventory, PTGI)를 이용해 이 현상을 측정했다. 그중 일부 항목을 소개한다.

0 = 시련을 겪은 후 나는 이런 변화를 경험하지 않았다.
1 = 시련을 겪은 후 나는 이런 변화를 아주 조금 경험했다.
2 = 시련을 겪은 후 나는 이런 변화를 조금 경험했다.

3 = 시련을 겪은 후 나는 이런 변화를 보통으로 경험했다.

4 = 시련을 겪은 후 나는 이런 변화를 많이 경험했다.

5 = 시련을 겪은 후 나는 이런 변화를 아주 많이 경험했다.

나는 내 인생의 가치를 더 잘 인식하게 되었다.

나는 영적인 요소를 더 잘 이해하게 되었다.

나는 새로운 인생행로를 설계했다.

나는 다른 사람들과 더욱 친밀해진 느낌이 들었다.

시련을 겪지 않았더라면 얻지 못했을 새로운 기회가 생겼다.

나는 인간관계에 더 많은 노력을 기울인다.

나는 내가 생각한 것보다 더욱 강인하다는 것을 발견했다.

이 모듈은 PTG에 일조한다고 알려진 다섯 가지 요소를 군인에게 가르친다. 첫 번째 요소는 트라우마 자체에 대한 반응을 이해하는 것이다. 즉, 트라우마 사건을 접할 때 보통 자신, 타인, 미래에 대한 믿음이 산산이 부서진다. 이것은 트라우마에 대한 아주 정상적인 반응이다. 이 반응은 PTSD 증상도 아니고 성격 결함을 암시하지도 않는다. 두 번째 요소는 불안 감소다. 이 요소는 불쑥불쑥 떠오르는 생각과 이미지를 통제하는 기법들로 이루어진다. 세 번째 요소는 건설적인 자기 노출(self-disclosure)이다. 트라우마를 감추는 것은 심리 증상과 신체 증상을 악화시킬 수 있다. 따라서 트라우마 경험을 털어놓도록 군인을 격려해야 한다. 이것은 네 번째 요소, 트라우마 서술하기로 이어진다. 트라우마 사건을 서술하면서 그 트라우마를 역설에 대한 인식을 높여주는 갈림길로 여기계 지도한다. 잃은 것이 있으면 얻은 것도 있다. 슬픈 일이 있으면 감사할 일도 있다. 약점이 있으면 강점도 있는 법이다. 그 다음에는 자신의 어떤 강점을 활용했는지, 인간관계가 얼마나 개선되었는지, 영적인 삶이 얼마나 강화되었는지, 삶 자체에 얼마나 더욱 감사하는지, 어떤 새로운 문이 열렸는지를 자세하게 서술한다. 마지막 다섯 번째 요소는 도전에 더욱 강건하게 맞서는 전반적인 생활신조와 실천 태도를 명확하게 표현하는 것이다. 여기에는 이타적인 사람이 되기 위한 새로운 방법, 생존자의 죄의식 없이 성장을 받아들이기, 트라우마 생존자 또는 동정심이 풍부한 사람이라는 새로운 정체성 확립하기, 하데스에서 돌아온 후 인생을 사는 법에 대한 소중한 진실을 세상에 알린 그리스 신화 영웅들의 이상을 진지하게 받아들이기 등이 포함된다.

마스터 회복력 훈련(MRT)

〈종합 군인 피트니스〉의 두 가지 요소는 전반적 평가 도구와 온라인 피트니스 강의다. 하지만 진짜 난제는 훈련이다. 군인들이 신체 단련을 위해 훈련하듯이 심리적으로 더욱 단련되게 훈련시킬 수 있을까? 2008년 11월 오찬 모임에서 케이시 참모총장은 60일 후에 다시 와서 보고하라고 지시했다. 60일 후, 우리는 국방부 오찬 모임에 다시 초대되었다.

"저희는 심리적 피트니스를 측정하기 위한 검사를 개발했습니다, 장군님." 코넘 준장이 케이시 대장에게 설명했다. "20분 만에 완수할 수 있는 검사로서, 군인과 민간인 전문가들이 설계했습니다. 현재 수천 명의 군인을 상대로 예비 검사를 실시하고 있습니다."

"신속하군요. 장군과 마티는 이제 무엇을 하고 싶습니까?"

"저희는 회복력 훈련에 관한 예비 연구를 하고 싶습니다." 론다와 나는 이 질문에 대한 대답을 꼼꼼하게 계획했다. "마티는 긍정심리 교육 연구에서 일반 교사가 청소년에게 회복력을 효과적으로 훈련시키는 방법을 배울 수 있다는 것을 확인했습니다. 그 훈련을 받은 학생들은 우울증과 불안증이 감소했습니다. 군대에서 일반 교사는 누구겠습니까? 당연히 부사관들입니다. 따라서 저희의 계획은 이렇습니다. 우선 부사관 100명을 무작위로 선발한 후 펜실베이니아 대학에서 열흘간 회복력 훈련에 대해 가르치는 겁니다. 즉 교사를 교육하는 개념 증명 예비 연구를 하는 거지요. 이 교육을 마친 부사관은 마스터 트레이너가 되어서 자기 휘하의 군인에게 회복력을 훈련시킬 겁니다. 그러면 저희는 이 2,000명의 군인을 통제 집단과 비교할 수 있습니다."

"잠깐!" 케이시 장군이 선언하듯 말했다. "예비 연구는 필요 없어요. 우리는 마티의 연구를 조사했습니다. 그들은 논문을 열두 권 이상 출판했어요. 우리는 이미 만족했고 그것이 우울증, 불안, PTSD를 예방할 거라고 충분히 확신합니다. 이것은 학과 공부가 아니에요. 연구를 또 하는 것은 원치 않습니다. 이건 전쟁입니다. 장군, 회복력 훈련을 미 육군 전체에 실시하십시오."

"하지만 장군님." 론다는 공손하게 이견을 제시하기 시작했다. 론다가 미 육군 전체에 훈련을 실시할 때 수반되는 행정 및 예산 절차를 일일이 열거하는 동안, 나는 3년 전 스코틀랜드 글래스고 거리에서 리처드 레이어드와 나누었던 대화를 떠올렸다.

런던 정치 경제 대학교 출신인 리처드는 세계 일류 경제학자다. 중세 수도원에서는 수도원장의 사자가 속계와 천계를 잇는 다리였는데, 영국 정치계에서 리처드가 맡은 역할이 바로 그것이다. 그는 학문적 연구와 실제 정치판을 잇는 다리다. 또한《행복의 함정(Happiness)》의 저자이기도 하다. 정부 정책은 국내총생산의 증가가 아닌 웰빙의 증가로 측정되어야 한다고 주장하는 급진적인 관점을 제시한 책이다. 리처드와 그의 아내 몰리 미처는 영국 상원에서 두 쌍뿐인 부부 의원 중 한 쌍이다. 세습 의원이 아니라 공로를 인정받아 임명된 상원의원이다.

리처드와 나는 글래스고의 누추한 구역을 천천히 걷고 있었다. 스코틀랜드의 자신감 및 웰빙 센터(Centre for Confidence and Well-Being) 발족식 기간 중이었다. 이 센터는 준 정부 기관으로 스코틀랜드의 교육과 상업에 만연한 "할 수 없다"는 태도에 대항할 목적으로 창립되었다. 우리는 그곳의 주요 연사였다.

"마티." 이튼 출신다운 감미로운 억양으로 리처드가 말했다. "긍정심리 교육에 관한 자네의 연구 논문을 읽어보았어. 그것을 영국 학교에 적용할 생각이야."

"고마워, 리처드." 영국 노동당 상류 집단이 우리의 연구를 고찰하고 있다는 것에 감탄하며 내가 대꾸했다. "나는 리버풀의 학교 한 곳에서 언제라도 예비 연구를 실시할 수 있어."

"내 말을 이해하지 못하는군, 그렇지 마티?" 상냥하게 꾸짖는 어조로 리처드가 말했다. "대부분의 학자처럼 자네도 공공 정책과 증거의 관계를 맹신하고 있어. 자네는 과학적 증거가 쌓이고 또 쌓여서 도저히 부인할 수 없을 정도로 축적되면 의회가 정책을 시행한다고 생각할 거야.

지금껏 정치계에서 살아왔지만 그런 예는 단 한 번도 본 적이 없어. 증거가 충분하고 정치적 의지가 존재할 때 과학은 공공 정책으로 변형되지. 분명히 말하는데 자네의 긍정심리 교육 증거는 충분해. 경제 용어로 '만족화(satisficing)' 되었어. 그리고 지금 영국 정부에는 정치적 의지가 존재하지. 그래서 나는 영국 학교에 긍정심리 교육을 적용할 계획이야."

그의 말은 미시(micro)와 거시(macro)의 신비한 관계에 대해 내가 그때까지 들어온 가장 이치에 닿는 설명이었다. 그 말은 나의 사고를 전환시켰다. 그런 이유로 나는 레이어드와의 대화를 자세히 소개한 것이다. 당신이 학자라면 이 책의 나머지 내용은 모두 잊더라도 글래스고에서 레이어드 경이 해준 말은 반드시 기억하기 바란다. 직업적 삶에서 내가 가장 절망하는 순간은 풍부한 과학적 증거가 뒷받침하는 뛰어난 아이디어가 간부 회의실에서 계속 사장되거나 도서관에서 먼지만 쓰고 있는 것을 보는 때였다. 나는 의아했다. 긍정심리학은 언론과 대중에게 왜 그렇게 인기가 있을까? 도저히 부인할 수 없을 정도로 증거가 축적된 것은 결코 아니다. 상당히 새로운 과학 영역이며 그 증거는 빈약하지는 않아도, 부인할 수 없을 정도에는 한참 못 미친다. 무기력 학습, 설명 양식과 우울증, 심장혈관 질환과 비관성의 연구비를 얻으려고 그렇게 많은 세월 동안 무릎이 닳게 사정해야 했다. 하지만 별로 소용이 없었는데, 지금은 너그러운 개인들이 긍정심리학 강의를 듣자마자 묻지도 않고 거액의 수표에 서명한다. 그 이유가 무엇일까?

나는 이러한 생각에서 빠져나와 다시 장군들의 대화로 돌아왔다. 코넘 준장은 자신이 거쳐야 할 행정 절차와 예산 절차, 그것을 모두 취하는 데 걸리는 기간을 케이시 장군에게 상기시키고 있었다. "장군님, 현재 미 육군의 심리 프로그램인 〈배틀마인드〉는 열 가지 절차 중에서 겨우 여섯 가지를 통과했습니다. 그리고 그 일에만 1년 이상 걸렸습니다."

"코넘 준장," 케이시 장군은 다음과 같은 말로 회의를 매듭지었다. "미 육군 전체에 회복력 훈련을 시행하십시오. 그만 나가보세요."

의지의 힘에는 당할 자가 없다.

그리하여 2009년 2월, 론다와 나는 회복력 훈련을 신속하고 광범위하게 보급할 방법을 찾아내는 난제에 직면했다. 또한 그 훈련 프로그램을 책임감 있게 시행하고 훈련 자료를 수정하고 게다가 그 효과를 추적 조사해서 최악의 경우 프로그램이 효과가 없을 때 중단시킬 방법도 알아내야 했다.

우리 연구진이 전에 개발한 긍정심리 교육 교사 훈련 과정은 민간인 교사용이었다. 이제 우리가 취해야 할 첫 번째 단계는 모든 훈련 자료를 부사관과 군부대에 알맞게 다시 작성하는 것이었다. 펜실베이니아 대학의 최고 마스터 트레이너이자 긍정심리학계의 오프라 윈프리인 캐런 레이비치 박사가 훈련 자료를 '군대화' 하는 일을 맡았다. 이후 8개월 동안 캐런과 연구진은 이라크와 아프가니스탄 참전 군인을 100명 이상 만나서 그들과 함께 훈련 자료를 철저하게 검토했다.

그들과 대화를 나누다가 아주 놀라운 사실을 알아냈다. 우리는 여자친구의 이별 통고 또는 낙제 점수 등의 민간인용 항목이 전투병과는 아무 상관이 없을 거라고 생각했다. 하지만 완전히 틀린 생각이었다.

"이 전쟁은 군인이 휴대 전화를 소지하고 최전방에서 아내와 통화할 수 있는 최초의 전투입니다." 코넘 준장의 선임 참모인 대릴 윌리엄스 대령이 말했다. 190센티미터 키에 웨스트포인트 미식축구팀 스타였으며 이라크 참전 군인인 대릴은 빌 클린턴 전 대통령 밑에서 미식축구 용어로 핵전쟁 암호를 설정한 적이 있었다. "급조 폭탄을 조심하는 것은 아주 골치 아픈 문제입니다. 그런데 식기 세척기와 자녀의 성적에 대한 말다툼이 그 문제를 악화시키죠." 그는 말을 이었다. "우리 군인들의 우울증과 불안증은 가정사 때문일 경우가 많습니다. 따라서 민간인용 항목이 군인에게도 잘 들어맞습니다. 거기에 우수한 군인용 항목을 몇 가지 추가합시다."

우리는 그 항목을 모두 재작업하고, 부사관을 교육하는 마스터 회복력 훈련(Master Resilience Training, MRT)을 2009년 12월부터 시작했다. 이제 매달 150명의 부사관이 펜실베이니아 대학에 와서 8일간 교육을 받는다. 우리는 그 훈련 프로그램을 미군 주둔지로 동시 방송하는데, 그곳에는 펜실베이니아에서 훈련을 받은 조력자들이 머물고 있다. 처음 5일 동안 부사관들은 군인, 지도자, 가족으로서 자신의 일상에서 회복력 기술을 직접 실천해본다. 또한 그룹별 수업에 참석한다. 이 수업을 맡은 캐런 레이비치 박사는 핵심 내용을 소개하고 회복력 기술을 이용하는 방법을 설명하고 토론을 이끈다. 이어 교육생이 전원 출석한 수업에서 부사관들은 30명으로 이루어진 가상 전투 상황에서 역할극, 임무 계획표, 소집단 토론을 이용하여 자신이 그 동안 배운 것을 실천한다. 각 전투 상황은 캐런이 교육시킨 트레이너가 한 명과 조력자 네 명이 주도한다. 조력자 두 명은 주로 응용긍정심리학 대학원 졸업자이며 두 명은 캐런이 훈련시킨 군인이다. 교육생 30명 집단에 5명으로 이루어진 훈련팀을 배정하는 비율이 가장 효과적이었다.

처음 5일 수업에 이어서 부사관은 두 번째 교육 자료를 접한다. 이 자료는 그들이 휘하 군인에게 회복력 훈련을 교육할 때 이용된다. 부사관들이 관련 지식과 교육 기술을 철저히 습득해서 이 훈련 프로그램을 충실하게 전달할 수 있게 준비시키는 일에 꼬박 3일이 소요된다. 그들은 일련의 활동을 수행한다. 한 명이 교사 역을 맡고 다섯 명이 군인 역을 맡은 역할극, 다섯 명씩 팀을 이뤄 도전적인 질문을 만들어 다른 팀에게 대답을 요구하기, 가짜 수업에서 MRT 훈련가들이 소개하는 내용의 오류와 교육상의 실수 찾아내기, 군인이 실제로 직면하는 문제 상황에서 이용할 수 있는 적절한 회복력 기술 확인하기 등이 그 활동에 포함된다.

훈련 내용은 세 부분으로 나뉜다. 즉 강인한 정신 구축, 강점 구축, 강력한 관계 구축이다. 이 세 부분 모두 민간인 교사를 가르칠 때 사용한 검증된 훈련 프로그램을 모방해서 개발한 것이다.

강인한 정신 구축

이 부분의 핵심은 회복력 기술을 배우는 것이다. 먼저 앨버트 엘리스의 ABC 모델로 시작한다. 즉, 역경 그 자체가 아닌 역경(adversity, A)에 대한 자신의 믿음(belief, B)이 그 결과로서(consequence, C) 감정을 일으킨다는 것이다. 이 간단한 사실에 많은 부사관이 깜짝 놀라면서 역경이 직접 감정을 유발한다는 통념을 떨쳐냈다. 그들은 일련의 직업적 역경, '3마일 달리기에서 낙오한다'나 개인적 역경, '참전 후 귀향했는데 아들이 자신과 농구 게임을 하지 않으려 한다'는 일 등을 겪으면서 그 역경(A)을 울화가 치밀 때 드는 생각(B)과 그 생각이 일으킨 감정 또는 행동

(C)과 구별할 수 있다는 목표를 세운다. 이 수업의 막바지에 부사관들은 특정 정서를 부추기는 특정 생각을 확인한다. 예를 들어 침범당한다는 생각은 분노를 부추기고 상실에 대한 생각은 슬픔을, 위험하다는 생각은 불안을 부추긴다.

그 다음에는 사고의 함정에 초점을 맞춘다. 예를 들어 과잉 일반화, 즉 단 한 가지 행동을 토대로 개인의 가치 또는 능력을 판단하는 것이라는 사고의 함정을 설명하기 위해 우리는 다음과 같은 사례를 제시한다. "당신 부대에 소속된 한 군인이 신체 단련 시간에 뒤처지지 않으려고 기를 쓰더니 남은 하루 내내 기진맥진하다. 군복은 후줄근해 보이고 포격 훈련 중에 두어 번 실수를 저지른다. 당신은 생각한다. '덜떨어진 녀석! 군인으로서 자질이 없어.'" 이 사례에 이어 부사관들은 사고의 함정을 묘사하고, 그것이 자기 자신과 부하 대원에게 어떤 영향을 미치는지 토론한다.

한 부사관이 말했다. "정말 인정하고 싶지 않지만 저는 자주 그런 식으로 사고합니다. 실수를 저지르는 사람은 아예 틀려먹었다고 단정하지요. 저는 기회를 또 한 번 주는 걸 별로 좋아하지 않아요. 개인의 성격은 행동으로 판단할 수 있다고 생각하기 때문입니다. 성격이 강인한 사람이라면 기진맥진하거나 군복이 후줄근하지 않을 테니까요." 이 말에 이어 그가 물었다. "그 상황을 해명하는 특정 행동은 구체적으로 무엇입니까?" 그리고 그는 부하 대원의 전반적인 가치가 아닌 그의 행동에 초점을 맞추는 법을 배워 나갔다.

그 다음에는 '빙산'으로 넘어간다. 빙산이란 종종 부적절한 정서 반응으로 이어지는 등의 뿌리 깊은 믿음을 이른다. 부사관들은 빙산이 부적절한 정서를 부추길 때 그것을 확인하는 기술을 배운다. 일단 빙산을 확인하면 그들은 일련의 질문을 자문하여 다음을 알아낸다. 첫째, 그 빙산이 그들에게 지속적인 의미가 있는지의 여부 둘째, 그 빙산이 주어진 상황에 정확히 들어맞는지의 여부 셋째, 그 빙산이 지나치게 엄격한지의 여부 넷째, 그 빙산이 유용한지의 여부. "도움 요청은 나약함을 의미한다"는 자주 떠오르는 가슴 아픈 빙산이다. 기꺼이 도움을 구하고 타인에게 의지하려는 생각을 약화시키기 때문이다. 이 빙산을 없애려면 부사관들은 아주 많이 노력해야 한다. 역사적으로 군인들은 도움을 요청하면 낙인이 찍힐 거라고 생각하며 자기 문제를 해결하지 못할 정도로 나약하다고 자주 조롱당하기 때문이다.

하지만 지금은 도움 요청에 대한 군대 문화가 크게 바뀌고 있다고 한다. 한 부사관은 이렇게 말했다. "상담가나 군목을 찾아가는 군인을 제가 욕했던 때가 있었습니다. 면전에서 대놓고 말하지는 않아도 분명히 그렇게 생각했지요. 이제는 더 이상 그렇게 생각하지 않습니다. 전투에 여러 번 참전한 후, 저는 누구나 도움이 필요할 때가 있다는 것을 배웠습니다. 기꺼이 도움을 요청하는 사람이 강인한 사람입니다."

빙산 확인하기에 이어 재앙적 사고를 반박하는 법을 배운다. 인간은 궂은 날씨를 예상하는 동물이다. 역경을 최악의 재앙으로 해석하게 타고났다. 우리는 빙하기에 살아남은 조상들의 자손이기 때문이다. "오늘 뉴욕은 날씨가 정말 좋구나. 내일도 틀림없이 좋을 거야." 이렇게 생각한 조상들은 빙하에 부딪혀 사라졌다. "날씨가 단지 좋아 보이는 것뿐이야. 빙하, 홍수, 기아, 침략자가 들이닥칠 거야. 이런! 식량을 모아 두는 게 좋겠어." 이렇게 생각한 조상들은 살아남았고, 자신의 유전자를 우리에게 물려주었다. 때로는 최악을 예상하고 계획을 세우는 것이 쓸모가 있다. 하지만 그것은 무기력을 유발하고 비현실적일 때가 더 많다. 따라서 재앙적 사고를 현실에 맞게 반박하는 법을 배우는 것은 전쟁터에서나 가정에서나 아주 중요한 기술이다.

부사관들은 아내에게서 메일이 오지 않는 군인에 대한 동영상을 본다. 그 군인은 이렇게 생각한다. "나를 떠난 거야." 이 생각은 우울증, 무기력, 피로감을 일으킨다. 이제 우리는 '진상 파악하기' 기술을 소개한다. 이것은 재앙적 사고에 반박하기 위한 3단계 모델로 최악의 상황, 최선의 상황, 가능성이 제일 큰 상황을 고려한다.

몇 번이나 집에 전화를 걸었는데 아내와 통화하지 못했다. 당신은 생각한다. "아내가 나를 배신한 거야." 이것은 최악의 상황이다.

이제 진상을 올바로 파악하자. 가능한 최선의 상황은 무엇인가?

"아내의 인내심과 강인함은 단 한 순간도 결코 흔들리지 않는다."

좋다, 그러면 가능성이 제일 큰 상황은 무엇인가?

"아내는 지금 친구와 외출해서 밤늦게 또는 내일 나에게 메일을 보낼 것이다. 내가 참전한 동안 아내는 나대신 다른 사람들에게 의지할 것이다. 아내가 타인에게 의지할 때 나는 질투하고 화가 날 것이다. 내가 멀리 떠나 있는 동안 아내는 외롭고 두려울 것이다."

가능성이 가장 큰 상황을 확인한 후, 그 상황을 해결할 계획을 세운다. 그 다음에는 직업적 사례, "대원 한 명이 지상 항법 훈련에서 돌아오지 않았다. 또는 상관에게서 부정적인 논평을 들었다"와 개인적 사례, "자녀가 학교 성적이 좋지 않은데 나는 타지에 있어서 도와주지 못한다. 또는 내가 복무하는 동안 배우자가 재정 문제로 고생하고 있다"

에 이 기술을 적용한다.

힘겨운 문제 : 재앙적 사고에 실시간 반박하기

이 기술은 즉각 주의를 기울여야 할 과제가 있을 때 이용하며, 해당 군인이 '정신적 수다' 때문에 혼란을 겪을 경우 실행을 조정한다. 진급 위원회에 출석하기, 전방 작전 기지에서 급조 폭탄을 조사하러 출동하기, 자신의 전투 능력을 설명하기, 부대에서 스트레스가 많은 하루를 보낸 후 귀가하기 등이 그 과제에 해당한다.

재앙적 사고에 실시간 반박하는 기술은 세 가지다. 즉, 증거 수집하기, 낙관성 활용하기, 진상 파악하기다. 부사관들은 이 기술을 이용하는 법과 비현실적인 오해를 바로잡는, 즉 그 상황을 인정하고 적절한 책임감을 느끼며 한 번에 하나씩 바로잡는 법을 배운다. 이 기술은 부정 생각을 모조리 긍정 생각으로 대체하는 기술이 아니다. 해당 군인이 고통스럽고 비현실적인 오해 때문에 자신이나 타인을 더 큰 위험에 빠뜨리지 않게 하고 지금 이 순간에 집중할 수 있게 하려고 고안된 임시방편이다. 계속 떠오르는 부정적인 생각에 초점을 맞춰야 할 시간과 장소가 있다. 그러한 생각으로부터 어떤 것을 알아낼 수도 있기 때문이다.

한 부사관은 아내가 자신을 정말로 사랑하지는 않는다는 부정 생각을 잠시도 떨쳐낼 수 없고, 그 생각 때문에 집중력이 자주 흐트러진다고 말했다. 그는 그 생각이 "나는 여자들이 사랑할 만한 남자가 아니다"라는 빙산에서 생겨났다고 확신했다. 특정 시간에는, 즉 부족한 수면을 보충해야 할 때 또는 아주 위험한 작전을 수행 중일 때는 그러한 생각을 떨쳐내는 것이 중요하다. 그리고 휴식 시간에 그 부정 생각에 초점을 맞추고 진지하게 판단하는 것 또한 중요하다.

이 강인한 정신 구축 기술을 통해 낙관성 학습, 즉 무기력 학습에 저항하는 기술을 완벽하게 습득하는 것이 중요하다. 〈종합 군인 피트니스〉의 목적은 다양한 트라우마 반응 전체를 더 높은 회복력과 PTG으로 바꾸는 것이다. 하지만 PTSD(극단적인 트라우마 반응)를 예방하는 효과도 있어야 한다. PTSD는 불안증과 우울증이 아주 고약하게 결합한 결과다. 그리고 회복력(낙관성) 훈련은 그 두 가지 질환을 뚜렷하게 예방한다. 게다가 PTSD에 특히 취약한 군인은 정신 및 신체 건강 수준이 하위 15퍼센트에 속하는 이들이다. 따라서 그들을 항불안증 기술과 항우울증 기술로 미리 무장시키는 것은 PTSD를 예방할 수 있어야 한다. PTG에 관한 103개 연구를 검토한 2009년 보고서에서 이탈리아 연구자 가브리엘 프라티(Gabriel Prati)와 루카 피에트란토니(Luca Pietrantoni)는 낙관성이 PTG에 기여하는 주요 요인이라는 것을 발견했다. 따라서 그들의 이론은 강인한 정신 구축이 군인의 PTSD 예방은 물론이고 그들을 반드시 성장시킨다는 것을 암시한다. 하지만 우리는 이론에만 기대지 않을 것이다. 미 육군은 앞으로 이 모든 것을 대단히 세심하게 측정할 것이기 때문이다. 계속 주목하시라.

감사한 일 찾아내기

회복력 훈련을 받는 내내 부사관들은 감사 일기를 썼다. '잘됐던 일 찾아내기'의 목적은 긍정 정서를 높이는 것이다. 이 연습을 하는 이유는 습관적으로 감사함을 느끼고 표현하는 것이 건강, 수면, 인간관계에 유익하며 아울러 수행 능력도 향상되기 때문이다. 훈련을 받는 동안 매일 아침 부사관들은 그 전날 자신이 찾아낸 잘됐던 일과 긍정 사건이 자신에게 어떤 의미가 있는지를 서로 이야기했다. 그 잘됐던 일이란 "저는 어젯밤에 아내와 정말 만족스럽게 대화했습니다. 수업 중에 배운 기술을 이용했는데, 아내는 우리가 지금까지 나눈 최고의 대화였다고 했습니다"에서 "저는 길을 가다가 노숙자에게 말을 걸었습니다. 그 사람에게서 많은 것을 배웠습니다" "식당 주인이 군인들에게 감사하는 뜻에서 우리의 저녁 식사 값을 받지 않았습니다"까지 그 범위가 다양하다.

하루하루 지나면서 그 감사는 보다 개인적인 것으로 바뀐다. 훈련 마지막 날 아침, 어떤 부사관이 말했다. "어젯밤에 저는 여덟 살짜리 아들과 대화했습니다. 아들은 학교에서 상장을 받았다고 하더군요. 평소에 저는 그저 '잘했다'라고만 말했지요. 하지만 바로 어제 배운 기술을 이용해서 그 일에 관해 아주 많은 질문을 했어요. '상장을 받을 때 그 자리에 누가 있었니?' '그걸 받을 때 기분이 어땠어?' '상장을 어디에 걸어놓을 거야?' 대화가 한창일 때 아들이 제 말에 끼어들며 이렇게 말하더군요. '아빠, 정말 아빠 맞아요?!' 그 말이 무슨 뜻인지 저는 알았죠. 지금까지 아들과 그렇게 오래 대화한 건 처음이었습니다. 그것에 우리 둘 다 깜짝 놀란 것 같아요. 정말 기분이 좋았어요."

성격 강점

강인한 정신 구축 기술을 배운 후에는 성격 강점을 확인한다. 육군 야전 교범(Army Field Manual)에 제시된 지도자의 핵심 성격 강점은 충성심, 의무감, 존경심, 이타적 봉사, 명예, 정직, 개인적 용기다. 우리는 이 강점을 검토한 후 부사관들에게 온라인 VIA 대표 강점 검사를 받으라고 지시하고 그들의 24가지 강점 수준을 높은 순으로 인쇄해서 나눠준다. 교실에는 커다란 플립차트가 24개 있는데, 각 플립차트에는 강점 이름표가 하나씩 붙어 있다. 우리는 '대표 강점'을 정의해주고, 부사관들은 플립차트에 자기 이름을 적은 포스트잇을 붙인다. 특정 플립차트에 포스트잇이 잔뜩 붙어 있다는 것은 해당 강점을 갖춘 부사관의 수가 많다는 뜻이다. 그들은 부사관 집단이 주로 어떤 강점을 갖고 있는지 확인하고, 그 집단 강점이 지도자로서 그들에 대해 어떤 것을 알려주는지 토론한다. 이 활동에 이어서 다음 질문을 중심으로 소집단 토론이 시작된다. 즉, "강점 검사를 통해 당신은 자신에 대해 무엇을 알아냈습니까? 군대에 복무하는 동안 당신이 계발한 강점은 무엇입니까? 당신의 강점은 임무 완수와 목표 달성에 어떻게 기여합니까? 견고한 인간관계를 구축하기 위해 당신의 강점을 어떻게 활용하고 있습니까? 당신이 지닌 강점의 부정적인 면은 무엇이며, 그것을 어떻게 최소화할 수 있습니까?"

토론이 끝난 다음에는 강점을 활용해서 난제를 해결하는 것에 초점을 맞춘다. 〈종합 군인 피트니스〉팀의 제프 쇼트 대령이 사례 연구를 제시한다. 그는 자신의 여단을 이끌고 이라크의 정치범 수용소인 아부 그라이브 교도소에 야전 병원을 세워서 모든 수감자에게 입원 및 통원 치료를 포함한 의료 서비스를 제공한 방법을 설명한다. 제프가 야전 병원을 세우고 정치범을 치료한 도전적인 일을 묘사할 때 부사관들은 개인별 사례와 팀별 사례에 일일이 주의를 기울이며 그 사례에 포함된 성격 강점과 그것을 활용한 구체적인 행동을 철저히 숙지한다. 예를 들어, 야전 병원에는 '진공 상처 치료기'가 필요하지만 단 한 대도 구할 수 없었다. 한 간호사는 낡은 진공청소기로 치료기를 만들어낸 방법을 소개하면서 강점으로서 창의성을 입증했다.

이어서 부사관들을 소집단으로 나누어 각 집단이 완수해야 할 임무를 부여한다. 그들은 소속 집단이 주로 갖춘 성격 강점을 활용해서 주어진 임무를 완수한다. 마지막으로 부사관들은 자신이 경험한 '난제와 강점 활용' 사례를 작성한다. 한 부사관은 갈등을 표출하고 분란을 조장하는 군기 빠진 대원을 도와주기 위해 자신의 강점인 사랑, 예견력, 감사를 어떻게 활용했는지 설명했다. 그 대원이 너무 적대적이라며 다른 군인들은 그 골칫덩어리를 회피했지만 그 부사관은 그의 강점인 사랑을 발휘하여 그 대원을 감싸안았다. 알고 보니 그는 아내에게 극도로 분노하고 있었고, 자신의 분노를 동료 부대원들에게 풀어냈던 것이다. 부사관은 지혜를 활용해서 그 대원이 아내의 입장을 이해하고 편지를 쓰게 도와주었다. 자신이 먼 곳에서 복무하는 동안 아내 혼자 너무 많은 것을 감당하기에 고맙다는 내용의 편지였다.

견고한 관계 구축

마지막 모듈은 다른 군인들과의 관계와 가족과의 관계를 강화하는 방법에 초점을 맞춘다. 우리의 목표는 관계를 구축하는 실용적인 도구와 긍정 대화를 가로막는 왜곡된 믿음에 반박하는 도구를 제공하는 것이다. 셸리 게이블 박사의 연구는 개인이 타인의 긍정 경험에 적극적이며 건설적으로 반응할 때 애정과 우정이 증가한다는 사실을 보여준다. 따라서 네 가지 반응 기술을 가르친다. 즉, 적극적이며 건설적인 반응(진실하고 열광적인 지지), 소극적이며 건설적인 반응(절제된 지지), 적극적이며 파괴적인 반응(긍정적 사건의 부정적인 측면 지적하기) 소극적이며 파괴적인 반응(긍정적인 사건 무시하기)이다. 우리는 일련의 역할극을 통해 각 반응을 설명한다. 첫 번째 역할극은 가까운 친구 사이인 두 사병의 대화에 관한 것이다.

사병 존슨이 사병 곤잘레스에게 말한다. "아내한테서 전화가 왔어. 우체국에 새로 취직했는데, 정말 좋은 자리래."

적극적이며 건설적인 반응 : "야, 진짜 잘 됐네. 어떤 일을 하는 자리래? 언제부터 출근한다고 그래? 어떻게 해서 거기에 취직했는지는 얘기 안 해? 어떤 자격을 갖춰야 거기 취직할 수 있대?"

소극적이며 건설적인 반응 : "잘 됐군."

소극적이며 파괴적인 반응 : "우리 아들이 재밌는 이메일을 보내왔어. 뭐라고 그러냐면……."

적극적이며 파괴적인 반응 : "그러면 이제 자네 아들은 누가 돌봐? 나는 보모는 도무지 못 믿겠어. 보모가 어린 애들을 끔찍하게 학대한 이야기는 자네도 수없이 들었을 거야."

역할극을 모두 마친 후, 부사관들은 자신의 전형적인 반응 기술을 적은 워크시트를 완성하고, 자신이 적극적이며 건설적으로 반응하기 어려운 이유를 확인한다. 또한 언제나 적극적이며 건설적으로 반응하기 위해 자신의 대표 강점을 활용하는 방법도 알아낸다. 예를 들면, 강점으로서 호기심을 발휘해서 질문하기, 강점으로서 열정을 발휘해서 반응하기, 강점으로서 지혜를 발휘해서 그 사건으로 배울 수 있는 소중한 교훈을 지적하기 등이다.

이어서 효과적인 칭찬에 관한 캐롤 드웩(Carol Dweck)의 연구를 설명한다. 칭찬이 당연한 순간에 당신은 어떤 말을 하는가? "이번에 상사로 진급했어." "체력 검사에서 우수한 점수를 받았습니다." "인명피해 없이 건물을 수색했습니다." 등 칭찬이 마땅한 순간에 부사관들은 막연하게 "잘 했군!" 또는 "대단해!"라고 말하는 대신 구체적으로 칭찬하는 기술을 배운다. 세부 사항을 칭찬하는 것은 첫째, 상관이 정말 지켜보고 있었다는 것, 둘째, 상관이 일부러 시간을 내서 해당 군인이 수행한 것을 정확히 보았다는 것, 셋째, 형식적인 "잘 했군"과는 반대로 칭찬이 진실하다는 것을 부하 대원에게 입증한다.

끝으로, 우리는 확신에 찬 의사소통 방식을 교육하면서 수동적인 방식과 공격적인 방식, 확신에 찬 방식의 차이점을 설명한다. 각 방식의 단어, 어투, 속도, 몸짓은 무엇일까? 각 방식은 어떤 메시지를 전달할까? 한 예로, 수동적인 소통 방식은 "어쨌든 당신은 내 말에 절대 귀 기울이지 않을 거야"라는 메시지를 전달한다. 긍정심리 교육 연구에서 알아낸 바에 따르면, 한 가지 소통 방식을 지향하며 나머지 두 방식을 억제하는 빙산을 찾아내는 것이 무엇보다 중요하다. "사람들은 약점이 조금만 보여도 이용할 것이다"라는 빙산을 지닌 사람은 대체로 공격적인 소통 방식을 지향한다. "불평하는 것은 나쁘다"고 믿는 사람은 소극적인 소통 방식을 갖고 있으며, "세상에는 신뢰할만한 사람이 많다"라는 믿음은 확신에 찬 소통 방식을 끌어낸다.

따라서 우리는 다섯 단계로 이루어진 확신에 찬 의사소통 방식을 교육한다.

1. 상황을 확인하고 이해하려고 노력한다.
2. 그 상황을 객관적으로 정확하게 묘사한다.
3. 관심을 표현한다.
4. 상대방의 견해를 묻고 그것을 받아들이려고 노력한다.
5. 그의 견해를 받아들일 때 얻게 될 이점을 나열한다.

부사관들은 군인으로서 흔히 접하는 상황을 다룬 역할극을 통해 이 소통 방식을 연습한다. 즉, 전우가 술을 너무 많이 마시더니 만취한 상태로 운전을 한다, 아내가 별 필요도 없는 물건을 자꾸 사들인다, 동료 대원이 물어보지도 않고 자신의 소지품을 계속 갖다 쓴다 등이다. 이 역할극에 이어 부사관들은 자신이 현재 실제로 직면한 곤란한 상황을 확인하고 확신에 찬 소통 방식을 실제로 적용해본다. 자신이 가족에게 어떤 방식으로 말하고 있는지 조사하다 보면 마음이 아프다. 아내에게는 너무 공격적으로 말하고 자녀에게는 너무 강압적으로 말한다고 고백하는 부사관이 많다. 매사 신속하고 명령을 지향하는 군대에서 일하다가 가정에서 훨씬 더 효과적인 민주적인 소통 방식으로 바꾸기가 어렵기 때문이다.

이 수업이 끝난 후, 한 부사관이 복도에서 나에게 고맙다면서 이렇게 말했다. "3년 전에 이걸 배웠더라면 전 이혼하지 않았을 겁니다."

7장과 8장에서 언급했듯이, 우리의 의도는 긍정심리학 연구를 통해 군인과 그 가족을 도와주는 것이다. 그럼에도 일부 언론인들은 색안경을 끼고 보았고, 내가 과학을 이용해서 해악을 끼치려는 부도덕한 의도를 갖고 있다며 그것을 끈질기게 찾고 있다. 어떤 사람은 이 프로그램이 군인들을 긍정 사고로 '세뇌'시킨다고 비판하며 이렇게 썼다. "게다가, 최악의 시나리오를 고려한 후 전투에 투입시키는 지휘관을 군인들이 좋아할까? 부정 사고의 건강한 대안은 긍정 사고가 아니라 비판적 사고다." 우리는 사고력이 마비된 긍정 사고를 교육하지 않는다. 우리가 교육하는 것은 다름 아닌 비판적 사고다. 즉, 행동을 마비시키는 왜곡된 최악의 시나리오와 보다 가능성이 있는 최악의 시나리오를 구별하는 사고력을 가르치는 것이다. 그것은 계획과 행동을 가능케 하는 사고력이다.

심지어 일부 비판가는 내가 조지 W. 부시 정부의 소위 테러와의 전쟁 기간에 정치범과 테러 용의자를 심리적으로 협박하고 고문하는 것을 돕고자 무기력 학습에 관한 내 연구를 제공했다고 주장하기도 했다.

이것은 맹세코 사실이 아니다. 나는 고문을 도와준 적이 없으며 절대 도와주지 않을 것이다. 나는 고문에 철저히 반대하며 고문을 강력히 비난한다.

고문 논란에 대해 내가 아는 바는 이렇다. 2002년 5월 중순에 미 국방부의 합동 병력 회복국이 샌디에이고 해군 기지에서 세 시간짜리 강의를 해달라고 부탁했다. 미군 부대와 미군이 무기력 학습에 관한 지식을 이용해서 고문에 저항하고 심문에 굴복하지 않는 방법을 강의해달라고 요청한 것이다. 그게 바로 내가 강의한 내용이다.

강의가 끝난 후, 그들은 내가 기밀 취급 자격이 없는 민간인이므로 미군이 심문하는 방식을 자세히 알려줄 수는 없다고 말했다. 또한 폭력이나 야만적 행위는 사용하지 않는다고도 했다.

그러나 인권을 추구하는 의사회의 2009년 8월 31일자 보고서는 이렇게 주장한다. "실제로 적어도 두 번에 걸쳐 셀리그만은 군무관의 보고서에 언급된 CIA 계약직 심문관들에게 무기력 학습에 관한 자신의 연구를 제시했다." 이것은 틀린 주장이다. 짐작하건대, 그 심문관들은 제임스 미첼과 브루스 예센을 말하는 것 같다. 이 두 사람은 CIA와 협력하여 향상된 심문 기술 개발에 일조했다고 보도된 심리학자들이다. 그들은 내가 무기력 학습에 관한 연구를 제시할 때 청중이었던 100여 명속에 앉아 있었다. 나는 그것을 두 사람에게 제시하지 않았다. 국방부 합동 병력 회복국에 제시했고, 미군 부대와 미군이 무기력 학습에 관한 지식을 이용해서 고문에 저항하고 심문에 굴복하지 않는 방법에 대해 강의했던 것이다. 그때 말고는 내가 미첼과 예센이나 이 논란과 연관된 어느 누구에게도 나의 연구를 제시한 적이 없다.

그 강의 이후로는 합동 병력 회복국과 접촉한 적이 한 번도 없다. 그때 이후로 직업상 예센과 미첼과 연락한 적도 결코 없다. 나는 CIA 계약직원 밑에서 고문에 관한 어떤 것도 연구한 적이 없으며, 앞으로도 고문에 대해서는 결코 연구하지 않을 것이다.

나는 심문에 관해 연구한 적이 결코 없다. 하다못해 심문하는 것을 본 적도 없다. 심문을 다룬 문헌을 통해 어설픈 지식만 갖고 있을 뿐이다. 이러한 내가 생각하는 심문의 목적은 심문관이 듣고자 하는 것을 끌어내는 것이 아니라 진실에 이르는 것이어야 한다. 무기력 학습은 누군가를 더 수동적이고 더 순종하고 덜 반항하게 만들 것이다. 하지만 그것이 진실을 더 잘 털어놓게 만든다는 증거는 없다. 아주 많은 사람이 우울증을 이겨내게 도와준 착한 과학이 그렇게 수상쩍은 목적에 이용되었을지도 모른다는 것이 나로서는 비통하고 소름 끼친다.

회복력 훈련 결과

이 냉정한 부사관들이 회복력 훈련을 "사내답지 못하다" "너무 감상적이다" 또는 "심리적 허영"이라고 여길까봐 우리는 솔직히 걱정을 많이 했다. 하지만 기우였다. 더 중요한 사실은 그들이 이 교육 과정을 사랑했다는 것이다. 익명으로 진행된 평가에서 회복력 훈련 강의 평점은 놀랍게도 5.0 만점에 대체로 4.9점이었고, 캐런 레이비치는 5.0 만점에 5.0점을 받았다. 그들의 논평에 눈시울이 뜨거워졌다.

군인이 된 이후 내가 받은 가장 즐거운 훈련, 그러나 더 중요한 점은 가장 통찰적인 훈련이었다는 것.

이렇게 간단한 훈련이 내게 얼마나 효과적이었는지 참으로 신기하다. 그것이 내 가족과 부하 대원들과 미 육군 전체에 어떤 영향을 미칠지 나는 상상만 할 수 있을 뿐이다.

이 훈련은 목숨을 살리고 결혼 생활을 구하고 자살을 막을 것이며, 제대 후 알코올 의존증과 마약 남용 같은 여러 가지 문제를 예방할 것이다. 이제 전투 지역에 있는 군인들에게 이것을 가르쳐야 한다.

군인, 군대에 소속된 민간인, 그 가족들 모두 이 훈련을 받게 해야 한다.
나는 새로 배운 기술을 이미 가정에서 사용하기 시작했다.

산전수전 다 겪은 부사관들이 내린 평가는 거의 이런 내용이다.

회복력 훈련 계획은 이렇다. 매달 부사관 150명이 펜실베이니아 대학
에 와서 8일 과정의 훈련을 받고 회복력 트레이너가 된다. 나머지 부사
관들은 그들의 주둔지에 파견된 트레이너에게 교육을 받는다. 우리는
가장 우수한 부사관을 선발한다. 그들은 회복력 마스터 트레이너가 되
고, 조력자로서 펜실베이니아 대학의 트레이너들과 함께 공동 작업을
하게 된다. 그리하여 2010년 말에는 훈련받은 부사관이 2,000명에 달하
고, 그중에서 선발된 100명이 교육을 통해 회복력 마스터 트레이너가
될 것이다. 2011년에도 실제 주둔지로 트레이너를 파견할 뿐 아니라 펜
실베이니아 대학에서도 훈련이 계속될 것이다. 모든 신병이 회복력 훈
련을 받고 미 국방부가 마스터 트레이너를 충분히 확보할 날이 그리 멀
지 않았다.

케이시 참모총장과 코닝 준장과 내가 별 두세 개의 장군들에게 이를
간략하게 보고했을 때 그들은 맨 먼저 이렇게 물었다. "우리 집사람과
아이들은요? 군인의 회복력 수준은 그들 가족의 회복력 수준을 그대로
반영합니다." 그러자 케이시 장군은 군인 가족 전체가 회복력 훈련을
받게 하고 이것을 훈련 계획에 추가하라고 론다에게 지시했다.

그래서 론다와 나는 모바일 강의를 개발하고 있다. 책임 트레이너 한
명과 일단의 마스터 트레이너가 독일과 한국처럼 먼 지역에 주둔한 미
군과 그 배우자와 자녀들에게 회복력을 가르치는 강의다.

한편, 현장에서 우리에게 편지가 날아오고 있다. 다음은 키스 앨런 중사가 보낸 편지다.

보병으로서 저는 어떤 임무가 주어지든지 언제나 그 세부 사항을 구체적으로 파악합니다. 회복력 훈련에 참가하라는 지시를 받았을 때 저는 자문했습니다. 무엇을 배우게 될까? 저는 열린 마음을 유지하라는 말을 들었습니다. 군인으로서 저는 그 말을 이렇게 해석했습니다. "그런 건 아무 쓸모가 없을 것이다. 하지만 그렇게 하라는 명령을 받았다."

훈련을 받으러 가면서 저는 제 머리에 지식을 주입하거나 아니면 군대와 관련된 그 어떤 것도 알려주지 못할, 또는 그 둘에 모두 해당되는 심리학자들을 만나게 될 거라고 장담했습니다. 수업 첫날, 같은 부대 소속 하사관 두 명과 함께 저는 맨 뒤에 앉을 요량으로 30분 일찍 교실로 들어섰습니다. 실망스럽게도 다른 참석자들이 모두 같은 생각이었더군요. 맨 앞줄만 비어 있었습니다.

우리는 할 수 없이 앞자리에 앉았습니다. 솔직히 인정하자면 저는 회의주의자답게 팔짱을 끼고 뻐딱한 자세로 앉았습니다. 수업 둘째 날, 어느새 저는 똑바로 앉아 수업에 몰두하고 있었습니다. 사고의 함정 피하기 수업을 들을 때는 고개를 잔뜩 빼들고 있었지요. 벌써 점심시간이 되었다는 것에 깜짝 놀랐고 다소 아쉽기까지 했습니다.

배운 기술 중 일부는 제가 본능적으로 이미 실천해온 것들이거나 그 기술로 성공을 거둔 경험을 통해 간직한 것들이었습니다. 또 제가 군대에서 만난 일부 지휘관, 동료, 부하들이 그중 몇 가지 기술을 갖추지 못했다는 사실도 깨달았습니다.

VIA 대표 강점 검사 결과를 놓고 토론할 때 저는 적극적으로 참여했습니다. 제 강점 목록에서 정확히 제가 예상한 순위를 차지한 강점도 있었고, 이상하게도 제 예상과 달리 낮은 순위도 있었습니다. 정직하게 성찰(자기인식)하고 아내와 대화한 후, 저는 제 대표 강점들이 상당히 정확하다는 것을 깨달았습니다. 제 짐작보다 낮은 순위에 놓인 강점이 무엇인지 확인함으로써 저는 앞으로 어느 영역에서 더욱 노력해야 할지 알 수 있었습니다. 부대로 복귀한 후부터 저는 그 기술들을 성공적으로 사용하고 있습니다. 그것 못지않게 중요한 사실은 가정생활에서도 성공을 거두었다는 것입니다. 부대에서 내리는 결정 중 일부는 사실상 공동 결정입니다. 의견을 제시할 때 저는 이제 확신에 찬 언어를 사용해서 제가 그런 의견을 갖게 된 이유를 설명합니다. 사령관과 상관들은 제게 다가와서 회복력 훈련에 대해 물어보십니다. 그중 두 분은 다음 훈련에 참가하실 예정입니다. 열다섯 살과 열두 살인 제 두 아이도 VIA 대표 강점 검사를 받았는데, 그것이 우리의 상호작용에 도움이 됩니다. 저는 적극적이며 건설적인 반응을 사용하며, 문제 해결 과정에 열두 살짜리 아들을 참여시킵니다. 그리고 우리 모두 뜻밖의 해결책을 찾아냅니다.

에드워드 커밍스 중사는 이렇게 썼다.

저는 지난 11월에 회복력 훈련을 받았습니다. 그 교육은 하나부터 열까지 유용했습니다. 군대 생활은 물론이고, 더욱 중요한 점은 개인 생활에 큰 도움이 되었다는 것입니다. 군인으로서 저는 행복하고 성공적인 가정생활이 부대에서 책무를 다하는 데 일조한다는 신조를 갖고 있습니다. …… 교육

첫날부터 저는 그 내용을 일상생활에 끼워 넣는 방법을 배우기 시작했습니다. 그것은 제가 아내와 대화할 수 있는, 더 중요하게는 아내의 말을 경청할 수 있는 새로운 문을 열어주었습니다. 저는 해야 할 말을 자제하고 소극적이며 건설적으로 반응한 적이 너무 많았습니다. 한 걸음 뒤에서 제 자신이 어떤 식으로 반응하고 있는지 알아차린 후에도 제가 실제로 결혼생활을 망치고 있다는 사실은 깨닫지 못했습니다. 제가 사소하다고 여겼던 것들에 대한 아내의 말에 그저 귀를 기울였을 뿐인데 아내의 일상은 더욱 즐거워졌습니다. 누구나 알고 있듯이, "아내가 행복하지 않으면 아무도 행복하지 않습니다!"

저는 부대에서 일어나는 문제도 훨씬 더 쉽게 해결할 수 있게 되었습니다. 예전에는 상황이 제 생각대로 돌아가지 않으면 무척 당황하고 보통 과민하게 반응했습니다. 지금은 경솔하게 결정을 내리기 전에 한 걸음 뒤로 물러나서 모든 정보를 취합하려고 노력합니다. 그것은 제가 흥분을 가라앉히고 그 상황을 다른 방향에서 바라보게 도와줍니다. 저는 빙산도 많이 찾아냈고, 이제는 그것을 실제로 바꾸거나 떨쳐낼 수 있습니다.

저는 부모님처럼 36년 이상 결혼생활을 유지할 수 있을지 자신이 없었습니다. 하지만 지금은 그렇게 될 거라고 확신합니다. 군인으로서 제 경력에 대해 걱정하고 제가 내린 수많은 진로 결정을 되돌아보며 그게 과연 올바른 결정이었는지, 군인으로 성공할 수 있을지 의심했습니다. 지금은 앞으로 어떤 도전에 직면하든지 더 잘 맞설 수 있으리라 확신합니다. 그렇기에 부하 대원들도 더 잘 보살필 수 있을 겁니다. 자신도 보살피지 못하는 군인이 어떻게 다른 군인을 보살필 수 있겠습니까? 사랑하는 사람들과 멀리 떨어져서 군대 생활에 적응하는 데 아주 힘들어하는 신병이 많습니다. 저도 예전에 그랬지요. 지금 배운 것을 그때 알았더라면 저는 훨씬 더 잘 견디고 도전에 더 잘 대처할 수 있었을 겁니다. 그것을 알기에 저는 문제를 겪는 부하 대원이 찾아오면 ABC 모델, 문제 해결, 빙산 확인하기 같은 다양한 기술 중 몇 가지를 이용해서 그들을 도와주고 지휘자로서 제 임무를 다할 수 있습니다.

그 교육은 전반적으로 대단히 성공적이었습니다. …… 저는 힘든 시간을 겪고 있는 친구와 가족에게 그 내용을 알려줍니다. 긍정심리학을 활용하는 것은 경이 그 자체입니다.

미 국방부와 펜실베이니아 대학은 찬사에 안주하지 않는다. 회복력 훈련 결과는 섀런 맥브라이드 대령과 폴 레스터 대위가 지휘하는 대규모 연구로 엄격하게 평가될 것이다. 회복력 훈련은 점진적으로 시행되므로 우리는 이미 훈련을 받은 군인과 아직 받지 않은 군인의 수행 수준을 비교 평가할 수 있다. 이러한 연구 기법을 '대기자 통제 집단(wait-list control)' 설계라고 한다. 직속 부사관에게서 펜실베이니아 회복력 프로그램 내용을 배운 7,500여 명의 군인을 앞으로 2년 동안 추적 조사할 계획이다. 그리고 그들을 아직 훈련받지 않은 군인들과 비교할 것이다. 맥브라이드와 레스터는 회복력 훈련이 수행 수준을 높이는지, PTSD를 감소시키는지, 신체 건강을 증진시키는지, 종내에는 그들이 제대했을 때 가정생활과 민간인 생활을 향상시키는지 아닌지를 조사할 수 있을 것이다.

미 육군과의 공동 작업에 대한 나의 가장 진실한 감정을 고백해야만 이 8장을 매듭지을 수 있을 것 같다. 나에게 미합중국은 유럽에서 죽을 지경으로 박해당한 내 조부모에게 그 자녀와 손자들이 플로리시할 안전한 피난처를 제공한 국가다. 나에게 미 육군은 나치의 가스실과 나 사이에 우뚝 서 있던 거대한 힘이다. 그래서 장군과 부사관과 함께 보내는 날들은 내 인생에서 가장 감사하고 가장 충만한 시간이다. 내가 〈종합 군인 피트니스〉와 함께 한 작업은 모두 프로보노(pro bono, 공익 차원에서 전문 지식과 경험을 무료로 제공하는 것 −옮긴이 주)다. 이 영웅들과 함께 있으면 이사야 6장 8절이 떠오른다.

"내가 누구를 보내며 누가 우리를 위하여 갈꼬, 그때에 내가 이르되, 제가 여기 있나이다, 저를 보내소서!"

긍정 신체 건강
낙관성의 생물학

건강은 단순히 질병이 없거나 허약하지 않은 상태가 아니라 신체적, 정신적, 사회적으로 완전한 웰빙 상태다.

세계보건기구(WHO) 헌장, 1946년

의학 뒤집기

나는 35년 동안 심리치료사로 살아왔다. 아주 훌륭한 치료사는 아니다. 고백하건대, 경청하는 것보다는 말하는 것에 더 능하다. 하지만 가끔은 아주 잘 해내서 환자의 슬픔과 불안과 분노가 거의 모두 사라지게 도와주었다. 나는 내 할 일이 끝났고 환자가 행복할 거라고 생각했다.

내 환자는 행복해졌을까? 아니다. 3장에서 말했듯이, 그는 텅 빈 환자가 되었다. 그 이유는 긍정 정서를 느끼고 소중한 사람들에게 몰입하고 삶에 의미를 부여하고 목표를 성취하고 좋은 관계를 유지하는 기술이 우울을 없애고 불안을 없애고 분노를 없애는 기술과는 완전히 다르기 때문이다. 이 불쾌한 정서들은 웰빙을 방해하지만 웰빙을 불가능하게 하지는 않는다. 슬픔, 분노, 불안의 부재가 행복을 보장하지도 않는다. 긍정심리학은 긍정 정신 건강이란 단순히 정신 질환이 없는 상태가 아니라고 가르친다.

정신이 병들지는 않았지만 삶에 갇혀서 옴짝달싹 못하고 괴로워하는 경우가 너무 흔하다. 긍정 정신 건강은 일종의 실재(實在)다. 즉, 긍정 정서의 실재, 몰입의 실재, 의미의 실재, 좋은 관계의 실재, 성취의 실재다. 정신적으로 건강한 상태는 단순히 정신 질환이 부재하는 상태가 아니다. 플로리시가 실재하는 상태다.

이것은 지그문트 프로이트가 물려받은 경건한 지혜, 즉 정신 건강은 단지 정신 질환이 없는 것이라는 가르침과 정반대다. 프로이트는 철학자 아르투르 쇼펜하우어(1788~1860)의 추종자였다. 두 사람 모두 행복은 환상이며 우리가 희망할 수 있는 최선은 비참함과 고통을 최소한으로 유지하는 것이라고 믿었다. 이것을 부인하지는 말자. 전통 심리학의 목적은 웰빙 증진이 아니다. 그저 고통을 줄이는 것이다. 그것도 쉬운 일은 아니다.

신체 건강도 똑같은 '지혜', 즉 신체 건강은 단순히 신체 질환이 없는 것이라는 가르침을 받아들였다. 앞서 소개한 세계보건기구 헌장이 선언한 건강의 정의와 미국 국립 '건강'원(National Institutes of 'Health')이라는 바로 그 이름에도 불구하고 개별 과학으로서 건강학은 존재하지 않는다. 미국 최대 자선 단체 〈로버트 우드 존슨 재단(Robert Wood Johnson Foundation)〉의 임원인 로빈 모큰하우프트와 폴 타리니 역시 이 모든 것을 알고 있었다. 그렇기 때문에 긍정심리학에 관해 대화하자며 나를 찾아온 것이다.

"교수님께서 기존 의학을 완전히 뒤집어주시면 좋겠습니다." 재단의 개척부 부장인 폴이 말했다. 개척부는 이름 그대로 개척하는 부서다. 〈로버트 우드 존슨 재단〉의 의료 기금은 비만 감소 같은 황금알을 낳는 아이디어에 주로 투입된다. 그래서 개척부는 의학 연구의 주류에서 멀리 벗어난 혁신적인 아이디어, 미국인의 건강과 보건에 크게 유익할 수도 있는 아이디어에 투자함으로써 재단의 의료 기금 명세표의 균형을 맞춘다.

"저희는 정신 건강에 관한 교수님의 연구를 줄곧 지켜보았습니다. 정신 건강은 단지 정신 질환이 없는 것이 아니라 그보다 상위에 실재하는 어떤 것이라는 사실을 알려주셨지요. 신체 건강에 대해서도 똑같은 일을 해주시길 바랍니다." 그는 말을 이었다. "신체가 실제로 건강한 상태라는 것을 입증하는 긍정 특성들, 즉 건강 자산이 있습니까? 수명을 늘리고 발병률을 낮추고 설사 질병에 걸려도 예후가 더 좋고 평생 의료비를 줄여줄 건강 상태가 있습니까? 건강은 실물입니까? 모든 의학은 질병이 없는 상태를 추구해야 합니까?"

폴의 이 말만으로도 가슴이 벅차올랐다. 나는 이 웅대한 퍼즐의 단 한 조각만을 연구해왔다. 신체 질환을 예측하고 줄여줄 수 있는 한 가지 심리적 상태, 즉 낙관성을 연구해왔고, 새로운 사실들이 조금씩 드러나고 있었다. 그 연구에 뛰어든 지 40년 후에 폴과 로빈이 나를 찾아온 것이다.

무기력 학습 이론의 기원

나는 1960년대 중반에 '무기력 학습'을 발견한 3인조 연구팀의 일원이었다. 스티브 마이어와 브루스 오버미어가 연구 동료였다. 우리는 자신이 할 수 있는 게 하나도 없는 충격적인 사건을 처음 경험한 동물인 개, 생쥐, 흰쥐, 심지어 바퀴벌레조차 점차 수동적으로 변해서 역경에 맞서는 것을 포기한다는 사실을 발견했다. 최초의 충격적인 사건을 무기력하게 경험하고 나면, 동물들은 그 후부터 경미한 전기 충격에도 그저 가만히 앉아 고통을 고스란히 겪으며 도망치려는 시도도 하지 않고 충격이 사라지기만을 기다린다. 첫 번째 경험에서 똑같은 강도의 전기 충격을 받았지만 도망칠 수 있었던 동물들은 그 후에 무기력해지지 않았다. 그들은 무기력 학습에 대한 면역이 생긴 것이다.

인간도 이 동물들과 똑같이 행동한다. 도널드 히로토(Donald Hiroto)가 처음 수행하고, 그 후로 여러 차례 반복 검증된 대표적인 인간 실험에서 피험자들은 세 집단에 무작위 배정된다. 이러한 실험 기법을 '삼중 설계(triadic design)'라고 한다. 한 도피 가능한 집단은 충격적이지만 신체 손상은 없는, 커다란 소음 같은 사건에 노출된다. 앞에 있는 버튼을 누르면 소음이 멈춘다. 즉, 자신의 행동을 통해 그 사건을 피할 수 있다. 두 번째 도피 불가능한 집단은 첫 번째 집단과 똑같은 소음에 노출된다. 하지만 그들이 어떤 행동을 하든지 소음은 계속 들려온다. 이 두 번째 집단은 당연히 무기력해진다. 그들이 온갖 반응을 하는데도 소음이 들릴 확률과 아무 반응도 하지 않는데 소음이 멈출 확률이 동일하기 때문이다. 그 사건을 바꾸기 위해 자신이 할 수 있는 일이 하나도 없다는 것이 무기력 학습을 규정한다. 중요한 점은 도피 가능 집단이나 도피 불가능 집단이나 동일한 객관적인 스트레스 요인을 갖고 있다는 것이다. 세 번째 통제 집단은 어떤 사건도 경험하지 않는다. 이것이 삼중 설계 실험의 1단계다.

위 문단을 다시 읽어보고 삼중 설계를 확실히 이해하기 바란다. 그렇지 않으면 9장의 나머지 내용을 이해하기 어려울 것이다.

1단계는 무기력 학습을 유발한다. 실험 2단계는 극적인 후유증을 보여준다. 2단계는 나중에 다른 장소에서 시행된다. 보통 2단계에서는 세 집단 모두 '왕복 상자(shuttle box)' 앞에 앉는다. 피험자가 상자의 한 칸에 손을 집어넣으면 커다란 소음이 들린다. 손을 2인치 정도 움직여서 다른 칸으로 옮겨가면 소음이 멈춘다. 도피 가능 집단과 통제 집단 피험자들은 손을 옮겨서 소음에서 벗어나는 것을 쉽게 학습한다. 도피 불가능 집단의 피험자들은 대체로 손을 움직이지 않는다. 그들은 그저 가만히 앉아서 소음이 저절로 멈출 때까지 듣고만 있다. 실험 1단계에서 그들은 자신이 어떤 행동을 해도 소용없다는 것을 학습했고, 따라서 2단계에서는 어떤 행동도 소용이 없을 거라고 예상하기 때문에 도망치려는 시도조차 포기한다.

무기력할 때 병에 걸리고 심지어 사망하는 사람에 대한 일화를 나는 수없이 들었다. 그래서 무기력 학습이 신체 기관에 영향을 미쳐서 건강과 활력 자체에 해를 끼칠 수 있는지 궁금해졌다. 그 반대도 궁금했다. 즉, 폴 타리니는 이렇게 물었다. 심리적 지배(mastery) 상태가 신체 기관에 영향을 미쳐서 몸을 튼튼하게 만들 수 있을까요?

세 집단, 즉 도피 가능 집단, 도피 불가능 집단, 정상 통제 집단으로 이루어진 삼중 설계 기법을 이용하는 이유는 그것이 무기력 학습에 관한 실험이 올바로 수행되었음을 보증하기 때문이다. 1단계에서 스트레스 사건을 겪지 않은 정상 통제 집단을 포함시킴으로써 양방향 추론이 가능해진다. 무기력은 개인에게 해롭고, 지배는 개인에게 이로울까? "무기력은 해로울까?"(병리학적 질문)의 대답은 1단계에서 피할 수 없는 소음을 들었던 집단과 어떤 소음도 듣지 않았던 정상 통제 집단을 비교한 2단계의 결과에 따라 달라진다. 도피 불가능 집단이 정상 통제 집단보다 실험 2단계에서 수행 수준이 더 낮을 경우, 무기력이 개인에게 해를 끼친 것이다.

정반대 질문은 "지배는 개인에게 이로울까?"다. 이 질문(긍정심리학적 질문)의 대답은 1단계에서 소음을 피할 수 있음을 학습한 집단과 정상 통제 집단을 비교한 2단계의 결과에 따라 달라진다. 도피 가능 집단이 통제 집단보다 실험 2단계에서 수행 수준이 더 높을 경우, 지배가 개인에게 득이 되었던 것이다. 무기력 집단이 지배 집단에 비해 수행 수준이 저조하다는 결과보다는 이 두 집단을 통제 집단과 비교한 결과가 과학적으로 더욱 흥미롭다. 무기력이 개인의 기능을 약화시키든지, 지배가 개인의 기능을 강화시키든지, 이 두 가지 모두 사실이든 간에, 무기력 집단의 수행 수준은 지배 집단보다 더 낮을 것이기 때문이다.

폴 타리니는 바로 이런 통찰, 너무 분명해서 오히려 놓치기 쉬운 통찰에 의거해서 질문을 제시했다. 심리학과 의학은 프로이트와 의학적 모델을 추종하면서 병리학의 관점에서 세상을 조망하고 해로운 사건의 부정 영향에만 주목한다. 우리가 병리학의 정반대, 즉 이로운 사건의 긍정 영향에 대해 질문하자 심리학과 의학은 완전히 뒤집혔다. 치료에 집착하는 개입, 영양 섭취, 면역 체계, 복지, 정치, 교육, 윤리 등은 어떤 것이든 실제로 이 통찰을 놓치고 있으며 임무의 절반만 수행할 뿐이다. 즉, 결점은 교정하지만 강점은 구축하지 못한다.

질병의 심리학

내가 신체 질병의 심리학에 뛰어든 계기는 바로 무기력 학습 때문이었다. 삼중 설계 기법으로 신체 건강을 탐구하는 데는 생쥐와 암을 이용한 연구가 최선이었다. 당시 내가 가르쳤던 대학원생인 마델른 비신테이너(Madelon Visintainer)와 조 볼피셀리(Joe Volpicelle)는 생쥐의 옆구리에 치사율이 50퍼센트에 달하는 종양을 이식했다. 그리고 생쥐들을 세 가지 심리적 조건에 무작위 배정했다. 즉, 64일 동안 경미하지만 피할 수 있는 충격을 경험하는 조건(지배 집단), 똑같이 경미하지만 피할 수 없는 충격을 경험하는 조건(무기력 집단), 충격이 없는 조건(통제 집단)이었다. 이것이 실험 1단계였다.

2단계에서 우리는 묵묵히 기다리면서 어떤 생쥐가 암에 걸려 죽고 어떤 생쥐가 암을 이겨내는지 보았다. 예상대로, 충격을 경험하지 않은 통제 집단 생쥐의 50퍼센트가 죽었다. 피할 수 없는 충격을 경험한 집단에서는 75퍼센트가 죽었다. 이것은 무기력이 신체 기능을 약화시켰음을 보여준다. 충격을 피할 수 있었던 집단에서는 25퍼센트가 죽었고, 이는 지배가 신체 기능을 강화시켰음을 입증한다.

1982년 〈사이언스〉지에 실린 이 실험을 끝으로 나는 더 이상 동물 실험에 참여하지 않았다. 그 이유를 말하자면, 윤리적인 면에서 나는 동물을 사랑한다. 어릴 때부터 지금까지 여러 마리의 개와 함께 살고 있다. 그래서 어떤 목적으로든, 인도적인 목적이라 해도 동물에게 고통을 가하는 것이 정말 힘들었다. 하지만 과학은 나를 위해 더 많은 변명을 하게 한다. 동물 피험자 대신 인간 피험자를 이용해서 내가 가장 관심을 둔 질문들의 대답을 구하는 보다 직접적인 방법이 존재한다. 동물 피험자를 통해 인간을 추론하려고 하는 실험은 모두 외적 타당성 문제에 휘말릴 수밖에 없다.

이것은 아주 중요한데도 등한시되는 정말 까다로운 문제다. 내가 애초에 실험심리학에 매료된 이유는 그것의 엄격함, 즉 내적 타당성 때문이었다. 통제된 실험은 내적 타당성의 황금 기준이다. 무엇이 무엇을 유발하는지를 찾아내기 때문이다. 불은 물이 끓는 것을 유발할까? 불을 가하면 물이 끓는다. 불(통제 집단)이 없으면 물은 끓지 않는다. 피할 수 없는 해로운 사건은 종양 증식을 유발할까? 한 생쥐 집단에는 피할 수 없는 충격을 가하고 다른 집단에는 똑같은 강도의 피할 수 있는 충격을 가한 후, 그 두 집단을 충격을 겪지 않은 통제 집단과 비교한다. 피할 수 없는 충격을 겪은 생쥐들의 종양이 훨씬 더 빠른 속도로 증식한다. 하지만 이 결과는 인간의 암 유발에 관해서, 무기력 상태가 인간의 암에 영향을 미치는 정도에 관해서 무엇을 알려줄까? 이것이 바로 외적 타당성 문제다.

비전문가들이 '흰쥐와 대학 2학년생'을 상대로 수행된 심리학 실험에 불만을 제기할 때 논점이 되는 것이 외적 타당성이다. 이것은 심리학자들이 편리하게 무시하기로 결정한 한낱 문외한의 불만이 아니라 오히려 아주 중요한 문제다. '호모 사피엔스'와 실험용 흰쥐 '라투스 노르베지쿠스'는 아주 많은 면에서 다르다. 피할 수 없는 전기 충격과 보트 사고로 자녀가 익사한 충격은 많은 면에서 다르다. 연구자가 라투스 노르베지쿠스에게 이식한 종양과 호모 사피엔스를 괴롭히는 자연 발생한 종양은 많은 면에서 다르다. 따라서 내적 타당성이 완벽할지라도, 즉 엄격한 실험 설계, 올바른 통제 집단, 무작위 배정을 보장하는 충분한 피험자 수, 완전무결한 통계 자료 등이 그 실험 결과가 통제할 수 없는 해로운 사건이 인간 질병의 진행 속도에 미치는 영향을 알려준다고 자신 있게 추론할 수는 없다.

수행할 가치가 없는 것은 올바로 수행할 가치도 없다.

나는 외적 타당성 확립이 내적 타당성 확립보다 훨씬 더 중요하지만 훨씬 더 까다로운 과학적 추론이라고 생각하게 되었다. 학문적 심리학은 진지한 심리학과 대학원생 전원에게 내적 타당성에 대한 '방법론' 강의를 모두 듣도록 했다. 이 강의는 전적으로 내적 타당성에 관한 것으로 외적 타당성은 아예 건드리지도 않는다. 후자는 단순히 과학에 대한 비전문가의 무지로 간주될 때가 많다. 내적 타당성을 가르쳐서 생계를 꾸리는 심리학 교수는 수백 명에 달한다. 외적 타당성 강의로 먹고 사는 심리학 교수는 한 명도 없다. 안타깝게도 엄격한 기초 과학의 응용 가능성에 대한 대중의 의심은 종종 정당한데, 그 이유는 외적 타당성 기준이 명확하지 않기 때문이다.

한 예로, 피험자를 선택하는 문제는 철저하게 학문적 편리성과 관계가 있다. 실험이 올바로 수행될 경우 어떤 추론을 보장할 수 있는가에 대한 숙고와는 관계가 없다. 1910년경에 비디오 게임이 널리 퍼졌더라면 심리학에서 흰쥐는 절대 사용되지 않았을 것이다. 1930년경에 월드와이드웹이 있었더라면 심리학은 결코 대학 2학년생은 피험자로 선택하지 않았을 것이다. 따라서 내가 과학적으로 내린 최종 결론은 반복 가능한 조건 하에서 인간을 대상으로 실생활 지배와 실생활 무기력에 대해 연구함으로써 외적 타당성 문제를 최대한 많이 피하자는 것이다. 내가 보기에 동물 실험을 정당화할 수 있는 상황은 분명히 존재한다. 하지만 그것은 외적 타당성 문제가 별로 없고 인간 실험에 대한 윤리적 문제가 너무 심각하고 인간이 입을 혜택이 아주 큰 영역으로 제한된다. 이 책에서 논하는 모든 문제는 인간을 연구함으로써 더 잘 설명할 수 있다. 그래서 나는 이제 그 문제들로 넘어가려 한다.

지금까지 소개한 무기력 학습에 반드시 추가해야 할 사실이 또 하나 있다. 피할 수 없는 소음을 들은 사람과 피할 수 없는 전기 충격을 받은 동물들이 모조리 무기력해진 것은 아니라는 사실이다. 어떤 실험에서나 그 사람들의 약 3분의 1(생쥐의 3분의 1과 개의 3분의 1)은 절대 무기력해지지 않았다. 그들의 10분의 1 정도(쥐의 10분의 1과 개의 10분의 1)는 처음부터 무기력했고, 그들의 수동성을 유발하는 데 실험실 사건은 필요가 없었다. 바로 그 관찰을 통해서 낙관성 학습이라는 분야가 태어난 것이다.

우리는 어떤 사람이 절대 무기력해지지 않는지 알아내고 싶었다. 그래서 우리가 무기력하게 만들 수 없었던 사람들이 불행한 사건을 설명하는 방식을 체계적으로 조사했다. 그 결과, 자신이 겪은 좌절의 원인이 일시적이고 변할 수 있고 일부라고 믿는 사람은 실험실에서 쉽게 무기력해지지 않는다는 사실을 발견했다. 실험실에서 피할 수 없는 소음을 듣거나 실연당해서 괴로울 때 그들은 이렇게 생각한다. "금방 지나갈 거야. 나는 이것을 어떻게든 다룰 수 있어, 이건 그저 한 가지 일일 뿐이야." 그들은 좌절을 금방 털어내고 회사에서 겪은 좌절을 집으로 가져가지 않는다. 우리는 그들을 낙관적인 사람이라고 부른다. 이와 반대로 "이건 절대로 끝나지 않을 거야, 모든 것을 망쳐버릴 거야. 내가 할 수 있는 건 아무것도 없어." 습관적으로 이렇게 생각하는 사람들은 실험실에서 쉽게 무기력해진다. 그들은 좌절을 떨쳐내지 못하고 부부 문제를 직장으로 가져간다. 그들을 비관적인 사람이라고 부른다.

그래서 우리는 설문지를 고안해서 낙관성을 측정했다. 게다가 이 설문지를 작성하지 않을 사람들, 즉 대통령, 스포츠 영웅, 고인이 된 사람들을 측정하기 위해 내용 분석 기법을 이용해서 그들의 연설문, 신문기사, 일기에 포함된 모든 '때문에' 문장의 낙관성 수준도 평가했다. 조사 결과, 비관적인 사람은 낙관적안 사람들보다 훨씬 더 쉽게 우울해지고 직장, 학교, 스포츠 영역에서 능력에 비해 성취 수준이 낮았으며 인간관계에 문제가 더 많았다.

비관성과 낙관성, 즉 크게 확장된 형태의 무기력 학습과 지배는 제각각 신체 질환에 영향을 미칠까? 어떤 메커니즘을 통해 영향을 미칠까? 기쁨, 열정, 환희 같은 긍정심리학적 변수는 질병에 어떻게 영향을 미칠까? 이제 인간의 신체 질환을 심장혈관 질환, 감염성 질환, 암, 그리고 전체 사망률 순으로 하나씩 소개할 것이다.

심장혈관 질환(CVD)

1980년대 중반에 샌프란시스코에 사는 남성 120명이 첫 번째 심근 경색을 겪었다. 그들은 다중 위험 요인 개입 시도 연구에 통제 집단으로 참여했다. 이 대규모 연구는 수많은 심리학자와 심장학자를 실망시켰다. 훈련을 통해 그 남자들의 성격을 공격적이고 적대적이고 시간에 쫓기는 성격인 A유형에서 느긋하고 태평한 성격인 B유형으로 바꾸었지만, 성격은 심장혈관 질환(Cardiovascular Disease, CVD)에 어떤 영향도 미치지 않는다는 결과가 나왔기 때문이다.

하지만 이 통제 집단에 속한 120명에게 당시 펜실베이니아 대학원생이던 그레고리 뷰캐넌(Gregory Buchanan)과 나는 엄청난 흥미를 느꼈다. 그들이 처음 겪은 심근 경색에 대해 아주 많은 정보가 알려졌기 때문이다. 즉, 심장 손상 정도, 혈압, 콜레스테롤 수치, 체질량지수, 라이프스타일이 공개되었는데, 이 모두가 심장혈관 질환의 전통적인 위험 요인이다. 게다가 그 남자들 모두 자신의 가정생활, 직장생활, 취미생활에 대해 인터뷰했다. 우리는 비디오로 녹화된 그 인터뷰 내용을 일일이 확인하며 '때문에' 문장을 빠짐없이 수집했고, 각 문장을 낙관성과 비관성으로 구별했다.

그 후 8년 6개월 동안 그 120명 중 절반이 두 번째 심근 경색으로 사망했고, 우리는 봉인해 두었던 봉투를 열었다. 어떤 사람이 두 번째 심근 경색으로 사망할지 우리가 예측할 수 있었을까? 전통적인 위험 요인 중에서 사망을 예측한 요인은 하나도 없었다. 혈압도, 콜레스테롤 수치도, 심지어 첫 번째 심근 경색으로 인한 심장 손상 정도도 매한가지였다. 8년 6개월 전에 측정한 낙관성만이 두 번째 심근 경색을 예측했다. 즉, 가장 비관적인 남자 16명 중 15명이 사망했고, 가장 낙관적인 16명 중에서 사망자는 5명이었다.

이러한 경향은 다양한 낙관성 척도를 사용한 더욱 큰 규모의 심장혈관 질환 연구들에서도 여러 차례 확인할 수 있었다.

재향 군인 노화 규준 연구

1986년, 재향 군인 1,306명에게 미네소타 다면적 인성 검사(Minnesota Multiple Personality Inventory, MMPI)를 시행하고 10년 동안 추적 조사했다. 그 기간 동안 발병한 심장혈관 질환 사례는 162건이었다. MMPI는 다른 연구들에서 사망률을 신뢰성 있게 예측하는 낙관성 척도를 사용한다. 흡연, 음주, 혈압, 콜레스테롤, 체질량, 심장혈관 질환 가족력, 학력과 함께 불안, 우울, 적대감 수준도 측정했고, 이 모든 것을 통계적으로 균등화했다. 낙관성 수준이 가장 높은(표준편차 +1) 남자들은 심장혈관 질환 발병률이 평균보다 25퍼센트 낮았고, 낙관성 수준이 가장 낮은(표준편차 -1) 남자들의 발병률은 평균보다 25퍼센트 높았다. 이 경향은 강력하고 지속적이어서 높은 수준의 낙관성이 남자들을 심장질환에서 보호한 반면, 낮은 수준의 낙관성은 그들을 병약하게 만들었음을 암시했다.

유럽 전향적 조사

20,000명 이상의 건강한 영국 성인을 1996년부터 2002년까지 추적 조사한 결과, 그 기간 동안 994명이 사망했으며, 그중 365명의 사인이 심

장혈관 질환이었다. 조사에 착수할 때 흡연, 사회 계층, 정서 안정성 등 다양한 신체적 변수와 심리적 변수를 측정했다. 지배감 역시 7개 문항을 통해 측정되었다.

1. 나는 내게 일어나는 일을 거의 통제하지 못한다.
2. 내 문제 중 일부는 내가 해결할 수 있는 방법이 정말 없다.
3. 내 인생에서 중요한 많은 것을 바꾸기 위해 내가 할 수 있는 것은 거의 없다.
4. 나는 인생 문제를 다룰 때 자주 무력감을 느낀다.
5. 나는 이래라저래라 간섭받고 있는 느낌이 들 때가 있다.
6. 앞으로 내게 어떤 일이 일어날지는 대체로 나한테 달렸다.
7. 나는 내가 정말로 해내고자 하는 것은 무엇이든 해낼 수 있다.

이 일곱 가지 문항은 무기력에서 지배에 이르는 연속선을 따른다. 흡연, 사회 계층, 그 밖의 심리적 변수를 상수로 놓을 때, 지배감은 심장혈관 질환으로 인한 사망에 강력한 영향을 미쳤다. 지배감 수준이 높은(표준편차 +1) 사람들은 평균 지배감 소유자들보다 심장혈관 질환으로 인한 사망자가 20퍼센트 적었다. 무기력 수준이 높은 사람들(평균 지배감 기준으로 표준 편차 -1) 중에서 심장혈관 질환으로 인한 사망자는 평균보다 20퍼센트 높았다. 이러한 경향은 전체 사망자에서도 마찬가지였다. 지배감과 암 사망자와의 상관 정도는 그것보다 낮지만 통계적으로는 여전히 유의한 정도로 동일한 경향을 보여주었다.

덴마크 남성과 여성

65세에서 85세 노인 999명을 1991년부터 9년 동안 추적 조사했다. 이 기간에 그들 중 397명이 사망했다. 조사를 시작할 때 연구자들은 건강, 학력, 흡연, 음주, 심장혈관 질환 가족력, 결혼생활, 체질량, 혈압, 콜레스테롤을 측정했다. 이와 함께 다음 네 가지 문항을 통해 낙관성도 측정했는데, 해당 문항에 동의하는 정도에 따라 각각 1, 2, 3점으로 계산한다.

1. 나는 인생에서 여전히 많은 것을 기대한다.
2. 나는 미래에 내 앞에 무엇이 놓여 있을지 기대하지 않는다.
3. 나는 여전히 계획이 아주 많다.
4. 나는 인생이 가능성으로 충만하다고 느낄 때가 많다.

비관성은 사망률과 아주 밀접한 관계가 있었다. 그 밖의 위험 요인을 모두 상수로 놓을 때 특히 그러했다. 낙관적인 사람들이 심장혈관 질환으로 사망한 비율은 비관적인 사람의 사망률의 23퍼센트에 불과했고, 비관적인 사람들과 비교한 전체 사망률은 그들의 55퍼센트였다. 흥미로운 사실은 이러한 보호 효과가 낙관성, 미래 지향적인 사고, "큰 소리로 행복하게 자주 웃는다" 같은 현재 지향적인 감정 문항에서 뚜렷하게 나타났고, "나는 거의 언제나 기분이 좋다" 같은 문항은 사망률을 예측하지 못했다는 것이다.

1995년도 노바스코샤 건강 조사에서는 간호사들이 건강한 성인 1,739명의 긍정 정서인 기쁨, 행복, 흥분, 열의, 만족을 측정했다. 긍정 정서 수준이 높은 조사 참여자들은 그 후 10년 동안 심장혈관 질환에 더 적게 걸렸다. 긍정 정서 5점 척도에서 점수가 1점씩 높아질 때 심장혈관 질환 발병은 22퍼센트씩 줄었다. 낙관성은 측정하지 않았기 때문에 긍정 정서가 점차 낙관성으로 발전했는지 여부는 단정할 수 없다.

덴마크 조사에서 낙관성의 영향은 지속적이어서 더 높은 낙관성은 조사 기간 내내 더 낮은 사망률과 관계가 있었다. 이 결과는 낙관성이 미치는 영향이 양극적이라는 것을 보여준다. 즉, 매우 낙관적인 사람들의 사망률은 평균 수준의 낙관적인 사람들의 사망률보다 더 낮고, 가장 비관적인 사람들의 사망률은 평균 수준보다 더 높다. 폴 타리니가 던진 질문의 요지를 떠올려보자. 신체 기능을 약화시키는 위험 요인뿐 아니라 신체를 보호하는 건강 자산이 있습니까? 이 1995년도 조사에서, 평균 수준의 개인과 비교할 때 낙관성는 개인의 신체 기관을 튼튼하게 만들어서 심장혈관 질환에 저항하게 해주고 비관성는 개인을 병약하게 만든다.

우울증이 진범일까? 비관성은 대체로 우울증과 아주 밀접한 관계가 있으며, 많은 연구에서 우울증 역시 심장혈관 질환과 관계가 있다. 따라서 궁금해진다. 비관성이 우울증을 증가시킴으로써 심장혈관에 치명적인 영향을 미치는 것은 아닐까? 대답은 그런 것 같지는 않다는 것이다. 낙관성과 비관성은 우울증을 상수로 놓을 때조차 그 영향력을 적극 행사했기 때문이다.

여성 건강 구상

낙관성과 심장혈관 질환의 관계에 대한 가장 큰 규모의 연구가 1994년에 시작되었다. 그 해에 건강하다고 판명된 여성 97,000여 명을 8년 동안 추적 조사하는 연구였다. 신중한 역학 연구가 그렇듯이, 연구에 착수할 때 연령, 인종, 학력, 종교, 건강, 체질량, 음주, 흡연, 혈압, 콜레스테롤을 측정했다. 역학 연구는 대규모 인구 집단을 상대로 건강 패턴을 조사하는 연구다. 낙관성은 충분히 검증된 생활 지향 검사를 통해 측정되었다. 그것은 "확실하지 않을 때 나는 보통 최선을 예상한다""나에게 문제가 될 수 있는 일은 실제로 문제가 된다"와 같은 10가지 문항을 제시하는 낙관성 척도다. 중요한 점은 우울 증상 역시 측정했고, 각 증상의 영향을 개별적으로 평가했다는 것이다. 낙관적인 사람, 상위 25퍼센트 중에서 심장혈관 질환으로 인한 사망자는 비관적인 사람, 하위 25퍼센트 사망자보다 20퍼센트 더 적었다. 이렇듯 심장혈관 질환 사망자뿐 아니라 전체 사망자에서도 낙관성 수준이 높아짐에 따라 사망자 수가 더 적어지는 경향이 있었다. 이 결과는 낙관성이 여성을 보호하며 비관성은 해를 끼친다는 것을 또 한 번 보여준다. 이것은 우울 증상을 포함하여 다른 위험 요인을 모두 상수로 놓을 때도 마찬가지였다.

사는 보람

낙관성과 비슷하게 심장혈관 질환을 막아주는 것 같은 특성이 하나 있다. 바로 '이키가이(いきがい)'다. 이 일본어는 사는 보람을 느끼게 해준다는 뜻이다. '이키가이'는 낙관성은 물론이고 플로리시의 다섯 가지 요소 중의 의미와 밀접한 관계가 있다. '이키가이'에 대해 일본에서 시

행된 전향적 연구(prospective study, 특정 위험 요인 보유 집단을 계속 추적해서 그 요인이 차후 그 결과를 일으키는지를 보는 연구 —옮긴이 주)는 세 가지가 있다. 세 연구 모두 높은 수준의 '이키가이'가 심장혈관 질환으로 인한 사망 위험을 감소시킨다는 점을 보여준다. 심지어 전통적인 위험 요인들과 주관적 스트레스를 통제했을 때도 결과는 똑같았다. 한 연구에서 '이키가이'가 없는 남성과 여성들의 심장혈관 질환으로 인한 사망률은 '이키가이'를 지닌 이들보다 160퍼센트 높았다. 두 번째 연구에서 '이키가이'를 지닌 남성들의 심장혈관 질환으로 인한 사망률은 '이키가이'가 없는 남성들의 사망률의 86퍼센트에 불과했다. 이러한 경향은 여성도 마찬가지였지만 그 차이가 조금 적었다. 세 번째 연구에서 높은 수준의 '이키가이'를 지닌 남성들이 심근 경색으로 사망할 위험은 낮은 '이키가이'를 지닌 남성들의 사망 위험의 28퍼센트였지만, 심장 질환과는 관계가 없었다.

심장혈관 질환 요약

낙관성과 심장혈관 질환에 대한 모든 연구는 낙관성이 심장혈관 질환 예방과 밀접한 관계가 있다는 결론에 도달한다. 비만, 흡연, 과음, 높은 콜레스테롤 수치, 고혈압 같은 전통적인 위험 요인을 모두 교정했을 때도 마찬가지였다. 우울증을 개선하고 주관적인 스트레스를 해소하고 일시적인 긍정 정서를 향상시켰을 때도 똑같았다. 낙관성을 다른 방식으로 측정해도 결과는 다르지 않았다. 더 중요한 점은 그 영향이 양극적이어서 평균 수준의 낙관성 및 비관성과 비교할 때 높은 낙관성은 개인을 보호하고 높은 비관성은 해를 끼쳤다는 것이다.

감염성 질환

당신은 감기가 얼마나 오래 지속되는가? 어떤 사람은 감기에 걸려도 며칠이면 낫지만, 대다수는 2, 3주 내내 감기를 달고 산다. 다른 사람은 모두 앓아누웠는데도 감기에 안 걸리는 사람도 있다. 어떤 사람들은 1년 동안 여섯 번이나 감기에 걸리기도 한다. 당신은 반사적으로 이렇게 반박할지도 모른다. "사람마다 면역계가 다르니까 그렇지." 그런 당신에게 신화화된 면역학의 만연에 대해 경고해야겠다. 과학은 면역계가 더 튼튼한 사람이 감염성 질환에 덜 걸린다는 사실을 증명해야 했지만 그런 일은 결코 이루어지지 않고 있다. 하지만 놀랍게도, 심리 상태가 감기에 대한 민감성(susceptibility)에 영향을 미친다는 사실은 보다 명확하게 증명되었다. 정서가 감염성 질환에 미치는 영향을 확인한 과정은 심리학 세계에서 가장 감동적인 이야기 중 하나다. 그 주인공은 카네기멜론 대학 심리학 교수인 셸던 코헨(Sheldon Cohen)으로 조용하고 온화한 그는 생리학과 심리학을 성공적으로 결합시킨 연구를 수행한 극소수의 과학자 중 한 명이다.

당연한 말이지만 행복한 사람은 별로 불평하지 않는다. 고통과 질병의 증상을 더 적게 호소하고 대체로 건강이 더 좋다고 보고한다. 반면에 불행한 사람은 고통에 대해 더 많이 불평하고 건강이 더 나쁘다고 보고한다. 두 집단 모두 사실은 똑같은 신체 증상을 갖고 있을 가능성이 크지만, 행복과 불행이 자신의 신체 증상을 지각하는 방식을 바꾼 것이다. 다른 설명으로는 그러한 차이가 단순히 신체 증상에 대한 편향을 반영할 수도 있다는 것이다. 즉, 불행한 사람은 부정 증상에 집착하고 행복한 사람은 긍정 증상에 초점을 맞춘다. 이러한 편향은 낙관성-심장혈관 질환 연구 결과들과는 아무 상관이 없다. 그 결과는 심장혈관 질환 증상에 대한 주관적인 보고가 아니라 사망 자체이기 때문이다. 그렇다고 해서 불행한 사람은 더 많이 아프고 감기에 더 잘 걸리며 행복한 사람은 더 적게 아프고 감기에 덜 걸린다는 많은 연구 결과를 그저 주관적인 보고의 무의미한 산물로 흘려버리는 것은 너무 매정하다. 의학이 바로 이 지점에 도달했을 때 셸던 코헨이 합류했다.

셸던은 코감기를 일으키는 리노바이러스(rhinovirus)를 이용해서 용감하게도 자원 피험자들을 실제로 감염시켰다. 내가 용감하다고 말한 이유는 그가 카네기멜론 대학 임상 시험 심사 위원회(Institutional Review Boards, IRB)로부터 이 연구 허가를 받아내기까지의 그 참혹한 사연이 아직 미공개이기 때문이다. 이제 곧 알게 되겠지만 이 연구가 윤리적 검열을 통과했다는 것에 정말 감사해야 한다.

윤리와 임상 시험 심사 위원회

나는 셸던의 용기에 감탄하며 조금 후 간단히 소개할 실험을 허가 받은 것에 감사한다. 내가 이렇듯 그를 칭송하는 이유는 과학에 족쇄를 채우는 오늘날 미국의 현실을 크게 우려하기 때문이다. 1970년대부터 모든 과학자는 자신의 연구 제안서를 제3자인 위원회에 필히 제출해서 윤리적 승인을 받아야 했다. 그곳이 바로 임상 시험 심사 위원회

(Institutional Review Boards, IRB)다. 이 윤리 심사는 환자와 피험자에게 그들이 참여할 위험할 수도 있는 실험 절차에 관해 충분한 정보를 제공하지 않는다는 추문 때문에 취해진 조치다. IRB는 대학이 소송에 휘말리지 않게 도와주고 열린사회의 윤리 규범 앞에서 해명해준다. 부정적인 면에서 보면, IRB는 돈이 아주 많이 든다. 수천 개에 달하는 미국 연구 기관 중 하나인 펜실베이니아 대학의 IRB 운영비는 매년 1,000만 달러가 훨씬 넘는다. 임상 시험 심사 위원회는 과학자들을 형식적 관료주의의 진창에 빠뜨린다. 내 연구진은 IRB 서류를 작성하는 일에 해마다 500시간은 소모했을 것이다.

초창기에 임상 시험 심사 위원회의 임무는 피험자에게 그들이 심각한 해를 입을 수 있는 과학 연구에 참여한다는 것을 확실하게 경고하는 것이었다. 하지만 시간이 흐르면서 그 집단의 가장 중요한 임무가 바뀌었다. 그래서 요즘은 행복에 관한 무해한 설문지를 그저 예비 연구하려고 할 뿐인데도 그때마다 과학자가 제일 먼저 해야 할 일은 많은 시간을 들여서 작성한 서류를 소속 기관의 IRB에 제출하는 것이다. 내가 아는 한, IRB는 지난 40년 동안 수천억 달러를 쓰고도 단 한 사람의 목숨도 구하지 못했다. 하지만 무엇보다 중요한 것은 목숨을 구할 수도 있는 과학 실험을 수행하려는 시도를 IRB가 위축시킨다는 점이다. 심리학사에서, 아마도 의학사에서 내가 알기로 가장 많은 생명을 구한 연구를 소개하겠다. 이 사례가 임상 시험 심사 위원회의 진짜 문제를 폭로한다.

크리스토퍼 콜럼버스가 신세계를 발견한 지 몇 년 후, 정신 장애가 급속히 번지기 시작했다. 미국 역사상 최악의 유행병이었던 그 질환은 날로 흉포해지며 20세기 초까지 계속되었다. 이 정신 장애는 진행 마비

(general paresis)라고 불리게 되었다. 처음에는 팔다리의 힘이 빠지다가 점차 말과 행동이 이상해지고 극심한 과대망상에 이어 전신 마비, 혼미, 결국에는 죽음에 이른다. 원인은 알 수 없었다. 하지만 매독이 그 정신 질환을 일으키는 것 같다고 의심했다. 그러나 매독에 걸린 적이 있다고 알려진 진행 마비 환자에 대한 사례 보고서는 터무니없이 부족했다. 매독에 걸린 적이 있음을 단호하게 부인하는 진행 마비 환자들과 성적 접촉을 통해 매독 바이러스에 감염되었다는 증거가 없는 수많은 진행 마비 환자가 그 보고서를 인정하지 않았기 때문이다. 진행 마비 환자의 약 65퍼센트는 매독에 걸린 적이 있다는 증거가 있었다. 이와 비교해서 매독 병력은 있지만 진행 마비에 걸리지 않은 사람은 고작 10퍼센트였다. 그 증거라는 것은 당연히 그저 추측성이었다. 그것은 원인을 입증하지 못했다. 진행 마비 환자의 100퍼센트가 그 정신 질환에 걸리기 전에 매독에 감염된 적이 있음을 증명하지 못하기 때문이다.

명백한 매독 증상은 몇 주 후 사라진다. 하지만 매독 자체는 사라지지 않는다. 홍역과 마찬가지로, 매독에 한 번 걸리면 두 번 다시 걸리지 않는다. 더욱 쉽게 말하자면, 매독에 걸린 적이 있는 진행 마비 환자는 다른 매독 환자와 성적 접촉을 하더라도 생식기 피부 궤양이 생기지 않는다.

실험을 통해서 모든 진행 마비 환자가 예전에 매독 환자였음을 알아낼 수 있는, 그러나 위험한 방법이 하나 있었다. 진행 마비 환자에게 매독균을 주입한다면 한 가지 놀라운 결과가 나올 것이었다. 그 진행 마비 환자는 매독에 걸리지 않을 것이다. 매독에 두 번 걸릴 수는 없기 때문이다. 이 결과를 장담하면서 독일 신경학자 리하르트 폰 크라프트-에빙(Richard von Krafft-Ebing)이 이 결정적인 실험을 수행했다. 1897년, 그는 매독성 궤양에서 얻은 매독균을 진행 마비 환자 아홉 명에게 주입했다. 매독에 걸린 적이 없다고 줄곧 부인해온 사람들이었다. 실험 결과, 생식기 피부 궤양이 생긴 환자는 단 한 명도 없었다. 이것은 그들 모두 틀림없이 매독에 감염된 적이 있었다는 결론으로 이어진다.

크라프트-에빙의 연구는 그야말로 대성공이어서 19세기에 가장 흔했던 정신 질환을 항매독제 처방으로 곧바로 근절했으며 수십만 명의 목숨을 구했다.

이 이야기의 요지는 오늘날에는 그러한 실험이 수행될 수 없다는 것이다. 그것을 승인해줄 임상 시험 심사 위원회는 없다. 그러나 훨씬 더 참담한 것은 수백만 명의 목숨을 구할 수 있다고 자신해도 그러한 연구

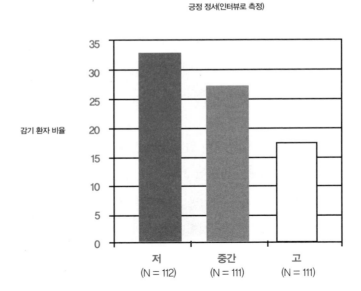

긍정 정서(인터뷰로 측정)

제안서를 IRB에 제출해볼 과학자가 아예 없다는 것이다. 제아무리 용감한 과학자라 해도 마찬가지다.

크라프트-에빙의 연구처럼, 셀던 코헨의 연구 역시 용감하다는 칭송을 들을 자격이 충분하다. 수많은 목숨을 구할 가능성이 있기 때문이다. 코헨은 대범한 실험 설계를 통해 긍정 정서가 감염성 질환에 미치는 영향을 연구한 선구자였다. 코헨의 연구에 자원한 건강한 피험자들은 맨 먼저 7일 동안 밤마다 인터뷰한다. 그들은 많은 보수를 받고 잠재적 위험에 대해 충분한 정보를 듣는다. 하지만 이 연구를 계속 진행하게 허락해줄 IRB는 별로 없었을 것이다. 그 집단이 보기에 '많은 보수'는 '억지로'의 동의어이기 때문이다.

여러 번의 인터뷰와 검사를 통해 피험자의 긍정 정서와 부정 정서를

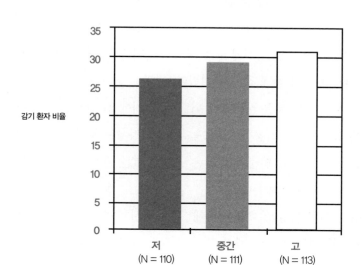

부정 정서(인터뷰로 측정)

측정한다. 긍정 정서는 "원기 왕성하다" "활기차다" "행복하다" "태평하다" "평온하다" "명랑하다"로 면접자가 각 정서 수준에 따라 피험자의 점수를 매긴다. 부정 정서는 "슬프다" "우울하다" "불행하다" "신경질적이다" "적대적이다" "분노한다"이다. 주의할 점이 하나 있다. 이 인터뷰와 검사는 정서와 심장혈관 질환의 관계에 대한 의학 연구에서처럼 낙관성와 비관성의 미래 지향적 특성, 한 예로, "나는 나쁜 일이 아주 많이, 또 일어날 거라고 예상한다"를 평가한 것이 아니다. 일시적인 정서 상태를 평가한 것이다. 있을 수 있는 혼입 변수, 즉 숨어 있는 가외 변수도 측정한다. 즉, 연령, 성별, 인종, 건강, 체질량, 학력, 수면, 식단, 운동, 항체 수준, 낙관성이 그것이다.

그런 후, 모든 피험자의 콧속에 리노바이러스를 뿌려 넣고 계속 관찰하며 6일 동안 격리시켜서 감기에 걸리게 내버려둔다. 감기에 걸렸는지 여부는 감기 증상에 대한 자기 보고서를 통해 주관적으로 측정하고, 콧물의 양을 재고 코막힘을 통해 객관적으로 측정한다. 이 연구로 얻은 놀랍고도 결정적인 결과가 바로 앞의 그래프다.

리노바이러스 주입 이전에 긍정 정서 수준이 높은 사람들은 중간 수준 피험자보다 더 적게 감기에 걸렸다. 그리고 중간 수준 피험자들은 긍정 정서 수준이 낮은 사람보다 더 적게 감기에 걸렸다. 긍정 정서의 영향은 양방향으로 작용한다. 즉, 높은 긍정 정서는 중간 수준에 비해 사람들을 더 튼튼하게 해주고, 낮은 긍정 정서는 중간 수준에 비해 사람들을 더 병약하게 만든다.

부정 정서의 영향은 조금 적은데, 부정 정서 수준이 낮은 사람들은 나머지 사람보다 더 적은 수가 감기에 걸린다. 중요한 점은 부정 정서가 아닌 긍정 정서가 명백하게 원동력이 된다는 것이다.

긍정 정서는 어떤 생물학적 메커니즘에 의해 감기 환자 수를 줄이는 걸까? 피험자들을 계속 격리시키고 면밀하게 관찰하기 때문에 수면, 식단, 코르티솔(cortisol, 스트레스 호르몬 ─옮긴이 주), 아연 보충제, 운동에서의 차이는 배제된다. 결정적인 차이는 바로 인터류킨-6(interleukin-6)로 염증을 유발하는 단백질이다.

긍정 정서(PES) 수준이 높을수록 인터류킨-6(IL-6)의 수준이 낮아지고, 따라서 염증이 더 적게 발생한다.

셸던은 독감 바이러스로 이 연구를 되풀이해서 동일한 결과를 얻었다. 즉, 긍정 정서 수준이 원동력이다. 더욱이 이것은 피험자가 주관적

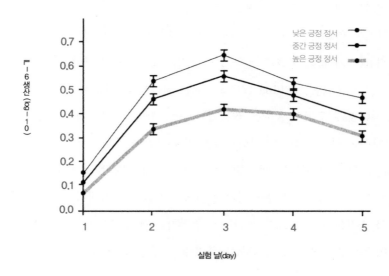

긍정 정서(PES) 수준에 따른 IL-6 일일 생산

으로 보고한 건강, 낙관성, 외향성, 우울증, 자존감에서의 차이를 배제한 결과였다.

암 사망률과 전체 사망률

긍정 정서는 만병통치약일까? 1970년대에 무기력과 질병의 관계에 대해 처음으로 추론할 때 나는 낙관성 같은 정서 상태가 신체 질환에 영향을 미칠 수 있는 그 범위에 관해 신중을 기했다. 가혹한 질환을 특히 염두에 두었고, 불치병과 말기 질환은 환자의 정서 상태에 의해 영향을 받지 않을 수도 있다고 추론했다. "크레인이 당신을 덮칠 때는 낙관성이 별로 도움이 되지 않는다"라고 과장해서 쓰기도 했다.

바버라 에런라이크("나는 희망을 증오해요.")

근래에 희망과 낙관성이 수술이 불가능한 암 환자의 생명연장에 그다지 효과가 없다는 호주 연구 결과를 접하고 나는 이 사람을 떠올렸다. 바버라 에런라이크(Barbara Ehrenreich)는 최근에 《긍정의 배신, 긍정 사고는 어떻게 우리의 발등을 찍는가》를 출간했다. 유방암에 걸린 그녀는 자신이 더욱 긍정적인 사람만 된다면 유방암이 나을 수 있다고 조언하는 의료 종사자들을 접한 개인적 경험을 책에 소개한다. 그리고는 한걸음 나아가 긍정심리학을 격하시킨다. 유방암을 이겨내기 위해선 반드시 즐거운 마음을 먹어야 한다고 주장하는 행복 권위자들에게 에런라이크는 분개한다. 긍정 정서를 꾸며내는 것이 생명을 연장시키는 데 효과가 있다고 확신할 근거는 전혀 없다. 내가 아는 웰빙 권위자 중에서 환자에게 웰빙을 가장하라고 강요하는 사람은 한 명도 없다. 그럼에도 에런라이크는 자신의 저서 영국 판에 《웃든지 아니면 죽든지》라는 제목을 붙였다.

《웃든지 아니면 죽든지》가 영국에서 출간된 직후, 나는 에런라이크와 흥미로운 내용이 담긴 메일을 주고받았다. 나는 프로야구 선수들의 수명을 조사한 따끈따끈한 기사를 그녀에게 보냈다. 1952년 판 〈베이스볼 레지스터(Baseball Register, 메이저리그 선수 명감 −옮긴이 주)〉에 실린 얼굴 사진에서 미소의 강도가 선수들의 수명을 예측한다는 기사였다. 만면의 미소(뒤셴 미소)를 지은 선수는 미소 짓지 않은 선수보다 7년 더 오래 살았다는 것이다.

"저는 오래 살지 못하겠군요." 이 재치 있는 한 문장이 에런라이크의 답신이었다.

나는 다시 메일을 보내서 에런라이크가 놓친 요점을 지적했다. "당신의 분석은 그릇된 이론에 기초하며 증거를 무시하고 있습니다. 그것만큼이나 그릇된 이론에 기초하고 증거를 무시하는 주장이 바로 가짜 웃음이 심장혈관 질환, 암, 전체 사망률을 낮추는 효과가 있다는 겁니다. 그것은 가짜 웃음이 아닌 팔마(PERMA)의 효과입니다. 그러니까 긍정 정서에 의미를 더하고 긍정 관계를 더하고 긍정 성취를 더한, 이 요소들의 배열이 불러일으킨 효과이지요. 당신은 첫 번째 요소인 긍정 정서가 적은 것 같군요. 저도 그렇습니다. 하지만 추측컨대, 당신은 다른 요소들을 거의 전부 지니고 있습니다. 그리고 당신의 저서는 확실히 의미 있고 긍정적인 성취입니다. 따라서 역설적으로, 긍정성에 관해 당신이 현재 하고 있는 일, 그 자체가 당신의 인생에서 아주 중요한 긍정성입니다. '긍정성'을 강요된 미소보다 더욱 폭넓은 것으로 올바로 이해한다면 그렇지요. 따라서 당신은 오래 살 겁니다."

저서에서 에런라이크는 관련 과학 연구를 전 범위에 걸쳐 다루지는 않았다. 그럼에도 곧바로 열렬한 서평이 이어졌고, 서평가들은 에런라이크의 결론을 액면 그대로 받아들였다. 가장 극단적인 서평을 올린 사람은 〈스켑틱(Skeptic, 회의주의자)〉 창간인이자 편집장인 마이클 셔머였다. "에런라이크는 긍정심리학 운동과 긍정 사고의 소위 유익한 효과의 배후에 존재하는 빈약한 과학을 체계적으로 해체하여 철거했다. 증거는 희박하고, 통계적 유의 수준은 낮다. 극소수의 확고한 연구 결과는 추후 연구에 의해 부인되거나 반복 검증되지 못하는 경우가 빈번하다." 이 9장에서 보여주고 있듯이, 증거는 확고하고 통계적 유의 수준은 높고 연구 결과는 수차례 반복 검증되고 있다.

그러니 에런라이크와 셔머의 호언장담은 접어두고, 긍정성과 암의 관계에 대한 실제 증거를 찾아보자. 가장 완전한 증거는 "낙관성과 신체 건강: 메타 분석적 개관(Optimism and Physical Health : A Meta-Analytic Review)"으로 2009년 〈행동 의학 회보(Annals of Behavioral Medicine)〉에 발표되었다. 그 논문은 낙관성과 신체 건강에 대한 개별 연구 83개를 메타 분석한 것이다. 메타 분석은 동일한 주제를 다룬 과학 문헌 전체의 방법론적으로 타당한 모든 연구를 재분석하고 통합한다. 상반된 결과는 심리적 웰빙이 생존 자체에 미치는 영향과 그 밖의 거의 모든 사회 과학 영역의 연구 결과에 필요한 척도다.

메타 분석 연구자는 묻는다. 낙관성은 심장혈관 질환과 감염성 질환,

암 사망률과 전체 사망률을 어느 정도로 예측할까? 그 83개 연구 중에서 암에 관한 연구는 18개로 참여 환자 수는 총 2,858명이었다. 통합 분석 결과, 낙관성 수준이 더 높은 사람이 암 치료 결과가 더 좋았다. 최근에 가장 큰 규모로 수행된 연구는 앞서 소개한 〈여성 건강 구상〉으로 97,253명의 여성이 참여했는데, 낙관성과 냉소적인 적대감의 관계를 측정해서 심장혈관 질환, 전체 사망률, 암을 예측했다. 앞에서 언급했듯이, 심장혈관 질환으로 인한 사망을 예측한 주요 요인은 비관성이었다. 중요한 점은 비관성과 냉소적 적대감 모두 암 사망률, 특히 아프리카계 미국 여성의 암으로 인한 사망을 상당히 정확하게 예측했다는 것이다. 하지만 그 두 가지 요인은 심장혈관 질환으로 인한 사망에 더 큰 영향을 미쳤다.

에런라이크는 책을 쓰면서 내게 도움을 청했다. 우리는 직접 두 번 만나서 주로 건강을 다룬 연구 문헌을 놓고 토론했다. 나는 그녀에게 광범위한 관련 서적 목록과 기사를 보내주었다. 그러나 에런라이크는 관련 연구를 전부 제시하지 않고 일부 연구를 선별해서 자신의 주장을 밀고 나갔다. 소수의 무의미한 증거는 강조하고, 높은 낙관성이 더 적은 심장혈관 질환과 전체 사망자, 더 우수한 암 치료 결과를 예측한다는 사실을 발견한 잘 수행된 연구는 검토하지 않았다. 일반적으로 말해서 선별 행위는 보다 사소한 유형의 학문적 부정직 중 하나다. 그러나 삶과 죽음의 문제에서 암 환자를 위한 낙관성과 희망의 가치를 격하하기 위해 선별하는 행위는 저널리스트의 위험한 과실이라는 것이 내 생각이다.

피험자를 '낙관적이 되는 집단'과 '암에 걸리는 집단'에 무작위 배정한 실험 연구는 당연히 없다. 따라서 비관성이 암과 죽음의 원인이라는 것을 의심할 수도 있다. 하지만 관련 연구들은 암 사망자를 발생시키는 그 밖의 위험 요인을 통제한 후에도 낙관적인 환자가 더 오래 산다는 증거를 꾸준히 발견하고 있다. 그 증거는 아주 충분해서 비관적인 여성 암 환자를 펜실베이니아 회복력 훈련 집단과 개인 건강 정보 통제 집단에 무작위 배정하고 전이율, 사망률, 삶의 질, 의료비를 추적 조사하는 무작위 배정 및 위약 통제 실험을 정당화할 수 있을 정도다.

따라서 암 관련 연구 문헌을 두루 검토해 보면 비관성을 암 유발 위험 요인으로 간주하는 경향이 강하다는 것을 확인할 수 있다. 비관성이 암 환자에게 유익하다는 결과를 내놓은 연구는 단 하나도 없다. 하지만 그것이 암에 상당한 영향을 미친다는 것을 발견하지 못한 연구는 현저히 적은 수이기는 해도 존재한다. 그런 이유로 나의 결론은 비관성이 암 유발 위험 요인일 가능성은 있지만 암보다는 심장혈관 질환과 전체 사망률에 더 강력한 영향을 미친다는 것이다.

그러므로 암 연구 문헌 전체를 고찰한 후, 나는 과감하게 추론한다. 암이 극도로 심각하지만 않다면 낙관성과 희망과 행복은 암 환자에게 당연히 유익한 효과가 있을 것이다. 하지만 긍정성을 철저히 격하할 때조차 그에 앞서 신중을 기해야 한다. "크레인이 당신을 덮칠 때……"이라는 문장으로 낙관성의 한계를 경고한 기사를 내보낸 후 편지를 한 통 받았다. "셀리그만 박사님께. 크레인이 저를 덮쳤지만 저는 오늘 살아 있답니다. 이유는 단 하나, 제 낙관성 덕분입니다."

모든 원인으로 인한 사망을 조사하는 연구는 크레인이 당신을 덮칠 때 심리적 웰빙이 실제로 도움이 되는지 여부를 알아낸다. 최근에 런던 대학의 두 심리학자인 요이치 치다(Yoichi Chida)와 앤드류 스텝토(Andrew Steptoe)가 모범적인 종합 메타 분석 결과를 발표했다. 치다와 스텝토는 70개 연구를 분석 통합했는데, 그중 35개는 건강한 피험자들로 연구를 시작했고, 나머지 35개 연구의 피험자는 환자들이었다.

메타 분석 결과, 70개 연구 모두에서 심리적 웰빙이 보호 효과가 있었다. 현재 건강한 사람일 경우, 그 효과는 상당히 강력했다. 웰빙 수준이 높은 사람들의 전체 사망률은 웰빙 수준이 낮은 사람들의 사망률보다 18퍼센트 더 낮았다. 환자를 추적 조사한 35개 연구에서 웰빙 수준이 높은 환자들은 건강한 사람에 비해서는 적지만 유의미한 이득이 있었다. 그들의 전체 사망률이 웰빙 수준이 낮은 환자들의 사망률보다 2퍼센트 낮았던 것이다. 사망에 관한 한, 웰빙 수준은 심장혈관 질환, 신부전증, 후천성 면역 결핍증으로부터 사람들을 보호하지만 암에는 그다지 효과가 없다.

웰빙이 원인이며 보호 효과가 있을까?

나의 결론은 이렇다. 낙관성은 건강한 심장혈관과 밀접한 관계가 있고, 비관성은 병약한 심장혈관과 밀접한 관계가 있다. 긍정 정서는 감기 및 독감 예방과 관계가 있고, 부정 정서는 감기 및 독감에 대한 취약성과 관계가 있다. 매우 낙관적인 사람은 암에 걸릴 위험이 더 낮은 것 같다. 심리적 웰빙 수준이 높은 건강한 사람은 어떤 원인으로든 사망할 위험이 더 적다.

왜 그럴까?

이 질문의 대답을 구하는 첫 번째 단계는 그 관계가 정말로 인과관계인지 아니면 단순히 상관관계인지를 묻는 것이다. 이 질문은 과학적으로 아주 중요하다. 다정한 엄마 또는 세로토닌 과잉 분비 같은 어떤 제3의 변수가 진짜 원인이어서 다정한 엄마 또는 세로토닌 과잉 분비가 신체 건강과 심리적 웰빙 두 가지 모두 유발할지도 모르기 때문이다. 숨어 있는 제3의 변수를 모두 제거할 수 있는 연구는 없다. 하지만 지금까지 소개한 연구들은 대부분 운동, 혈압, 콜레스테롤, 흡연, 그 밖의 수많은 혼입 변수를 통계적으로 균등화함으로써 제3의 변수가 끼어들 여지를 제거했다.

제3의 변수를 모두 제거했음을 알려주는 황금 기준은 무작위 배정 및 위약 통제 실험이고, 낙관성-건강 관련 연구 문헌에 존재하는 그러한 실험은 단 하나뿐이다. 15년 전, 펜실베이니아 대학 신입생이 입학했을 때 나는 모든 수업에 설명 양식 설문지를 배포했는데, 한 사람도 빠짐없이 설문지를 작성했다. 그레고리 뷰캐넌과 나는 매우 비관적인 설명 양식에 근거하여 우울증 위험이 있다고 여겨지는 가장 비관적인 신입생 25퍼센트에게 편지를 써서 그들을 두 집단 중 한 곳에 무작위로 초대했다. 하나는 8주 과정 '스트레스 관리 세미나'로 5장 '긍정심리 교육'과 7장 '강인한 군대'에서 소개한 펜실베이니아 회복력 프로그램, 낙관성 학습을 시행하는 집단이고, 다른 하나는 심리학적 개입이 없는 통제 집단이었다. 예상대로, 그 세미나는 시행 후 30개월 내내 낙관성을 현저하게 높여주고 우울과 불안을 낮추었다. 그 기간 동안 학생들의 신체 건강 수준도 측정했다. 세미나 집단 참여자들은 통제 집단보다 신체적으로 더 건강해서 신체 질환 증상을 더 적게 보고하고 전반적으로 병원에 덜 가고 질병 때문에 학교 보건소를 찾는 횟수가 더 적었다. 세미나 집단은 질병 예방 검진을 받으러 병원에 갈 확률이 더 높았으며, 더 건강한 식단과 운동 계획이 있었다.

이 유일한 연구는 건강을 증진시킨 것이 낙관성 자체의 변화라는 점을 암시한다. 심리학적 개입 집단 또는 통제 집단에 무작위 배정한 실험 설계가 미지의 제3의 변수를 제거하기 때문이다. 심장혈관 질환과 낙관성도 이러한 인과관계가 있는지 여부는 알 수 없다. 환자에게 낙관성을 교육시켜서 심근 경색을 예방한 무작위 배정 연구는 아직 수행된 적이 없기 때문이다. 인과관계를 지지하는 연구는 지금까지 단 하나뿐이다.

낙관성이 병에 덜 걸리는 이유

낙관성은 사람들을 심장혈관 질환에 덜 취약하게 만들고, 비관성은 더 취약하게 만든다. 어떻게 그럴 수 있는 걸까? 그 가능성은 크게 세 가지 범주로 나뉜다.

1. 낙관적인 사람은 행동하고 더 건강한 라이프스타일을 갖고 있다. 낙관적인 사람은 자신의 행동이 중요하다고 믿는 반면, 비관적인 사람은 자신은 무기력하고 자신의 어떤 행동도 중요하지 않을 거라고 믿는다. 낙관적인 사람은 시도하는 데 반해, 비관적인 사람은 수동적인 무기력 상태에 빠진다. 그러므로 낙관적인 사람은 의학적 조언에 따라 기꺼이 행동한다. 1964년, 흡연과 건강에 관한 미 공중 위생국의 보고서가 발표

되었을 때 조지 베일런트가 발견한 것이 바로 그것이다. 금연한 사람은 비관적인 사람이 아닌 낙관적인 사람들이었던 것이다. 낙관적인 사람은 자신을 더 잘 보살피는 것 같다.

훨씬 더 일반적인 사실은 삶의 만족도가 높은 사람은 삶의 만족도가 낮은 사람보다 다이어트하고 금연하고 규칙적으로 운동할 확률이 훨씬 더 높다는 것이다. 한 연구에 따르면, 행복한 사람은 불행한 사람보다 잠도 더 잘 잔다.

낙관적인 사람은 의학적 조언에 기꺼이 따를 뿐 아니라 미리 조치해서 부정 사건을 피하는 반면, 비관적인 사람은 수동적이다. 즉, 토네이도 경보가 발효될 때 비관적인 사람들 보다는 낙관적인 사람이 안전을 찾아 토네이도 대피소로 달려갈 가능성이 더 높다. 비관적인 사람은 토네이도가 신의 뜻이라고 믿는다. 부정 사건을 많이 겪을수록 병에 더 자주 걸린다.

2. 사회적 지지 친구가 더 많고 삶에 사랑이 더 풍부할수록 병에 덜 걸린다. 조지 베일런트는 새벽 세 시에 거리낌 없이 전화해서 자신의 문제를 털어놓을 수 있는 한 사람을 갖고 있는 이들이 더 건강하다는 것을 발견했다. 존 카치오포는 외로운 사람은 사교적인 사람보다 건강이 현저히 더 나쁘다는 것을 발견했다. 한 실험에서 피험자들은 낯선 사람에게 전화해서 주어진 원고를 우울한 목소리 또는 명랑한 목소리로 읽었다. 낯선 사람은 낙관적인 사람보다는 비관적인 사람의 전화를 더 빨리 끊었다. 행복한 사람의 인적 네트워크는 불행한 사람의 것보다 더욱 광범위하고, 나이가 들면서 친교 범위와 친밀도가 신체 건강과 정

신 건강에 기여한다. 불행은 친구를 동반하지만, 친구는 불행을 동반하지 않는다. 비관성에서 비롯된 고독은 질병으로 이어진다.

　3. 생물학적 메커니즘 낙관성 효과를 가능케 하는 것 같은 다양한 생물학적 경로가 존재한다. 그 하나가 면역 체계다. 1991년에 나는 주디 로딘(1장에서 언급한 동료), 레슬리 카먼(Leslie Kamen), 찰스 드와이어(Charles Dwyer)와 함께 낙관적인 노인과 비관적인 노인들의 혈액을 채취해서 면역 반응을 테스트했다. 낙관적인 사람의 혈액은 비관적인 사람의 혈액보다 위협에 더욱 공격적으로 반응했다. 다시 말해서, 침입한 이물질과 싸우는 백혈구 세포인 T 림프구(T lymphocyte)가 더 많이 증식했다. 우리는 우울증과 건강 수준은 혼입 변수로 여겨서 배제했다.

　또 다른 메커니즘은 통속적인 유전학이다. 즉, 행복하고 낙관적인 사람은 심장혈관 질환이나 암을 물리치는 유전자를 갖고 있을지도 모른다. 생물학적 경로로는 반복적인 스트레스에 대한 순환계의 병적인 반응이다. 비관적인 사람은 대응을 포기하고 스트레스를 더 많이 겪는 반면, 낙관적인 사람은 스트레스에 더 잘 대응한다. 반복적인 스트레스는 스트레스 호르몬인 코르티솔을 분비하며 동맥경화증을 촉진하고 혈관벽을 손상시키거나 기존 손상을 악화시키는 등 다양한 순환계 반응을 활성화시킨다. 이러한 반응은 당사자가 무기력할 때 특히 활발하다. 앞에서 확인했듯이, 셸던 코헨은 불행한 사람들은 염증 유발 물질인 인터류킨-6를 더 많이 분비하고 그로 인해 감기 환자가 더 많다는 것을 발견했다. 반복적인 스트레스와 무기력은 일련의 과정을 촉발하여 코르티솔 수준을 높이고 카테콜아민(catecholamines) 류의 신경전달물질(아드레날린,

노르아드레날린, 도파민)의 수준을 낮춤으로써 염증을 오래 지속시킨다. 심각한 염증은 동맥경화의 원인이다. 지배감 수준이 낮고 우울증 수준이 높은 여성들은 대동맥경화증이 더 심하다는 것이 확인되었다. 삼중 설계 실험에서 무기력한 생쥐는 지배감을 입증한 생쥐보다 더 빠른 속도로 동맥경화증에 걸렸다.

간의 피브리노겐(fibrinogen) 과다 생산 역시 또 하나의 유력한 메커니즘이다. 피브리노겐은 혈액 응고에 사용되는 단백질이다. 피브리노겐이 많이 생산되면 혈액이 많이 응고되어 걸쭉해진다. 스트레스에 직면할 때 긍정 정서 수준이 낮은 사람은 그 수준이 높은 사람보다 피브리노겐을 더 많이 생산한다.

심장혈관 질환을 예방한다고 추정되는 또 다른 후보자는 놀랍게도 심박변이율(Heart rate variability, HRV)이다. 심박변이율은 각 심장 박동 사이사이에서의 단기적 변화율인데, 중추 신경계의 부교감 신경계(미주 신경)가 부분적으로 통제한다. 부교감 신경계는 이완과 안정을 담당한다. 심박변이율이 높은 사람이 더 건강하고 심장혈관 질환에 덜 걸리고 덜 우울하고 인지 능력이 더 뛰어나다는 것을 보여주는 증거가 쌓이고 있다.

지금까지 제시한 생물학적 메커니즘은 충분히 검증되지는 않았다. 단순히 그럴듯할 가정일 뿐이다. 하지만 각 메커니즘은 양방향으로 작용할 수 있으므로 높은 낙관성은 평균 수준에 비해 보호 효과가 강력하고 높은 비관성은 평균 수준에 비해 신체 기능을 더욱 약화시킨다. 낙관성과 질병은 인과관계가 있을까? 낙관성은 어떻게 작용하는 걸까? 이 두 질문의 대답을 알아내는 황금 기준은 낙관성 개입 실험이다. 수행할 가치가 매우 높은 명확하고도 값비싼 실험이다. 즉, 심장혈관 질환에 취약한 대규모 피험자를 구성해서 절반은 낙관성 훈련 집단에, 나머지 절반은 위약 통제 집단에 무작위 배정하고 그들의 행동, 친교 수준, 생물학적 메커니즘을 관찰 측정한 후, 낙관성 훈련이 생명을 구하는지 아닌지 알아보는 것이다. 이제 다시 〈로버트 우즈 존슨 재단〉으로 가보자.

폴 타리니가 찾아왔을 때, 이 모든 것, 즉 무기력 학습, 낙관성, 심장혈관 질환, 생물학적 메커니즘을 확실히 밝혀낼 방법에 관한 생각이 내 머릿속을 질주했다. "두 가지 연구 제안서를 보내주십시오." 오랜 토론 끝에 폴이 결론을 지었다. "하나는 긍정 건강이라는 개념을 탐구하는 연구 제안서, 두 번째는 심장혈관 질환을 예방하는 낙관성 개입 연구 제안서입니다."

긍정 건강

적절한 시기에 나는 두 가지 연구 제안서를 모두 제출했다. 개입 연구 제안서 작성에는 펜실베이니아 대학 심장학과가 동원되었다. 우리는 심근 경색을 한 번 겪은 수많은 사람을 펜실베이니아 회복력 훈련 개입 집단에 무작위 배정하는 실험을 제안했다. 두 번째 제안서는 긍정 건강이라는 개념을 탐구하는 연구로, 〈로버트 우즈 존슨 재단〉은 긍정 건강이라는 개념을 최초로 명확하게 정의할 수 있다는 믿음에서 기금을 제공했다. 긍정 건강 집단을 연구한 지 이제 1년 6개월에 접어든다. 이 연구는 네 가지 주요 부분으로 구성된다.

긍정 건강의 정의

건강한 상태는 질병이 부재하는 상태 그 이상일까? 그것을 긍정 건강 자산이 실재하는 상태라고 정의할 수 있을까? 어떤 것이 실제로 건강 자산인지 우리는 아직 모른다. 하지만 낙관성, 운동, 사랑, 우정 같은 것이 건강 자산 중 일부라는 확고한 증거를 갖고 있다. 그래서 숨어 있는 긍정적인 독립 변수를 세 범주로 분류하는 작업으로 연구를 시작했다. 첫 번째는 주관적 자산 범주로, 낙관성, 희망, 건강하다는 느낌, 열정, 활력, 삶의 만족도 등이다. 두 번째 생물학적 자산은 높은 심박변이율, 옥시토신 호르몬, 낮은 수준의 피브리노겐 및 인터류킨-6, 더 길고 반복적인 텔로미어(telomere, 염색에 끝에 있는 DNA 가닥) 등이다. 세 번째 기능적 자산의 예로는 원만한 결혼 생활, 70세에 세 계단씩 헐떡이지 않고 활기차게 걸어 올라가는 것, 풍부한 우정, 취미 활동, 직장에서의 플로리시 등이다.

긍정 건강의 정의는 경험에 의거한다. 따라서 우리는 세 범주에 속하는 자산들이 건강과 질병에 관한 다음의 목표를 실제로 어느 정도까지 달성하는지 조사하고 있다.

- 긍정 건강은 수명을 늘린다.
- 긍정 건강은 발병률을 낮춘다.
- 긍정 건강을 지닌 사람은 의료비 지출이 더 적다.
- 정신 건강이 더 양호하고 정신 질환이 더 적은 건강 상태가 존재한다.
- 긍정 건강을 지닌 사람은 더 오래 살 뿐만 아니라 건강하게 사는 기간이 더 길다.
- 긍정 건강을 지닌 사람은 질병에 걸려도 예후가 더 좋다.

따라서 긍정 건강의 정의는 이 건강 및 질병 목표를 실제로 달성하는 주관적 자산, 생물학적 자산, 기능적 자산을 전부 하나로 모은 것이다.

기존 종단 연구에 대한 재분석

따라서 긍정 건강의 정의는 경험을 통해 드러날 것이다. 우리는 먼저 질병 예측 요인을 조사한 대규모 장기 연구 여섯 가지를 재분석했다. 처음부터 건강 자산이 아닌 위험 요인에 초점을 맞춘 연구들이었다. 선도적인 강점 전문 학자 크리스토퍼 피터슨과 심장혈관 질환 위험 요인을 재분석해서 그 질환의 심리적 토대를 찾는 하버드 대학의 젊은 교수 로라 쿠브잔스키(Laura Kubzańsky)의 지도 아래, 우리는 재분석된 이 연구들이 위의 건강 목표를 예측하는지의 여부를 탐구하고 있다. 기존 연구 결과들은 부정 요인에 주목하고 있지만, 이 6가지 연구는 지금까지 대체로 무시해온 몇 가지 긍정 요인을 보다 구체적으로 포함하고 있다. 한 예로, 이 연구에 사용된 어떤 검사는 행복, 혈압, 결혼 만족도 수준을 묻기도 했다. 우리는 긍정 주관적, 생물학적, 기능적 요인들이 어떻게 배열된 것이 건강 자산으로 드러날지 보게 될 것이다.

크리스토퍼 피터슨은 건강 자산으로서 성격 강점을 추적하고 있다. 1999년부터 현재까지 진행 중인 노화 규준 연구는 연구 시작 당시 건강하다고 판명된 남성 2,000명을 상대로 3년에서 5년에 한 번씩 심장혈관 질환을 검진한다. 그때마다 일련의 심리 검사도 함께 시행하고 있다. 이 검사 중 하나가 다면적 인성 검사(MMPI-2)인데, 거기서 '자기 통제력' 강점이 파생되었다. 크리스토퍼는 전통적인 위험 요인을 상수로 놓을 때 자기 통제력 강점이 중요한 건강 자산이라고 보고한다. 최고 수준의 자기 통제력을 지닌 남성들은 심장혈관 질환에 걸릴 위험이 56퍼센트 낮다는 것이다.

우리 연구진은 이런 방법으로 건강 자산과 위험 요인을 비교하고 있다. 유력한 건강 자산과 위험 요인에 대한 양적 비교도 가능하다. 예를 들어, 우리는 낙관성 수준 상위 25퍼센트에 포함되는 것이 매일 담배 두 갑을 피우지 않는 것과 거의 동일한 수준으로 심장혈관 질환을 예방하는 것 같다고 추측한다. 한 걸음 더 나아가, 이 건강 자산들이 특히 어떤 식으로 배열되어야 해당 목표를 달성할 수 있을지도 탐구 중이다. 건강 자산의 그러한 특정 배열은 특정 질병과 관계가 있는 긍정 건강을 경험에 의거해서 정의한다. 전체 질병과 일반적으로 관계가 있는 건강 자산들의 배열은 일반적인 긍정 건강을 정의한다.

어떤 긍정적인 독립 변수 하나가 건강 자산으로 확인되면, 긍정 건강은 그 변수를 구축하기 위한 개입을 권유한다. 예를 들어서 낙관성, 원만한 결혼 생활, 심박변이율 상위 25퍼센트, 또는 운동이 심장혈관 질환으로 인한 사망 위험을 낮추는 건강 자산으로 확인될 경우, 각 변수는 개입을 시도할 저렴하고 매력적인 목표가 되는 것이다. 생명을 구하는 개입을 한 가지 알아낸다는 실용적인 가치 외에도, 무작위 배정 및 통제 집단 개입 연구는 사망 원인을 따로 분리해낸다. 그러면 이제 긍정 건강은 그 긍정 개입의 비용 효율성을 계산해낸 다음, 혈압 낮추기 같은 전통적인 개입의 비용 효율성과 긍정 개입의 비용 효율성을 비교한다. 뿐만 아니라 긍정 개입과 전통 개입을 결합시키고, 그 결합된 개입의 비용 효율성도 계산한다.

미 육군의 데이터베이스 : 국보급 자료

우리와 미 육군의 공동 연구는 앞으로 수행될 모든 종단 연구의 어머니가 될 것이다. 110만여 명의 군인이 〈전반적 평가 도구〉를 완수할 예정인데, 이 검사는 그들이 복무하는 내내 전통적 위험 요인과 아울러 긍정 특성과 건강 자산을 모두 측정한다. 우리는 군인의 수행 기록과 의료 기록을 〈전반적 평가 도구〉와 하나로 합칠 것이다. 미 육군에서 구축하고 있는 데이터는 다음에 관한 정보를 포함한다.

- 의료 서비스 이용
- 질병 진단
- 약물 치료
- 체질량 지수
- 혈압
- 콜레스테롤
- 우발적 사고와 실수

- 전투 및 비전투 상황에서 신체 손상
- 체형
- DNA(시신 확인에 필요)
- 직무 수행

따라서 우리는 대규모 표본을 조사해서 주관적, 생물학적, 기능적 건강 자산 중 어떤 것들이 다음을 예측하는지 알아낼 수 있다.

- 특정 질병
- 약물 치료
- 의료서비스 이용
- 사망률

그렇게 되면 다음과 같은 질문에 대답할 수 있을 것이다.

- 그 밖의 건강 변수를 상수로 놓는다면 심리적으로 단련된 군인은 감염성 질환에 더 적게 걸리고(항생제 치료 빈도로 측정), 감염성 질환에 걸려도 예후가 더 좋을까(항생제 치료 기간으로 측정)?
- 결혼 생활에 만족하는 군인은 의료비 지출이 더 적을까?
- 인적 네트워크가 풍부하고 친교 수준이 높은 군인은 출산, 골절, 또는 열사병에서 더 빨리 회복될까?
- 병원에 갈 일이 거의 없고 좀처럼 아프지 않고 병에 걸려도 금세 회복되는 유난히 눈에 띄는 '초건강한'(주관적, 기능적, 생물학적 자산

이 풍부한) 군인이 있을까?

- 심리적으로 단련된 군인은 우발적 사고를 겪거나 전투 중에 부상당할 가능성이 더 적을까?
- 심리적으로 단련된 군인은 복무 중 비전투 상황에서의 부상, 질병, 정서 장애 때문에 후송될 가능성이 더 적을까?
- 지도자의 신체 건강은 부하 대원의 건강에 전염될까? 만약 그렇다면, 이러한 전염성은 지도자의 건강이 좋을 때와 건강이 나쁠 때 모두 해당할까?
- 대표 강점 검사로 측정했을 때 특정 강점이 더 양호한 건강과 더 적은 의료비를 예측할까?
- 펜실베이니아 회복력 훈련은 전쟁터와 자연 발생한 질병에서 생명을 구할까?

이미 말했듯이 연구는 진행 중이다. 우리는 유력한 6개 종단 연구 결과를 재분석하고 〈로버트 우드 존슨 재단〉 연구와 미 육군 〈종합 군인 피트니스〉를 결합하고 있다. 계속 주시하시라.

심장혈관 건강 자산

나는 얼마 전에 고등학교 동창회에 다녀왔다. 친구들이 어찌나 건강한지 깜짝 놀랐다. 50년 전만 해도 67세에 이른 남자들은 모든 활동을 그만두고 현관 앞 흔들의자에 앉아 죽을 날을 기다렸다. 지금 67세 남자들은 마라톤에 참가한다. 나는 우리의 예정된 죽음에 대해 짧은 연설을 했다.

> 오늘 건강한 67세 남성의 기대 수명은 20년 정도입니다. 우리 아버지와 할아버지들에게 67세는 인생이 끝나가는 나이였습니다. 그분들과 달리 우리는 이제 막 인생의 사사분기에 들어섰습니다. 70회 동창회에 참석할 가능성을 극대화하기 위해 우리가 할 수 있는 일은 두 가지입니다. 첫째, 미래를 지향해야 합니다. 과거에 안주하지 말고 미래에 이끌려야 한다는 말입니다. 개인의 미래만을 위해 일하지 말고 가족의 미래, 이 학교(올버니 공립학교)와 조국의 미래, 여러분의 가장 소중한 이상을 위해 일하십시오.
>
> 둘째, 운동하세요!

이 연설은 심장혈관 건강 과학의 현주소를 요약한 것으로 우리 연구진이 예상한 그대로다. 평균 이상으로 심장혈관 질환을 적극 막아줄 주관적, 생물학적, 기능적 자산이 존재할까? 설령 심근 경색에 걸린다 해도 평균 이상으로 예후를 향상시켜줄 주관적, 생물학적, 기능적 자산이 있을까? 심장혈관 연구에서 이 중요한 질문은 대체로 등한시된다. 그연구들은 심근 경색 발병 위험을 높이거나 일단 발병할 경우 예후를 악화시키는 해로운 약점에 초점을 맞춘다. 건강 자산으로서 낙관성이 심장혈관 질환에 미치는 유익한 효과는 처음부터 그 질환을 예방해준다는 것이며, 우리가 세운 심장혈관 건강 위원회의 목표는 건강 자산에 대한 지식을 넓히는 것이다.

위원회 회장은 미국 질병 통제 센터(U.S. Centers for Disease Control)의 심

장혈관 질환 역학 연구 책임자인 다윈 라바르트(Darwin Labarthe)다. 이 일로 오래전 내 인생에 심어놓은 씨앗 하나가 결실로 맺어졌다는 말을 해야겠다. 내가 프린스턴 대학에 입학한 1960년에 4학년 학생회장이던 다윈은 대학 생활 내내 나의 우상이었다. 입학 첫날 그가 해준 첫 번째 연설, '명예와 국민을 위한 봉사'에 관한 연설을 나는 결코 잊을 수가 없다. 다윈은 비차별적인 안티 클럽 기숙사인 윌슨 로지를 건립하는 데 앞장섰다. 그곳은 수많은 지성인과 활동적인 프린스턴 대학원생들의 가정이자 피난처였다. 그의 뒤를 이어 윌슨 로지 학생 대표부에 들어갔지만, 나는 학생으로서 그저 멀리서 그를 숭배할 뿐이었다. 그로부터 50년 후, 인간의 플로리시에 봉사하기 위해 그와 함께 일하게 된 것은 개인적으로 당연히 더할 수 없이 감사한 일이다.

건강 자산으로서의 운동

"운동 위원회 회장은 누가 해야 할까요?" 나는 레이 파울러에게 물었다.

50이 넘은 나이에 멘토를 구할 수 있는 행운아는 드물다. 내가 미국 심리학 협회 회장으로 선출된 1996년에 레이는 나의 멘토가 되었다. 그는 10년 전에 그곳 회장이었고, 그 후로는 CEO였다. 회장이 되고 두 달도 못 돼서 나는 순진한 학자로서 심리치료계의 정치판에서 갈팡질팡 헤매면서 선도적인 정신과 개업의들이 증거에 기초한 심리치료를 추구하게 설득하려다가 쓰라린 실패를 맛보았다. 그리고 곧바로 그 의사들과 난감한 관계에 처했다.

그 일을 털어놓자 레이는 부드러운 앨라배마 억양으로 내가 들은 최고의 정치적 조언을 해주었다. "그들은 엄청난 권력을 갖고 있어. 미국 심리학 협회는 정치적 지뢰밭이고, 그들은 20년 동안 그곳에서 지뢰를 터뜨려왔지. 거래적 리더십으로는 그들을 다룰 수 없을 거야. 그야말로 타협의 대가들이거든. 변혁적 리더십으로 눈을 돌려야 해. 자네가 할 일은 심리학을 변혁시키는 거야. 창의성을 발휘해서 심리학 협회를 이끌 새로운 아이디어를 생각해봐."

79세인 레이는 마라톤 선수이자 전설적인 의지력의 소유자다. 30년 전, 뚱뚱하고 우울한 카우치 포테이토였던 그는 자신을 변혁시키기로 작정하고는 다음해 보스턴 마라톤 대회에 참가하겠다고 결심했다. 그는 그때까지는 달리기를 해본 적도 없었다. 그런데 그는 해냈다. 지금 그는 55킬로그램의 몸무게에 온몸이 근육이다. 미국 심리학 협회는 매년 여름에 10마일 달리기 대회를 여는데, 레이는 자기 조에서 언제나 우승한다. 그는 우승하는 이유가 단지 자신이 속한 노인 조에 경쟁자가 거의 없어서라고 말한다. 지금은 그 행사를 레이 파울러 달리기 대회라고 부른다.

레이는 호주에 있는 질롱 그래머 스쿨에서 2008년 1월에 나와 함께 머문 객원 학자 중 한 명이었다. 지독하게 뜨거운 어느 날 저녁, 그는 신체 운동과 심장혈관 질환에 대해 교사진에게 강의하면서 매일 10,000 보를 걷는 사람은 심근 경색에 걸릴 위험이 현저히 낮다는 연구 결과를 제시했다. 강의가 끝나자 우리는 공손하게 박수를 보냈다. 하지만 진심으로 존경하는 뜻에서 그 이튿날 우리 모두 만보계를 사러 나갔다. 니체가 말했듯이, 훌륭한 철학은 언제나 이렇게 가르친다. "당신의 삶을 바꾸어라!"

누가 운동 위원회를 이끌어야 할지 묻는 내게 레이는 이렇게 조언했다. "마티, 운동 영역에서 최고는 당연히 스티브 블레어지. 운동에 대해 내가 아는 건 전부 스티브에게서 배운 거야. 그에게 위원장 자리를 부탁해봐."

스티브는 내 부탁을 들어주었다. 레이처럼 스티브도 온몸이 근육이다. 그러나 레이의 체형이 껍질콩을 닮은 것과 달리, 스티브의 체형은 가지를 닮았다. 157센티미터에 84킬로그램짜리 가지다. 레이처럼 스티브도 달리고 걷는다. 스티브의 실루엣을 보면 그가 비만이라고 생각할 것이다. 그의 연구는 비만과 운동의 관계에 대한 논란의 중심에 있다.

건강과 비만

미국에는 비만인 사람이 엄청나게 많다. 비만을 전염병이라고까지 부를 정도다. 이 전염병을 근절하는 일에 정부와 〈로버트 우드 존슨 재단〉을 포함한 사립 재단들이 막대한 돈과 에너지를 소모한다. 비만은 명백히 당뇨병의 원인이다. 그 이유 하나만으로도 미국인을 덜 뚱뚱하게 만들기 위한 대책은 정당화된다. 그러나 스티브는 진짜 전염병, 즉 최악의 살인자는 무활동(inactivity)이라고 확신한다. 그의 주장은 진지하다. 스티브의 설명에 따르면, 낮은 수준의 신체적 피트니스는 전체 사망률과 강한 상관관계가 있으며 심장혈관 질환과의 관계는 특히 강력하다.

이 그래프는 신체적 피트니스 수준이 높은 60세 이상 남성과 여성은 심장혈관 질환으로 인한 사망과 전체 사망 위험률이 보통 사람들보다

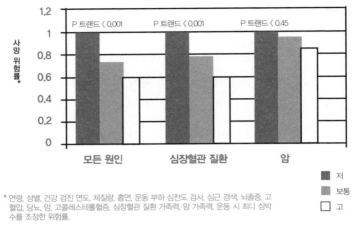

60세 이상 성인 4,060명 중 사망자 989명에서 모든 원인, 심장혈관 질환, 암으로 인한 사망률

* 연령, 성별, 건강 검진 연도, 체질량, 흡연, 운동 부하 심전도 검사, 심근 경색, 뇌졸중, 고
  혈압, 당뇨, 암, 고콜레스테롤혈증, 심장혈관 질환 가족력, 암 가족력, 운동 시 최대 심박
  수를 조정한 위험률.

2007년도 〈미국 노인병 학회지〉에서 인용

더 낮다는 것을 뚜렷하게 보여준다. 그리고 보통 수준의 신체적 피트니스 소유자는 그 수준이 낮은 사람들보다 사망률이 더 낮다. 암으로 인한 사망에는 이 결과가 맞기도 하고 틀리기도 하다. 운동 부족과 비만은 밀접한 관계가 있다. 뚱뚱한 사람은 별로 움직이지 않는 반면, 날씬한 사람은 대체로 끊임없이 움직인다.

그렇다면 이 두 가지 중 어느 것이 진짜 살인자일까?

마른 사람보다는 뚱뚱한 사람 중에 심장혈관 질환 사망자가 더 많다는 것을 보여주는 대규모 연구가 하나 있다. 그것은 흡연, 음주, 혈압, 콜레스테롤 등을 배제하고 사망 위험률을 주의 깊게 조사한다. 안타깝게도 그것은 운동도 배제한다. 하지만 스티브가 수행한 많은 연구는 운동에 따라 사망률이 달라진다는 것을 보여준다. 위의 그래프가 대표적이다.

 이 결과는 체지방, 연령, 흡연 등을 상수로 놓을 때 다섯 가지 피트니스 수준에 따른 전체 사망률을 보여준다. 피트니스 수준이 높을수록 사망률이 낮아진다. 이것은 체중이 똑같은 두 사람, 즉 신체적 피트니스가 최고 수준인 사람과 최저 수준인 사람이 사망 위험률은 크게 다르다는 것을 의미한다. 뚱뚱하지만 신체적 피트니스 수준이 높은 사람의 사망률은 뚱뚱하고 피트니스 수준이 낮은 사람의 사망률의 절반에 가깝다.

 이 그래프는 신체가 단련된 또는 단련되지 않은 정상 체중인과 비만인의 사망률을 보여준다. 신체 비단련자 집단에서는 정상 체중인과 비만인 모두 사망률이 높다. 그들이 뚱뚱한지 날씬한지는 중요하지 않아 보인다. 신체 단련자 집단에서는 뚱뚱한 사람과 날씬한 사람 모두 비단련자 집단의 뚱뚱하거나 날씬한 사람보다 사망률이 훨씬 더 낮다. 뚱뚱한 신체 단련자들은 날씬한 신체 단련자보다 사망 위험률이 조금 더 높을 뿐이다. 하지만 지금 내가 강조하는 것은 신체가 단련된 뚱뚱한 사람은 사망 위험이 적다는 것이다.

 스티브는 비만 전염병의 핵심은 사실상 카우치 포테이토 전염병이라는 결론을 내린다. 비만은 사망을 초래한다. 하지만 운동 부족 역시 사망을 초래한다. 어느 것이 더 큰 이유인지 알려주기에는 관련 자료가 부족하다. 그러나 비만과 사망에 관해 앞으로 수행될 모든 연구는 운동에 초점을 맞춰야 한다고 주장하기에는 그 자료만으로도 충분하다.

 이 결과들은 뚱뚱한 성인이 알아야 할 아주 중요한 사실이다. 다이어트 비법은 대부분 사기 행위다. 지난 한 해에만 미국에서 590억 달러를 뜯어 갔다. 유행하는 다이어트 비법 중 어느 것이든 따라하면 한 달 만

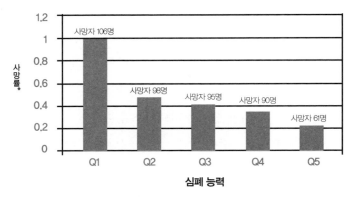

60세 이상 성인 2,603명의 피트니스 수준별 전체 사망률

사망자 106명

사 망 률*

사망자 98명　사망자 95명　사망자 90명

사망자 61명

Q1　　Q2　　Q3　　Q4　　Q5

심폐 능력

* 연령, 건강 검진 연도, 흡연, 운동 부하 심전도 검사, 기초 건강 상태, 체지방 비율을 조정한 사망률

2007년도 〈미국 의학 협회 저널〉에서 인용

에 체중의 5퍼센트를 줄일 수 있다. 문제는 다이어트한 사람의 80에서 95퍼센트가 3년에서 5년 만에 체중을 모두 되찾는다는 것이다. 오히려 더 늘어난다. 나도 경험자다. 다이어트로 더 날씬해질 수는 있지만, 그 효과는 대체로 일시적일 뿐이다. 다이어트를 통해 더 건강해질 수는 없다. 다이어트를 끝까지 고수하는 사람이 거의 없기 때문이다.

반면에 운동은 사기 행위가 아니다. 운동을 시작한 사람은 그것을 끝까지 고수해서 언제까지나 신체를 단련하는 비율이 훨씬 더 높다. 운동은 영구적이고 자기 유지적이지만, 다이어트는 보통 그렇지 않다. 운동으로 사망 위험은 낮출 수 있어도 몸이 아주 날씬해지지는 않는다. 평균 강도로 운동할 경우 줄어드는 체중은 2.5킬로그램 미만이기 때문이다.

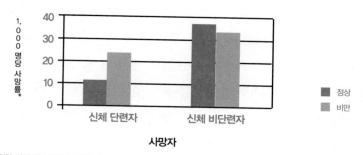

60세 이상 성인 2,603명의 체지방률 및 만성신부전증과 전체 사망률의 관계

* 연령, 성별, 검진 연도를 조정한 사망률
2007년도 〈미국 의학 협회 저널〉에서 인용

　낙관성이 심장혈관 질환을 막아주는 주관적 건강 자산이듯이, 운동이 기능적 건강 자산인 것은 분명하다. 즉, 운동량이 중간 정도인 사람은 건강이 양호하고 사망 위험이 낮은 반면, 카우치 포테이토는 건강이 나쁘고 사망 위험이 높다. 건강과 질병에 대한 운동의 유익한 효과는 의료계에서 가장 환원주의적인 부류조차 마침내 순순히 받아들이고 있다. 그들은 약품이나 수술 외에는 그 어떤 치료도 완강하게 반대하는 집단이다. 미 공중 위생국의 2008년도 보고서는 성인은 매일 10,000보 걷기에 상당하는 운동을 해야 한다고 강권한다. 하루에 5,000보 이하는 정말 위험하다. 여기에 해당하는 사람은 십중팔구 일찍 죽는다는 연구 결과가 있다는 점을 강조하고 싶다. 하루 10,000보 걷기에 상당하는 운동은 수영, 달리기, 춤추기, 역기 들이다. 요가도 좋고 신체를 격렬하게 움직이는 그 밖의 수많은 방법으로도 성취할 수 있다.

　이제 우리는 더 많은 사람을 카우치에서 일으켜 세우는 새로운 방법을 찾아내야 한다. 하지만 나는 새로운 방법이 나오길 기다리지 않는다. 내게 아주 효과적인 방법을 찾았기 때문이다. 레이의 강연 다음 날, 나는 만보계만 산 것이 아니라 걷기 시작했다. 난생 처음이었다. 걷고 또 걸었다. 나는 수영은 포기했다. 20년 동안 매일 1킬로미터씩 헤엄쳤는데, 지겹다는 생각을 떨쳐낼 방법을 찾지 못했기 때문이다. 나는 만보 걷기 인터넷 동호회를 만들었다. 레이와 스티브가 가입했고, 다른 분야에서 일하는 사람 몇 명도 합류했다. 17세에서 78세까지, 다운증후군 성인에서 대학교 학과장에 이르기까지 회원이 다양하다. 우리는 자신이 그날 정확히 몇 걸음이나 걸었는지 이틀에 한 번씩 보고한다. 하루에 10,000보 이하는 실패처럼 느껴진다. 겨우 9,000보밖에 안 걸었다는 것을 잠들기 전에 확인하면 나는 밖으로 나가 동네를 한 바퀴 돌고 와서 보고한다. 우리는 이례적인 걷기 경험을 위해 서로서로 강화한다. 마거릿 로버츠가 27,692걸음을 걸었다고 보고하면 내가 "대단해요!"라고 칭찬하는 식이다. 우리는 운동에 대한 조언을 주고받는다. 2주 동안 왼쪽 발목이 심하게 아픈 적이 있었다. 그러자 내 친구는 새로 산 값비싼 운동화가 너무 꽉 조여서 그런 거라고 정확히 알려주었다. "에어데스크를 하나 사세요." 캐롤라인 애덤스 밀러가 내게 조언했다. "그러면 러닝머신에서 달리면서 인터넷 브리지 게임도 할 수 있어요." 이 공통 관심사 덕분에 우리는 친구가 되었다. 나는 그러한 인터넷 동호회가 생명을 구할 새로운 한 가지 방법이라고 확신한다.

나는 2009년 새해 결심을 하나 했다. 500만 보 걷기였다. 하루 평균 13,700보다. 2009년 12월 30일에 나는 500만 보를 넘어섰고, 인터넷 친구들에게서 "대단해요!" "우리의 롤 모델이십니다!"라는 칭찬을 들었다.

이 동호회 활동이 운동에 어찌나 효과가 좋던지 나는 이 방법을 지금 다이어트에 시도 중이다. 40년 동안 해마다 한 번씩 다이어트에 실패했고 내가 애써 줄인 체중을 전부 도로 찌우는 80에서 95퍼센트에 속한다는 것을 알기 때문에 나는 다이어트에 또 열중한다. 2010년에 97킬로그램에서 시작하면서 동호회 친구들에게 내가 그날 걸은 걸음 수는 물론이고 일일 칼로리 섭취량도 매일 밤 함께 보고한다. 어제는 1,703칼로리를 섭취했고 11,351보를 걸었다. 2010년 2월 19일 오늘은 20년 만에 처음으로 체중이 90킬로그램 이하로 떨어졌다.

chapter 10

웰빙의 정치와 경제

긍정심리학의 배후에는 정치가 있다. 그러나 좌익과 우익이 대립하는 정치가 아니다. 좌익과 우익은 수단의 정치지만, 그 두 가지 모두 비슷한 목표를 옹호한다. 즉, 더 많은 물질적 번영, 더 많은 부를 추구한다. 긍정심리학은 어떤 특정 수단이 아닌 다른 목표를 옹호하는 정치다. 그목표는 부나 정복이 아니라 웰빙이다. 물질적 번영은 긍정심리학에 중요하다. 하지만 그것이 웰빙을 높이는 한에서만 중요할 뿐이다.

돈을 넘어서

부의 목적은 무엇인가? 그것은 웰빙을 위한 것이어야 한다고 나는 믿는다. 그러나 경제학자들의 관점에서 부의 목적은 더 많은 부를 생산하는 것이며, 정책의 성공은 그 정책이 추가 생산한 부의 양으로 측정되어야 한다. 한 국가가 얼마나 잘 살고 있는지는 국내총생산(GDP)으로 알 수 있다는 것이 경제학의 신조다. 경제학은 정책 영역에서 절대 권력을 휘두르고 있다. 일간지마다 돈에 한 섹션을 할애한다. 경제학자는 모든 국가의 행정부에서 중요한 지위를 차지한다. 공직에 출마할 때 정치가들은 경제를 위해 자신이 무엇을 했는지 또는 무엇을 할 것인지 떠벌리며 선거 운동을 한다. 텔레비전에서는 실업률, 다우존스지수, 국가 채무에 대해 자주 보도된다. 경제 정책이 다양하고 매스컴 보도가 빈번한 이유는 경제 지표들이 엄격하고 폭넓게 이용 가능하고 매일 갱신되기 때문이다.

산업 혁명기에는 경제 지표를 통해 한 국가가 얼마나 잘 살고 있는지를 아주 훌륭하게 추정할 수 있었다. 당시에는 의식주에 대한 인간의 단순한 욕구를 채우는 것조차 불확실했고, 그 기본적인 욕구 충족 수준은 부의 수준과 철저히 함께 움직였다. 하지만 한 국가가 번영함에 따라 그 국가가 얼마나 잘 사는지를 추정하는 기준으로 부는 정확도가 떨어진다. 한때는 부족했던 기본적인 재화와 용역을 아주 쉽게 구할 수 있게 되면서 21세기에 미국, 일본, 스웨덴처럼 경제적으로 발전한 많은 국가는 재화와 용역이 풍부하다 못해 남아도는 지경이다. 현대 사회는 기본적인 의식주 욕구를 대체로 충족시킨다. 따라서 이 사회가 얼마나 잘 사는지를 추정할 때 이제는 부 외에 다른 요인이 중요한 역할을 한다.

2004년에 에드 디너(Ed Diener)와 나는 〈돈을 넘어서〉를 출간했다. 국내총생산의 단점을 열거하고 한 국가의 번영 수준은 그 국민이 자신의 삶에서 찾아내는 기쁨, 몰입, 의미의 양, 즉 그들의 웰빙 수준으로 더 정확하게 측정할 수 있다고 주장한 논문이다. 오늘날에는 부와 삶의 질 사이의 간극이 점차 확연해지고 있다.

GDP와 웰빙의 간극

국내총생산은 생산되고 소비되는 재화와 용역의 양, 그리고 GDP를 상승시키는 재화와 용역의 양을 증가시키는 모든 사건을 측정한다. 그러한 사건이 삶의 질을 높이는지 낮추는지는 중요하지 않다. 부부 한 쌍이 이혼할 때마다 GDP는 증가한다. 자동차 두 대가 충돌할 때마다 GDP는 증가한다. 항우울제를 한 줌씩 삼키는 사람이 늘어날수록 GDP는 더욱 상승한다. 잦은 경찰서 출입과 더 먼 장거리 통근은 삶의 질을 낮출지 모르지만 GDP는 증가시킨다. 유머감각 없는 경제학자들은 그러한 것을 '필요악적 지출(regrettables)'이라고 부른다. 담배 매출액과 카지노 수익도 GDP에 포함된다. 법률, 심리치료, 약품 같은 일부 산업계는 불행이 증가할 때 번창한다. 변호사와 심리치료사, 제약 회사가 나쁘다는 말이 아니다. 재화와 용역의 양을 증가시키는 것이 인간의 고통인지 인간의 번영인지에 관한 한 GDP는 장님이라는 말을 하는 것이다.

국내총생산과 웰빙 사이의 이러한 간극은 수치로 나타낼 수 있다. 지난 50년 동안 GDP는 세 배나 증가했는데도 미국인의 삶의 만족도는 제

자리다.

훨씬 더 두려운 것은 GDP가 세 배나 증가했는데도 일빙(ill-being)은 감소하지 않았다는 것이다. 일빙 수준은 오히려 훨씬 더 나빠졌다. 미국에서 지난 50년 동안 우울증 발생률은 10배로 늘었다. 부유한 모든 국가가 그렇다. 중요한 것은 가난한 국가들은 그렇지 않다는 점이다. 불안감 수준도 증가했다. 미국에서 사회적 유대감은 하락해서 타인과 정부 기관에 대한 신뢰 수준이 감소했다. 신뢰는 웰빙을 예측하는 중요한 요인이다.

부와 행복

부와 행복은 정확히 어떤 관계일까? 당신이 정말로 관심을 가져야 할 질문이 있다. 당신이 원하는 것이 삶에 대한 만족이라면 돈을 버는 일에 당신의 소중한 시간을 얼마나 할애해야 할까?

돈과 행복의 관계에 대한 대규모 연구 문헌이 하나 있다. 이 연구는 모든 국가를 서로 비교하고 한 국가의 내면을 면밀하게 조사하고 부자와 빈자를 비교했다. 그 결과, 두 가지 보편적인 사실이 드러났다.

1. 다음 그래프가 보여주듯이 돈이 많을수록 삶의 만족도가 높다.

그래프에서 원은 국가를 나타내고, 원의 지름은 총인구에 비례해서 커진다. 가로축은 구매력을 기준으로 측정한 국가별 2003년도 1인당 국내총생산(완전한 자료가 존재하는 최근 년도)이며, 세로축은 각 국가의 평균 삶의 만족도다. 사하라 이남 아프리카 국가들은 대부분 왼쪽 하단에 위치한다. 왼쪽에 바짝 붙어 있는 커다란 두 원은 인도와 중국이다. 서

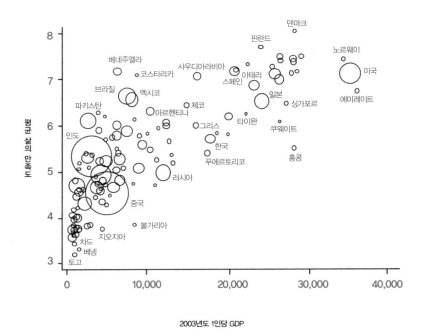

평균 삶의 만족도 (y-axis label)

8
7
6
5
4
3

베네주엘라
코스타리카
브라질
멕시코
파키스탄
아르헨티나
인도
체코
사우디아라비아
이태리
스페인
일본
싱가포르
덴마크
핀란드
노르웨이
미국
에미레이트
그리스
타이완
쿠웨이트
한국
푸에르토리코
홍콩
러시아
중국
불가리아
지오지아
차드
베넹
토고

0   10,000   20,000   30,000   40,000

2003년도 1인당 GDP

유럽 국가들은 주로 오른쪽 상단에, 미국은 맨 오른쪽에 있다. 1인당 국
내총생산이 더 높은 나라가 삶의 만족도가 더 높다. 주목할 점은 왼쪽
에서 시작된 그래프의 기울기가 가난한 나라들 사이에서 가장 가파르
다는 것이다. 더 많은 돈이 더 높은 삶의 만족도와 가장 직접적으로 연
결되는 나라들이다.

2. 그러나 더 많은 돈은 곧바로 삶의 만족도에 대한 수확 체감
(diminishing returns) 지점에 도달한다.

위의 그래프를 자세히 들여다보면 그것을 알 수 있다. 하지만 각 국가를 비교하기보다는 한 국가의 내면을 들여다볼 때 훨씬 더 명확하게 알게 된다. 재정적 안정망을 갖추지 못한 경우에는 돈이 증가함에 따라 삶의 만족도도 증가한다. 하지만 재정적 안정망을 확보한 뒤에는 돈이 더 많다고 해서 행복이 더 늘어나지는 않는다. 이것이 바로 '이스털린의 역설(Easterlin Paradox)'인데, 펜실베이니아 대학의 젊은 연구자 저스틴 월퍼스(Justin Wolfers)와 벳시 스티븐슨(Betsey Stevenson)이 최근에 그 개념에 이의를 제기했다. 그들은 돈이 많을수록 더욱 행복할 것이며 포만점(satiation point) 따위는 없다고 주장한다. 이 주장이 사실이라면 그것은 정부 정책과 우리 인생에 중요한 점을 시사한다. 그 두 사람은 영리하게 이렇게 주장한다. 늘어나는 돈과 삶의 만족도에 대한 수확 체감을 보여주는 위의 그래프를 절대 소득을 자연대수 소득(log income)으로 바꿔서 다시 작성할 경우, 어찌 된 영문인지 기울기는 끝이 안 보이게 상승하는 직선이 된다. 그래서 1인당 소득이 100달러 증가할 때 가난한 국가의 삶의 만족도는 부유한 국가의 삶의 만족도보다 두 배 더 증가하지만 자연대수 그래프는 이것을 바로잡는다.

이것은 그저 속임수일 뿐이지만 교훈적인 속임수다. 끝없이 상승하는 직선을 처음 언뜻 보고 당신은 삶의 만족도를 극대화하려면 지금 돈이 아무리 많아도 기 쓰고 돈을 더욱 더 많이 벌어야 한다고 추론할지도 모른다. 또는 공공 정책이 국가의 행복 증진을 추구할 경우 국가가 지금 아무리 부유해도 그 정책은 더욱 더 많은 부를 생산해야 한다. 이 그래프가 속임수인 이유는 자연대수 소득에는 심리적 의미가 전혀 없으며 당신이, 또는 국가가 더 많은 부를 추구하는 것에 어떻게 반응해야 하는지에 관해 어떤 것도 알려주지 않기 때문이다. 또한 당신의 시간

은 선형적이고 소중하기 때문이며 시간이 바로 돈이고 당신은 돈을 더
많이 버는 것보다 더 좋은 방법으로 시간을 사용해서 행복을 추구하기
로 결정할 수 있기 때문이다. 재정적 안정망을 이미 확보한 사람의 경
우 특히 그러하다. 소득이 10,000달러인 사람이 내년에 부업을 구해서
주말을 여섯 번 포기하고 10,000달러를 추가로 벌어들인다면 그의 행복
수준은 급격히 증가할 것이다. 수입이 100,000달러인 사람이 내년에 주
말을 여섯 번 포기하고 10,000달러를 추가로 번다면 그의 행복 수준은
사실상 감소할 것이다. 취미, 가족, 친구와 함께 하는 시간을 모두 포기
함으로써 그가 상실할 행복이 10,000달러(설사 50,000달러라고 해도)를 추
가로 벌어들임으로써 얻게 될 아주 작은 행복을 압도하기 때문이다. 행
복의 값에는 상한선이 없다는 점을 생각할 때 돈이라는 것이 얼마나 하
찮은지는 다음 표가 잘 보여준다.

다양한 집단의 삶의 만족도

(디너와 셀리그만, 2004년)

"나는 내 삶에 만족하는가"라는 질문에 대단히 만족한다(7점)부터 보통이다(4점), 결코 만족하지
않는다(1점)에 걸친 대답으로 얻은 평균 점수.

〈포브스 (Fobes)〉지 선정 미국 최고 부자들	5.8점
펜실베이니아 주 아미시 교인	5.8점
이누이트 족(북부 그린란드에 사는 이누이트 부족민)	5.8점
아프리카 마사이 족	5.7점
스웨덴인 표본	5.6점
전 세계 대학생 표본(2000년도 47개국 대학생)	4.9점

일리노이 주 아미시 교인	4.9점
캘커타 빈민가 거주자	4.6점
캘리포니아 주, 프레즈노 시 노숙자	2.9점
캘커타 노숙자	2.9점

미국에서 가장 돈이 많은 300명의 행복 수준이 아미시 교인이나 이누이트 족 성인과 똑같다니, 이럴 수가 있을까? 행복이 자연대수 소득에 따라 꾸준히 상승한다는 명제에 대해 고등학교 정치 수업 시간에 데이비드 미드글리 선생님은 우리에게 이렇게 말씀하셨다. "맞아. 외상은 없어."

소득과 행복에 관한 거의 모든 연구에서 사용되는 척도는 사실 "당신은 얼마나 행복합니까?"가 아니라 "당신은 자신의 삶에 얼마나 만족합니까?"다. 1장 행복 이론에서 웰빙 이론으로 바꾼 이유를 설명할 때 나는 이 두 번째 질문을 자세하게 분석했다. "자신의 삶에 얼마나 만족하느냐"에 대한 대답은 두 가지 요소로 이루어진다. 즉, 그 질문에 대답할 당시 당신의 일시적인 기분과 자신의 생활환경에 대한 보다 장기적인 판단이 그것이다. 내가 행복 이론을 폐기한 중요한 한 가지 이유는 황금 기준이라는 이 질문을 받을 당시의 기분에 따라 삶의 만족도 수준을 결정하는 비율이 70퍼센트이고 기분에 상관없이 판단하는 비율은 고작 30퍼센트였기 때문이다. 나는 그 일시적인 기분이 긍정심리학의 전부이자 목표여서는 안 된다고 생각했다. 또한 소득이 이 두 가지 요소, 즉 기분과 판단에 서로 다른 영향을 미친다는 사실이 드러났다. 소득 증가는 자신의 생활환경에 대한 긍정적 판단을 증가시키지만 기분에는 그렇게 큰 영향을 미치지 않는다. 이러한 차별적 영향은 각 국가 내의 시간에 따른 행복 수준 변화를 살펴봄으로써 또 한 번 확인할 수 있다. 1981년부터 2007년까지 긴 시간에 걸쳐 52개국의 주관적 웰빙을 분석한 연구가 있다. 그중 45개국이 반갑게도 주관적 웰빙이 상승했다. 6개국은 주관적 웰빙이 감소했는데, 모두 동유럽 국가다. 중요한 점은 주관적 웰빙이 행복(기분)과 삶의 만족도(판단)로 나뉘었고, 이 두 가지는 서로 별개인 것처럼 보였다는 것이다. 삶의 만족도는 대개 소득이 증가함에 따라 상승한다. 반면에 기분은 해당 국가 내의 관용이 증가함에 따라 상승한다. 따라서 행복이 소득에 비례해서 상승한다는 추론은 엄밀한 조사 앞에서 여지없이 무너진다. 사실은 자신의 생활환경이 더 좋아졌다는 당신의 판단이 소득에 비례해서 상승한 것이다. 하지만 당신의 기분은 소득이 늘어난다고 해서 상승하지 않는다.

삶의 만족도 수준이 소득 수준과 어긋날 때 몇 가지 매우 교훈적인 예외가 나타난다. 소득을 초월하는 좋은 삶이란 무엇인지에 대해 힌트를 주는 예외들이다. 콜롬비아, 멕시코, 과테말라, 그 밖의 라틴아메리카 국가는 그들의 낮은 국내총생산을 고려할 때 마땅한 수준보다 훨씬 더 행복하다. 덴마크, 스위스, 아이슬란드 등 소득 수준이 최고인 국가는 그들의 높은 국내총생산이 장담하는 것보다 훨씬 더 행복하다. 캘커타의 가난한 시민들은 샌디에이고의 가난한 시민보다 훨씬 더 행복하다. 유타 주는 그곳의 소득이 암시하는 수준보다 훨씬 더 행복하다. 이 지역들에는 풍부한 반면, 다른 지역에는 부족한 것이 무엇일까? 바로 그것이 '진정한 의미의 웰빙'에 대한 실마리를 제공한다.

따라서 더 이상은 국내총생산이 한 국가가 얼마나 잘 사는지를 가늠하는 유일한 지표여서는 안 된다는 것이 나의 결론이다. 이 결론을 정당화하는 것은 삶의 질과 GDP 사이의 우려되는 간극만이 아니다. 공공 정책은 측정된 것을 추종한다. 측정된 것이 전부 돈이라면 모든 정책은 돈을 더 많이 버는 것과 연관될 것이다. 웰빙도 측정한다면 웰빙을 증가시키기 위해 정책이 바뀔 것이다. 나와 에드 디너가 웰빙 척도가 GDP를 대체하거나 보완한다고 30년 전에 주장했다면 경제학자들은 일고의 가치도 없다며 우리를 비웃었을 것이다. 그들은 웰빙은 결코 측정할 수 없다고 또는 소득처럼 적어도 타당성이나 신뢰성 있게 측정할 수는 없다고 말했을 것이다. 그 말은 더 이상은 옳지 않다. 그래서 결국 나는 측정 가능한 웰빙으로 돌아간 것이다.

경제 하락

이 책을 쓰는 지금(2010년 상반기), 전 세계는 뜻밖의 두려운 경제 하락에서 서서히 회복되고 있는 것처럼 보인다. 나는 정말로 두려웠다. 은퇴할 나이에 이른데다가 아내와 일곱 아이가 있고 내가 평생 저축한 돈은 1년 6개월 전에 60퍼센트 이상 줄어들었다. 무엇이 문제였으며 누구를 비난해야 하는 걸까? 주가가 폭락하자 곳곳에서 희생양을 언급했다. 탐욕, 규제 부족, 젊고 똑똑한 괴짜들이 창안한 파생 금융 상품을 이해하지 못하는 멍청하고 지나치게 연봉만 높은 CEO들, 부시와 체니와 그리스펀, 주식 공매도, 단기주의, 파렴치한 모기지 대부 업자, 부패한 채권

등급 평가 서비스, 회사가 파산하는 와중에도 브리지 게임을 즐기던 베어스턴스의 CEO 지미케인 등이 그런 희생양이었다. 이것들에 대해 내가 가진 지식은 이 책의 독자들보다 더 나을 게 없다. 하지만 그 용의자 중에서 둘은 진범이 것이 거의 확실하다. 이제부터 그 둘을 다룰 것이다. 바로 형편없는 윤리 의식과 지나친 낙관성다.

윤리 대 덕목

"이 경기 후퇴는 우리 책임이야, 마티. 우리는 학생들에게 MBA라는 양가죽을 씌워 주었고, 그들이 월스트리트로 진출해서 이 참담한 파생 금융 상품을 만들어낸 거니까. 그들은 엄청난 돈을 벌어들였어. 하지만 그 금융 상품이 장기적으로는 자신의 기업에 해로울 것이며 미국 경제 전반에 악영향을 끼치리라는 것을 알고 있었어." 이 말을 한 사람은 내 친구 요람 제리 윈드다.

펜실베이니아 대학 와튼 경영 대학원 교수인 제리는 대학 내 정치에 대한 판단이 빠르고 국제 금융에 대해서는 훨씬 더 신속하게 판단한다. "이런 일이 두 번 다시 일어나지 않게 교수들이 막을 수 있어. 경영대학원에서 윤리학을 필수 과목으로 가르쳐야 하지 않을까?"

윤리학을 가르친다?

제리의 분석이 맞는다면, 이 경제 하락은 파생 금융 상품이 장기적으로는 기업을 파산시키고 경제를 무너뜨릴 것이라는 사실을 알고도 그것을 팔아서 단기간에 막대한 이익을 얻은 숫자의 귀재와 탐욕스러운 판매업자들이 초래했던 것이다. 윤리학 수업이 그것을 막는 데 도움이 될까? 윤리 원칙에 대한 무지가 문제였을까? 나는 그것이 윤리학은 필요 이상으로 중시하고 덕목은 필요 이하로 무시하는 주장이라고 생각한다. 아이를 구하려고 불이 난 건물로 뛰어 들어가는 엄마는 윤리 원칙에 따라 행동하고 있는 것이 아니다. 그것은 윤리적 행위가 아니다. 불 속으로 뛰어든 이유는 아이의 생명이 엄마 자신에게 무엇보다 중요하기 때문이다. 아이가 소중하기 때문인 것이다. 《허튼소리에 대해서(On Bullshit)》의 저자이자 프린스턴 대학 철학자인 해리 프랑크푸르트(Harry Frankfurt)는 뛰어난 에세이 《우리가 소중히 여기는 것의 중요성(The Importance of What We Care About)》에서 우리에게 소중한 것이 무엇인지 알아내는 것은 아직 제기되지 않은 훌륭한 철학적 질문이라고 주장한다.

우리가 소중히 여기는 것과 윤리학은 절대 똑같은 것이 아니다. 나는 윤리학의 거장이자 도덕 철학의 대가일지도 모르지만 만약에 내가 정말로 소중히 여기는 것이 어린아이와의 성행위라면 나의 행동은 경멸받아 마땅할 것이다. 당신에게 소중한 것, 즉 당신의 덕목은 윤리학보다 더욱 기본적인 것이다. 우리가 소중히 여기는 것에 대한 철학 교육은 행해지지 않고 있으며, 심리학에도 그와 똑같은 간극이 존재한다. 한 개인은 어떻게 해서 브리지 게임이나 젖가슴이나 돈 모으기나 지구 살리기를 소중히 여기게 되는 걸까? 이것은 내가 지금까지 연구해온 주제인데, 아직도 그것을 제대로 간파하지 못했다.

우리가 본능적으로 소중히 여기는 것이 몇 가지 있다. 물, 음식, 주거지, 성행위다. 그러나 우리가 소중히 여기는 것은 대부분 학습된다. 프로이트는 우리가 소중히 여기게끔 학습한 것을 '카섹시스(cathexis)'라고 불렀다. 뱀을 목격하는 것과 같은 어떤 중성적 사건이 자동차 문틈에 손이 세게 끼는 트라우마와 동시에 일어날 때 부정적 카섹시스가 발생한다. 이제 뱀은 극악무도한 대상이 된다. 예전에 일어난 어떤 중성적 사건이 황홀감을 동반했을 때 긍정적 카섹시스가 발생한다. 한 예로, 누나가 발로 남동생의 성기를 애무한 적이 있을 때, 그 동생은 발 페티시스트가 되어서 여성의 발에 특별한 관심을 보이고 신발 판매자가 되어서 만족스럽게 살아간다. 성격 연구의 창시자 중 한 명인 고든 올포트(Gordon Allport)는 이렇듯 처음에는 욕구 충족 수단이었던 것이 나중에는 그 자체가 목적이 되어 동기로 작용하는 것을 '동기의 기능적 자율성'이라고 불렀다. 즉, 중성적 사건들의 결합체인 알록달록한 작은 종잇조각에 불과한 우표가 나중에는 우표 수집가의 집착의 대상이 되는 것이다. 올포트와 프로이트는 이 현상을 관찰했지만, 두 사람 모두 그것을 설명하지는 못했다.

내가 제시한 설명은 준비된 파블로프 조건형성이었다. 쥐에게 전기 충격과 동시에 종소리와 달콤한 맛을 제시할 때 쥐는 종소리를 두려워하는 것은 학습하지만 달콤한 맛은 여전히 아주 좋아한다. 반면에 똑같은 종소리와 달콤한 맛이 배탈과 동시에 일어날 경우, 쥐는 그 후부터 달콤한 맛을 혐오하지만 종소리에는 여전히 관심이 없다. 이것이 가르시아 효과(Garcia effect)로서 1964년에 그것을 발견한 인습파괴적인 심리학자 존 가르시아(John Garcia)의 이름을 딴 것이다. 이 현상은 학습 이론과 영국 연합주의의 첫 번째 원칙, 즉 어떤 자극이 다른 자극들과 동시에 일어날 때 의식은 그 자극을 모두 연합한다는 원칙을 뒤집었다. 나는 가르시아 효과를 베어네이즈 소스 현상이라고 불렀다. 베어네이즈 소스를 먹고 끔찍한 복통에 시달린 후부터 그 소스를 혐오하게 되었기 때문이다. 하지만 그 소스를 곁들여 식사하는 동안에 흘러나온 오페라 〈트리스탄과 이졸데(Tristan and Isolde)〉는 여전히 좋아했다. 나를 비판하는 사람들은 이것을 '최후의 만찬 이래 가장 널리 떠벌린 식사'라고 비웃었다. 학습은 선택적으로 이루어지며, 진화에 의해 준비된 자극은 매우 쉽게 학습된다. 단 한 번의 실험에서 준비된 공포 조건 형성, 즉 중성적 자극인 거미 사진과 트라우마인 전기 충격의 동시 발생이 학습되면 거미 사진과 전기 충격이 더 이상 동시에 제시되지 않아도 그 조건 형성은 쉽게 지워지지 않는다. 그것은 합리적 사고를 거부하고 전기 충격이 사라졌을 때조차 여전히 활발하게 작용한다. 신속한 학습, 소거에 대한 저항, 비합리성은 카섹시스와 동기의 기능적 자율성의 핵심 특성이다.

나는 준비된 학습이 종 전반에 걸친 현상, 예를 들어 나이 든 원숭이 한 마리가 뱀을 두려워하는 모습을 단 한번만 목격하고도 모든 원숭이가 뱀을 두려워하는 것을 학습하는 일뿐 아니라 한 가족 내에서 유전될 수 있다고 추론했다. 즉, 특정 대상에 대한 두려움은 집안 내력이고, 일란성 쌍둥이는 두 사람이 우울증 형질을 그리고 거의 모든 성격 특성을 똑같이 갖고 있을 확률이 이란성 쌍둥이보다 더 높다. 따라서 우표나 젖가슴, 정신적 삶, 진보적 정치관에 집착하는 성향은 생물학적으로 준비된 것이며 유전될 수 있다. 즉, 쉽게 학습되고 소거되기 힘들며 의식 밑에서 작동한다. 여기까지가 나의 주장이다. 추론적이고 불완전하지만 나는 이 주장이 올바른 방향으로 가고 있다고 확신하며, 따라서 그것을 고수하고 있다.

그러므로 내가 보기에는 와튼 대학원생들이 윤리학 수업을 열 번 듣는다 해도 아무 소용이 없을 것이다. 윤리학이 중요한 것이 아니라 그들이 소중히 여기는 것이 무엇인지가 중요하다. 그리고 덕목에 관한 수업 역시 그렇게 효과적이지는 못할 것이다. 덕목이 어디에서 생겨나든지 강의와 필독 도서에서 생겨나는 것은 아니기 때문이다.

제리와의 대화는 강의실로 가는 길에 나눈 것이었다. 나는 그의 MBA 수업에 초대되어 창의성과 마케팅에 관해 강의할 예정이었다. 그 전 주말에는 웨스트포인트에서 생도들에게 강의했었다. 이 두 집단은 놀라울 정도로 대조적이었다. 성적이나 IQ 또는 성취 수준에서 차이가 있다는 말이 아니다. 와튼 경영대학원과 웨스트포인트는 세계에서 가장 우수한 대학들 중 두 곳이다. 그들이 소중히 여기는 것이 서로 딴판이었다. 그 두 집단의 덕목은 중복되는 것이 거의 없다. 와튼 경영대학원 학생들은 돈을 버는 것을 소중히 여긴다. 웨스트포인트 생도들은 국가에 봉사하는 것을 소중히 여긴다. 학생들은 주로 자신이 소중히 여기는 것에서의 이러한 차이를 기준으로 선택되고 스스로 선택한다. 경영대학원이 탐욕과 단기주의가 빚어내는 경제적 재앙을 막고자 한다면 보다 광범위한 도덕적 원칙과 장기주의를 추구하는 학생을 선발해야 할 것이다.

와튼 경영대학원에서 새로운 과목을 가르칠 계획이라 해도 그것은 윤리학이어서는 안 된다. '긍정 경영' 과목이어야 한다. 이 수업의 목표는 MBA 학생들이 소중히 여기는 것의 범위를 확장하는 것이다. 자신에게 소중한 것을 성취하는 것, 즉 긍정 성취는 웰빙의 한 가지 요소다. 긍정 경영에 관한 수업은 서로 다른 다섯 가지 요소, 즉 긍정 정서, 몰입,

긍정 성취, 긍정 관계, 의미를 추구함으로써 웰빙이 생겨난다고 가르친다. 웰빙을 원한다 해도 오직 성취만 소중히 여긴다면 웰빙을 얻지 못한다. 학생의 플로리시를 원한다면 우리 교수진은 긍정 기업과 그곳에 속한 개개인이 이윤 추구는 물론이고 의미, 몰입, 긍정 정서, 긍정 관계도 배양해야 한다고 가르쳐야 한다. 이 관점에서 보면 긍정 기업의 순수익은 기업이 거둔 이익에 의미를 더하고 긍정 정서를 더하고 다시 몰입을 더하고 긍정 인간관계를 모두 더한 값이다.

최근에 벌어진 경제 하락의 피해자인 우리도 깨달아야 할 교훈이 하나 있다. 내가 평생 저축한 돈이 하루가 다르게 줄어드는 것을 지켜보면서 나는 주식 시장이 훨씬 더 폭락할 경우 내 가족의 웰빙이 어떻게 될지 궁금했다. 웰빙 이론에 따르면 웰빙에 이르는 길은 다섯 가지다. 즉, 긍정 정서, 몰입, 의미, 관계, 성취다. 가진 돈이 훨씬 더 적어지면 이 다섯 가지 영역에서 내 인생이 얼마나 손상될까? 나의 총 긍정 정서는 확실히 줄어들 것이다. 우리는 많은 긍정 정서를 돈으로 구매하기 때문이다. 고급 음식점에서 하는 맛있는 식사, 연극 관람, 마사지, 한겨울에 따뜻한 피한지, 딸아이를 위한 예쁜 옷 모두 돈으로 사들인다. 하지만 내 인생에서 의미와 성취는 여전히 변함이 없을 것이다. 그것은 내가 자아보다 더 중요하다고 믿는 것에 소속되고 기여하는 것에서 생기기 때문이다. 내 경우에 자아보다 더 중요한 것은 바로 집필, 연구, 지도, 강의를 통해 전 세계의 웰빙을 향상시키는 것이다. 가까운 사람들과의 관계는 오히려 개선될지도 모른다. 같이 요리하고 가족이 다 함께 희곡을 읽고 돈 주고 마사지 받는 대신 마사지하는 법을 배우고 겨울밤에는 벽난로 가에 모여 앉고, 옷은 함께 만들 수도 있다. 똑같은 금액을 소비할 경우 물건보다는 경험이 더 많은 웰빙을 안겨준다는 연구 결과가 있음을 잊지 말아야 한다. 줄어든 재산은 내 성취에 영향을 미치지 못할 것이다. 돈을 한 푼 못 받아도 나는 이 책을 계속 쓸 것이다.

라이프스타일의 변화는 고통스러울 것이다. 하지만 면밀하게 숙고한 후, 나는 나 자신의 웰빙과 내 가족의 웰빙은 사실 별로 손상되지 않을 거라는 결론을 내렸다. 불황에 대한 전망이 나를 그렇게 두렵게 만든 한 가지 이유는 내가 간접적으로 대공황의 피해자이기 때문이다. 대공황이 닥쳤을 때 내 부모님은 청년이었고, 그 사건은 두 분의 미래관을 영원히 바꾸었다. 부모님은 언제나 말씀하셨다. "마틴, 의사가 되라. 의사는 언제나 필요하거든. 그러면 너는 절대 밥은 굶지 않을 거야." 월스트리트가 붕괴한 1929년 그 시절에 재정적 안전망은 없었다. 사람들은 굶주렸고 아파도 약이 없었고 학교를 그만두었다. 내 어머니는 고등학교를 중퇴하고 조부모님을 도왔다. 내 아버지는 당신이 구할 수 있는 가장 안전한 공무원직을 차지하는 대가로 당신의 뛰어난 정치적 능력을 사장시켰다. 2008~2009년의 경제 불황은 대공황보다 훨씬 고약했지만 모든 부유한 국가들이 대공황 이후 구축해온 재정적 안전망이 완충 역할을 해줄 것이었다. 굶주리는 사람은 없을 것이고 의료 보장은 온전할 것이며 무상 교육은 여전할 것이다. 이 사실을 깨달은 것 또한, 꼭두새벽에 일어나 가슴을 졸이는 정도는 아니었지만 깨어 있는 시간에 내가 느끼는 두려움을 크게 덜어주었다.

낙관성과 경제

형편없는 윤리 의식 외에 내가 알고 있는 경제 하락의 또 다른 진범은 낙관성이다. 대니 카너먼(Danny Kahneman)은 프린스턴 대학에서 웰빙을 연구하는 유일한 심리학자이자 교수로 노벨 경제학상 수상자다. 자신에게 붙는 꼬리표에 아주 까다로운 그는 자칭 긍정심리학자도 아니며 자신을 그렇게 부르지 말라고 부탁한다. 하지만 내 생각에 그는 긍정심리학자다. 대니는 낙관성에 대해 양면적인 태도를 취한다. 낙관성에 반대하지 않아서 실제로 그것을 '자본주의의 엔진'이라고 부른다. 그러면서도 과잉 확신과 망상적 낙관성을 비난하며 "사람들은 해서는 안 되는 일도 그것이 성공할 거라고 믿기 때문에 행한다"고 말한다. 망상적 낙관성은 카너먼이 제기한 '계획 오류'와 아주 가까운 개념이다. 계획 오류에 빠진 사람은 계획을 세울 때 상습적으로 비용을 과소평가하고 이익을 과대평가하는데, 그 이유는 자신의 과제와 비슷한 다른 과제들을 달성하는 데 소요된 정확한 기준치를 무시하기 때문이다. 망상적 낙관성는 연습을 통해 바로잡을 수 있다고 대니는 확신한다. 투자자는 투자하려는 벤처 사업이 과거에 실제로 얼마나 성공했는지를 체계적으로 기억하고 현실적으로 시연하는 연습을 해야 한다는 것이다. 이 연습은 〈종합 군인 피트니스〉에서 부정적인 망상적 비관성을 바로잡기 위해 사용한 '진상을 올바로 파악하기'와 유사하다.

바버라 에런라이크는 낙관성에 양면적인 태도를 취하지 않는다. 저서 《긍정의 배신》의 7장 "긍정 사고는 어떻게 경제를 무너뜨렸나"에서 그녀는 2008~2009년의 경제 하락이 긍정 사고 때문이라고 비난한다. 에런라이크는 낙관성을 스탈린주의의 중요한 사회 통제 수단이라고 묘사하는데, 낙관성이 히틀러와 자바 더 헛(Jabba the Hutt, 〈스타워즈〉에 등장하는 범죄 조직 우두머리 —옮긴이 주)에게 가장 중요한 수단이었다고 주장하는 것은 간신히 자제한다. 에런라이크의 말에 따르면 오프라 윈프리와 텔레비전 전도사 조엘 오스틴과 토니 로빈스 같은 동기 부여 지도자들은 일반 대중을 충동질해서 그들이 갚을 수 없을 정도로 소비하게 만들었다. 긍정 사고를 옹호하는 경영 자문은 경제가 성장에 성장을 거듭할 거라는 솔깃한 아이디어로 최고 경영자들을 감염시켰다. 학자는 이 장사치들을 위해 과학적 토대를 제공했다. 에런라이크는 우리에게 필요한 것이 낙관성이 아닌 현실성이라고 말한다. 사실 긍정성 배양이 아닌 현실성 배양이 《긍정의 배신》 주제다.

한심한 주장이다.

경제 하락의 원인이 낙관성이었다는 견해는 완전히 틀린 것이다. 오히려 낙관성이 경제를 활성화시키고, 비관성이 경제를 침체시킨다. 나는 경제학자가 아니다. 하지만 내 생각에는 사람들이 자신의 미래 가치에 대해 낙관적일 때 주식이나 물가도 대체로 상승하고 자신의 미래 가치에 비관적일 때 주식이 하락한다. 이것은 리처드 스미스의 저서 《브롱스 다이어트》의 주장과 비슷하다. 즉, 살을 빼고 싶으면 더 적게 먹고 살을 찌우고 싶으면 더 많이 먹어라. 주식이나 파생 금융 상품의 실제 가치는 투자자의 인식 및 예측과 별개로 존재할 수 없다. 그 종잇조각의 가격이 앞으로 얼마가 될지에 대한 인식이 가격과 가치에 강력한 영향을 미친다.

재귀적 현실과 비재귀적 현실

현실에는 두 종류가 있다. 하나는 인간의 생각, 욕구, 소망, 기대가 영향을 미치지 못하는 현실이다. 항공기 조종사로서 당신이 폭풍우 속을 비행할지 여부를 결정할 때 저 밖에 독립적으로 존재하는 현실이 하나 있다. 어떤 대학원에 입학할지 결정할 때, 즉 교수들과 얼마나 잘 지낼 수 있을지, 실험 공간은 충분한지, 학비를 부담할 수 있는지 판단할 때 저 밖에 독립적인 현실이 존재한다. 당신이 청혼을 했는데 상대방이 거절하는 현실이 존재한다. 어느 경우에서든 당신의 생각과 소망은 그 현실에 영향을 미치지 못한다. 따라서 이 모든 상황에서 나는 현실성에 찬성한다.

다른 종류의 현실은 기대와 인식이 영향을 미치고 때로는 현실을 결정하기까지 한다. 기업가이자 자선가인 조지 소로스는 이것을 '재귀적 현실(reflexive reality)'이라고 부른다. 시장 가격은 기대와 인식이 강력하게 영향을 미치는 재귀적 현실이다. 주식 가격에 대한 현실성은 언제나 사실이 있은 후에야 등장한다. 주가가 폭락하고 나면 그제야 과도한 낙관성이라는 꼬리표를 붙이는 것이다. 기꺼이 얼마를 지불하고 주식을 살지 결정할 때 당신은 그 주식의 실제 가치만을 판단하는 것이 아니라 그 주식의 미래 가치에 대한 시장의 인식까지도 판단한다. 투자자가 그 주식의 미래 가치에 대한 시장의 인식을 낙관한다면, 그 주식 가격은 상승한다. 투자자가 그 주식의 미래 가치에 대한 시장의 인식에 대단히 망상적으로 낙관적이라면 그 주가는 계속 상승한다. 투자자가 특정 주식의 미래 가치에 대한 시장의 인식에 대단히 비관적일 때, 그 주가 또는 파생 금융 상품은 급락하고 경제는 무너진다.

하지만 낙관성과 비관성이 전부는 아니다. 기초 경제 여건에 여전히 관심을 기울이는 투자자들이 있다. 장기적으로 기초 경제 여건은 특정 주가의 등락 범위를 고정시키는데, 주가는 기초 경제 여건의 가치를 기준으로 폭넓게 오르내린다. 하지만 단기적으로 주가는 낙관성과 비관성에 의해 크게 영향을 받는다. 하지만 여기서도 나는 이것이 재귀적 현실이며 기초 경제 여건의 가치는 그것의 미래 가치에 대한 시장의 인식에 의해 영향을 받는다고 생각한다.

파생 금융 상품도 마찬가지다. 재화와 용역은 그러한 경향이 더욱 일반적이다. 최근에 벌어진 경제 하락의 주요 원인인 부동산 파생 금융 상품을 생각해보자. 투자자가 저당권 설정자의 채무 상환 능력에 대해 낙관적일 때 모기지의 가치는 상승한다. 그러나 저당권 설정자의 상환 능력은 실제 능력이 아니다. 주로 은행의 부동산 차압 의지, 그 부동산의 미래 가치에 대한 인식, 모기지 이율 면에서 인식된 능력이다. 투자자가 그 부동산의 미래 가치에 대해 비관적일 경우, 그 가치는 하락한다. 신용이 엄격해진다. 그 부동산에 부과된 이율은 이제 그것이 팔릴 때 받게 될 거라고 인식된 가격을 넘어서고, 그래서 은행의 차압 의지가 상승한다. 따라서 이 모든 과정을 추진하는 힘은 그 부동산의 미래 가치에 대한 투자자의 인식과 저당권 설정자의 상환 능력에 대한 인식이다. 이 두 가지 인식은 자기 충족적이며, 물리학자 베르너 하이젠베르크의 불확실성 원리(uncertainty principle, 입자의 위치와 운동량을 동시에 측정할 수 없고 두 가지 중 하나는 확정할 수 없다는 원리 -옮긴이 주)처럼 저당권 설정자의 채무 상환 불능에 영향을 미친다. 투자자가 모기지의 가치를 낙관적으로 인식할 때 부동산 시장은 활성화된다.

따라서 낙관성이 경제 하락의 원인이었다는 주장은 그야말로 헛소리다. 사실은 그 반대다. 낙관성은 주가 상승을 불러일으키고 비관성은 주가 하락을 낳는다. 경제 하락의 원인은 전염성 비관성이었다.

에런라이크는 현실에 영향을 미치지 못하는 비현실적 낙관성과 현실에 영향을 미치는 현실적 낙관성을 혼동하는 실수를 저질렀다. 내년에 필라델피아에서 개기 일식을 볼 수 있을지 없을지에 관한 한, 나의 희망은 어떤 영향도 미치지 못한다. 하지만 주가의 미래에 관해서라면 투자자의 낙관성과 비관성이 주식 시장에 엄청난 영향을 미친다.

현실을 받아들이라는 에런라이크의 훈계는 사실상 경제에 대한 오해보다 더욱 위험하고 유해하다. 단지 그녀가 유방암 환자들에게 그 질병의 현실을 받아들이라고 훈계해서 위험하다는 것이 아니다. 에런라이크는 낙관성과 사탕발림을 혼동하고 있다. 희망과 유방암 환자의 '정상적 반응인 분노와 공포에 대한 거부'를 혼동한다. 낙관성을 억지로 자제하라는 의학적 조언은 유해하다. 심지어 치명적일 수도 있다. 낙관성이 9장에서 다룬 인과적인 생물학적 메커니즘 중 하나를 통해 더 좋은 치료 결과를 가져올 수 있기 때문이다. 에런라이크는 인간의 웰빙이 오직 교육, 전쟁, 돈 같은 외부 효과에 의해서만 생겨나는 세계를 추구하는 것 같다. 그렇게 파편적이고 마르크스주의적인 세계관은 인간의 사고와 감정이 미래에 꾸준히 영향을 미치는 수많은 재귀적 현실을 무시할 수밖에 없다. 긍정심리학은, 그리고 이 책은 그러한 재귀적 현실을 다룬다.

당신의 인생에 확실히 영향을 미치는 중요한 재귀적 현실이 하나 더 있다. 당신이 배우자를 얼마나 긍정적으로 바라보느냐 하는 것이다. 뉴욕 주립 대학 버펄로 캠퍼스 교수인 샌드라 머레이(Sandra Murray)는 행복한 결혼생활에 관한 일련의 비범한 연구를 수행해왔다. 그녀는 배우자에 대한 당신의 생각, 즉 그가 얼마나 잘 생겼는지, 얼마나 친절한지, 얼마나 재미있는지, 얼마나 헌신적인지, 얼마나 영리한지에 대한 생각을 세심하게 측정한다. 그런 다음 당신과 가장 친한 친구들에게 당신의 배우자에 대해 똑같은 질문을 던지고, 그 생각의 차이를 점수로 환산한다. 즉, 배우자에 대해 당신이 당신 친구들보다 더 좋게 생각한다면 그 점수는 양수, 즉 긍정적이다. 당신이 현실적인 사람이어서 배우자를 당신 친구들과 똑같은 시각에서 바라본다면 점수는 0점이다. 당신 친구들보다 당신이 배우자를 더욱 비관적으로 생각한다면 점수는 음수, 즉 부정적이다. 결혼의 강도는 그 점수의 긍정성 수준과 비례한다. 배우자에 대해 아주 확고한 긍정 환상을 갖고 있는 사람은 훨씬 더 원만한 결혼생활을 영위한다. 그럴듯한 이유로는 배우자가 당신의 그 환상을 익히 알고는 그것에 부응하려고 애쓰기 때문이라는 것이다. 낙관성은 사랑을 도와주고, 비관성은 사랑을 해친다. 에런라이크의 반대에도 불구하고, 그 연구는 건강에 대해서도 결혼생활과 똑같은 결과를 제시한다. 즉, 비관성은 건강을 해치고, 낙관성은 건강을 증진시킨다.

저 밖에 우리의 기대가 영향을 미치지 못하는 현실이 있다는 것을 인식할 때 나는 현실성에 적극 찬성한다. 우리의 기대가 현실에 영향을 미칠 때 현실성은 그야말로 최악이다.

플로리시, 51퍼센트

이미 보았듯이 부는 삶의 만족도에 상당히 기여하지만 행복이나 좋은 기분에는 별로 도움이 안 된다. 그와 동시에 국내총생산과 웰빙 사이에는 엄청난 간극이 존재한다. 점수를 계산하는 전통적 방식에서 번영은 부와 동일시된다. 나는 이제 점수를 계산하는 더 좋은 방법과 더 좋은 목표를 제안하고자 한다. 바로 부와 웰빙을 결합한 것으로 나는 그것을 '새로운 번영'이라고 부른다.

국가가 가난하거나 전쟁 중이거나 기아 또는 전염병에 시달리거나 국민이 서로 대립할 때 그 국가의 최우선 관심사는 당연히 피해 방지와 방어 체제 구축에 관한 것이어야 한다. 인류 역사 이래 거의 언제나 거의 모든 국가가 그 고통스러운 빈곤과 재난을 겪어왔다. 그런 조건에서는 국내총생산이 앞으로 얼마나 호전될지에 명백한 영향을 미친다. 국가가 부유하고 평화롭고 풍족하고 건강하고 국민이 서로 화합하는 드문 경우에는 아주 다른 일이 일어난다. 그들은 시선을 위로 돌린다.

15세기 중반의 이탈리아 피렌체는 하나의 등불이다. 그 도시는 1450년에 이르러 대단히 부유해졌다. 은행업으로 성공한 메디치 가문 덕분이었다. 그곳은 평화롭고 풍족하고 건강하고 서로 화합했다. 적어도 과거에 비해, 그리고 유럽의 나머지 지역에 비해 상대적으로 그러했다. 피렌체는 그 막대한 돈으로 무엇을 할지 숙고하고 논쟁을 벌였다. 장군들은 정복을 주장했다. 하지만 코시모 메디치가 논쟁에서 승리함으로써 피렌체는 그 남아도는 부를 예술에 투자했다. 그리하여 200년 후에 르네상스라고 불리게 되는 결과물을 우리에게 남겨주었다.

세계의 부유한 국가들, 미국, 유럽 연합, 일본, 호주는 피렌체와 똑같은 조건에 있다. 부유하고 평화롭고 풍족하고 건강하고 서로 화합한다. 우리는 그 막대한 부를 어떻게 투자할 것인가? 우리가 이룰 르네상스는 무엇일까?

역사를 장악하고 있는 포스트모더니즘은 역사를 일러 '계속 되풀이되는 지긋지긋한 일'이라고 가르친다. 포스트모더니스트들은 역사를 잘못 이해하고 잘못 가르치고 있다. 확신하건대, 역사는 인류의 진보에 대한 기록이며, 당신은 이데올로기에 눈이 멀어서 이 진보하는 현실을 못 보는 것이 분명하다. 역사를 둘러싼 도덕과 경제는 가끔 한 번씩 삐걱거리기는 했지만 그럼에도 계속 진보하고 있다. 대공황과 홀로코스트의 간접적 피해자로서 나는 여전히 남아 있는 가혹한 장애물을 예리하게 포착한다. 번영의 취약성과 진보의 화려한 산물을 아직 누리지 못하는 수십억 지구인을 명확하게 인식한다. 그러나 인류 역사상 가장 피비린내 나는 세기인 20세기에서조차 우리는 파시즘과 공산주의를 물리쳤고 60억 인구를 먹여 살릴 방법을 연구했고 대학 교육과 단일 의료 보험 제도를 창안했다는 사실은 부인할 수 없다. 우리는 실제 구매력을 5배 이상 높였으며, 인간의 수명을 연장시켰다. 환경오염을 억제하고 지구를 보살피기 시작했다. 인종적, 민족적, 성적 불평등을 현저하게 감소시켰다. 독재자의 시대는 끝나고 있으며 민주주의의 시대가 확고하게 뿌리를 내렸다.

이 경제적, 군사적, 도덕적 승리는 20세기의 자랑스러운 유산이다. 21세기는 후세에 어떤 선물을 남겨줄 것인가?

2009년 6월에 열린 국제 긍정심리학 협회 제1회 세계 회의에서 긍정심리학이 후세에 남겨줄 선물에 대한 질문이 제기되었다. 과학자, 코치, 교사, 학생, 의료계 종사자, 경영자들을 포함하여 약 1,500명이 필라델피아에 모여서 긍정심리학 최신 연구 및 실행에 대한 강연을 경청했다. 이사회 회의에서 펜실베이니아 대학 MAPP 책임자인 제임스 파월스키가 그 질문을 제기했다. "존 케네디는 인간을 달에 보낸다는 원대한 비전을 품었고 이루었습니다. 그것만큼 우리가 명확하게 제시할 수 있는 원대하고 고무적인 비전은 무엇입니까? 우리의 야심에 찬 목표는 무엇입니까? 긍정심리학의 장기적 임무는 무엇입니까?"

바로 그때, 케임브리지 대학 웰빙 연구소 소장인 펠리시아 후퍼트가 몸을 기울이며 세계 회의를 위해 준비한 자신의 논문 복사본을 내게 건넸다. 나는 그녀의 연구를 소개하면서 1장을 마무리했는데, 이제 그 연구 결과를 확장하면서 이 책을 마무리할 것이다. 후퍼트와 티모시 소는 23개국의 대표 표본인 성인 43,000명을 조사하고, 플로리시 수준을 측정했다. 그들이 정의한 플로리시는 높은 수준의 긍정 정서에 여섯 가지 요소, 즉 자존감, 낙관성, 회복력, 활력, 자기 결정 능력, 긍정 관계 중에서 높은 수준의 세 가지 요소를 추가한 것이었다.

이 요소가 플로리시의 엄밀한 기준이다. 세 가지 핵심 요소인 긍정 정서, 몰입, 의미는 진정한 행복 이론에서 취한 것이다. 하지만 그 밖의 요소들을 추가함으로써 웰빙 이론의 다섯 가지 요소에 근접했다. 그들의 연구에 성취를 한 가지 요소로 추가해서 높은 수준의 긍정 정서, 몰입, 의미, 긍정 관계, 긍정 성취를 갖춘다면 바로 내가 주장하는 플로리시의 기준이 된다.

그것은 단순히 주관적인 기준이 아니다. 웰빙 척도는 사회 과학 분야에서 아직 전적으로 인정받는 척도는 아니다. 하지만 이제 조금씩 받아들여지면서 다양한 웰빙 척도가 개발되고 있다. 이 일은 웰빙의 공통 척도는 행복이어야 한다고 주장하는 내 친구 리처드 레이어드가 이끈다. 우리는 이제 특정 정책이 행복을 얼마나 생산하느냐를 기준으로 정부 정책을 평가할 것이다. 행복 척도는 오직 GDP만 측정하는 수준을 뛰어넘은 커다란 발전이고 사실 진정한 행복 이론이 주장했던 것이지만 그것으로는 부족하다. 첫 번째 문제는 행복은 전적으로 주관적인 목표이며, 따라서 객관적 척도가 없다는 것이다. 긍정 관계, 의미, 성취는 주관적인 동시에 객관적인 요소다. 즉, 자신의 인간관계에 대한 당신의 감정뿐만 아니라 당신에 대한 상대방의 감정도 측정한다. 의미에 대한 당신의 느낌은 물론이고 자아보다 더 중요한 어떤 것에 실제로 소속되고 실제로 봉사하는 정도도 측정한다. 당신이 이룬 것에 대한 자긍심뿐 아니라 목표를 실제로 달성했는지, 그 목표가 당신에게 소중한 사람과 세상 사람들에게 어떤 영향을 미치는지도 측정한다.

오직 행복 척도만으로 정책을 판단하는 것의 두 번째 문제는 그 척도가 세상 사람의 절반, 즉 내성적이고 긍정 정서 수준이 낮은 사람들을 간과한다는 것이다. 내성적인 사람은 대체로 긍정 정서를 별로 느끼지 않고 친구를 사귀거나 국립공원으로 여행을 가도 외향적인 사람만큼 그렇게 즐거워하지 않는다. 따라서 새로운 국립공원 건립을 논할 때 그 공원이 추가로 생산할 행복의 양을 계산해서 건립 여부를 결정할 경우, 내성적인 사람들을 계산에 넣지 않게 된다. 제안된 특정 정책이 추가로 생산할 웰빙의 양을 측정하는 것이 보다 객관적일 뿐더러 더욱 민주적이다.

앞으로 웰빙 요소를 정확하게 측정하는 방법, 부와 웰빙 척도를 결합하는 방법, 객관적 기준 대 주관적 기준의 비중에 관해 활발하게 논의하고 커다란 발전을 이룰 것이다. 매우 실질적인 결과를 다루는 까다로운 질문이 있다. 예를 들어 한 국가 내에서 소득 불균형을 어떻게 측정할지, 긍정 정서를 끌어내는 데 있어서 몰입 대 기쁨을 어떻게 비교 측정할지, 올바른 자녀 양육 척도는 무엇인지, 자원 봉사 활동 수준을 어떻게 가늠할지, 녹색 공간의 중요성을 어떻게 측정할지 등이다. 이제 웰빙 지수에 포함시켜야 할 것을 놓고 정치적 싸움과 실증적 싸움이 벌어질 것이다. 그런 싸움을 할 때에는 웰빙이 인간으로서 우리가 소중히 여기는 유일한 것이 아니라는 점을 기억하는 것이 중요하다. 나는 오직 웰빙만이 공공 정책 결정의 척도가 되어야 한다고 주장하지 않는다. 우리는 정의, 민주주의, 평화, 관용을 소중히 여긴다. 인간이 원하고 필요로 하는 그것들은 웰빙과 밀접한 관계가 있을 수도 있고 없을 수도 있다. 그러나 미래에는 단지 돈을 기준으로 삼지 말고 웰빙을 기준으로 정책을 측정하고 결정해야만 한다. 이 웰빙 척도는 우리가 후세에 물려줄 선물 중 하나가 될 것이다.

단순히 플로리시를 측정하는 것을 넘어서 더 많은 플로리시 그 자체가 우리의 선물이 될 것이다. 나는 플로리시에 뒤따르는 이익을 강조한다. 이 책은 주로 그 후속 효과를 다루었다. 즉, 개인이 플로리시 할 때 건강과 생산성과 평화가 뒤따른다. 이것을 염두에 두고 나는 이제 긍정 심리학의 장기적인 임무를 명확하게 제시하려 한다.

2051년 즈음이면 전 지구인의 51퍼센트가 플로리시하고 있을 것이다.

나는 이것을 성취하는 것이 얼마나 큰 이익을 가져올지 알고 있다.

마찬가지로 그것이 얼마나 큰 도전인지도 충분히 안다. 개인 코치나 심리학자들이 그 일을 도와줄 것이다. 하지만 그들의 도움은 극히 일부에 불과하다. 그 일은 긍정심리 교육의 도움도 받을 것이다. 긍정심리 교육 현장에서 교사들은 웰빙 원칙을 수업에 끼워넣고, 학생들의 우울과 불안은 감소하고 행복은 상승한다. 군대에서는 회복력 훈련이 그 일에 일조할 것이다. 그 훈련 덕분에 PTSD는 감소하고 회복력은 증가하며, PTG는 더욱 흔해질 것이다. 심리적으로 더 잘 단련된 젊은 군인들은 더 훌륭한 시민이 될 것이다. 긍정 경영 또한 그 일을 도울 것이다. 이윤 창출뿐 아니라 더 좋은 관계와 더 많은 의미가 경영의 목표가 될 것이다. 그 일에 정부도 도움이 될 것이다. 정부는 공공 정책이 GDP뿐만 아니라 국민의 웰빙도 얼마나 높여줄지 측정할 것이다. 긍정 컴퓨팅 역시, 어쩌면 결정적으로 도와줄 것이다.

하지만 긍정 컴퓨팅이 나선다 해도 51퍼센트 플로리시를 성취하기에는 충분하지 않다. 세계 인구의 절반 이상이 중국과 인도에 살고 있다. 이 두 거대 국가는 지금 국내총생산을 높이는 일에 열중한다. 따라서 그곳에 웰빙의 중요성도 뿌리를 내려야 한다. 제1회 긍정심리학 국제회의가 2010년 8월에 중국과 인도에서 열렸다. 아시아에서 어떻게 윤리적으로 부와 플로리시를 동시에 구축할지는 예견할 수 없다. 하지만 나는 전염성에 주목한다. 익히 알다시피 행복은 우울증보다 전염성이 강하다. 따라서 긍정 목표를 중심으로 연쇄적 상승이 일어날 것이다.

프리드리히 니체는 인간의 성장과 인류 역사를 세 단계로 분석했다. 첫 번째 단계는 '낙타'다. 낙타는 그저 묵묵히 고통을 감내하고 순종한다. 인류 역사의 처음 4,000년은 낙타에 해당한다. 니체는 두 번째 단계를 '사자'라고 부른다. 사자는 '노'라고 외치며 저항한다. 가난에 '노'라고 외치고, 압제에, 고난에, 무지에 '노'라고 외친다. 미국이 독립한 1776년 이래, 아니 영국의 존 왕이 마그나 카르타(Magna Carta)에 서명한 1215년 이래 서양 정치는 '노'라고 외치는 힘겨운 투쟁의 역사라고 할 수 있다. 저항은 확실히 효과가 있었다.

사자의 저항이 정말로 효과가 있다면? 인류가 삶의 모든 불가능 조건에 실제로 '노'라고 말하며 저항할 수 있다면? 그 다음에는 어떻게 될까? 니체는 성장의 세 번째 단계가 있다고 말한다. 바로 '다시 태어난 어린아이'다. 그 어린아이는 묻는다. "우리는 어떤 것에 '예스'라고 말할 수 있을까?" 전 인류가 확고하게 '예스'라고 말하고 받아들일 수 있는 것은 무엇일까?

우리는 모두 더 많은 긍정 정서에 '예스'라고 말할 수 있다.
우리는 모두 더 많은 몰입에 '예스'라고 말할 수 있다.
우리는 모두 더 좋은 관계에 '예스'라고 말할 수 있다.
우리는 모두 삶의 더 많은 의미에 '예스'라고 말할 수 있다.
우리는 모두 더 많은 긍정 성취에 '예스'라고 말할 수 있다.

우리는 모두 더 많은 플로리시에 '예스'라고 말할 수 있다.

special chapter 11

나의 대표 강점 찾기

24가지 강점에 대해 상세히 살펴보겠다. 1에서 24까지의 자기 강점을 확인하고 검사를 끝내면 곧바로 자신의 강점에 대한 상세한 피드백을 받을 수 있다.

이 책에 소개하는 검사는 간편하지만 자신의 강점을 파악하는 데는 별 지장이 없을 것이다. 24가지 강점들을 설명하고 묻는 문항에 딸린 빈칸에 스스로 매긴 점수를 써넣으면 된다. 이 책에서는 가장 변별력이 큰 문항 두 가지만 소개했다. 웹사이트에서와 마찬가지로 점수를 기준으로 당신의 강점 순위를 매기게 될 것이다.

지혜와 지식

첫 번째 덕목은 지혜다. 가장 기본적인 발달 단계인 호기심부터 가장 성숙한 단계인 예견력까지 지혜를 발휘하는 데 거쳐야 할 다섯 단계를 정리했다.

1. 창의성, 독창성, 실천성 지능, 세상을 보는 안목

무언가 하고 싶은 일이 있을 때, 그 목적을 달성하기 위해 새로우면서도 타당한 방법을 찾는 데 남다른 능력이 있다면 당신은 창의성이 뛰어난 사람이다. 이런 사람은 기존의 관습적인 방식에 만족하지 못한다. 여기서 말하는 창의성이란 꼭 예술가에게만 적용되는 말이 아니다. 세상 이치에 밝은 실천적 지능과 상식도 여기에 포함된다.

a) 어떤 일을 하는 데 필요한 새로운 방법을 찾는 걸 좋아한다.

1	2	3	4	5
나와 매우 다르다	나와 다르다	보통이다	나와 비슷하다	나와 매우 비슷하다

b) 내 친구들은 대부분 나보다 상상력이 뛰어나다.

1	2	3	4	5
나와 매우 비슷하다	나와 비슷하다	보통이다	나와 다르다	나와 매우 다르다

위 두 문항의 답을 더하여 여기에 적어라. _____

이것이 당신의 창의성 점수다.

2. 호기심, 세상에 대한 관심

세상에 대한 호기심은 새로운 경험에 대한 열린 마음과 자신의 생각과 다른 사안에 대한 융통성이 전제가 된다. 호기심이 많은 사람은 불분명한 것들을 그냥 지나치지 않는다. 불분명한 것을 해결해서 호기심을 충족시켜야 직성이 풀린다. 호기심은 꼭 어떤 구체적인 한 가지에만 국한되는 게 아니라 광범위한 것일 수도 있다. 호기심은 새로운 것에 대한 적극적인 관심이기 때문에 그저 텔레비전 앞에 앉아 리모컨을 누르는 것처럼 수동적으로 정보를 습득할 때는 이 강점을 제대로 익히지 못한다. 이때는 호기심과 정반대로 싫증을 느끼기 십상이다.

다음 두 가지 질문에 답해보라.

a) 언제나 세상에 대해 호기심이 많다.

1	2	3	4	5
나와 매우 다르다	나와 다르다	보통이다	나와 비슷하다	나와 매우 비슷하다

b) 쉽게 싫증을 낸다.

1	2	3	4	5
나와 매우 비슷하다	나와 비슷하다	보통이다	나와 다르다	나와 매우 다르다

위 두 문항의 답을 더하여 여기에 적어라. _____

이것이 당신의 호기심 점수다.

3. 학구열

학구열이 높은 사람은 교실에 있을 때나 혼자 있을 때나 새로운 것을 알고 싶어 한다. 학교 공부, 독서, 박물관 견학 등 배울 기회만 있다면 어디든 찾아간다. 당신은 전문가적 식견을 갖춘 분야가 있는가? 그 식견을 친구들이나 많은 사람이 인정해주는가? 정신적이나 물질적으로 외적 보상이 없을 때에도 그 분야에 대한 학식을 쌓고 싶은가? 예를 들어 집배원은 모두 우편번호에 대한 남다른 지식을 갖고 있다. 하지만 직업상의 필요성 때문이 아니라 우편번호에 대한 순수한 관심에서 얻은 지식이라야 강점에 속한다.

a) 새로운 것을 배울 때 전율을 느낀다.

1	2	3	4	5
나와 매우 다르다	나와 다르다	보통이다	나와 비슷하다	나와 매우 비슷하다

b) 박물관이나 다른 교육적 장소에 한 번도 가본 적이 없다.

1	2	3	4	5
나와 매우 비슷하다	나와 비슷하다	보통이다	나와 다르다	나와 매우 다르다

위 두 문항의 답을 더하여 여기에 적어라. _____
이것은 당신의 학구열 점수다.

4. 판단력, 비판적 사고, 개방성

판단력이 뛰어난 사람은 자신이 누구인지 다각적으로 생각하고 검토한다. 절대 성급하게 판단하지 않고 확실한 증거를 기준으로 결정을 내린다. 또한 결단을 바꿀 능력도 있다.

내가 말하는 판단력이란 자신과 다른 사람들에게 도움이 될 만한 정보를 객관적이고 이성적으로 가릴 줄 아는 능력이다. 판단력은 비판적 사고와 비슷하다. 그래서 현실을 정확하게 인식하기 때문에 숱한 우울증 환자들을 괴롭히는 논리적 오류 따위는 저지르지 않는다. 과도한 자책감(예 : '모든 게 내 탓이야' 식의 태도)이나 단순한 이분법적 사고를 하지 않는다. 이 강점과 반대되는 사고는 자신이 믿고 있는 생각을 기정사실화하는 것이다. 판단력은 자기 자신의 희망이나 욕구를 사실과 혼동하지 않게끔 해주는 건강한 특성이다.

a) 판단력이 필요한 주제가 있을 때면 매우 이성적으로 사고한다.

1	2	3	4	5
나와 매우 다르다	나와 다르다	보통이다	나와 비슷하다	나와 매우 비슷하다

b) 성급하게 판단하는 경향이 있다.

1	2	3	4	5
나와 매우 비슷하다	나와 비슷하다	보통이다	나와 다르다	나와 매우 다르다

위 두 문항의 답을 더하여 여기에 적어라. _____

이것이 당신의 판단력 점수다.

5. 예견력

내가 예견력을 지혜라는 덕목에서 가장 성숙한 강점으로 분류한 것은 이것이 지혜와 가장 가깝기 때문이다. 사람들은 이 강점이 탁월한 사람들의 경험을 참고해 자신들의 문제를 해결하려고 한다. 요컨대 이것은 너나없이 모두 수긍하는 세상의 이치를 정확히 아는 능력이다. 슬기로운 사람은 삶에서 가장 중요하고 복잡한 문제들을 잘 헤쳐 나갈 줄 안다.

a) 항상 꼼꼼히 생각하고 더 큰 것을 볼 줄 안다.

1	2	3	4	5
나와 매우 다르다	나와 다르다	보통이다	나와 비슷하다	나와 매우 비슷하다

b) 내게 조언을 구하러 오는 사람은 거의 없다.

1	2	3	4	5
나와 매우 비슷하다	나와 비슷하다	보통이다	나와 다르다	나와 매우 다르다

위 두 문항의 답을 더하여 여기에 적어라. _____
이것이 당신의 예견력 점수다.

용기

이 강점은 성공할 확신이 없을지라도 가치 있는 목적을 위해 굳은 의지를 발휘하는 힘이다. 무릇 용기 있는 사람은 아무리 큰 시련이 닥쳐도 꿋꿋하게 실천한다. 용기는 세계 보편적으로 인정받는 미덕으로, 어떤 문화권이든 이 강점을 몸으로 보여준 영웅들이 있다. 여기에는 용감성, 끈기, 정직, 열정이 포함된다.

6. 용맹과 용감성

용기 있는 사람은 위험, 도전, 고통, 시련을 당해도 물러서지 않는다. 용맹함은 신체적으로 위협을 느끼는 싸움에서 발휘하는 용감함보다 그 뜻이 한층 넓다. 용맹함은 어렵고 위험해서 다른 사람들이 꺼려하는 것에도 아랑곳하지 않는 지적·정서적 태도다. 연구자들은 지난 몇 년 동안 용맹함과 용감함을 엄격히 구분해왔다. 두려움의 유무를 용맹함과 용감함을 가름하는 기준으로 삼은 것이다.

용감한 사람은 공포를 이루고 있는 정서적 요소와 행동적 요소를 구분하지 못한다. 그래서 불안감을 느끼면서도 도망가지 않고 두려운 상황에 맞선다. 이처럼 두려움을 느끼지 않고 대범하고 저돌적으로 행동하는 것은 용맹함이 아니다.

용맹함은 싸움터에서 보여주는 용기나 신체적 용기가 확대된 개념이다. 요컨대 도덕적 용기와 정신적 용기까지 모두 포함된다. 도덕적 용기는 사람들의 관심을 끌지 못해서 불운을 가져다줄 가능성이 큰 것도 마다하지 않는 자세다. 로사 팍스(Rosa Parks), 버스 좌석마저도 흑인과 백인의 좌석이 엄격하게 분리되어 있던 1950년대 앨라배마 주에서, 백인 지정석에 앉았다가 끝내 구속까지 당했고, 이를 계기로 '버스 안 타기 운동'을 촉발시킨 흑인 여성 −옮긴이 주)의 용맹함은 미국인들에게 본보기가 되었다. 재계나 정계의 내부 고발도 용맹함의 한 예다. 정신적 용기에는 커다란 시련이나 오랜 병고에도 인간의 존엄성을 잃지 않는 극기와 초연함도 포함된다.

a) 강력한 반대도 무릅쓰고 내 주장을 고수할 때가 많다.

1	2	3	4	5
나와 매우 다르다	나와 다르다	보통이다	나와 비슷하다	나와 매우 비슷하다

b) 고통과 좌절 때문에 내 의지를 굽힐 때가 많다.

1	2	3	4	5
나와 매우 비슷하다	나와 비슷하다	보통이다	나와 다르다	나와 매우 다르다

위 두 문항의 답을 더하여 여기에 적어라. _____

이것이 당신의 용맹함 점수다.

7. 끈기, 성실, 근면

이런 강점을 지닌 사람은 일단 시작한 일을 끝까지 해낸다. 성실한 사람은
어려운 프로젝트를 맡겨도 큰 불평 없이 기꺼이 책임을 완수한다. 나아가
더 좋은 결실을 얻기 위해 노력한다. 그래서 자원한 일은 더 많이 했으면
했지 부족하게 하는 법이 없다. 또한 끈기는 이룰 수 없는 목적에 무모하게
집착하는 게 아니다. 참으로 성실한 사람은 융통성이 있고 현실적이어서
완벽주의자를 꿈꾸지는 않는다. 야망에는 긍정적인 의미와 부정적인 의미
가 둘 다 포함되는데, 긍정적인 야망이 이 강점에 속한다.

a) 한번 시작한 일은 끝까지 해낸다.

1	2	3	4	5
나와 매우 다르다	나와 다르다	보통이다	나와 비슷하다	나와 매우 비슷하다

b) 일을 할 때면 딴전을 피운다.

1	2	3	4	5
나와 매우 비슷하다	나와 비슷하다	보통이다	나와 다르다	나와 매우 다르다

위 두 문항의 답을 더하여 여기에 적어라. _____

이것이 당신의 끈기 점수다.

8. 진정성, 진실, 정직

정직한 사람은 진실하게 말하고 참되게 행한다. 또한 진솔하고 위선을 부리지 않는 '신실한' 사람이다. 진정성이나 진실에는 다른 사람들에게 사실대로 말하는 것 이상의 의미가 담겨 있다. 말로든 행동으로든 자신의 의도와 목적을 자기 자신은 물론 다른 사람들에게 진지하게 알리는 것이다. "자기 자신에게 진실한 사람은 다른 누구에게도 거짓을 보이지 않는 법이다"라는 셰익스피어의 말처럼 행동한다.

a) 약속을 반드시 지킨다.

1	2	3	4	5
나와 매우 다르다	나와 다르다	보통이다	나와 비슷하다	나와 매우 비슷하다

b) 친구들은 내게 솔직하게 말하는 법이 없다.

1	2	3	4	5
나와 매우 비슷하다	나와 비슷하다	보통이다	나와 다르다	나와 매우 다르다

위 두 문항의 답을 더하여 여기에 적어라. _____

이것이 당신의 진정성 점수다.

사랑과 인간애

이 강점은 다른 사람들, 즉 가족, 친구, 직장 동료들은 물론 낯선 사람들과도 따뜻한 마음을 나누는 것이다.

9. 열정, 신명, 열광

신명이 많은 사람은 활기가 넘치고 정열적이다. 당신은 자신이 하는 일에 몸과 마음을 다 바치는가? 새날에 할 일을 고대하며 아침에 눈뜨는가? 열정적으로 일에 뛰어드는가? 그때 기운이 샘솟는가?

a) 무슨 일을 하든 전력투구한다.

1	2	3	4	5
나와 매우 다르다	나와 다르다	보통이다	나와 비슷하다	나와 매우 비슷하다

b) 의기소침할 때가 많다.

1	2	3	4	5
나와 매우 비슷하다	나와 비슷하다	보통이다	나와 다르다	나와 매우 다르다

위 두 문항의 답을 더하여 여기에 적어라. _____

이것이 당신의 열정 점수다.

10. 사랑할 능력과 사랑받을 줄 아는 사랑

이 강점을 지닌 사람은 다른 사람들과의 밀접한 관계를 소중히 여긴다. 당신이 자신에게 느끼는 것과 똑같은 감정으로 당신을 대하는 사람이 있는가? 만일 있다면, 그것은 당신이 이 강점을 지니고 있다는 증거인 셈이다. 이것은 서양 사람들이 흔히 말하는 로맨스보다 한결 넓은 의미다. 솔직히 전통적인 관례에 따라 결혼하는 것이 서양의 낭만적인 결혼보다 훨씬 더 매력적이다.

적어도 미국 사회, 그중에서도 남성들은 사랑할 능력에 비해 사랑받을 줄 아는 능력이 부족한 편이다. 1939년부터 1944년까지의 하버드 대학교 졸업생들을 대상으로 60년 동안 연구를 수행한 베일런트 교수는 최근의 인터뷰에서 충격적인 사실을 밝혔다. 은퇴한 어떤 의사가 베일런트 교수를 자신의 서재로 안내하더니 수북이 쌓여 있는 편지들을 보여주었단다. 그건 5년 전 그 의사가 퇴임할 때 환자들에게 받은 감사 편지였다는 것이다. 그 남자는 눈물을 줄줄 흘리며 이렇게 말했단다. "교수님, 저는 이 편지들을 한 통도 읽지 않았습니다." 이 의사는 평생 동안 다른 사람들에게 사랑을 베풀었지만 자신은 사랑받을 능력이 전혀 없었던 것이다.

a) 본인의 기분과 행복 못지않게 내 기분과 행복에 관심을 기울이는 사람이 있다.

1	2	3	4	5
나와 매우 다르다	나와 다르다	보통이다	나와 비슷하다	나와 매우 비슷하다

b) 다른 사람들이 베푸는 사랑을 제대로 받아들이지 못한다.

1	2	3	4	5
나와 매우 비슷하다	나와 비슷하다	보통이다	나와 다르다	나와 매우 다르다

위 두 문항의 답을 더하여 여기에 적어라. _____
이것은 당신의 사랑 점수다.

정의감

이 강점은 시민으로서 행동할 때 드러난다. 이것은 일대일 인간관계를 넘어서서 가족, 지역, 나라, 세상과 같은 아주 큰 사회와의 관계에서 발휘된다.

11. 친절과 아량

다른 사람에게 친절과 아량을 베푸는 사람은 절대 자기의 이익만을 좇지 않는다. 다른 사람들에게 선행을 베푸는 일을 즐겨 한다. 전혀 모르는 사람이라도 상관없다. 당신은 자신에게 기울이는 마음 못지않게 다른 사람들에게 관심을 기울이는가? 여기에 포함되는 모든 강점의 핵심은 다른 사람의 존재를 인정하는 것이다. 친절은 나 아닌 다른 사람들의 최대 관심사를 잣대로 상대방과 관계를 맺는 다양한 방식을 아우른다. 설령 그런 방식들 때문에 자신의 희망이나 욕구가 좌절되더라도 말이다.

당신은 가족, 친구, 직장 동료, 심지어 낯선 사람들에게 책임감을 느끼는가? 배려와 동정심은 이 강점에서 큰 도움이 되는 요소다. 테일러(Taylor)는 시련에 대한 남성들의 일반적인 반응을 맞대결과 도망이라고 설명하면서, 여성들의 반응은 '보살피기와 친구 삼기'로 규정하고 있다.

a) 자발적으로 이웃을 도와준다.

1	2	3	4	5
나와 매우 다르다	나와 다르다	보통이다	나와 비슷하다	나와 매우 비슷하다

b) 다른 사람들의 행운을 내 일처럼 좋아한 적이 거의 없다.

1	2	3	4	5
나와 매우 비슷하다	나와 비슷하다	보통이다	나와 다르다	나와 매우 다르다

위 두 문항의 답을 더하여 여기에 적어라. _____

이것은 당신의 친절 점수다.

12. 사회성 지능, 대인관계 지능, 정서 지능

사회성 지능과 대인관계 지능은 자신과 다른 사람들에 대한 지식이다. 이 지능이 뛰어나면 다른 사람들의 동기와 감정을 금방 알아채고 그에 맞게 반응할 줄 안다. 또한 기분, 체질, 동기, 의도 등 사람들의 차이점을 쉽게 식별하고 그에 걸맞게 행동한다. 이 강점을 자아성찰이나 신중한 사고와 혼동해서는 안 된다. 사회성 지능은 성숙한 사회 활동을 할 때 발휘하는 특성이기 때문이다.

대인관계 지능은 자신의 감정을 잘 다스리고, 스스로의 행동을 이해하고 바로잡을 줄 아는 능력으로 이루어진다. 다니엘 골먼(Daniel, Goleman) 박사는 이 둘을 하나로 묶어 '정서 지능'이라 부른다. 이 강점들은 친절이나 리더십 같은 다른 강점의 토대가 된다.

이 강점은 또한 자신에게 알맞은 직업을 정확하게 파악하는 데도 도움이 된다. 다시 말해 자신의 적성과 능력을 최대로 발현할 수 있는 일을 찾게 해준다. 당신은 가장 탁월한 능력을 일상생활 속에서 한껏 발휘할 수 있는 일과 조직, 취미 활동을 선택할 줄 아는 사람인가? 최선을 다한 일에 대해 그만한 보상을 받고 있는가? 갤럽에서 직업 만족도가 가장 큰 사람들은 '당신은 날마다 최선을 다해 일할 수 있는 직업에 종사하는가?'라는 질문에 흔쾌히 그렇다고 대답했다는 조사 결과를 발표한 적이 있었다. 야구선수로서는 성공하지 못한 마이클 조던이 농구 황제로 거듭났다는 사실은 되새겨 볼 만하다.

a) 어떤 성격의 단체에 가도 잘 적응할 수 있다.

1	2	3	4	5
나와 매우 다르다	나와 다르다	보통이다	나와 비슷하다	나와 매우 비슷하다

b) 다른 사람들의 감정에 아주 둔하다.

1	2	3	4	5
나와 매우 비슷하다	나와 비슷하다	보통이다	나와 다르다	나와 매우 다르다

위 두 문항의 답을 더하여 여기에 적어라. _____
이것이 당신의 사회성 지능 점수다.

13. 시민 의식, 의무감, 협동 정신, 충성심, 팀워크

이 강점을 지닌 사람은 한 집단의 탁월한 구성원이다. 헌신적이고 충실해서 언제나 자기가 해야 할 몫을 다하고 집단의 성공을 위해 열심히 노력한다. 집단의 한 구성원으로서 자신의 몫을 다했는지, 설령 자기 개인의 목적과는 다를지라도 집단의 목적과 목표를 얼마나 중요하게 생각하는지, 교사나 감독처럼 지도자의 위치에 있는 사람들을 존경하는지, 집단의 정체성과 자신의 정체성이 일치하는지 등을 따져보면 당신의 강점을 파악할 수 있을 것이다. 이 강점은 무조건적인 복종을 뜻하는 게 아니다. 지도자에 대한 온당한 존경과, 많은 부모들이 자녀가 성장할 때 지니기를 바라는 강점들도 여기에 속한다.

a) 어떤 단체에 가입하면 최선을 다한다.

1	2	3	4	5
나와 매우 다르다	나와 다르다	보통이다	나와 비슷하다	나와 매우 비슷하다

b) 소속 집단의 이익을 위해 내 개인적인 이익을 희생시킬 생각은 없다.

1	2	3	4	5
나와 매우 비슷하다	나와 비슷하다	보통이다	나와 다르다	나와 매우 다르다

위 두 문항의 답을 더하여 여기에 적어라. _____
이것은 당신의 시민 의식 점수다.

14. 공정성과 평등 정신

공정한 사람은 자신의 개인적인 감정에 따라 다른 사람들에 대한 결정을 편파적으로 하지 않는다. 또한 모든 사람에게 똑같은 기회를 준다. 당신은 가치 있는 도덕률에 따라 행동하는가? 전혀 모르는 사람일지라도 자신의 문제처럼 다른 사람들의 복지에 대해 생각하는가? 같은 행동에 대해서는 똑같게 처리해야 한다고 믿는가? 자신의 편견을 쉽사리 버릴 수 있는가?

a) 어떤 사람에게든 똑같이 대한다.

1	2	3	4	5
나와 매우 다르다	나와 다르다	보통이다	나와 비슷하다	나와 매우 비슷하다

b) 내가 싫어하는 사람을 공정하게 대하기가 힘들다.

1	2	3	4	5
나와 매우 비슷하다	나와 비슷하다	보통이다	나와 다르다	나와 매우 다르다

위 두 문항의 답을 더하여 여기에 적어라. _____
이것은 당신의 공정성 점수다.

15. 지도력(리더십)

지도력이 뛰어난 사람은 단체를 조직하고 관리하는 능력이 남다르다. 인간적인 지도자가 되려면 먼저 유능한 지도자가 되어야 한다. 조직의 임무를 효율적으로 수행하도록 이끌어주고 구성원들이 원만한 관계를 유지하도록 지도해야 하는 것이다. 아울러 유능한 지도자는 조직 간 문제를 다룰 때에는 '누구에게도 원한을 품지 않고, 모든 사람들에게 관대하며, 옳은 일은 단호하게 추진하는' 인도주의 정신을 겸비해야 한다. 예컨대 인도적 국가 지도자는 적을 관대하게 용서하고 자신의 지지자들과 똑같이 대해야 한다(앞서 소개했던 넬슨 만델라와 슬로보단 밀로셰비치를 다시 한 번 생각해보라). 인도적인 지도자는 역사적 부채를 청산하고, 잘못에 대한 책임을 인정하며, 평화를 지키기 위해 힘쓴다. 이는 세계의 국가수반들뿐만 아니라, 군대 지휘관, 최고경영자, 노조위원장, 경찰 총감, 교장, 보이스카우트 단장, 학생회 회장 등의 각종 조직의 지도자에게도 적용된다.

a) 일일이 참견하지 않고도 사람들이 단합해 일하도록 이끌어준다.

1	2	3	4	5
나와 매우 다르다	나와 다르다	보통이다	나와 비슷하다	나와 매우 비슷하다

b) 단체 활동을 조직하는 데는 소질이 없다.

1	2	3	4	5
나와 매우 비슷하다	나와 비슷하다	보통이다	나와 다르다	나와 매우 다르다

위 두 문항의 답을 더하여 여기에 적어라. ＿＿＿＿＿＿

이것은 당신의 지도력 점수다.

절제력

절제력은 미덕의 핵심으로서 욕망과 욕구를 알맞게 조절해서 표출하는 힘이다. 절제력이 강한 사람은 동기를 억제하는 게 아니라, 욕망 때문에 자신을 비롯한 다른 사람들에게 해를 끼치지 않도록 적절한 기회가 올 때까지 기다릴 줄 안다.

16. 용서와 자비

이 강점을 지닌 사람은 자신에게 잘못한 사람을 용서하고 항상 잘못을 만

회할 기회를 준다. 가련하고 불쌍히 여겨 복수심을 버리는 것이다. 용서는 누군가에게 정신적으로나 신체적으로 상처 입은 개인의 내면에서 일어나는 유익한 변화가 표출되는 것이다. 용서하면 가해자에 대한 기본적인 동기나 행동이 대체로 훨씬 긍정적으로 바뀐다. 따라서 앙심을 품거나 가해자와 마주치는 일을 애써 피하지 않고 너그러운 마음으로 친절하게 대하는 경우가 많다.

a) 과거의 것을 문제 삼지 않는다.

1	2	3	4	5
나와 매우 다르다	나와 다르다	보통이다	나와 비슷하다	나와 매우 비슷하다

b) 기어코 복수하려고 애쓴다.

1	2	3	4	5
나와 매우 비슷하다	나와 비슷하다	보통이다	나와 다르다	나와 매우 다르다

위 두 문항의 답을 더하여 여기에 적어라. _____
이것이 당신의 용서 점수다.

17. 겸손과 겸양

겸손한 사람은 뭇 사람들의 시선을 받으려 하기보다 자신이 맡은 일을 훌륭히 완수하는 데 힘쓴다. 스스로 돋보이려 애쓰지 않으니, 다른 사람들은 그 겸손함을 귀하게 여긴다. 또한 자신을 낮출 줄 알며 자만하지 않는다. 자신이 이룩한 성공과 성취를 누구나 할 수 있는 일처럼 대수롭지 않게 생각한다. 중대한 프로젝트에 자신이 이바지하고 노력한 것쯤이야 당연한 일로 받아들인다. 그런 마음이 고스란히 묻어난 겸손은 짐짓 보이기 위한 행동이 아니라, 자신의 존재 가치를 투영해주는 창이다.

a) 다른 사람들이 나를 칭찬할 때면 슬그머니 화제를 돌린다.

1	2	3	4	5
나와 매우 다르다	나와 다르다	보통이다	나와 비슷하다	나와 매우 비슷하다

b) 스스로 한 일을 치켜세우는 편이다.

1	2	3	4	5
나와 매우 비슷하다	나와 비슷하다	보통이다	나와 다르다	나와 매우 다르다

위 두 문항의 답을 더하여 여기에 적어라. ＿＿＿＿＿＿
이것은 당신의 겸손 점수다.

영성과 초월성

강점 덕목의 마지막으로 소개하는 이 '초월성'이란 말은 역사 속에서 그리 널리 사용되는 것은 아니다. 사실 '영성'도 개인이 선택할 문제다. 그러나 영성이라는 이 특별한 강점과 감사 같은 비종교적인 강점을 혼동하지 않기를 바란다. 여기서 말하는 초월성이란 더 크고 더 영원한 것에 가 닿는 정서 강점을 의미한다. 다른 사람들, 미래, 진화, 신 또는 우주에 닿아 있는 것이다.

18. 신중성, 사려, 조심성

사려 깊은 사람은 나중에 후회할 말이나 행동을 하지 않는다. 모든 결정 사항들을 충분히 검토한 뒤에야 비로소 행동으로 옮긴다. 또한 멀리 보고 깊이 생각한다. 더 큰 성공을 위해 눈앞의 이익을 좇으려는 충동을 억제할 줄 안다. 특히 숱한 위험이 도사리고 있는 세상에서 조심성은 부모가 자기의 아이들이 지니기를 바라는 강점이다. 부모는 자식이 운동장에서 놀 때, 자동차를 타고 있을 때, 연애를 할 때, 직업을 선택할 때 등 어려서나 어엿한 성인이 되어서도 늘 다치지 않도록 조심하기를 바란다.

a) 다칠 위험이 있는 일은 하지 않는다.

1	2	3	4	5
나와 매우 다르다	나와 다르다	보통이다	나와 비슷하다	나와 매우 비슷하다

b) 나쁜 친구를 사귀거나 나쁜 사람들을 만나는 경우가 있다.

1	2	3	4	5
나와 매우 비슷하다	나와 비슷하다	보통이다	나와 다르다	나와 매우 다르다

위 두 문항의 답을 더하여 여기에 적어라. _____
이것은 당신의 신중성 점수다.

19. 자기통제력

이 강점을 지닌 사람은 적절한 시기가 올 때까지 자신의 욕망, 욕구, 충동을 자제한다. 기다려야 한다는 사실을 아는 것만으로는 부족하다. 참아야 한다는 것을 아는 만큼 반드시 행동으로 옮겨야 한다. 기분 나쁜 일이 생겼을 때 당신은 자신의 감정을 다스릴 수 있는가? 부정적인 감정을 다스려 평온한 상태로 만들 수 있는가? 힘든 상황에서도 쾌활함을 유지할 수 있는가?

a) 내 정서를 다스릴 줄 안다.

1	2	3	4	5
나와 매우 다르다	나와 다르다	보통이다	나와 비슷하다	나와 매우 비슷하다

b) 다이어트를 오래 하지 못한다.

1	2	3	4	5
나와 매우 비슷하다	나와 비슷하다	보통이다	나와 다르다	나와 매우 다르다

위 두 문항의 답을 더하여 여기에 적어라. ＿＿＿＿＿＿＿
이것은 당신의 자기통제력 점수다.

20. 감상력

이 강점을 지닌 사람은 장미를 보면 가던 길을 멈추고 그 향기를 음미한다. 모든 분야의 미, 빼어난 작품과 기교를 감상할 줄 안다. 자연과 예술, 수학과 과학을 비롯한 세상 모든 것에서 아름다움을 발견한다. 경외감과 경이로움을 느끼기조차 한다. 스포츠 스타의 묘기나 인간미가 넘치는 아름다운 행동을 목격할 때면 그 고결함에 깊이 감동한다.

a) 음악, 미술, 연극, 영화, 스포츠, 과학, 수학의 아름다움과 경이로움을 보고 전율한 적이 있다.

1	2	3	4	5
나와 매우 다르다	나와 다르다	보통이다	나와 비슷하다	나와 매우 비슷하다

b) 평소에 아름다움과는 전혀 무관하게 지낸다.

1	2	3	4	5
나와 매우 비슷하다	나와 비슷하다	보통이다	나와 다르다	나와 매우 다르다

위 두 문항의 답을 더하여 여기에 적어라. _____

이것은 당신의 감상력 점수다.

21. 감사

고마움을 아는 사람은 자신에게 일어난 일을 늘 기쁘게 생각하며, 절대 당연한 것으로 받아들이지 않는다. 그래서 항상 고마움을 전할 시간을 마련한다. 감사는 남달리 돋보이는 어떤 사람의 도덕적 품성을 감상하는 것이다. 감사는 하나의 정서로서, 경이로움과 고마움을 느끼며 삶 자체를 감상하는 정신 상태다. 자신으로 말미암아 사람들이 행복하다면 그 또한 고마운 일이지만, 우리는 흔히 선행과 선한 사람들에게 더 깊이 감사한다. 또한 감사하는 마음은 신, 자연, 동물들처럼 비인격적인 존재에게 향하기는 해도 자기 자신에게 향하지는 않는다. 이 감사라는 말은 은혜를 뜻하는 라틴어 그라티아(gratia)에서 유래된 말임을 생각해보면 더 쉽게 이해할 수 있을 것이다.

a) 아무리 하찮은 일이라도 항상 고맙다고 말한다.

1	2	3	4	5
나와 매우 다르다	나와 다르다	보통이다	나와 비슷하다	나와 매우 비슷하다

b) 내가 받은 은혜에 대해 거의 생각하지 않는다.

1	2	3	4	5
나와 매우 비슷하다	나와 비슷하다	보통이다	나와 다르다	나와 매우 다르다

위 두 문항의 답을 더하여 여기에 적어라. ＿＿＿＿＿＿＿
이것은 당신의 감사 점수다.

22. 낙관성, 희망, 미래지향성

낙관적인 사람은 자신이 최고가 될 날을 기대하며 계획을 세우고 그 계획대로 실천한다. 희망, 낙관성, 미래지향성은 미래에 대한 긍정적인 자세를 드러내주는 강점들이다. 열심히 노력하면 좋은 일들이 꼭 일어날 것을 기대하고 미래를 설계하는 한편, 현재 자신이 있는 곳에서 즐겁게 생활하고 목표를 향해 힘차게 나아간다.

a) 항상 긍정적인 면만 본다.

1	2	3	4	5
나와 매우 다르다	나와 다르다	보통이다	나와 비슷하다	나와 매우 비슷하다

b) 내가 하고 싶은 일을 하기 위해 철저하게 계획한 적이 거의 없다.

1	2	3	4	5
나와 매우 비슷하다	나와 비슷하다	보통이다	나와 다르다	나와 매우 다르다

위 두 문항의 답을 더하여 여기에 적어라. _____

이것이 당신의 낙관성 점수다.

23. 유쾌함과 유머 감각

명랑한 사람은 잘 웃거나 다른 사람들에게도 웃음을 선사한다. 또한 삶을 긍정적으로 보는 경향이 크다. 지금까지 소개한 강점들이 아주 올곧은 마음이었다면, 나머지 두 가지는 대단히 재미있는 것이다. 당신은 어떤가. 우스갯소리를 잘 하는가?

a) 되도록 일과 놀이를 잘 배합한다.

1	2	3	4	5
나와 매우 다르다	나와 다르다	보통이다	나와 비슷하다	나와 매우 비슷하다

b) 우스갯소리를 거의 할 줄 모른다.

1	2	3	4	5
나와 매우 비슷하다	나와 비슷하다	보통이다	나와 다르다	나와 매우 다르다

위 두 문항의 답을 더하여 여기에 적어라. _____

이것이 당신의 유머 감각 점수다.

24. 영성, 목적의식, 신념, 신앙심

이 강점을 지닌 사람은 우주의 더 큰 목적과 의미에 대한 믿음이 크다. 그래서 더 큰 계획에서 자신의 쓰임새가 있을 것이라고 생각한다. 그런 믿음을 밑거름 삼아 행동하고 편안함을 얻는다. 종교를 믿든 안 믿든, 당신은 더 큰 우주에 자신이 속해 있다고 확신하는가? 자신보다 훨씬 더 큰 무엇에 귀속되어 있기 때문에 자신의 삶이 의미 있다고 믿는가?

a) 삶의 목적이 뚜렷하다.

1	2	3	4	5
나와 매우 다르다	나와 다르다	보통이다	나와 비슷하다	나와 매우 비슷하다

b) 사명감이 없다.

1	2	3	4	5
나와 매우 비슷하다	나와 비슷하다	보통이다	나와 다르다	나와 매우 다르다

위 두 문항의 답을 더하여 여기에 적어라. ＿＿＿＿＿＿＿＿＿

이것이 당신의 영성 점수다.

요약

이제 당신은 웹사이트나 책에서 자신의 24가지 강점의 의미를 알고 점
수도 매겼을 것이다. 아래 강점들의 점수를 쓴 다음 1위에서 24위까지
의 순위를 매겨보라.

지혜와 지식

1. 창의성 _____
2. 호기심 _____
3. 학구열 _____
4. 판단력 _____
5. 예견력 _____

용기

6. 용감성 _____
7. 끈기 _____
8. 정직 _____
9. 열정 _____

사랑과 인간애

10. 친절 _____
11. 사랑 _____
12. 사회성 _____

정의감

13. 시민 의식 _____

14. 공정성 _____

15. 지도력 _____

절제력

16. 용서 _____

17. 겸손 _____

18. 신중함 _____

19. 자기통제력 _____

영성과 초월성

20. 감상력 _____

21. 감사 _____

22. 희망 _____

23. 유머 감각 _____

24. 영성 _____

대체로 9점에서 10점을 받은 강점이 다섯 개 이하인데, 이것이 당신의 최고 강점이다. 여기에 표시를 해두어라. 또한 4점에서 6점 정도의 낮은 점수는 약점에 속한다.

당신의 대표 강점은 무엇인가?

당신의 강점 중에서 상위 다섯 가지를 눈여겨보라. 대부분 가장 나다운 모습을 지켜주는 강점일 테지만, 아니다 싶은 것도 한두 가지 있을 것이다. 참고로 이 검사를 통해 확인한 내 강점은 학구열, 끈기, 지도력, 창의성, 영성이었다. 이중 네 가지는 수긍이 갔지만 지도력만은 아니었다. 어쩔 수 없이 해야 할 경우에는 시늉이야 내겠지만, 그건 참다운 내 강점이 아니다. 지도력을 발휘해야 할 때면 나는 기진맥진해져서 끝날 시간만 손꼽아 기다린다. 이윽고 시간이 다 되어 가족이 있는 집으로 돌아갈 때에야 비로소 기분이 좋아진다.

사람은 저마다 서너 가지의 대표 강점을 지니고 있다. 이러한 강점은 본인이 스스로 인정하고, 자부심을 느끼며, 일, 사랑, 자녀 양육에서 날마다 발휘하는 탁월한 특성인 셈이다. 아래 기준을 참고해 당신의 대표 강점들을 파악해보라.

- 진짜 나다운 것이라는 자신감이 생긴다.
- 발휘하는 순간 흥분의 도가니에 휩싸인다.
- 처음 습득한 이후부터 급속하게 발전한다.
- 꾸준히 계발하기 위해 새로운 방법을 계속 익히고 싶다.
- 그 강점을 활용할 수 있는 방법을 이모저모로 궁리한다.
- 그 강점을 활용할 때 자신을 제어하기 힘들다.
- 그 강점을 발휘하는 동안 피곤하기는커녕 의욕이 솟는다.
- 그 강점을 밑천 삼아 창업이나 개인 사업을 하고 싶다.

• 그 강점을 활용할 때 황홀경에 빠지기까지 한다.

자신의 상위 강점들 중에서 이 조건에 부합되는 한두 개 정도가 바로 당신의 대표 강점들이다. 이 강점들을 되도록 많이 사용하라. 만일 당신의 상위 강점들 중에서 이 조건을 충족시키는 것이 하나도 없다면 일, 사랑, 여가 활동, 자녀 양육에 활용한다고 해도 큰 효과를 얻기 힘들 것이다. 내가 착안한 행복한 삶의 공식은 자신의 대표 강점들을 주요 일상의 활동 속에서 날마다 발휘하여 큰 만족과 참된 행복을 자아내는 것이다.

  이 책을 쓰기 시작한 계기는 날씨가 너무 더워서 밖에 나갈 수가 없었기 때문이다. 우리 식구 일곱 명은 2009년 7월에 그리스 산토리니에 머물고 있었는데, 기온이 섭씨 43도에 달했다. 맨디와 다섯 아이는 구경을 하겠다고 아침마다 득달같이 달려 나갔다. 나는 에어컨 바람이 시원한 방에 틀어박혀서 무엇을 하면 좋을까 궁리하고 있었다. 책을 쓸 생각은 없었다. 하지만 10년 전부터 나는 행복이란 무엇인가에 관한 이론을 다듬어왔고 긍정심리학에서 시작된 대규모 프로젝트 여덟 개에 참여해왔다. 그 모두가 단 하나의 목표를 지향했다. 바로 51, 즉 2051년 무렵이면 세계 인구의 51퍼센트가 번영할 거라는 목표였다. 그래서 나는 지난 10년간 해온 그 모든 일을 종이에 적으면서 그것들이 하나로 합쳐져서 어떤 결과를 낳았는지 따져보기 시작했다. 1장이 술술 풀려나왔다.

  "그걸 읽어줄 사람이 한 명도 없어." 나는 맨디에게 말했다.

  "그냥 자신을 위해 쓰세요." 아내는 그렇게 말하고는 해변으로 나갔다.

  일주일도 안 걸려서 1장이 완성되었다. 그리고 여덟 개의 프로젝트,

즉 웰빙의 정의, 우울증 예방 및 치료, 응용긍정심리학 석사 과정, 긍정 교육, 종합 군인 피트니스, 성취와 지능, 긍정적 건강, 51퍼센트는 이 책의 각 장으로 요약되었다.

이 일을 가능케 해준 이들에게 진심으로 감사한다.

로버트 노지크, 피터 매디슨, 바이런 캠벨, 어니 스텍, 밥 올코트, 엘드레드 선생님(뉴욕 주 올버니 공립고등학교 공문서 보관실을 뒤졌지만 이름을 알아낼 수 없었다), 리처드 솔로몬, 폴 로진에게 참으로 큰 빚을 졌다. 이들은 내가 젊었던 아주 오래전에 긍정심리학을 위한 무대를 마련했다. 그들을 스승으로 둔 나는 정말 운이 좋았다. 한스 아이젱크, 레이 포울러, 미하이 칙센트미하이, 스티브 마이어, 잭 라크먼, 에드 디너, 크리스토퍼 피터슨, 리처드 레이어드, 애런 벡, 앨버트 스턴커드, 배리 슈워츠는 내가 조금 더 나이가 든 시절에 멘토가 되어 주었다.

주석을 완벽하게 정리하고 원고를 처음부터 끝까지 철저히 검토해준 뛰어난 대학원생, 마리 포거드에게 정말 감사한다.

웰빙 이론을 소개한 1장과 긍정심리학의 요점인 51퍼센트 성취를 다룬 10장은 모두 에렌다 제이어워크림, 리처드 레이어드, 마샤 누스바움, 대니얼 치로트, 세니아 메이민, 드니즈 클레그, 필립 스트레이트, 대니 카너먼, 바버라 에런라이크(상반된 의견을 내세운다고 해서 감사하지 않은 것은 아니다), 펠리시아 후퍼트, 코리 코이즈, 폴 모나코, 달라이 라마, 더그 노스, 티모시 소, 일로나 보니웰, 제임스 파월스키, 안토넬라 델라 파브, 제프 멀건, 앤서니 셀던, 조너선 하이트, 던 클리프튼, 댄 길버트, 로버트 비스워스-디너, 제리 윈드, 토머스 샌더스, 린다 스톤, 유군 자오 덕분이다. 주디스 앤 게브하르트는 웰빙의 다섯 가지 요소를 나타내는 두문자어, PERMA를 생각해냈다. 이 두문자어는 긍정심리학의 내용 중에서 가장 영원할 것이다.

약품, 심리 치료, 질병 예방을 다룬 3장은 테이얍 라시드, 아카시아 팍스, 톰 인셀, 롭 드루비, 스티브 슈엘러, 애프로즈 라시드, 스티브 홀론, 주디 가버, 캐런 레이비치, 제인 길햄에게서 특히 많은 도움을 얻었다.

응용긍정심리학 석사 과정을 소개한 4장은 제임스 파월스키와 데비 스위크, 응용긍정심리학 대학원생 150명이 없었더라면 이 책에 포함되지 못했을 것이다. 데릭 카펜터, 캐럴라인 애덤스 밀러, 쇼나 미첼, 앤거스 스키너, 야코프 스미르노프, 데이비드 쿠퍼라이더, 미셸 맥콰이드, 로버트 도먼, 데이브 섀런, 게일 슈나이더, 애런 코헨, 피트 워렐, 칼 플레밍, 이언 스탠리, 재스민 헤들리(벤츠를 팔아서 등록금을 마련한 여성), 애런 보조프스키, 마리 조시 샐버스, 일레인 오브라이언, 댄 보울링, 커스턴 크론런드, 톰 래스, 렙 레벨레, 리오나 브랜드윈, 그레첸 피사노, 드니즈 퀸레인에게 특히 감사한다.

긍정 교육을 알린 5장은 캐런 레이비치, 스티븐 미크, 찰리 스커다모어, 리처드 레이어드, 마크 린킨스, 랜디 에른스트, 매튜 화이트와 질롱 그래머스쿨의 학생, 교직원, 교사들의 공로가 지대하다. 에이미 워커, 저스틴 로빈슨, 일레인 피어슨, 조이 프레이어와 필립 프레이어, 벤 딘, 샌디 맥키넌, 휴 켐프스터, 데이비드 레빈, 더그 노스, 엘렌 콜, 도미닉 랜돌프, 조너선 색스, J. J. 커틸리, 트렌트 배리, 로지 배리, 매트 핸드버리, 토니 스트라제라, 데비 클링, 존 렌드리, 리사 폴, 프랭크 모스카, 로이 바우마이스터, 바버라 프레드릭슨, 다이앤 티스, 존 애쉬튼, 케이트 헤이즈, 주디 잘츠버그, 아델 다이아몬드에게도 감사한다.

7장 '강인한 군대'는 론다 코넘(나의 영웅), 캐런 레이비치, 조지 케이시, 대릴 윌리엄스가 아니었더라면 존재하지 않았을 것이다. 폴 레스터, 섀런 맥브라이드, 제프 쇼트, 리처드 곤잘레스, 스탠리 존슨, 리 볼린, 브리언 미셸, 데이브 자이비스트, 밸로리 버튼, 케이티 커랜, 션 도일, 게이브 파올레티, 글로리아 파크, 폴 블리즈, 존 코트먼과 줄리 고트먼, 리처드 테데시, 리처드 맥널리, 폴 맥휴, 폴 모나코, 질 챔버스, 마이크 프라벨, 밥 스케일스, 에릭 슈메이커, 리처드 마코나, 카를 카스트로, 크리스토퍼 피터슨, 박난숙, 켄 파가먼트, 마이크 매슈스, 패트 스위니, 패티 쉰세키, 돈나 브라질, 데이나 화이티스, 메리 켈러, 주디 잘츠버그, 사라 앨고, 바버라 프레드릭슨, 존 카치오포, 노먼 앤더슨, 게리 밴던보스, 셸리 게이블, 피터 슐먼, 데브 피셔, 레이민 세데히에게도 크게 감사한다.

지능과 성공에 관한 6장의 주인공은 앤젤라 리 덕워스다. 이 장의 토대가 된 앤젤라의 탁월한 연구에 더없는 감사와 감탄을 보낸다. 또한 앤더스 에릭슨, 존 사비니, 제인 드라체, 앨런 코어스, 다윈 라바르트, 셸던 해크니에게도 감사한다.

긍정 건강을 다룬 9장은 다윈 라바르트, 폴 타리니, 데이비드 슬론 윌슨, 에드 윌슨, 줄리언 세이어, 아르투르 루벤슈타인, 일레인 오브라이언, 셸던 코헨, 몬트 밀스, 바버라 제이콥스, 줄리 보엠, 캐럴라인 애덤스 밀러, 폴 토머스, 존 토머스, 그리고 인터넷 걷기 동호회 회원들에게 크나큰 도움을 받았다.

나는 학문적 고향인 펜실베이니아 대학에서 지난 40년을 보냈다. 내 동료와 학생들은 모든 영역에서 지원을 아끼지 않았다. 제일 먼저 피터 슐먼에게 감사한다. 그는 나의 오른팔이다. 린다 뉴스테드와 캐런 레이비치, 제인 길햄, 레이첼 에이베나볼리, 드니즈 클레그, 데렉 프레어, 앤드류 로젠탈, 주디 로딘, 샘 프레스턴, 에이미 구트먼, 마이크 카하나, 레베카 부쉬넬, 데이비드 브래나드, 레이민 세데히, 리처드 슐츠, 데이비드 발라무스, 구스 하트먼, 프랭크 노먼, 앤젤라 덕워스, 에드 퍼그에게도 감사한다. 나는 현재 펜실베이니아 대학 심리학과의 젤러바크 가문 교수이고, 전에는 로버트 폭스 리더십 교수였다. 젤러바크 가문의 모든 사람과 로버트 폭스의 지속적인 지원에 감사를 표한다.

애틀랜틱 자선 재단, 애넌버그 재단(특히 캐슬린 홀 제이미슨), 미 교육부, 미 육군성, 미 국립정신보건원, 짐 허비, 갤럽 재단, 휴렛팩커드 재단, 영 재단, 로버트 우드 존슨 재단(특히 폴 타리니), 메이어슨 재단의 닐 메이어슨, 존 템플턴 재단은 긍정심리학에 막대한 기금을 제공했다. 잭 템플턴과 아서 슈워츠, 메리 앤 마이어스, 키먼 사전트, 바너비 마시에게 특히 감사드린다.

다른 많은 이들 중에서도 벤 캐리, 스테이시 벌링, 클라우디아 월리스, 조슈아 울프 쉔크, 레아 파버먼, 세실리아 사이먼은 긍정심리학을 건설적으로 보도했다. 그렇게 책임감 있는 언론인들에게 매우 감사한다.

한결같이 근면하고 열정적인 편집자 레슬리 메리디스, 출판업자 마샤 레빈, 도미니크 앤푸소 편집장, 그리고 가까운 친구이자 비길 데 없이 유능한 에이전트인 리처드 파인에게 정말 감사한다.

내 일곱 아이, 제니, 칼리, 대릴, 니키, 라라, 데이비드, 어맨다에게 감사한다. 아이들은 일과 결혼한 아빠를 참으로 잘 참아주었다. 내 평생의 연인이자 동반자, 맨디 맥카시 셀리그만에게 나는 최고로 감사한다.

Preface

1 *If anything changes in the practitioner, it is a personality shift to depression:* K. S. Pope and B. G. Tabachnick, "Therapists as Patients: A National Surveyof Psychologists' Experiences, Problems, and Beliefs," *Professional Psychology:Research and Practice* 25 (1994): 247?8. Research has shown that psychotherapists and psychologists have high rates of depression. In a survey of about five hundred psychologists, Pope and Tabachnick found that 61 percent of their sample reported at least one episode of depression during their career, 29 percent had experienced suicidal feelings, and 4 percent had actually attempted suicide.

American Psychological Association, *Advancing Colleague Assistance in Professional Psychology* (February 10, 2006). Retrieved October 15, 2009, from www .apa.org/practice/acca_ monograph.html. In 2006 the APA's Board of Professional Affairs' Advisory Committee on Colleague Assistance (ACC A) issued a report on distress and impairment in psychologists. The report pointed out that depending on how depression is measured, its lifetime prevalence in psychologists ranges from 11 percent to 61 percent. In addition to depression, mental health practitioners are exposed to high levels of stress, burnout, substance abuse, and vicarious traumatization.

See also P. L. Smith and S. B. Moss, "Psychologist Impairment: What Is It, How Can It Be Prevented, and What Can Be Done to Address It?" *Clinical Psychology:Science and Practice* 16 (2009): 1-5.

2 *At this moment, several thousand people around the world:* The International Positive Psychology Association (IPPA) currently counts more than three thousand members from over seventy countries around the world. Approximately 45 percent of the association's members are academic researchers and practicing psychologists. The next 20 percent (called associates) are practitioners involved in putting positive psychology research into practice in applied contexts(schools, businesses, and so on). The next 25 percent are students interested in positive psychology. The remaining 10 percent (affiliates) include people who are simply interested in the field. More details about IPPA can be found at www.ippanetwork.org.

One of several active Internet groups worth joining is friends-of-pp@lists.apa.org.

Chapter 1: What Is Well-Being?

5 *Judy zoomed at an astonishingly young age:* "Judith Rodin: Early Career Awards for 197

7," American Psychologist 33 (1978): 77?0. Judy Rodin won the American Psychological Association's Early Career Award in 1977. This article summarizes her early accomplishments.

Judy Rodin has also recently been selected by *U.S. News & World Report* as one of America's best leaders for her work as head of the Rockefeller Foundation: D. Gilgoff, "Judith Rodin: Rockefeller Foundation Head Changes the Charity and the World," *U.S. News & World Report*, October 22, 2009.

Throughout her career, she has authored or coauthored more than two hundred academic articles and twelve books, including *The University and Urban Renewal: Out of the Ivory Tower and into the Streets* (Philadelphia: University of Pennsylvania Press, 2007).

5 *we even managed to collaborate on a study investigating the correlation of optimism with a stronger immune system:* L. Kamen-Siegel, J. Rodin, M. E. P. Seligman, and J. Dwyer, "Explanatory Style and Cell-Mediated Immunity in Elderly Men and Women," Health Psychology 10 (1991): 229-5. In collaboration with Leslie Kamen-Siegel, we found that a pessimistic explanatory style predicted lower immunocompetence in a sample of twenty-six older adults (aged sixty-two to eighty-two years old), controlling for other factors such as current health, depression, medication, weight changes, sleep habits and alcohol use. Our study, as well as the relation between optimism and the immune system, is discussed further in chapter 9.

6 *the princes and princesses of ethnopolitical violence, attended:* the conference report is available at www.ppc.sas.upenn.edu/chirot.htm.

7 *the volume* Ethnopolitical Warfare: D. Chirot and M. E. P. Seligman, eds., *Ethnopolitical Warfare: Causes, Consequences, and Possible Solutions* (Washington, DC: American Psychological Association, 2001).

7 *the medical anthropologist Mel Konner:* Mel Konner is the Samuel Candler Dobbs Professor of Anthropology at Emory University, in Atlanta. Among other books, he is the author of: M. Konner, *The Tangled Wing: Biological Constraints on the Human Spirit* (New York: Holt, Rinehart, Winston, 1982). More information on Mel Konner's life and work is available on his website, at www.melvinkonner.com.

8 *Charles Feeney:* Atlantic Philanthropies was in 2006 the third most generous foundation in the United States (giving out a half billion dollars in grants), surpassed only by the Ford and Gates Foundations. For more information on Chuck Feeney's career and philanthropic activities, see J. Dwyer, "Out of Sight, Till Now, and Giving Away Billions," *New York Times*, September 26, 2007. C. O'Clery, *The Billionaire Who Wasn't: How Chuck Feeney Secretly Made and Gave Away a Fortune Without Anyone Knowing* (New York: Public Affairs, 2007).

8 *It contained some very fine science:* Our 2000 progress report for the Humane Leadership Project can be found at www.ppc.sas.upenn.edu/hlprogress report.htm#Research.

9 *Thales thought that everything was water:* Thales of Miletus (ca. 624 b.c.?a. 546 b.c.) is considered by many to be the first philosopher in the Greek tradition. A central claim to Thales' theory is the belief that the world started from water, and that water is the principle of all things. For more information on Thales, see B. Russell, A *Western History of Philosophy (London:*

George Allen and Unwin, 1945).

9 *Aristotle thought that all human action was to achieve happiness: Aristotle, Nichomachean Ethics* (New York: Oxford University Press, 1998).

9 *Nietzsche thought that all human action was to get power:* F. Nietzsche, *The Will to Power* (New York: Vintage, 1968).

9 *Freud thought that all human action was to avoid anxiety:* S. Freud, *Inhibitions, Symptoms, and Anxiety* (New York and London: W. W. Norton, 1959).

9 *when there are too few variables to explain the rich nuances of the phenomena in question, nothing at all is explained:* D. Gernert, "Ockham's Razor and Its Improper Use," *Cognitive Systems:* 133-8. A critical discussion of the misuse and limitations of the principle of parsimony.

9 *happiness... is so overused as to be almost meaningless:* D. M. Haybron, *The Pursuit of Unhappiness:* The Elusive Psychology of Well-Being (New York: Oxford University Press, 2008). A review of the various meanings of happiness.

10 *"People try to achieve just for winning's own sake":* Senia pointed out that although achievement can lead to desirable outcomes and is also often accompanied by positive emotion, achievement can be intrinsically motivating as well.

11 *a far cry from what Thomas Jefferson declared that we have the right to pursue:* A. De Tocqueville, *Democracy in America* (New York: Perennial Classics, 2000). *In Democracy in America,* Tocqueville explained that Jefferson's concept of happiness was one that involved self-restraint in order to achieve long-term fulfillment. Jeffersonian happiness is therefore much closer to enduring well-being than transient pleasure.

D. M. McMahon, *Happiness: A History* (New York: Atlantic Monthly Press, 2006). The best source on the historical evolution of the concept of happiness.

11 *if you ask people in flow what they are feeling, they usually say, "nothing":* M. Csikszentmihalyi, *Creativity: Flow and the Psychology of Discovery and Invention* (New York: Harper Perennials, 1997). Mihalyi Csikszentmihalyi used the example of the creative process to describe the relationship between flow and positive emotion. In his words: "When we are in flow, we do not usually feel happy?or the simple reason that in flow we feel only what is relevant to the activity. Happiness is a distraction. The poet in the middle of writing or the scientist working out equations does not feel happy, at least not without losing the thread of his or her thought. It is only after we get out of flow, at the end of a session or in moments of distraction within it, that we might indulge in feeling happy. And then there is a rush of well-being, of satisfaction that comes when the poem is completed or the theorem is proved."

A. Delle Fave and F. Massimini, "The Investigation of Optimal Experience and Apathy: Developmental and Psychosocial Implications," *European Psychologist* 10 (2005): 264-4.

11 *There are no shortcuts to flow; on the contrary, you need to deploy your highest strengths and talents to meet the world in flow:* M. Csikszentmihalyi, K. Rathunde, and S. Whalen,

Talented Teenagers: The Roots of Success and Failure (New York: Cambridge University Press, 1997). Csikszentmihalyi, Rathunde, and Whalen found that the development of talent in a group of American teenagers was linked to the ability to use their concentration abilities, to commit to the development of their skills, and to experience flow.

12 *Hence, the importance of identifying your highest strengths and learning to use them more often in order to go into flow:* M. E. P. Seligman, T. A. Steen, N. Park, and C. Peterson, "Positive Psychology Progress: Empirical Validation of Interventions," American Psychologist 60 (2005): 410-1. This idea was first presented in *Authentic Happiness* (2002). In subsequent research, we found that learning to use their signature strengths in a new way made people happier (and less depressed), and that this effect lasted for up to six months after our intervention. Using your highest strengths, however, is not a necessary condition for going into flow: I go into flow when I get a back massage. Using your highest strength is at most only a contributing condition to flow. You can identify your highest strengths by taking the Values in Action survey at www.authentichappiness.org.

12 *Human beings, ineluctably, want meaning and purpose in life:* V. Frankl, *Man's Search for Meaning* (London: Random House / Rider, 2004). A stirring portrait of just how ineluctable the pursuit of meaning is.

13 *a widely researched self-report measure that asks on a 1-to-10 scale how satisfied you are with your life:* E. Diener, R. Emmons, R. Larsen, and S. Griffin. "The Satisfaction with Life Scale," *Journal of Personality Assessment* 49 (1985): 71-5.

13 *how much life satisfaction people report is itself determined by how good we feel at the very moment we are asked:* R. Veenhoven, "How Do We Assess How Happy We Are? Tenets, Implications, and Tenability of Three Theories" (paper presented at conference on New Directions in the Study of Happiness: United States and International Perspectives, University of Notre Dame, South Bend, IN, October 2006).

M. Schwarz and F. Strack, "Reports of Subjective Well-Being: JudgmentalProcesses and Their Methodological Implications," *in Foundations of HedonicPsychology: Scientific Perspectives on Enjoyment and Suffering,* eds. D. Kahneman,E. Diener, and N. Schwarz (New York: Russell Sage Foundation, 1999), pp. 61?4.

14 *Introverts are much less cheery than extroverts: for example,* see P. Hills and M. Argyle, "Happiness, Introversion-Extraversion and Happy Introverts," *Personality and Individual Differences* 30 (2001): 595-08.

W. Fleeson, A. B. Malanos, and N. M. Achille, "An Intraindividual Process Approach to the Relationship Between Extraversion and Positive Affect: Is Acting Extraverted as 'Good' as Being Extraverted?" *Journal of Personality and Social Psychology* 83 (2002): 1409-2.

14 *any theory that aims to be more than a "happiology":* C. Peterson, *A Primer in Positive Psychology* (New York: Oxford University Press, 2006). In *A Primer in Positive Psychology,* Christopher Peterson noted that the positive psychology movement has unfortunately often been associated with Harvey Ball's cliched smiley face when featured in the media.

Peterson pointed out how misleading this iconography is: "a smile is not an infallible indicator of all that makes life worth living. When we are highly engaged in fulfilling activities, when we are speaking from our hearts, or when we are doing something heroic, we may or may not be smiling, and we may or may not be experiencing pleasure in the moment. All of these are central concerns to positive psychology, and they fall outside the realm of happiology" (p. 7).

15 the topic is a construct?ell-being?hich in turn has several measurable *elements, each a real thing, each contributing to well-being,* but none defining well-being: E. Diener, E. M. Suh, R. E. Lucas, and H. L. Smith, "Subjective Well- Being: Three Decades of Progress," *Psychological Bulletin* 125 (1999): 276?02. See this source for more information on the multifaceted nature of subjective well-being.

16 *Many people pursue it for its own sake:* E. L. Deci and R. M. Ryan, *Intrinsic Motivation and Self-Determination in Human Behavior* (New York: Plenum Press, 1985). In other words, the element is intrinsically motivating, as defined by Deci and Ryan.

17 *Abraham Lincoln, a profound melancholic, may have, in his despair, judged his life to be meaningless:* J. Shenk, *Lincoln's Melancholy* (New York: Houghton Mifflin, 2005). A splendid emotional biography of Lincoln.

17 *Jean-Paul Sartre's existentialist play* No Exit: J.-P. Sartre, No Exit and Three Other Plays (New York: Vintage, 1949).

18 Some will even cheat to win: R. Wolff, *The Lone Wolff: Autobiography of a Bridge Maverick* (New York: Masterpoint Press, 2007). An excellent book on expert bridge and why some experts cheat.

19 John D. Rockefeller: R. Chernow, *Titan: The Life of John D. Rockefeller, Sr.* (New York: Vintage, 1998). An outstanding biography of his winning in the first half of his life and then his philanthropy in the second half.

19 Chariots of Fire: D. Putnam, J. Eberts, D. Fayed, and J. Crawford (producers), and H. Hudson (director), *Chariots of Fire* (motion picture), 1981. Burbank, CA: Warner Home Video.

20 *Robert White had published a heretical article:* R. W. White, "Motivation Reconsidered: The Concept of Competence," *Psychological Review* 66 (1959): 297?33.

20 *all of them took place around other people*: H. T. Reis and S. L. Gable, "Toward a Positive Psychology of Relationships," *in Flourishing: Positive Psychology and the Life Well-Lived, eds.* C. L. M. Keyes and J. Haidt (Washington, DC: American Psychological Association, 2003), pp. 129-9. In a review of the evidence, Reis and Gable concluded that good relationships with others may be the single most important source of life satisfaction and emotional well-being across people of all ages and cultures. I am especially indebted to Corey Keyes for his foresighted use of the term and the concept of "flourishing," which antedates my own usage. Although I use the term in a different sense?ER MA?orey's work has been an inspiration to me.

20 *My friend Stephen Post*: S. Post, J. Neimark, and O. Moss, Why Good Things Happen to

Good People (New York: Broadway Books, 2008).

20 *doing a kindness produces the single most reliable momentary increase in well-being*: M. E. P. Seligman, T. A. Steen, N. Park, and C. Peterson, "Positive Psychology Progress: Empirical Validation of Interventions," *American Psychologist* 60 (2005): 410-1. In recent research, we found that, among five different positive psychology exercises, the gratitude visit (as described in *Authentic Happiness*) produced the largest positive changes in happiness (and decreases in depressive symptoms), and this effect lasted for a month. In the gratitude visit exercise, participants are asked to write and deliver a letter of gratitude in person to someone who had been especially kind to them but had never been properly thanked. S. Lyubomirsky, K. M. Sheldon, and D. Schkade, "Pursuing Happiness: The Architecture of Sustainable Change," *Review of General Psychology* 9 (2005): 111- 31. Sonja Lyubomirsky and colleagues have also found that asking students to perform five acts of kindness per week over the course of six weeks resulted in an increase in well-being, especially if they performed their five weekly acts of kindness all in one day.

21 *the master strength is the capacity to be loved*: D. M. Isaacowitz, G. E. Vaillant, and M. E. P. Seligman, "Strengths and Satisfaction Across the Adult Lifespan, *International Journal of Aging and Human Development* 57 (2003): 181-01. In 2000 we held a meeting in Glasbern, Pennsylvania, to refine the VIA taxonomy of strengths and virtues. More than twenty-five researchers gathered to discuss which strengths should be included. Love?lmost implicitly defined as the capacity to love?ad always figured high on our list. George Vaillant chastised us for ignoring the capacity to be loved. For Vaillant, the capacity to be loved is the master strength. Vaillant's insight came from his seminal work on the Grant Study, an almost seventy-year (and ongoing) longitudinal investigation of the developmental trajectories of Harvard College graduates. (This study is also referred to as the Harvard Study.) In a study led by Derek Isaacowitz, we found that the capacity to love and be loved was the single strength most clearly associated with subjective well-being at age eighty.

21 *loneliness is such a profoundly disabling condition*: J. T. Cacioppo and W. Patrick, *Loneliness: Human Nature and the Need for Social Connection* (New York: W. W. Norton, 2008); J. T. Cacioppo, L. C. Hawkley, J. M. Ernst, M. Burleson, G. G. Berntson, B. Nouriani, and D. Spiegel, "Loneliness Within a Nomological Net: An Evolutionary Perspective," Journal of Research in Personality 40 (2006): 1054?5. According to Cacioppo and Patrick, social cooperation has been a driving force in the evolution of human behavior. The converse, loneliness, extracts a significant toll from its sufferers by raising stress levels and causing negative cycles of self-defeating behaviors. For instance, Cacioppo and colleagues found that lonely (compared to nonlonely) young adults are higher in anxiety, anger, negative mood, as well as fear of negative evaluation. They are also lower in optimism, social skills and support, positive mood, extraversion, emotional tability, conscientiousness, agreeableness, shyness, and sociability.

D. W. Russell, "The UCL A Loneliness Scale (Version 3): Reliability, Validity, and Factor

Structure," *Journal of Personality Assessment* 66 (2006). Loneliness can be measured using the UCL A Loneliness Scale, a twenty-item self-report questionnaire.

22 *if they did not bring about positive emotion or meaning or accomplishment*: R. F. Baumeister and M. R. Leary, "The Need to Belong: Desire for Interpersonal Attachments as a Fundamental Human Motivation," Psychological Bulletin 117 (1995): 497-29. A review of the research on the determinants and consequences of the human drive to engage in social relationships (or "need to belong").

22 *the big brain is a social problem solver, not a physical problem solver*: N. Humphrey, The Inner Eye: Social Intelligence in Evolution (New York: Oxford University Press, 1986).

22 *The eminent British biologist and polemicist, Richard Dawkins*: R. Dawkins, The Selfish Gene (New York: Oxford University Press, 1976).

23 *the group is a primary unit of natural selection*: D. S. Wilson, and E. O. Wilson, "Rethinking the Theoretical Foundation of Sociobiology," Quarterly Review of Biology 82 (2007): 327-8.

24 *You go into flow when your highest strengths are deployed to meet the highest challenges that come your way*: M. Csikszentmihalyi, *Finding Flow in Everyday Life* (New York: Basic Books, 1997). It is the precise balance between skills and challenges that determine whether an individual will enter flow (or alternatively, the states of control, relaxation, boredom, apathy, worry, and anxiety). Flow corresponds to the optimal combination of high skills and high challenges, as demonstrated by Csikszentmihalyi.

25 *Richard Layard argues*: R. Layard, Happiness: Lessons from a New Science (New York: Penguin, 2005).

26 *why we choose to have children*: N. Powdthavee, "Think Having Children Will Make You Happy?" *The Psychologist* 22 (2009): 308-11. A substantial literature measuring life satisfaction and happiness consistently finds less, or at best no more, among parents than non-parents.

J. Senior, "All Joy and No Fun," *New York Magazine*, July 4, 2010. Jennifer Senior sets out the controversy well, and captures my view: "Martin Seligman, the positive-psychology pioneer who is, famously, not a natural optimist, has always taken the view that happiness is best defined in the ancient Greek sense: leading a productive, purposeful life. And the way we take stock of that life, in the end, isn't by how much fun we had, but what we did with it. (Seligman has seven children.)"

26 *Brave New World*: A. Huxley, Brave New World (New York: Harper and Brothers, 1932). Aldous Huxley's unforgettable dystopia.

26 *subjective and objective measures of meaning, good relationships, and positive accomplishment*: E. Jayawickreme and M. E. P. Seligman, "The Engine of Well-Being" (manuscript in preparation, 2010). It is useful to contrast well-being theory to the other major theories of well-being, and Eranda Jayawickreme and I have done this in a recent manuscript, "The Engine of Well-Being." There are three kinds of theories: wanting, liking, and needing theories. The first of these theory types-pwanting theories-ominates mainstream economics as well as behavioral psychology. According to these accounts, an individual achieves well-being when he is able to fulfill his "desires," where "desires" are defined objectively. In economic terms, well-being is tied to satisfying one's preferences. There is no subjective requirement that is, there is no need that satisfying your preferences lead to pleasure or satisfaction. Positive reinforcement, similarly, is based on instrumental choice (an objective preference measure), with no subjective component, and so constitutes a wanting theory. Well-being in reinforcement theory is approximated by how much positive reinforcement and how little punishment (both behavioral measures of preference) one obtains. People and animals strive to get what they want because such behavior is positively reinforcing, not because it satisfies any particular need or drive, and not because it engenders any subjective state of liking.

Liking theories are the hedonic accounts of happiness in philosophy and psychology that center on subjective reports of positive emotion, life satisfaction, and happiness. The subjective well-being account is typical. Subjective well-being is the combination of general satisfaction with one's life, satisfaction with specific domains of one's life, current mood, and current positive and negative emotion. Subjective well-being is perhaps the most widely used theory in the psychology of happiness, and well-being is typically assessed by asking an individual, "How satisfied are you with your life?" The answer consists of both momentary emotions along with a cognitive evaluation of how life is going.

Needing theories catalogue the objective list of goods required for well-being or for a happy life. These theories do not completely discount what people choose (wanting) and how people feel about their choices (liking), but they contend that what people need is more central to well-being. These theories include the objective- list accounts of Amartya Sen and Martha Nussbaum, the hierarchy of- needs approach of Abraham Maslow, and the eudemonic approaches of Carolyn Ryff, Ed Deci, and Rich Ryan. Carolyn Ryff's sustained and creative work on eudemonic approaches to well-being is especially important as a counterweight to purely subjective approaches.

Veenhoven and Cummins are the progenitors of the engine approach: R. A. Cummins, "The Second Approximation to an International Standard for Life Satisfaction," Social Indicators Research 43 (1998): 307-4; R. Veenhoven, "*Quality-of-Life and Happiness*: Not Quite the Same," in G. DeGirolamo, et al., eds., Health and Quality-of-Life (Rome: Il Pensierro Scientifico, 1998).

Parfit (1984), as well as Dolan, Peasgood, and White (2006), first made the valuable distinction among needing, wanting, and liking theories: P. Dolan, *T. Peasgood, and M. White,* Review of Research on the Influences on Personal Well- *Being and Application to Policy Making* (London: DEFRA, 2006); D. Parfit, Reasons and Persons (Oxford: Clarendon Press, 1984).

My friend and colleague Ed Diener, the first of the modern positive psychologists, is the giant in the field of subjective well-being: E. Diener, E. Suh, R. Lucas, and H. Smith, "Subjective Well-Being: Three Decades of Progress," *Psychological Bulletin* 125 (1999): 276-02. The major theoretical papers on objective list theory (or needing theory) include: A. K.

Sen, *Development as Freedom* (Oxford: Oxford University Press, 1999); A. H. Maslow, Toward a Psychology of Being (New York: Van Nostrand, 1968); M. C. Nussbaum, "Capabilities as Fundamental Entitlements: Sen and Social Justice," *Feminist Economics* 9 (2003): 33?9; C. D. Ryff, "Happiness Is Everything, or Is It? Explorations on the Meaning of Psychological Well-Being," Journal of Personality and Social Psychology 57 (1989): 1069?1; C. D. Ryff, "Psychological Well-Being in Adult Life," *Current Directions in Psychological Science* 4 (1995): 99?04; R. M. Ryan and E. L. Deci, "On Happiness and Human Potentials: A Review of Research on Hedonic and Eudaimonic Well-Being," *Annual Review of Psychology* 52 (2001): 141-6.

26 *Timothy So and Felicia Huppert of the University of Cambridge have defined and measured flourishing in each of the (then) twenty-three European Union nations*: T. So and F. Huppert, "What Percentage of People in Europe Are Flourishing and What Characterizes Them?" (July 23, 2009). Retrieved October 19, 2009, from www.isqols2009.istitutodeglinnocenti.it/Content_en/Huppert.pdf. So and Huppert used the latest round of the European Social Survey, which incorporates a well-being module, to measure flourishing in a sample of around forty-three thousand adults (all above sixteen years old) in the twenty-three countries of the European Union. Aside from between-nations differences, they found that higher flourishing is associated with higher education levels, higher income, and being married. General health is also moderately associated with flourishing, although only a third of individuals with good self-reported health are flourishing. Flourishing was found to decline with age, although not linearly so. Indeed, people over sixty-five years of age in certain countries (for instance, Ireland) show the highest rates of flourishing. Middle-aged people show the lowest rates.

So and Huppert also tested the relationship between life satisfaction and flourishing to determine how much the two concepts overlap. Consistent with well-being theory, the two measures correlated only modestly (r = .32). In other words, many people who are satisfied with their lives are not flourishing, and vice versa. This finding reinforces the notion that measures of life satisfaction (a unitary construct) are not adequate to assess well-being and flourishing (both multifaceted constructs).

28 *"moon-shot goal"*: In May 1961, President John F. Kennedy announced the then implausible goal of putting humans on the moon by the end of that decade. There is nothing like a huge goal to galvanize the best.

28 *Public policy follows only from what we measure?nd until recently, we measured only money, gross domestic product* (GDP): P. Goodman, "Emphasis on Growth Is Called Misguided," *New York Times*, September 23, 2009. As explained by Nobel Prize?inning economist Joseph Stiglitz: "What you measure affects what you do. If you don't measure the right thing, you don't do the right thing." Governments around the world are starting to consider the idea that indicators other than the GDP are needed in order to address the needs of their citizens. In 2008 French president Nicolas Sarkozy commissioned a report from renowned economists Joseph Stiglitz, Amartya Sen, and Jean-Paul Fitoussi, asking for the creation of a new measure of economic growth that would take into account, among other factors, social well-being. As a result of the recent economic turmoil, Sarkozy felt that the old-fashioned measures of economic growth are giving citizens the impression that they are being manipulated. The resulting Commission on the Measurement of Economic Performance and Social Progress (CMEPSP) recently released its first report, supporting Sarkozy's initiative and proposing alternative measurement strategies.

This report and much subsequent action is tied to objective list theory and is not incompatible with well-being theory and its goal of flourishing. The essential difference, however, is that flourishing takes subjective variables at least as seriously as objective ones. The economist-dominated developments are quite skeptical about subjective indicators of human progress. The full text of the commission's first report, as well as other papers and information, can be found at: www.stiglitz-sen-fitoussi.fr.

Chapter 2: Creating Your Happiness: Positive Psychology
Exercises That Work

31 *You will be happier and less depressed one month from now*: M. E. P. Seligman, T. A. Steen, N. Park, and C. Peterson, "Positive Psychology Progress: Empirical Validation of Interventions," *American Psychologist* 60 (2005): 410?1. This has been shown by our first randomized, controlled study conducted on the Internet, described here.

31 *many aspects of human behavior do not change lastingly*: M. E. P. Seligman and J. Hager, eds., *The Biological Boundaries of Learning* (New York: Appleton-Century-Crofts, 1992); M. E. P. Seligman, *What You Can Change … and What You Can't* (New York: Vintage, 1993). The extent to which any behavior can be learned is a long-standing debate. The evidence suggests that we are hardwired to learn certain things easily, but not others. This debate was the topic of my very first book, *The Biological Boundaries of Learning*. As a result, interventions targeting modifiable behaviors will be much more likely to succeed than those targeting more intractable ones. This was the topic of *What You Can Change … and What You Can't*. Common examples of modifiable behaviors include sexual dysfunction, mood, and panic attacks (if provided with the right intervention). Examples of things that are much harder to change are weight, sexual orientation, and alcoholism.

31 *I did the watermelon diet for thirty days*: To reinforce this point, there isn't a single scientific study looking at the effectiveness of the watermelon diet. That's never a good sign. Anecdotal reports of unpleasant side effects and overall ineffectiveness, however, abound on the Internet.

31 *like 80 percent to 95 percent of dieters, I regained all that weight (and more) within three years*: For a recent review of the effectiveness of dieting, see T. Mann, J. Tomiyama, E. Westling, A.-M. Lew, B. Samuels, and J. Chatman. "Medicare's Search For Effective Obesity Treatments: Diets Are Not The Answer," *American Psychologist* 62 (2007): 200-3; L.

H. Powell, J. E. Calvin III, and J. E. Calvin Jr., "Effective Obesity Treatments," *American Psychologist* 62 (2007): 234-6. Mann, et al., pointed out that although many studies have shown that certain diets work (at least in the short term), their conclusions should be interpreted with caution, as methodological problems may have biased their results. Another review by Powell and colleagues compared different kinds of treatment for obesity (dieting, drugs, gastric surgery) and found that overall, dieting and drugs had a consistent significant effect on weight. The average weight loss in these studies was, however, only seven pounds! These so-called effective treatments for obesity are therefore no panaceas. Interestingly though, the authors pointed out that even small amounts of weight loss had significant effects on other markers of health (blood pressure, diabetes, and so on). The results of gastric surgery are much better. So while we cannot dismiss the advantage of losing even a small amount of weight, the results still clearly show that substantial weight loss by dieting is very difficult to achieve.

31 *came from a study of lottery winners, who were happier for a few months after their windfall but soon fell back to their usual level of grouchiness*: P. Brickman, D. Coates, and R. Janoff-Bulman, "Lottery Winners and Accident Victims: Is Happiness Relative" *Journal of Personality and Social Psychology* 36 (1978): 917-7. In this classic study, Brickman and colleagues demonstrated that lottery winners are not happier than nonwinners, thus suggesting that lottery winners adapt to their new situation. However, another finding from the same study put into question the notion that we are always able to adapt to a set-point level of happiness. Indeed, Brickman and colleagues also examined the levels of happiness of a group of people with paraplegia. These subjects bounced back from their initial misery but never quite caught up with controls. This study therefore suggested that happiness may be more difficult to increase than to decrease.

32 *If we trade up successfully, we stay on the hedonic treadmill, but we will always need yet another shot*: E. Diener, R. E., Lucas, and C. N. Scollon, "Beyond the Hedonic Treadmill," *American Psychologist* 6 (2006): 305-4. Diener and colleagues made five revisions to the hedonic treadmill model to reflect our current understanding of happiness, including whether or not it can be improved. First they argue that people's set points are not neutral (against previous findings). In other words, most people are happy most of the time (as shown by Diener and Diener, 1996), and they revert back to this "happy" set point after events. Second, people differ in their set points. In other words, some people are generally happier than others, for both genetic and environmental reasons. Third, people also differ in the degree to which they adapt to external events (and revert back to their set points). Fourth, it doesn't make sense to talk about one set point of happiness. Instead, there are multiple set points which correspond to the various components of well-being (which allows for the adaptation of the hedonic treadmill theory to well-being theory). Finally, and most importantly, set points can be changed under certain conditions. The fact that citizens of different countries report differing levels of happiness is evidence that environmental circumstances do affect well-being. In particular, wealth and human rights appear to be strong predictors of national well-being (Diener, Diener, and Diener, 1995). In the words of Diener and colleagues (2006), the hedonic treadmill theory asks us to "Imagine that individuals living in a cruel dictatorship where crime, slavery, and inequality are rampant are as satisfied with their lives as people living in a stable democracy where crime is minimal." The research shows that, fortunately, there is no need to imagine that this would be true. It is false. E. Diener and C. Diener, "Most People Are Happy," *Psychological Science* 7 (1996): 181-5.

E. Diener, M. Diener, and C. Diener, "Factors Predicting the Subjective Well- Being of Nations," *Journal of Personality and Social Psychology* 69 (1995): 851-4.

32 *which are just bogus?*: S. Lyubomirsky, *The How of Happiness: A Scientific Approach to Getting the Life You Want* (London: Penguin, 2007). A good self-help manual that separates scientific advice from unfounded myths on how to become happier.

32 *"naughty thumb of science"*: e. e. cummings, "O Sweet Spontaneous Earth," Complete Poems, 1904-962 (New York: Norton, 1994), p. 58. I use this quote often in lectures, and it always surprises me how few members of the audience are acquainted with the marvelous poem.

32 *There is a gold standard for testing therapies: random-assignment, placebo-controlled studies*: J. B. Persons and G. Silberschatz, "Are Results of Randomized Controlled Trials Useful to Psychotherapists?" *Journal of Consulting and Clinical Psychology* 66 (1998): 126-5. For an entertaining debate on the usefulness of RC Ts for clinicians, see the following discussion between Jacqueline Persons and George Silberschatz. Persons argued that clinicians cannot provide top quality care without reading the findings from RC Ts. Silberschatz, on the other hand, explained that RC Ts do not address the issues and concerns of practicing clinicians because they lack external validity.

M. E. P. Seligman, *"The Effectiveness of Psychotherapy*: The Consumer Reports Study," *American Psychologist* 50 (1995): 965-4. Elsewhere, I have argued that efficacy studies (such as RC Ts) do have certain drawbacks: treatments have a fixed duration (usually around twelve weeks), treatment delivery is not flexible, and subjects are assigned to a group and are therefore consigned to a more passive role. They are also somewhat nonrepresentative of many "real-life" patients who enter treatment with high comorbidity. Finally, outcomes tend to focus on symptom reduction as opposed to general decreases in impairment. I therefore argued that the ideal study should combine features of both efficacy and effectiveness studies, so that the scientific rigor of RC Ts can be augmented with the real-life relevance of effectiveness studies.

34 *The odds are that you will be less depressed, happier, and addicted to this exercise*: M. E. P. Seligman, T. A. Steen, N. Park, and C. Peterson, "Positive Psychology Progress: Empirical Validation of Interventions," *American Psychologist* 60 (2005): 410-1.

34 *It was all book learning, and they could never know craziness itself*: Admittedly, some courageous teachers have attempted to provide an experiential perspective in their

Abnormal Psychology courses, but the ethical considerations are tricky.

F. E. Rabinowitz, "Creating the Multiple Personality: An Experiential Demonstration for an Undergraduate Abnormal Psychology Class," *in Handbook of Demonstrations and Activities in the Teaching of Psychology, vol. 3, Personality, Abnormal, Clinical-Counseling, and Social* (2nd ed.), eds. M. E. Ware and D. E. Johnson (Mahwah, NJ: Erlbaum, 2000).

D. Wedding, M. A. Boyd, and R. M. Niemec, *Movies and Mental Illness: Using Films to Understand Psychopathology* (New York: McGraw-Hill, 1999). Less controversial than direct experiences, teachers can use carefully chosen movies to communicate the subjective experience of mental illness. This volume suggests relevant movies.

D. L. Rosenhan, "On Being Sane in Insane Places," Science 179 (1973): 250? 58. I long for the good old days before institutional review boards (IRB) made bold experimentation impossible. I was a pseudopatient with David Rosenhan in 1972. We got ourselves admitted to mental hospitals and observed how we were treated. It was one of the most rewarding experiences of my life. Unlike the rest of the pseudopatients, I was treated splendidly. It was a fine way to be exposed to craziness from the inside, but no IRB would allow the study today because we deceived the psychiatrists and the patients about our identities. This is Rosenhan's original research report.

35 *Dr. Ben Dean*: www.mentorcoach.com.

38 *Two of the exercises [···] markedly lowered depression three months and six months later*: M. E. P. Seligman, T. A. Steen, N. Park, and C. Peterson, "Positive Psychology Progress: Empirical Validation of Interventions," American Psychologist 60 (2005): 410-1.

39 *This questionnaire was developed by Chris Peterson, professor at the University of Michigan*: C. Peterson and N. Park, "Classifying and Measuring Strengths of Character," *in Handbook of Positive Psychology* (2nd ed.), eds. C. R. Snyder and S. J. Lopez (New York: Oxford University Press, 2009). For more information on the specific strengths, see C. Peterson and M. E. P. Seligman, eds., *The VIA Classification of Strengths and Virtues* (Washington, DC: American Psychological Association, 2003).

40 *at appropriate places throughout this book*: T. Rashid and M. Seligman, Positive Psychotherapy (New York: Oxford, 2001). Includes the complete exposition of these exercises.

40 *they stayed nondepressed for the year that we tracked them*: M. E. P. Seligman, T. Rashid, and A. C. Parks, "Positive Psychotherapy," American Psychologist 61 (2006): 774-8.

40 *Dr. Tayyab Rashid created positive psychotherapy*: on this topic, see the following publications:

T. Rashid and A. Anjum, "Positive Psychotherapy for Children and Adolescents," *in Depression in Children and Adolescents: Causes, Treatment, and Prevention*, eds. J. R. Z. Abela and B. L. Hankin (New York: Guilford Press, 2007).

M. E. P. Seligman, T. Rashid, and A. C. Parks, "Positive Psychotherapy," *American Psychologist* 61 (2006): 774-8.

T. Rashid, "Positive Psychotherapy," *in Positive Psychotherapy, Perspective Series*, ed. S. J. Lopez

(London: Blackwell Publishing, forthcoming).

R. Cummins, "Subjective Well-Being, Homeostatically Protected Mood and Depression: A Synthesis," *Journal of Happiness Studies* 11 (2010): 1-7.

C. Harmer, G. Goodwin, and P. Cowen, "Why Do Antidepressants Take So Long to Work?" *British Journal of Psychiatry* 195 (2009): 102?.

41 Rashid and Seligman, 2011: T. Rashid and M. E. P. Seligman, *Positive Psychotherapy: A Treatment Manual* (New York: Oxford University Press, forthcoming). See also A. Wood and S. Joseph, "The Absence of Positive Psychological (Eudemonic) Well-Being as a Risk Factor for Depression: A Ten-Year Cohort Study," *Journal of Affective Disorders* 122 (2010): 213-7.

C. Harmer, U. O'Sullivan, and E. Favaron, et al., "Effect of Acute Antidepressant Administration on Negative Affective Bias in Depressed Patients," *American Journal of Psychiatry* 166 (2009): 1178-4.

41 *we introduce forgiveness as a powerful tool*: Perhaps the best illustration of this idea is the story of Kim Phuc, the Vietnamese woman who was famously photographed at age nine running naked on the streets of Trang Bang after a napalm attack by South Vietnamese forces. Her essay "The Long Road to Forgiveness" (2008), has been featured on NPR's *This I Believe series*. More information on Kim Phuc's story can be found in the following biography: D. Chong, *The Girl in the Picture: The Story of Kim Phuc*, the Photograph, and the Vietnam War (New York: Viking Penguin, 1999).

42 *satisficing is encouraged over maximizing*: B. Schwartz, A. Ward, J. Monterosso, S. Lyubomirsky, K. White, and D. R. Lehman, "Maximizing Versus Satisficing: Happiness Is a Matter of Choice," *Journal of Personality and Social Psychology* 83 (2002): 1178-7;

B. Schwartz, *The Paradox of Choice: Why More Is Less* (New York: Harper- Collins, 2004).

Barry Schwartz, the Dorwin Cartright Professor of social theory and social action at Swarthmore College, is the leading researcher on the costs and benefits of using satisficing versus maximizing strategies during decision making. In particular, maximizers endure psychological costs when they are faced with an increased number of options (as they will always attempt to improve their situation rather than be content with their current one). In a series of seven studies conducted with Sonja Lyubomirsky (among other authors), Schwartz showed that maximizing (measured as an individual difference variable) is associated with lower levels of happiness, optimism, self-esteem, and life satisfaction but with higher levels of depression, perfectionism, and regret.

43 *55percent of patients in positive psychotherapy, 20 percent in treatment as usual, and only 8 percent in treatment as usual plus drugs achieved remission*: M. E. P. Seligman, T. Rashid, and A. C. Parks, "Positive Psychotherapy," American Psychologist 61 (2006): 774-8. Note that the treatment-as-usual condition in this study consisted of an integrative and eclectic approach to therapy delivered by licensed psychologists and social workers, and graduate interns.

43 *Time magazine ran a cover story on positive psychology*: C. Wallis, "The New Science of

Happiness," Time, January 17, 2005.

Chapter 3: The Dirty Little Secret of Drugs and Therapy

45 *depression is the most costly disease in the world*: World Health Organization, *Global Burden of Disease*: 2004 Update (2008). Retrieved October 20, 2009, from www.who.int/healthinfo/global_burden_disease/GBD_report_2004update_full .pdf. In 2004 the WHO estimated that unipolar depression had the highest number of years lost to disability (YLDs) of all diseases. Depression is at the top of the list for both males (twenty-four million YLDs) and females (forty-one million YLDs), as well as for both high (ten million YLDs) and middle- to low-income countries (fifty-five million YLDs). In all regions of the world, neuropsychiatric illnesses (of all types) are the leading cause of disability, accounting for approximately one-third of all YLDs (among adults aged fifteen and over).

45 *the treatments of choice are drugs and psychotherapy*: Kaiser Permanente Care Management Institute, *Depression Clinical Practice Guidelines* (Oakland, CA: Kaiser Permanente Care Management Institute, 2006).

45 *On average, treating a case for depression costs about $5,000 per year, and there are around ten million such cases annually in America*: www.allabout depression.com/gen_01.html; http://mentalhealth.about.com/b/2006/07/17/ depression-treatment-can-be-expensive. htm.

45 *The antidepressant drugs are a multibillion-dollar industry*: IMS Health, Top 15 Global Therapeutic Classes (2008). Retrieved October 26, 2009, from www.imshealth.com/deployedfiles/imshealth/Global/Content/StaticFile/Top_ Line_Data/Global_Top_15_Therapy_Classes.pdf. In 2008 global sales for antidepressants amounted to more than $20 billion. Antidepressants were at the time the eighth most prescribed class of drugs in the world.

45 *at least as effective as therapy and drugs*: P. Seligman, T. Rashid, and A. C. Parks, "Positive Psychotherapy," *American Psychologist* 61 (2006): 774-8.

46 *both have given up the notion of cure*: J. Moncrieff, *The Myth of the Chemical Cure*: A Critique of Psychiatric Drug Treatment (London: Palgrave Mac- Millan, 2009). For more on the notion of cure in psychiatry, see *Joanna Moncrieff's controversial book*. For a review of Dr. Moncrieff's book, see A. Yawar, "Book Review: The Fool on the Hill," *Lancet* 373 (2009): 621-2.

46 *only brief treatment is reimbursed by insurance companies*: S. A. Glied and R. G. Frank, "Shuffling Towards Parity: Bringing Mental Health Care Under the Umbrella," *New England Journal of Medicine* 359 (2008): 113-5; C. L. Barry, R. G. Frank, and T. G. McGuire, "The Costs of Mental Health Parity: Still an Impediment?" Health Affairs 25 (2006): 623-4. In spite of the progress made during recent years, mental illness still is not on an equal footing with other medical conditions in terms of insurance coverage. For a discussion of the current problems in the debate about mental health parity, see Glied and colleagues. For a critique of the notion that establishing mental health parity would increase spending and would be unsustainable, see Barry, et al.

46 *There are two kinds of medications: cosmetic drugs and curative drugs*: C. King and L. N. P. Voruganti, "What's in a Name? The Evolution of the Nomenclature of Antipsychotic Drugs," *Journal of Psychiatry & Neuroscience* 27 (2007): 168-5. Many factors affect clinicians' and patients' perceptions of what drugs do and how they work. Simple factors?uch as the name of the drug?an influence these perceptions. In a review paper, Caroline King and Lakshmi Voruganti examine the history and influence of the names given to drugs used to treat psychosis. The researchers explain why a multitude of different terms were used throughout the past century (from tranquilizer, to ataractic, to neuroleptic, to antischizophrenic, to antipsychotic, to serotonin-dopamine agonists, and so on). They conclude that although psychiatry has come a long way in understanding the mechanisms of action of psychotropic medications, the nomenclature system is still incredibly vague and promotes misunderstandings about what drugs actually do. A similar commentary could be made about the class of drugs we currently call the antidepressants.

46 Every single drug on the shelf of the psychopharmacopoeia is cosmetic: S. D. Hollon, M. E. Thase, and J. C. Markowitz, "Treatment and Prevention of Depression," *Psychological Science in the Public Interest* 3 (2002): 39-7. According to Hollon and colleagues, the bulk of the evidence shows that antidepressants have only symptom suppressive (rather than curative) effects. Once treatment is terminated, patients are at a high risk for recurrence.

46 *a defense called "flight into health"*: W. B. Frick, "Flight into Health: A New Interpretation," Journal of Humanistic Psychology 39 (1999): 58-1. A historical review and critique (from a humanistic perspective) of the concept of "flight into health."

47 *Almost always, the effects are what is technically called "small"*: I. Kirsch, T. J. Moore, A. Scoboria, and S. S. Nicholls, "The Emperor's New Drugs: An Analysis of Antidepressant Medication Data Submitted to the U.S. Food and Drug Administration," *Prevention and Treatment* (July 15, 2002). Retrieved October 26, 2009, from http://psycnet.apa.org/journals/pre/5/1/23a.html. In 2002 Kirsch and colleagues published a review of studies investigating the efficacy of the six most prescribed antidepressants approved between 1987 and 1999 (fluoxetine, paroxetine, sertraline, venlafaxine, nefadozone, and citalopram). Results showed that the overall difference between drug and placebo, although significant, was only approximately a 2-point difference on the Hamilton Depression Scale. Most clinicians would agree that such a difference is trivial. Results, moreover, did not differ for low or high doses of the medication. S. D., Hollon, R. J. DeRubeis, R. C. Shelton, and B. Weiss, The Emperor's New Drugs: Effect Size and Moderation Effects," *Prevention and Treatment* (July 15, 2002). Retrieved October 26, 2009, from http://psycnet.apa.org/index .cfm-fa=fulltext.journal&jcode=pre&vol=5&issue=1&format=html&page=28c& expand=1. In a commentary of Kirsch's review, Hollon and colleagues proposed that the small effect described may be misleading, because it obscures the fact that different drugs may work for different people, and that potential effects are therefore dampened by taking into account the effect of the drug on everyone. Effect sizes based on the average patient may therefore underestimate the drug-placebo difference for those who do respond.

For another review of the size of the effect of antidepressant medication, see J. Moncrieff and I. Kirsch, "Efficacy of Antidepressants in Adults," *British Medical Journal* 331 (2005): 155-7.

47 *for each you get a 65 percent relief rate, accompanied by a placebo effect that ranges from 45 percent to 55 percent*: In their review of the efficacy of antidepressants, Kirsch, et al. (see previous footnote), found that 82 percent of drug effects can be accounted by placebo effects. In other words, only 18 percent of the drug response can be traced to the pharmacological effects of the medication. The authors argue that, moreover, these 18 percent could also be due to the breaking of the blind before the end of the study, as people are cued by side effects that they are probably in the active treatment condition and not in the control condition.

47 *so high is the placebo response that in half the studies on which the U.S. Food and Drug Administration (FDA) based its official approval of the antidepressant drugs, there was no difference between placebo and drug*: As described by Kirsch and colleagues (2002; see previous footnote), the FDA requires two positive findings (in other words, significant differences between placebo and drug) from two controlled clinical trials in order to approve a drug, even if other additional trials show negative findings. For example, the drug Celexa (citalopram) was approved on the basis of two positive findings and three negative findings.

47 *the effects were nonexistent*: J. Fournier, R. DeRubeis, S. Hollon, S. Dimidjian, J. Amsterdam, R. Shelton, and J. Fawcett, "Antidepressant Drug Effects and Depression Severity: A Patient-Level Meta-Analysis," *Journal of the American Medical Association* 303 (2010): 47−3.

48 *Every single drug has the exact same property: once you stop taking it, you are back to square one, and recurrence and relapse are the rule*: S. D. Hollon, M. E. Thase, and J. C. Markowitz, "Treatment and Prevention of Depression," *Psychological Science in the Public Interest* 3 (2002): 39-7.

48 *Shelly Gable, professor of psychology at the University of California at Santa Barbara, has demonstrated that how you celebrate is more predictive of strong relations than how you fight*: S. L. Gable, H. T. Reis, E. A. Impett, and E. R. Asher, "What Do You Do When Things Go Right− The Intrapersonal and Interpersonal Benefits of Sharing Good Events," *Journal of Personality and Social Psychology* 87 (2004): 228−5.

S. L. Gable, G. C. Gonzaga, and A. Strachman, "Will You Be There for Me When Things Go Right − Supportive Responses to Positive Events Disclosures," *Journal of Personality and Social Psychology* 9 (2006): 904-7.

51 *there is another, more realistic approach to these dysphorias: learning to function well even if you are sad or anxious or angry-n other words, dealing with it*: S. C. Hayes, Acceptance and Commitment Therapy, Relational Frame Theory, and the Third Wave of Behavioral and Cognitive Therapies," *Behavior Therapy* 35 (2004): 639-5. The so-called third wave of behavioral and cognitive therapies shares the idea that patients may be better off dealing with their problems rather than trying to get rid of them. Steven Hayes, the architect of Acceptance and Commitment Therapy (ACT, pronounced as one word), explains how clients can lose sight of what their ultimate goals are, and how acceptance, or "dealing with it," can help them do just that: "Typically, an anxiety-disordered person wants to get rid of anxiety. It could be experienced as invalidating to refuse to work directly on that desired outcome. At another level, however, the anxious client wants to get rid of anxiety in order to do something such as living a vital human life. Lack of anxiety is not the ultimate goal-t is a means to an end. Since often it has failed as a means, ACT suggests abandoning that means [...] The larger message thus is validating (trust your experience) and empowering (you can live a powerful life from here, without first winning a war with your own history)" (p. 652).

For another review of ACT, see S. C. Hayes, J. B. Luoma, F. W. Bond, A. Masuda, and J. Lillis, "Acceptance and Commitment Therapy: Model, Processes, and Outcomes," *Behaviour Research and Therapy* 44 (2006): 1-5.

Another "third wave therapy," Mindfulness-Based Cognitive Therapy (MBCT), also emphasizes the importance of acceptance in the therapeutic process: Z. V. Segal, J. M. G. Williams, and J. G. Teasdale, *Mindfulness-Based Cognitive Therapy for Depression* (New York: Guilford Press, 2002).

51 *most personality traits are highly heritable, and [. . .] dysphorias often, but not always, stem from these personality traits*: J. C. Loehlin, R. R. McCrae, and P. T. Costa, "Heritabilities of Common and Measure-Specific Components of the Big Five Personality Factors," *Journal of Research in Personality* 32 (1998): 431-3. One twin study by Loehlin and colleagues looked at the heritability of the Big Five factor traits and showed that approximately 50 percent to 60 percent of the variance in extraversion, openness, agreeableness, conscientiousness, and neuroticism is genetic in origin. Forty percent to 50 percent of the variance appears to derive from the unique individual environment, while none of the variance seems to stem from shared environmental influences.

See also J. Harris, *The Nurture Assumption* (New York: Free Press, 1998), and S. Pinker, *The Blank Slate: The Denial of Human Nature and Modern Intellectual Life* (New York: Viking, 2002).

53 *Abraham Lincoln*: R. P. Basler, M. D. Pratt, and L. A. Dunlap, *The Collected Works of Abraham Lincoln* (9 vols.) (New Brunswick, NJ: Rutgers University Press, 1953). In a letter addressed to his law partner John T. Stuart on January 23, 1841, Lincoln describes the intense depressive episode he went through: "I am now the most miserable man living. If what I feel were equally distributed to the whole human family, there would not be one cheerful face on the earth. Whether I shall ever be better I cannot tell; I awfully forebode I shall not. To remain as I am is impossible; I must die or be better, it appears to me."

About Lincoln's biography, as previously cited: R. C. White, Lincoln: A Biography (New York: Random House, 2009).

The best of the books that I have read about Lincoln's emotional life is J. W. Shenk, *Lincoln's*

Melancholy (Boston: Houghton-Mifflin, 2005).

53 *Winston Churchill: G. Rubin, Forty Ways to Look at Winston Churchill*: A Brief Account of a Long Life (New York: Random House, 2004). For an account of Winston Churchill's depression, see chapter 11, "Churchill as Depressive: The 'Black Dog?'" Winston's Churchill's productivity in light of his impairment has been used as a communication tool to decrease stigma among mental ill persons in the United Kingdom. Recently, the largest severe mental illness charity in the UK (Rethink) commissioned a statue of Churchill wearing a straitjacket. Fittingly, the statue was called "Black Dog," the name Churchill himself gave to his depression. In spite of the good intentions behind this initiative, the statue caused a lot of controversy, perhaps because the straitjacket carries very negative connotations of backward treatment for the mentally ill. However, the leaders of Rethink replied that the straitjacket was used as a metaphor illustrating how mental illness can act as a straitjacket to deny work, social, and other opportunities to sufferers.

C. London, A. Scriven, and N. Lalani, "Sir Winston Churchill: Greatest Briton Used as an Antistigma Icon," *Journal of the Royal Society for the Promotion of Health* 126 (2006): 163-4.

53 *Lincoln likely tried to kill himself in January* 1841: J. W. Shenk, Lincoln's Melancholy (Boston: Houghton-Mifflin, 2005). As a home-schooling parent, I have had the privilege of teaching American history to my children. In the last iteration, when the kids were eight, ten, and twelve, I spent three years teaching the presidents. After the first year, we got through James Buchanan. When we started Abraham Lincoln, the kids said, "Whoa, this is one awesome dude." So we spent an entire year on Abraham Lincoln, using Carl Sandburg's marvelous biography, Abraham *Lincoln: The Prairie Years and the War Years* (New York: Mariner Books, 2002).

55 "An A for applied.": I was not present, of course, so my narration is from hearsay.

55 *Even though Penn was founded by Benjamin Franklin to teach both the "applied" and the "ornamental"*: B. Franklin, *Proposals Relating to the Education of Youth in Pensilvania* (1749). In the words of Franklin himself: "As to their studies, it would be well if they could be taught every Thing that is useful, and every Thing that is ornamental: But Art is long, and their Time is short. It is therefore propos'd that they learn those Things that are likely to be most useful and most ornamental. Regard being had to the several Professions for which they are intended."

56 Tractatus Logico-Philosophicus: L. Wittgenstein, *Tractatus Logico- Philosophicus* (New York: Routledge Classics, 1921/2001).

56 Philosophical Investigations: L. Wittgenstein, *Philosophical Investigations* (Malden, MA: Blackwell, 1953/2009). In a poll of five thousand teachers of philosophy asked to name the five most important works of philosophy of the twentieth century, Wittgenstein's *Philosophical Investigations* was the runaway winner. (Tractatus also made it among the five most important philosophy books of the century, ranked fourth behind Heidegger's Being and Time and Rawls's A *Theory of Justice*.) Incidentally, *Philosophical Investigations* was published posthumously. Wittgenstein did not deign to publish himself; his students published his thoughts from their classroom notes. D. Lackey, "What Are the Modern Classics? The Baruch Poll of Great Philosophy in the Twentieth Century," *Philosophical Forum* 30 (1999), 329-6.

56 *Just as important as Wittgenstein's ideas was the fact that he was a spellbinding teacher*: R. Monk, Wittgenstein: *The Duty of Genius* (New York: Penguin,1990). When Wittgenstein returned to Cambridge to teach in 1929, his Tractatus had become legendary, and he was met at the railway station by the elite of England's intelligentsia. John Maynard Keynes (one of Wittgenstein's friends) commented in a letter to his wife, "Well, God has arrived. I met him on the 5.15 train."

For more on Wittgenstein's teaching style, see A. T. Gasking and A. C. Jackson, "Wittgenstein as Teacher," *in Ludwig Wittgenstein*: The Man and His Philosophy, ed. K. T. Fann (New York: Delta, 1967), pp. 49-5.

57 *Walter Kaufmann, the charismatic teacher of Nietzsche*: W. Kaufmann, *Nietzsche: Philosopher, Psychologist, Antichrist* (Princeton, NJ: Princeton University Press, 1950).

57 *(This event is re-created in David Edmonds and John Eidinow's gripping* Wittgenstein's Poker*)*: D. Edmonds and J. Eidinow, *Wittgenstein's Poker: The Story of a Ten-Minute Argument Between Two Great Philosophers* (New York: Harper-Collins, 2001).

58 *I did my PhD with white rats*: M. E. P. Seligman, "Chronic Fear Produced by Unpredictable Electric Shock," *Journal of Comparative and Physiological Psychology* 66 (1968): 402-1.

59 *Then in his mideighties and almost blind, Jerry is a walking history of American psychology*: D. Bakhurst and S. G. Shanker, eds., *Jerome Bruner: Language, Culture, Self* (London: Sage Publications, 2001). An overview of Jerome Bruner's work and its legacy.

60 *This is, indeed, the logic of the artificial intelligence endeavor*: J. McCarthy, M. Minsky, N. Rochester, and C. Shannon, *A Proposal for the Dartmouth Summer Research Project on Artificial Intelligence* (1955). Retrieved August 2, 2010, from www-formal.stanford.edu/jmc/history/dartmouth/dartmouth.html. The 1956 Dartmouth conference is largely credited as the time of birth of artificial intelligence. In the said proposal leading to the conference, the researchers asserted that "Every aspect of learning or any other feature of intelligence can be so precisely described that a machine can be made to simulate it."

61 *benefits were not specific to any one kind of psychotherapy or to any one kind of disorder*: M. E. P. Seligman, "The Effectiveness of Psychotherapy: The Consumer Reports Study," *American Psychologist* 50 (1995): 965-4.

Chapter 4: Teaching Well-Being: The Magic of MAPP

63 Derrick Carpenter: Derrick Carpenter graduated from the MAPP program in 2007. He received his B.S. in mathematics from MIT and subsequently worked as a research coordinator at the University of Pennsylvania, studying perceptual learning and mathematics education. Derrick is an avid rower and cyclist, and is interested in the connection between sports and positive psychology. Derrick has a monthly column on

Positive Psychology News Daily (positivepsychology news.com).

64 *the master of applied positive psychology*: for more information about the program, go to www.sas.upenn.edu/lps/graduate/mapp.

64 *Dr. James Pawelski*: James Pawelski is the director of education and a senior scholar at the Positive Psychology Center. He is also adjunct associate professor of religious studies at the University of Pennsylvania. Pawelski earned his PhD in philosophy in 1997. He is the author of *The Dynamic Individualism of William James*, in which he presents a major new interpretation and application of the work of this seminal philosopher and psychologist. He currently studies the philosophical underpinnings of positive psychology, the philosophy and psychology of character development, and the development, application, and assessment of interventions in positive psychology. He is also the founding executive director of the International Positive Psychology Association (IPPA).

For more information on James Pawelski and his work, see http://james pawelski.com and J. O. Pawelski, *The Dynamic Individualism of William James* (Albany, NY: SUNY Press, 2007).

64 ology Center at the University of Pennsylvania. She obtained her MBA from Vanderbilt University. In addition to directing the MAPP program, Debbie Swick is also one of the associate executive directors of the International Positive Psychology Association.

65 Tom Rath: Tom Rath is the author of the best-selling business books *How Full Is Your Bucket?*, *StrengthsFinder 2.0*, and *Strengths Based Leadership*. His latest best seller, with Jim Harter, is *Well Being: the Five Essential Elements* (Washington: Gallup, 2010). Also see T. Rath and D. O. Clifton, *How Full Is Your Bucket?* (New York: Gallup Press, 2004); T. Rath, StrengthsFinder 2.0 (New York: Gallup Press, 2007); T. Rath and B. Conchie, Strengths Based Leadership (New York: Gallup Press, 2008).

65 *Yakov Smirnoff*: famous comedian and painter. For more information about the current activities of Yakov Smirnoff, see www.yakov.com/branson.

65 *Senia Maymin*: Senia Maymin is currently pursuing her PhD at Stanford University's Graduate School of Business. She is also the publisher and editor in chief of Positive Psychology News Daily (PPND), a gold mine of information about positive psychology research and applications. Most authors featured on PPND (http://positivepsychologynews.com) are graduates of the MAPP programs at the University of Pennsylvania or at the University of East London.

66 *the laboratory genius of positive psychology*: B. L. Fredrickson, Positivity: Groundbreaking Research Reveals How to Embrace the Hidden Strength of Positive Emotions, Overcome Negativity, and Thrive (New York: Random House, 2009). Overview of Barbara Fredrickson's work on positive emotions.

66 *Barb began by detailing her "broaden-and-build" theory of positive emotion*: B. L. Fredrickson, "The Role of Positive Emotions in Positive Psychology: The Broaden-and-Build Theory of Positive Emotions," American Psychologist 56 (2001): 218-6. B. L. Fredrickson and C. Branigan, "Positive Emotions Broaden the Scope of Attention and Thought-ction

Repertoires," Cognition & Emotion 19 (2005): 313-2.

66 *"Companies with better than a 2.9:1 ratio for positive to negative statements are flourishing"*: B. L. Fredrickson and M. F. Losada, "Positive Affect and the Complex Dynamics of Human Flourishing, *American Psychologist* 60 (2005): 678-6. Fredrickson and Losada had previously found similar results for individuals. They asked 188 subjects to complete a survey to determine whether they were flourishing. These subjects then provided daily reports of positive and negative emotions over the span of a month. The mean ratio of positive to negative affect was found to lie above 2.9 for flourishing individuals, and below for those not flourishing. For another discussion of the role of positive emotions in organizational settings, see B. L. Fredrickson, "Positive Emotions and Upward Spirals in Organizational Settings," *in Positive Organizational Scholarship*, eds. K. Cameron, J. Dutton, and R. Quinn (San Francisco: Berrett-Koehler, 2003): 163-5.

67 *"We call this the 'Losada ratio'"*: M. Losada, "The Complex Dynamics of High Performance Teams," Mathematical and Computer Modeling 30 (1999): 179-2; M. Losada and E. Heaphy: "The Role of Positivity and Connectivity in the Performance of Business Teams: A Nonlinear Dynamics Model," American Behavioral Scientist 47 (2004): 740-5.

67 *"Law is the profession with the highest depression, suicide, and divorce rates"*: W. W. Eaton, J. C. Anthony, W. Mandel, and R. Garrison, "Occupations and the Prevalence of Major Depressive Disorder," *Journal of Occupational and Environmental Medicine* 32 (1990): 1079-7. In a 1990 study, researchers from Johns Hopkins University compared the prevalence of clinical depression in 104 occupations. Lawyers topped the list, with a prevalence of depression approximating four times that of the general population.

P. J. Schiltz, "On Being a Happy, Healthy, and Ethical Member of an Unhappy, Unhealthy, and Unethical Profession," *Vanderbilt Law Review* 52 (1999): 871-51. Schiltz gives an excellent overview and commentary on the research showing higher rates of depression, anxiety, alcoholism, drug abuse, suicide, divorce, and poor physical health among lawyers and/or law students. He offers three explanations for these findings: the long hours worked, the money at stake, and the competitiveness of the profession. Finally, Schiltz gives advice on how to stay sane and ethical without giving up on being a lawyer.

K. M. Sheldon and L. S. Krieger, "Understanding the Negative Effects of Legal Education on Law Students: A Longitudinal Test of Self-Determination Theory," *Personality and Social Psychology Bulletin* 33 (2007): 883-7. Sheldon and Krieger recently investigated the psychological processes underlying the decline of wellbeing in law students enrolled at two different law schools. At both schools, the students' well-being declined over three years. In one of the two schools, however, students reported that the faculty encouraged a higher sense of perceived autonomy in students. As a result, the decline in their well-being was less steep than that of the students at the other school. Perceived autonomy support also predicted a higher GPA, better bar exam results, and more self-determined motivation for finding a first job after graduation.

67 *John Gottman computed the same statistic*: J. M. Gottman, "The Roles of Conflict Engagement, Escalation, and Avoidance in Marital Interaction: A Longitudinal View of Five Types of Couples," *Journal of Consulting and Clinical Psychology* 61 (1993): 6-5; J. M. Gottman, *What Predicts Divorce: The Relationship Between Marital Processes and Marital Outcomes* (Hillsdale, NJ: Erlbaum, 1994).

69 *The "basic rest and activity cycle"*: N. Kleitman, "Basic Rest-Activity Cycle in Relation to Sleep and Wakefulness," in Sleep: Physiology and Pathology, ed. A. Kales (Philadelphia: Lippincott, 1969), pp. 33-8. Nathaniel Kleitman, the father of sleep research, coined this term.

70 *I fear that coaching has run wild*: G. B. Spence, M. J. Cavanagh, and A. M. Grant, "Duty of Care in an Unregulated Industry: Initial Findings on the Diversity and Practices of Australian Coaches," International Coaching Psychology Review 1 (2006): 71-5. An Australian perspective on the role of coaches and problems created by the lack of regulation of the profession.

For a review of the literature on executive coaching (the area where most of the research is currently accumulating), see S. Kampa-Kokesch and M. Z. Anderson, "Executive Coaching: A Comprehensive Review of the Literature," *Consulting Psychology Journal: Practice and Research* 53 (2001): 205-8.

70 *Positive psychology can provide both*: M. E. P. Seligman, "Coaching and Positive Psychology," Australian Psychologist 42 (2007): 266-7.

For an example of coaching based on positive psychology, see R. Biswas-Diener and B. Dean, *Positive Psychology Coaching: Putting the Science of Happiness to Work for Your Clients* (Hoboken, NJ: John Wiley & Sons, 2007).

C. Kauffman, D. Stober, and A. Grant, "Positive Psychology: The Science at the Heart of Coaching," *in The Evidence Based Coaching Handbook*, eds. D. R. Stober and A. M. Grant (Hoboken, NJ: John Wiley & Sons, 2006), pp. 219-4.

70 *interventions and measurements that actually work*: three good examples that have good empirical validation in addition to those detailed in this book are Michael Frisch's Quality of Life Therapy, Solution-focused therapy, and Acceptance and Commitment Therapy (ACT).

M. Frisch, *Quality of Life Therapy* (New York: Wiley, 2005).

W. Gingerich, "Solution-Focused Brief Therapy: A Review of the Outcome Research," *Family Process*, 39 (2004): 477-98.

S. Hayes, K. Strosahl, and K. Wilson, *Acceptance and Commitment Therapy* (New York: Guilford, 1999).

71 *and you know when to refer a client to someone who is more appropriately trained*: S. Berglas, "The Very Real Dangers of Executive Coaching," Harvard Business Review (June 2002): 87-2. A case of coaching gone awry.

72 *goal-setting theory*: E. A. Locke and G. P. Latham, "Goal Setting Theory," *in Motivation*: Theory and Research, eds. H. F. O'Neil and M. E. Drillings (Hillsdale, NJ: Erlbaum, 1994), pp. 13-9; E. A. Locke and G. P. Latham, "Building a Practically Useful Theory of Goal Setting and Task Motivation: A 35-Year Odyssey," *American Psychologist* 57 (2002): 705-7; E. A. Locke, *"Motivation by Goal Setting,"* in *Handbook of Organizational Behavior*, ed. R. Golembiewski (New York: Marcel Dekker, 2001).

72 Creating Your Best Life: C. A. Miller and M. Frisch, *Creating Your Best Life: The Ultimate Life List Guide* (New York: Sterling, 2009).

72 Appreciative Inquiry: D. L. Cooperrider, D. Whitney, and J. M. Stavros, *Appreciative Inquiry Handbook: For Leaders of Change*, 2nd ed. (Bedford Heights, OH: Lakeshore Communications, 2007); D. L. Cooperrider and D. Whitney, *Appreciative Inquiry: A Positive Revolution in Change* (San Francisco: Berrett-Koehler, 2005). For the latest on research about Appreciative Inquiry.

72 *corporations use 360*: J. W. Smither, M. London, R. R. Reilly, "Does Performance Improve Following Multisource Feedback? A Theoretical Model, Meta-Analysis, and Review of Empirical Findings," *Personnel Psychology* 58 (2005): 33-6. A review of the effectiveness of 360 feedback.

73 married adults [. . .] tend to be healthier and live longer than their single counterparts: R. H. Coombs, "Marital Status and Personal Well-Being: A Literature Review," *Family Relations* 40 (1991): 97-02. A review of the benefits of marriage; S. Stack and J. R. Eshleman, "Marital Status and Happiness: A 17-Nation Study," *Journal of Marriage and the Family* 60 (1998): 527-6. The benefits of marriage, moreover, do not seem to depend on cultural factors.

75 *Sociologists distinguish among a job, a career, and a calling*: A. Wrzesniewski, C. R. McCauley, P. Rozin, and B. Schwartz, "Jobs, Careers, and Callings: People's Relations to Their Work," *Journal of Research in Personality* 31 (1997): 21-3.

76 Groundhog Day: T. Albert (producer) and H. Ramis (producer and director), *Groundhog Day* (motion picture), USA: Columbia Pictures (1993).

76 The Devil Wears Prada: W. Finerman and K. Rosenfelt (producers) and D. Frankel (director). *The Devil Wears Prada* (motion picture), USA: 20th Century Fox (2006).

76 The Shawshank Redemption: N. Marvin (producer) and F. Darabont (director), *The Shawshank Redemption* (motion picture), USA: Columbia Pictures (1994).

76 Chariots of Fire: D. Putnam and D. Fayed (producers) and H. Hudson, Chariots of Fire (motion picture), USA: Warner Bros. and the Ladd Company (1981).

76 Sunday in the Park with George: M. Brandman (producer) and T. Hughes (director), *Sunday in the Park with* George (motion picture), USA: Image Entertainment (1986).

76 *Field of Dreams*: L. Gordon and C. Gordon (producers) and P. A. Robinson (director), Field of Dreams (motion picture), USA: Universal Studios (1989).

76 Shoeless Joe: W. P. Kinsella, *Shoeless Joe* (New York: Houghton Mifflin, 1982).

76 *Vadim Rotenberg from Moscow*: V. S. Rotenberg, "Search Activity Concept: Relationship Between Behavior, Health, and Brain Functions," *Activitas Nervosa Superior* 5 (2009): 12-4. Dr. Rotenberg is now a psychiatrist and researcher at Tel-Aviv University, Israel. He is particularly known for his "search activity concept" (SAC) theory, which attempts to explain the pathogenesis of mental and psychosomatic disorders using information about individuals' behaviors, resistance to stress, sleep function, brain neurotransmitter activity, and brain laterality.

77 C lose Encounters: J. Phillips and M. Phillips (producers) and S. Spielberg (director), *Close Encounters of the Third Kind* (motion picture), USA: Columbia Pictures (1977).

Chapter 5: Positive Education: Teaching Well-Being to Young People

79 *depression is about ten times more common now than it was fifty years ago*: P. J. Wickramaratne, M. M. Weissman, P. J. Leaf, and T. R. Holford, "Age, Period, and Cohort Effects on the Risk of Major Depression: Results from Five United States Communities," *Journal of Clinical Epidemiology* 42 (1989): 333-3.

79 *Now the first onset is below age fifteen*: P. M. Lewinsohn, P. Rohde, J. R. Seeley, and S. A. Fischer, "Age-Cohort Changes in the Lifetime Occurrence of Depression and Other Mental Disorders," *Journal of Abnormal Psychology* 102 (1993): 110-0. By the end of high school, around 20 percent of adolescents report having already experienced a depressive episode.

79 *While there is controversy about whether this rises to the scary appellation of epidemic*: E. J. Costello, A. Erkanli, and A. Angold. "Is There an Epidemic of Child or Adolescent Depression?" *Journal of Child Psychology and Psychiatry* 47 (2006): 1263-1. In a meta-analysis of twenty-six epidemiological studies conducted between 1965 and 1996, Costello and colleagues did not find cohort effects in the rates of depression. They suggested that results from other studies showing rising prevalence might have been biased by the use of retrospective recall. The public perception of an "epidemic" may also be due to the fact that depression had previously been underdiagnosed by clinicians.

For another discussion of the effect of birth cohort as well as gender on the prevalence of depression, see J. M. Twenge and S. Nolen-Hoeksema, "Age, Gender, Race, Socioeconomic Status, and Birth Cohort Differences on the Children's Depression Inventory: A Meta-Analysis," *Journal of Abnormal Psychology* 111 (2002): 578-8.

79 *This is a paradox*: G. E. Easterbrook, The Progress Paradox: How Life *Gets Better While People Feel Worse* (New York: Random House, 2003); G. E. Easterbrook, "Life Is Good, So Why Do We Feel So Bad?" Wall Street Journal, June 13, 2008.

79 *Progress has not been limited to the material: see for instance Latest Findings on National Air Quality: Status and Trends Through 2006* (Research Triangle Park, NC : U.S. Environmental Protection Agency, 2006); T. D. Snyder, S. A. Dillow, and C. M. Hoffman, *Digest of Education Statistics*, 2007 (Washington, DC: U.S. Department of Education, 2008); H. Schuman, C. Steeh, I. Bobo, and M. Krysan, *Racial Attitudes in America: Trends and Interpretations* (Cambridge, MA: Harvard University Press, 1997).

79 *Happiness has gone up only spottily, if at all*: R. Inglehart, R. Foa, C. Peterson, and C.

Welzel, "Development, Freedom, and Rising Happiness: A Global Perspective (1981-007)," *Perspectives on Psychological Science* 3 (2007): 264-5.

80 *the Old Order Amish of Lancaster County*: J. A. Egeland and A. M. Hostetter, "Amish Study: I. Affective Disorders Among the Amish, 1976- 1980," American Journal of Psychiatry 140 (1983): 56-1.

80 *Positive mood produces broader attention*: B. L. Fredrickson and C. Branigan, "Positive Emotions Broaden the Scope of Attention and Thought- Action Repertoires," *Cognition & Emotion* 19 (2005): 313-2; A. Bolte, T. G oschke, and J. Kuhl, "Emotion and Intuition: Effects of Positive and Negative Mood on Implicit Judgments of Semantic Coherence," *Psychological Science* 14 (2003): 416-1; G. Rowe, J. B. Hirsh, A. K. Anderson, and E. E. Smith, "Positive Affect Increases the Breadth of Attentional Selection," *Proceedings of the National Academy of Sciences of the United States of America* 104 (2007): 383-8.

80 *more creative thinking*: A. M. Isen, K. A. Daubman, and G. P. Nowicki, "Positive Affect Facilitates Creative Problem-Solving," *Journal of Personality and Social Psychology* 52 (1987): 1122-1; C. A. Estrada, A. M. Isen, and M. J. Young, "Positive Affect Improves Creative Problem Solving and Influences Reported Source of Practice Satisfaction in Physicians," *Motivation and Emotion* 18 (1994): 285-9.

80 *and more holistic thinking*: A. M. Isen, A. S. Rosenzweig, and M. J. Young, "The Influence of Positive Affect on Clinical Problem Solving," *Medical Decision Making* 11 (1991): 221-7; J. Kuhl, "Emotion, Cognition, and Motivation: II. The Functional Significance of Emotions in Perception, Memory, Problem-Solving, and Overt Action," *Sprache and Kognition* 2 (1983): 228-3; J. Kuhl, "A Functional- Design Approach to Motivation and Self-Regulation: The Dynamics of Personality Systems Interactions," *in Handbook of Self-Regulation*, eds. M. Boekaerts, P. R. Pintrich, and M. Zeidner (San Diego: Academic Press, 2000), pp. 111-9.

80 *in contrast to negative mood, which produces narrowed attention*: A. Bolte, T. Goschke, and J. Kuhl, "Emotion and Intuition: Effects of Positive and Negative Mood on Implicit Judgments of Semantic Coherence," *Psychological Scienc*e 14 (2003): 416-1.

82 *A meta-analysis of all the studies*: S. M. Brunwasser and J. E. Gillham, "A Meta-Analytic Review of the Penn Resiliency Programme" (paper presented at the Society for Prevention Research, San Francisco, CA, May 2008).

82 *in the first PRP study, the program halved the rate of moderate to severe depressive symptoms through two years of follow-up*: J. E. Gillham, K. J. Reivich, L. H. Jaycox, and M. E. P. Seligman, "Prevention of Depressive Symptoms in Schoolchildren: Two-Year Follow-Up," *Psychological Science* 6 (1995): 343-1.

82 *In a medical setting, PRP prevented depression and anxiety disorders*: J. E. Gillham, J. Hamilton, D. R. Freres, K. Patton, and R. Gallop, "Preventing Depression Among Early Adolescents in the Primary Care Setting: A Randomized Controlled Study of the Penn Resiliency Program," *Journal of Abnormal Child Psychology* 34 (2006): 203-9.

82 *benefits on parents' reports of adolescents' conduct problems three years after their youngsters completed the program*: J. J. Cutuli, "Preventing Externalizing Symptoms and Related Features in Adolescence" (unpublished honors thesis, University of Pennsylvania, 2004); J. J. Cutuli, T. M. Chaplin, J. E. Gillham, K. J. Reivich, and M. E. P. Seligman, "Preventing co-occurring depression symptoms in adolescents with conduct problems: The Penn Resiliency Program," *New York Academy of Sciences* 1094 (2006): 282-86.

82 *PRP works equally well for children of different racial/ethnic backgrounds*: S. M. Brunwasser and J. E. Gillham, "A Meta-Analytic Review of the Penn Resiliency Programme" (paper presented at the Society for Prevention Research, San Francisco, CA, May 2008).

83 *PRP's effectiveness varies considerably across studies*: J. E. Gillham, S. M. Brunwasser, and D. R. Freres, "Preventing Depression Early in Adolescence: The Penn Resiliency Program," *in Handbook of Depression in Children and Adolescents*, eds. J. R. Z. Abela and B. L. Hankin (New York: Guilford Press, 2007), pp. 309-2.

83 *The fidelity of curriculum delivery is critical*: J. E. Gillham, J. Hamilton, D. R. Freres, K. Patton, and R. Gallop, "Preventing Depression Among Early Adolescents in the Primary Care Setting: A Randomized Controlled Study of the Penn Resiliency Program," *Journal of Abnormal Child Psychology* 34 (2006): 203-9.

83 *We tested students' strengths*: using the VIA classification described by C. Peterson and M. E. P. Seligman, Character Strengths and Virtues: A Handbook and Classification (New York: Oxford University Press/Washington, DC: American Psychological Association, 2004). *85* The positive psychology program improved strengths related to curiosity, *love of learning, and creativity*: M. E. P. Seligman, R. M. Ernst, J. Gillham, K. Reivich, and M. Linkins, "Positive Education: Positive Psychology and Classroom Interventions," *Oxford Review of Education* 35 (2009): 293-11.

85 *The positive psychology program improved social skills*: M. E. P. Seligman, R. M. Ernst, J. Gillham, K. Reivich, and M. Linkins, "Positive Education: Positive Psychology and Classroom Interventions," *Oxford Review of Education* 35 (2009): 293-11.

86 *"What is the Geelong Grammar School"*: for more information about the school, see www. ggs.vic.edu.au

89 the ABC model: A. Ellis, *Reason and Emotion in Psychotherapy* (New York: Lyle Stuart, 1962); see also M. E. P. Seligman, *Learned Optimism: How to Change Your Mind and Your Life* (New York: Pocket Books, 1992).

90 *students learn "real-time resilience"*: K. Reivich and A. Shatte, *The Resilience Factor: 7 Essential Skills for Overcoming Life's Inevitable Obstacles* (New York: Broadway, 2003).

90 *active constructive responding*: E. L. Gable, H. T. Reis, E. A. Impett, and E. R. Asher, "What Do You Do When Things Go Right? The Intrapersonal and Interpersonal Benefits of Sharing Positive Events," *Journal of Personality and Social Psychology* 87 (2004): 228-5.

90 *a 3:1 Losada positive-to-negative ratio*: B. L. Fredrickson and M. F. Losada, "Positive Affect and the Complex Dynamics of Human Flourishing," *American Psychologist* 60 (2005): 678-6.

90 Shakespeare's King Lear: W. Shakespeare, *King Lear* (London: Arden, 2007).

90 *Arthur Miller's Death of a Salesman*: A. Miller, *Death of a Salesman* (New York: Viking Press, 1996).

90 *Franz Kafka's Metamorphosis*: F. Kafka, *The Metamorphosis* (Cheswold, DE: Prestwick House, 2005).

90 *Student preparation for these speeches*: M. E. P. Seligman, R. M. Ernst, J. Gillham, K. Reivich, and M. Linkins, "Positive Education: Positive Psychology and Classroom Interventions," *Oxford Review of Education* 35 (2009): 293-11.

91 *Elementary teachers start each day with "What went well?"*: J. M. F. Eades, *Classroom Tales: Using Storytelling to Build Emotional, Social, and Academic Skills Across the Primary Curriculum* (London: Jessica Kingsley, 2005).

Chapter 6: GRIT, Character, and Achievement: A New Theory
of Intelligence

102 *he died suddenly at age fifty-nine in 2005*: M. Silver, "John P. Sabini (1947-005)," *American Psychologist* 6 (2006): 1025.

102 *it is a legitimate form of moral sanction but at a less punitive level than legal sanction*: J. P. Sabini and M. Silver, "Moral Reproach and Moral Action," *Journal for the Theory of Social Behaviour* 8 (1978): 103-3.

102 Summerbridge Cambridge: N. J. Heller, "Students-Turned-Teachers Help Middle Schoolers Get Ahead in School," *Harvard Crimson*, July 25, 2003. The Summerbridge programs are now known as the Breakthrough Collaborative programs throughout the United States (and Summerbridge Cambridge is now known as Breakthrough Cambridge). For more information, see www.break throughcollaborative.org.

103 *Character had long since gone out of fashion in social science*: The decline in psychologists' interest for the notion of character can be traced back to the work of Gordon Allport, one of the founding fathers of the study of personality in the United States. Allport borrowed from John Watson, another psychologist, the distinction between "character" (the self viewed from a moral perspective) and "personality" (the objective self). According to Allport (1921), "psychologists who accept Watson's view have no right, strictly speaking, to include character study in the province of psychology. It belongs rather to social ethics." Personality is a morally neutral version of character and thus more appropriate to objective science. Allport urged psychologists to study personality traits and leave character to the province of philosophy.

For a review of Allport's work on character and personality, see I. A. M. Nicholson, "Gordon Allport, Character, and the 'Culture of Personality,' 1897-937," *History of Psychology* 1 (1998): 52-8.

For Allport's original work on the distinction between character and personality, see G. Allport, "Personality and Character," *Psychological Bulletin* 18 (1921): 441-5; G. Allport, "Concepts of Traits and Personality," *Psychological Bulletin* 24 (1927): 284-3; G. Allport and P.

Vernon, "The Field of Personality," *Psychological Bulletin* 27 (1930): 677-30.

103 *"better angels of our nature"*: Lincoln's inaugural address can be found at www.bartleby. com/124/pres31.html, as well as in *Inaugural Addresses of the Presidents of the United States* (Washington, DC: U.S. Government Printing Office, 2001).

103 *The Haymarket Square riot in 1886 in Chicago was a turning point*: P. Avrich, The Haymarket Square Tragedy (Princeton, NJ: Princeton University Press, 1984).

103 *Almost the entire history of twentieth-century psychology*: K. S. Bowers, "Situationism in Psychology: An Analysis and a Critique," *Psychological Review* 80 (1973): 307-6.

104 *giving up character as an explanation of human misbehavior in favor of the environment*: J. Sabini and M. Silver, "Lack of Character? Situationism Critiqued," Ethics 115 (2005): 535-2. Discusses the impact of situationism on the notion of character and on the study of virtue ethics.

107 *Together they created Wilson Lodge*: *University of Chicago Magazine*, May-une 2010. Today this brave reaction is also being emulated by University of Chicago professor Sian Beilock, who established a house system for female math and science students to keep them focused on their discipline and encouraged to stay the course. Goheen, incidentally, had snatched up the torch that a previous Princeton president, Woodrow Wilson, dropped in his futile battle against the club system around the turn of the twentieth century.

107 *Dickie Freeman and Joel Kupperman, two of the prodigies who starred in Quiz Kids*: R. D. Feldman, *Whatever Happened to the Quiz Kids? The Perils and Profits of Growing Up Gifted* (Lincoln, NE : iUniverse.com, 2000). Ruth Duskin Feldman followed up on the Quiz Kids contestants and later published this volume describing their long-term outcomes, including the achievements of some (for example, Nobel Prize winner James Watson) and the failure of others to realize their potential.

108 *IQ correlates almost as high as +.50 with how fast people can do this*: I. J. Deary, G. Der, and G. Ford, "Reaction Times and Intelligence Differences: A Population- Based Cohort Study," *Intelligence* 29 (2001): 389-9. Deary and colleagues, for instance, tested nine hundred Scottish subjects in their fifties, and found a correlation of .49 between a measure of intelligence and a four-choice reaction-time test.

109 *people say she has "great intuitions"*: M. E. P. Seligman and M. K ahana, "Unpacking Intuition: A Conjecture," Perspectives on Psychological Science 4 (2009): 399-02. Intuitions may be a form of enhanced recognition memory (which leads to great speed and the feeling of "automaticity"). This conjecture proposed by Michael Kahana and me implies that intuition may be teachable-or instance, through the use of tools such as massive virtual simulation. The psychological literature on intuition has also been readably summarized by M. Gladwell, Blink: *The Power of Thinking Without Thinking* (New York: Little, Brown, 2005).

110 achievement = skill × effort: A. L. Duckworth, "Achievement = Talent x Effort" (forthcoming). Angela defines skill as the rate of change in achievement per unit effort (in other words, how fast someone can learn something within a defined period, also called the "instantaneous" rate of change). Effort can be most simply thought of as time on task (if that time is spent in a state of high concentration!). Angela's theory of achievement also takes into account one additional variable: talent. While most people use the terms skill and talent interchangeably, Angela differentiates the two constructs by defining talent as the rate of change in skill per unit effort. In other words, talent is the rate of change of the successive instantaneous rates of change. We consider individuals who can learn faster and better over the long term to be more talented. In contrast, individuals who do not show such acceleration in learning (or even show deceleration) may be skilled but would probably be referred to as less talented.

111 *when I should have been reading every word*: G. Salomon and T. Globerson. "Skill May Not Be Enough: The Role of Mindfulness in Learning and Transfer," International Journal of Educational Research 11 (1987): 623-7. Salomon and Globerson noted that there is often a gap between what people can do and what they actually do. They suggest that the notion of mindfulness (in other words, slowness) explains why some individuals realize their full potential and others do not. The authors explain that "increased mindfulness is apparently important where automaticity of skill is not enough" (p. 630). Thus, depending on the type of task and the amount of information already on automatic, a slow, mindful attitude toward learning may be required to succeed.

111 *the legendary William K. Estes*: A. F. Healy, "APF Gold Medal Awards and Distinguished Teaching of Psychology Award: William K. Estes," *American Psychologist* 47 (1992): 855-7.

111 *the greatest of the mathematical learning theorists*: W. K. Estes, "Towards a Statistical Theory of Learning," *Psychological Review* 57 (1950): 94-07. His seminal article. Almost a half century later, Bower reviewed the major influence of this article on the field of psychology: G. H. Bower, "A Turning Point in Mathematical Learning Theory," *Psychological Review* 101 (1994): 290-00.

111 *Søren Kierkegaard's* Fear and Trembling: S. Kierkegaard, Fear and Trembling (New York: Classic Books, 2009).

112 *Walter Mischel's classic marshmallow study*: W. Mischel, Y. Shoda, and M. I. Rodriguez, "Delay of Gratification in Children," Science 244 (1989): 933-8.

112 *the seed crystal around which the cascade of school failure begins*: C. Blair and A. Diamond, "Biological Processes in Prevention and Intervention: Promotion of Self-Regulation and the Prevention of Early School Failure," Development and Psychopathology 20 (2008): 899-11.

113 *Tools of the Mind kids score higher on tests that require executive function*: A. Diamond, W. S. Barnett, J. Thomas, and S. Munro, "Preschool Program Improves Cognitive Control," *Science 318* (2007): 1387-8.
See also the coverage of this finding in the popular media: P. Tough, "Can the Right Kinds of Play Teach Self-Control?" *New York Times*, September 25, 2009.

115 *how much time and effort you spend in practice*: K. A. Ericsson and P. Ward, "Capturing the Naturally Occurring Superior Performance of Experts in the Laboratory," Current Directions in Psychological Science 16 (2007): 346-0. 116 Self-discipline outpredicts IQ by a factor of about 2: A. L. Duckworth and M. E. P. Seligman, "Self-Discipline Outdoes IQ in Predicting Academic Performance of Adolescents," Psychological Science 16 (2005): 939-4.

117 *This also solves one of the perennial riddles about the gap in school achievement between girls and boys*: A. L. Duckworth and M. E. P. Seligman, "Self- Discipline Gives Girls the Edge: Gender in Self-Discipline, Grades, and Achievement Test Scores," *Journal of Educational Psychology* 98 (2006): 198-08.

118 *Self-discipline did the same thing for weight gain that it did for grades*: A. L. Duckworth, E. Tsukayama, and A. B. Geier, "Self-Controlled Children Stay Leaner in the Transition to Adolescence," *Appetite 54* (2010): 304-; E. Tsukayama, S. L. Toomey, M. S. Faith, and A. L. Duckworth, "Self-Control as a Protective Factor against Overweight Status in the Transition from Childhood to Adolescence," *Archives of Pediatrics and Adolescent Medicine* 164 (2010): 631-5.

118 *Roy Baumeister, believes it is the queen of all the virtues*: For overviews of Baumeister's work on self-control, see R. F. Baumeister, M. Gailliot, C. N. DeWall, and M. Oaten, "Self-Regulation and Personality: How Interventions Increase Regulatory Success, and How Depletion Moderates the Effects of Traits on Behavior," *Journal of Personality* 74 (2006): 1773?801; R. F. Baumeister, K. D. Vohs, and D. M. Tice, "The Strength Model of Self-Control," *Current Directions in Psychological Science* 16 (2007): 351-5.

118 *the combination of very high persistence and high passion for an objective*: A. L. Duckworth, C. Peterson, M. D. Matthews, and D. R. Kelly, "Grit: Perseverance and Passion for Long-Term Goals," *Journal of Personality and Social Psychology* 92 (2007): 1087-101.

119 Charles Murray, in his magnum opus, *Human Accomplishment*: C. Murray, Human Accomplishment (New York: HarperCollins, 2003).

120 *William Shockley [. . .] found this pattern in the publication of scientific papers*: W. Shockley, "On the Statistics of Individual Variations of Productiv-.

121 *the following scale*: A. L. Duckworth and P. D. Quinn, "Development and Validation of the Short Grit Scale (Grit-S)," *Journal of Personality Assessment 91* (2009): 166-4.

125 *As psychiatrist Ed Hallowell says*: E. M. Hallowell and P. S. Jensen, *Superparenting for ADD: An Innovative Approach to Raising Your Distracted Child* (New York: Random House, 2008).

Chapter 7: Army Strong: Comprehensive Soldier Fitness

127 *the legendary George Casey*: E. Schmitt, "The Reach of War: Man in the News-eorge William Casey Jr.; A Low-Key Commander with 4 Stars to Tame the Iraqi Furies," *New York Times*, July 5, 2004. A short biographical profile written upon George Casey's nomination as commander of the multinational force in Iraq.

127 *author of the brilliant essay "Clausewitz and World War IV," in the Armed Forces Journal*:
R. H. Scales, "Clausewitz and World War IV," Armed Forces Journal (2006). Retrieved
November 12, 2009, from www.armedforces journal.com/2006/07/1866019.

128 *Richard Carmona, the surgeon general of the United State*s: R. Pear, "Man in the News: A
Man of Many Professions-ichard Henry Carmona," New York Times, March 27, 2002. A
short biographical profile.

128 *"We spend two trillion dollars every year on health"*: A. Sisko, C. Truffer, S. Smith,
S. Keehan, J. Cylus, J. A. Poisal, M. K. Clemens, and J. Lizonitz, "Health Spending
Projections Through 2018: Recession Effects Add Uncertainty to the Outlook," *Health
Affairs* 28 (2009): w346-57. To make things worse, national health spending may increase
up to $4.4 trillion per year by 2018, according to experts' projections.

128 *"seventy-five percent of this goes to treating chronic disease"*: Centers for Disease Control
and Prevention, Chronic Disease Overview page. Retrieved November 12, 2009, from
www.cdc.gov/nccdphp/overview.htm.

129 *"in combat for years to come"*: G. Casey, "Comprehensive Soldier Fitness: A Vision for
Psychological Resilience in the United States Army," American Psychologist (forthcoming).
Much of the material describing CSF is adapted from a special issue of the American
Psychologist guest editors, Martin Seligman and Mike Matthews. General Casey's article
is the lead article.

129 GAT: C. Peterson, N. Park, and C. Castro, "Assessment: The Global Assessment Tool,"
American Psychologist (forthcoming). Some of the ideas and some of the wording in this
section are derived from these authors.

130 *creation of psychological tests*: J. E. Driskell and B. Olmstead, "Psychology and the Military:
Research Applications and Trends," American Psychologist 44 (1989): 43-4. See also T.
W. Harrell, "Some History of the Army General Classification Test," *Journal of Applied
Psychology* 77: 875-8. The AGC T is the successor to the alpha and beta tests used during
World War I.

130 *the Aviation Psychology Program*: J. C. Flanagan, *The Aviation Psychology Program in the
Army Air Forces* (Washington, DC: US Government Printing Office, 1948).

130 *procedures for selecting and classifying flying personnel*: J. C. Flanagan, "The Selection and
Classification Program for Aviation Cadets (Aircrew-ombardiers, Pilots, and Navigators)," *Journal
of Consulting Psychology* 6 (1942): 229-9.

133 *"catastrophization" items, a cognitive thinking trap*: as defined and described by A. T. Beck,
A. J. Rush, B. F. Shaw, and G. Emery, *Cognitive Therapy of Depression* (New York: Guilford
Press, 1979).

135 *this may reduce the stigma surrounding mental health service*s: T. M. Greene-Shortbridge,
T. W. Britt, and C. A. Castro, "The Stigma of Mental Health Problems in the Military,"
Military Medicine 2 (2007): 157-1. The issue of reducing stigma among soldiers around
mental health issues is critical and timely, as highlighted in this article by Colonel Carl

Castro and colleagues.

135 *The Soldier Fitness Tracker assesses soldiers*: M. Fravell, K. Nasser, and R. Cornum, "The Soldier Fitness Tracker: Global Delivery of Comprehensive Soldier Fitness," American Psychologist (forthcoming). Some of the ideas and some of the wording in this section are derived from these authors.

138 *Here are the GAT scores for a male lieutenant*: This example is from C. Peterson, N. Park, and C. Castro, "Assessment: The Global Assessment Tool," *American Psychologist* (forthcoming). Some of the ideas and some of the wording in this section are derived from these authors.

139 *Emotional fitness module*: S. Algoe and B. Fredrickson, "Emotional Fitness and the Movement of Affective Science from Lab to Field," *American Psychologist* (forthcoming). Some of the ideas and some of the wording in this section are derived from these authors.

140 regard them as "resource builders": B. L. Fredrickson, "The Role of Positive Emotions in Positive Psychology: The Broaden-and-Build Theory of Positive Emotions," *American Psychologist* 56 (2001): 218-6.

142 *Family fitness module*: J. M. Gottman and J. S. Gottman, "The Comprehensive Soldier Fitness Program: Family Skills Component," *American Psychologist* (forthcoming). Some of the ideas and some of the wording in this section are derived from these authors.

142 *The majority of suicides by our soldiers in Iraq involve a failed relationship with a spouse or partner*: United States Medical Corps Mental Health Advisory Team, *Fifth Annual Investigation* (MHAT-V) (2008). The report is available at www.armymedicine.army.mil/reports/mhat/mhat_v/Redacted1-MHATV-4-FEB -2008-Overview.pdf.

143 *Social fitness module*: J. Cacioppo, H. Reis, and A. Zautra, "Social Resilience: The Protective Effects of Social Fitness," American Psychologist (forthcoming).

143 "this would be natural selection": C. R. Darwin, The Descent of Man, and Selection in Relation to Sex (Lawrence, KS: Digireads.com, 2009), p. 110.

143 *the devastating effects of loneliness itself*: J. T. Cacioppo and W. Patrick, *Loneliness: Human Nature and the Need for Social Connection* (New York: W. W. Norton, 2008). See chapter 9.

144 *The Selfish Gene*: R. Dawkins, The Selfish Gene (New York: Oxford University Press, 1976).

144 *This convoluted argument flies in the face of ordinary altruism*: H. Gintis, S. Bowles, R. Boyd, and E. Fehr, "Explaining Altruistic Behavior in Humans," *Evolution and Human Behavior* 24 (2003): 153-2. A review of the various theories that have been invoked to explain altruism.

144 *Christians hiding Jews in their attics*: several psychologists have tried to find out what distinguished "righteous gentiles" who protected Jews during World War II from others. See for example M. P. Oliner and S. P. Oliner, *The Altruistic Personality: Rescuers of Jews in Nazi Europe* (New York: Free Press, 1988); E. Midlarsky, S. F. Jones, and R. P. Corley, "Personality Correlates of Heroic Rescue During the Holocaust," *Journal of Personality* 73 (2005): 907-4; K. R. Monroe, "Cracking the Code of Genocide: The Moral Psychology of Rescuers, Bystanders, and Nazis During the Holocaust," *Political Psychology* 29 (2008): 699-36.

144 *"Born to be good"*: D. Keltner, Born to Be Good: *The Science of a Meaningful Life* (New York: W.W. Norton, 2009).

145 *the most forceful advocates of group selection: as cited earlier,* D. S. Wilson and E. O. Wilson, "Rethinking the Theoretical Foundation of Sociobiology," Quarterly Review of Biology 82 (2007): 327-8; see also E. Sober and D. S. Wilson, *Unto Others: The Evolution and Psychology of Unselfish Behavior* (Cambridge, MA: Harvard University Press, 1998).

145 *consider the lowly chicken*: D. S. Wilson, *Evolution for Everyone* (New York: Random House, 2007).

145 *egg production does indeed become massive*: C. Goodnight and L. Stevens, "Experimental Studies of Group Selection: What Do They Tell Us About Group Selection in Nature?" *American Naturalist* 150 (1997): S59-9.

145 *factories, fortresses, and systems of communication*: E. O. Wilson, "One Giant Leap: How Insects Achieved Altruism and Colonial Life," *Bioscience* 58 (2008): 17-5.

146 *allowing us to empathize*: M. Iacoboni, "Imitation, Empathy, and Mirror Neurons," *Annual Review of Psychology* 60 (2009): 653-0. A review of the evidence on the role of mirror neurons in empathy; see also S. Blakeslee, "Cells That Read Minds," *New York Times, January* 10, 2006.

146 *Happiness was even more contagious than loneliness or depression*: J. H. Fowler and N. A. Christakis, "Dynamic Spread of Happiness in a Large Social Network: Longitudinal Analysis over 20 Years in the Framingham Heart Study," British Medical Journal 337 (2008): a2338.

148 *Karen Reivich and I wanted to predict*: D. C. Rettew, K. Reivich, C. Peterson, D. A. Seligman, and M. E .P. Seligman, "Professional Baseball, Basketball, and Explanatory Style: Predicting Performance in the Major League" (unpublished manuscript).

149 *Spiritual fitness module*: K. Pargament and P. Sweeney, "Building Spiritual Fitness in the Army," American Psychologist (forthcoming). Some of the ideas and some of the wording in this section are derived from these authors.

149 *spirituality goes hand in hand with*: for reviews of the many benefits of spirituality, see D. G. Myers, "The Funds, Friends, and Faith of Happy People," *American Psychologist* 55 (2000): 56-7; D. G. Myers, "Religion and Human Flourishing," in The Science of Subjective Well-Being, eds. M. Eid and R. J. Larsen (New York: Guilford Press, 2008), pp. 323-3; G. E. Vaillant, Spiritual Evolution: A Scientific Defense of Faith (New York: Broadway Books, 2008); E. A. Greenfield, G. E. Vaillant, N. E. Marks, "Do Formal Religious Participation and Spiritual Per-Journal of Health and Social Behavior 50 (2009): 196-12.

149 *Hugh Thompson's*: H. C. Kelman and V. L. Hamilton, *Crimes of Obedience: Towards a Social Psychology of Authority and Responsibility* (New Haven, CT: Yale University Press, 1990). See chapter 1.

150 *Ken Pargament*: K. I. Pargament, *Spiritually Integrated Psychotherapy: Understanding and Addressing the Sacred* (New York: Guilford, 2007); K. I. Pargament, The Psychology of Religion and Coping: Theory, *Research, Practice* (New York: Guilford Press, 1997). Ken Pargament is the author of two books on spirituality and psychology.

151 openness to alternate viewpoints: K. Pargament and P. Sweeney, "Building Spiritual Fitness in the Army," *American Psychologist* (forthcoming).

Chapter 8: Turning Trauma into Growth

152 *Shell shock and combat fatigue*: J. D. Kinzie and R. R. Goetz, "A Century of Controversy Surrounding Posttraumatic Stress-Spectrum Syndromes: The Impact on DSM-III and DSM-IV," *Journal of Traumatic Stress* 9 (1996): 159-9. A comprehensive description of the history of the post-traumatic stress disorder diagnosis and the controversies surrounding it.

152 *Kai Erikson, son of the famed psychologist Erik Erikson, wrote a landmark book about this disaster*: K. T. Erikson, *Everything in Its Path: Destruction ofCommunity in the Buffalo Creek Flood* (New York: Simon & Schuster, 1978).

153 *Wilbur, his wife, Deborah, and their four children managed to survive*: The stories of the Buffalo Creek disaster are from M. Seligman, E. Walker, and D. Rosenhan. *Abnormal Psychology* (4th edition). (New York: W.W. Norton, 2001, pp. 183-4.)

155 *Here from the fourth edition are the latest criteria for diagnosing a case of PTSD*: American Psychiatric Association, Diagnostic and Statistical Manual of Mental Disorders, 4th ed., text revision (Washington, DC: American Psychiatric Association, 1994).

156 *Here is a composite case of PTSD from the Iraq War*: M. J. Friedman, "Posttraumatic Stress Disorder Among Military Returnees from Afghanistan and Iraq," American Journal of Psychiatry 163 (2006): 586-3.

157 *with as many as 20 percent of the soldiers said to be afflicted*: C. S. Milliken, J. L. Auchterlonie, and C. W. Hoge, "Longitudinal Assessment of Mental Health Problems Among Active and Reserve Component Soldiers Returning from Iraq," *Journal of the American Medical Association 298* (2007): 2141-8. In a study of almost 90,000 soldiers having served in Iraq, Charles Milliken and colleagues found that 20.3 percent of active-duty soldiers required mental health treatment six months after returning home. Among reserve component soldiers, this figure reached 42.4 percent.

C. W. Hoge, A. Terhakopian, C. A. Castro, S. C. Messer, and C. C. Engel, "Association of Posttraumatic Stress Disorder with Somatic Symptoms, Health Care Visits, and Absenteeism Among Iraq War Veterans," *American Journal of Psychiatry*

164 (2007): 150-3. Charles Hoge and colleagues also surveyed over 2,800 Iraq veterans and found that 17 percent met criteria for PTSD. The disorder was associated with poorer health, more absenteeism from work, and more severe physical symptoms overall. These results held even when analyses controlled for physical injuries.

C. W. Hoge, C. A. Castro, C. S. Messer, D. McGurk, D. I. Cotting, and R. L. Koffman, "Combat Duty in Iraq and Afghanistan, Mental Health Problems and Barriers to Care," *New England Journal of Medicine* 351 (2004): 13-2. Finally, in a previous study of more than 6,000 soldiers, Charles Hoge and colleagues found that the rate of PTSD in soldiers deployed to Iraq (16 percent to 17 percent) was higher than the rate of those deployed to Afghanistan (11 percent). This difference was explained by the fact that exposure to combat was greater in soldiers deployed to Iraq. These statistics will therefore probably change as the U.S. military strategy focuses more on Afghanistan. This study also highlighted that veterans' perception of stigma was a barrier to receiving proper care for their PTSD symptoms.

157 *resilience-relatively brief episode of depression plus anxiety, followed by a return to baseline functioning*: as explained by A. C. McFarlane and R. Yehuda, "Resilience, Vulnerability, and the Course of Posttraumatic Reactions," in Traumatic *Stress,* eds. B. A. van der Kolk, A. C. McFarlane, and L. Weisaeth (New York: Guilford Press, 1996), pp. 155-1.

G. Bonanno, "Loss, Trauma, and Human Resilience: Have We Underestimated the Human Capacity to Thrive After Extremely Aversive Events?" *American Psychologist* 59 (2004): 20-8; G. Bonanno, "Resilience in the Face of Potential Trauma," *Current Directions in Psychological Science* 14 (2005): 135-8; G. Bonanno, *The Other Side of Sadness* (New York: Basic Books, 2009). In two studies, George Bonanno from Columbia University reviewed the evidence demonstrating that most people exposed to trauma do not develop PTSD. Because early studies of trauma focused on individuals seeking treatment (and therefore experiencing psychological problems), Bonanno argues that researchers have grossly underestimated the potential for human resilience. Until recently, resilience was therefore considered to be the exception-r worse, a pathological state (in other words, the individual is not "working through" his or her problems). Bonanno also makes a useful distinction between recovery (returning to pretrauma functioning levels after having experienced significant symptoms) and resilience (the ability to maintain a stable equilibrium in the face of adverse events). According to him, resilience is even more common than recovery.

R. C. Kessler, A. Sonnega, E. Bromet, M. Hughes, and C. B. Nelson, "Posttraumatic Stress Disorder in the National Comorbidity Survey," *Archives of General Psychiatry* 52 (1995): 1048-0. Epidemiological studies of the prevalence of PTSD in trauma-exposed populations have confirmed that recovery and/or resilience are the norm, not the exception. In a landmark study using data from the National Comorbidity Survey (NC S), Kessler and colleagues noted that although 50 percent to 60 percent of the U.S. population is exposed to trauma at some point, only about 8 percent will meet full criteria for PTSD.

S. Galea, H. Resnick, J. Ahern, J. Gold, M. Bucuvalas, D. Kilpatrick, J. Stuber, and D. Vlahov, "Posttraumatic Stress Disorder in Manhattan, New York City, After the September 11th Terrorist Attacks," *Journal of Urban Health: Bulletin of the New York Academy of Medicine*

73 (2002): 340-2; S. Galea, D. Vlahov, H. Resnick, J. Ahern, E. Susser, J. Gold, M. Bucuvalas, and D. Kilpatrick, "Trends of Probable Post-Traumatic Stress Disorder in New York City After the September 11 Terrorist Attacks," *American Journal of Epidemiology* 158 (2003): 514-4.

The September 11, 2001, terrorist attacks also provided useful information about the rates of resilience and recovery and PTSD in exposed populations. Sandro Galea and colleagues (2003) conducted surveys in New York City and found that one month after the event, 7.5 percent of Manhattan residents met criteria for PTSD (17.4 percent had subsyndromal symptoms). Six months later, the prevalence dropped to .6 percent (4.7 percent for subsyndromal symptoms). In contrast, 40 percent of Manhattan residents did not exhibit a single PTSD symptom after the attacks (Galea and colleagues, 2002).

157 *less than 10 percent had heard of post-traumatic growth*: P. Sweeney and M. Matthews (personal communication, 2009).

158 *a symptom of normal grief and mourning*: R. M. Glass, "Is Grief a Disease-Sometimes," *Journal of the American Medical Association* 293 (2005): 2658-60. A discussion of the difference between normal and pathological grief.

158 *much more susceptible to PTSD*: L. S. Elwood, K. S. Hahn, B. O. Olatunji, and N. L. Williams, "Cognitive Vulnerabilities to the Development of PTSD: A Review of Four Vulnerabilities and the Proposal of an Integrative Vulnerability Model," *Clinical Psychology Review* 29 (2009): 87-00. A review of risk factors associated with PTSD.

158 *were diagnosed with PTSD*: C. A. LeardMann, T. C. Smith, B. Smith, T. S. Wells, and M. A. K. Ryan, "Baseline Self-Reported Functional Health and Vulnerability to Post-Traumatic Stress Disorder After Combat Deployment: Prospective US Military Cohort Study," *British Medical Journal 338* (2009): b1273.

158 *That kind of money can lead to exaggerated and prolonged symptoms*: B. L. Green, M. C. Grace, J. D. Lindy, G. C. Gleser, A. C. Leonard, and T. L. Kramer, "Buffalo Creek Survivors in the Second Decade: Comparison with Unexposed and Nonlitigant Groups," *Journal of Applied Social Psychology* 20 (1990): 1033-0. This hypothesis has been investigated by Bonnie Green and colleagues, who compared litigant and nonlitigant survivors of the Buffalo Creek disaster on reported symptoms of psychopathology, and found no differences. Both groups of survivors however showed higher rates of anxiety, depression, and hostility than a third group of control (nonexposed) subjects. These results suggest that, in the case of the Buffalo Creek disaster, the financial incentives may not have exacerbated symptoms.

159 *We do not know what effect this substantial incentive is having on the diagnosis of PTSD from our wars*: R. A. Kulka, W. E. Schlenger, J. A. Fairbank, R. L. Hough, B. K. Jordan, and C. R. Marmar, et al., *Trauma and the Vietnam War Generation: Report of Findings from the National Vietnam Veterans Readjustment Study* (New York: Brunner/Mazel, 1990); B. P. Dohrenwend, J. B. Turner, N. A. Turse, B. G. Adams, K. C. Koenen, and R. Marshall,

"The Psychological Risks of Vietnam for U.S. Veterans: A Revisit with New Data and Methods," *Science* 313 (2006): 979-2; R. J. McNally, "Can We Solve the Mysteries of the National Vietnam Veterans Readjustment Study?" *Journal of Anxiety Disorders* 21 (2007): 192-00; B. C. Frueh, J. D. Elhai, P. B. Gold, J. Monnier, K. M. Magruder, T. M. Keane, and G. W. Arana, "Disability Compensation Seeking Among Veterans Evaluated for Posttraumatic Stress Disorder," *Psychiatric Services* 54 (2003): 84-1; B. C. Frueh, A. L. Grubaugh, J. D. Elhai, and T. C. Buckley, "U.S. Department of Veterans Affairs Disability Policies for Posttraumatic Stress Disorder: Administrative Trends and Implications for Treatment, Rehabilitation, and Research," *American Journal of Public Health* 97 (2007): 2143-5.

The effect of financial incentives on Vietnam veterans has been extensively studied by Christopher Frueh and colleagues, after the National Vietnam Veterans Readjustment Study (NVVR S) reported that more than 30 percent of all men having served in Vietnam suffered from PTSD at one point or another (Kulka, et al., 1990). Many researchers and historians commented that the NVVR S probably overstated the prevalence of PTSD among Vietnam veterans (for instance, Dohrenwend, et al., 2006; McNally, 2007). Frueh and colleagues conducted a series of studies investigating the effects of disability payments on PTSD symptom reports among Vietnam veterans. They found, for instance, that veterans who sought disability payments were more likely to report more distress across domains of psychopathology than another group of veterans matched on PTSD diagnoses (and who did not seek compensation).

Frueh and colleagues (2007) therefore recommended that the VA disability policies be modified to encourage gainful employment while providing the best possible care and retaining a safety net for veterans who need it.

159 *British soldiers returning from Iraq and Afghanistan*: N. Fear, M. Jones, and D. Murphy, et al., "What Are the Consequences of Deployment to Iraq and Afghanistan on the Mental Health of the UK Armed Forces? A Cohort Study," *Lancet* 375 (2010): 1783-7. Why is there such a large discrepancy between British and U.S. rates of PTSD? Is it different exposure to combat? Is it different disability pay for PTSD disability? Is it different diagnostic stringencies? Is it different gaming of the medical system for British versus American soldiers? Is it different psychological fitness? No one knows yet.

159 *I have combed the Civil War writings and can find almost no PTSD at all from that horrific epoch*: K. C. Hyams, S. Wignall, and R. Roswell, "War Syndromes and Their Evaluation: From the US Civil War to the Persian Gulf War," *Annals of Internal Medicine* 125 (1996): 398-05; J. M. Da Costa, "On Irritable Heart: A Clinical Study of a Form of Functional Cardiac Disorder and its Consequences," *American Journal of the Medical Sciences* 61 (1871): 17-2. In their review of the various war syndromes that have afflicted American soldiers throughout history, Hyams and colleagues note that soldiers involved in the U.S. Civil War most often suffered from "irritable heart syndrome," a disorder first described by Da Costa. This syndrome included shortness of breath, palpitations, chest pain, headache, and diarrhea, as well as other symptoms, in the absence of an obvious physical condition. Hyams and colleagues rightly point out that these symptoms could have been caused by various physical as well as psychological factors.

159 *My doubts are about overdiagnosis*: D. Dobbs, "The Post-Traumatic Stress Disorder Trap," *Scientific American* (April 2009): 64-9; P. McHugh, Try to Remember (New York: Dana, 2008). Richard McNally, from Harvard University, perhaps summarized best the situation (as cited by Dobbs, p. 65): "PTSD is a real thing, without a doubt. But as a diagnosis, PTSD has become so flabby and overstretched, so much a part of the culture, that we are almost certainly mistaking other problems for PTSD and thus mistreating them." The lay reader will appreciate Dobbs's recent summary of the existing evidence for the causes and consequences of the overdiagnosis of PTSD.

See also Paul McHugh's *Try to Remember* for an insightful portrait of the psychiatric politics around PTSD.

159 *In the long run, they arrive at a higher level of psychological functioning than before*: R. G. Tedeschi and L. G. Calhoun, "Posttraumatic Growth: Conceptual Foundations and Empirical Evidence," *Psychological Inquiry 15* (2004): 1-8. Reviews the concept of post-traumatic growth.

159 *"What does not kill me makes me stronger"*: F. Nietzsche, *Twilight of the Idols: Or How to Philosophize with a Hammer* (London: Penguin Classics, 1990), p. 33.

159 *Individuals who'd experienced one awful event had more intense strengths*: C. Peterson, N. Park, N. Pole, W. D'Andrea, and M. E. P. Seligman. "Strengths of Character and Posttraumatic Growth," *Journal of Traumatic Stress* 21 (2008): 214-7.

160 Rhonda Cornum: R. Cornum and P. Copeland, *She Went to War: The Rhonda Cornum Story* (New York: Presidio Press, 1992).

161 *PTG module*: R. Tedeschi and R. McNally, "Can We Facilitate Posttraumatic Growth in Combat Veterans?" *American Psychologist* (forthcoming). Some of the ideas and some of the wording in this section are derived from these authors.

161 *often follow tragedy*: R. G. Tedeschi and L. G. Calhoun, "Posttraumatic Growth: Conceptual Foundations and Empirical Evidence," *Psychological Inquiry* 15 (2004): 1-8. These domains of growth have been supported by empirical evidence, as reviewed here.

See also S. Joseph, "Growth Following Adversity: Positive Psychological Perspectives on Posttraumatic Stress," *Psychological Topics* 18 (2009): 335-4.

161 *61.1 percent of imprisoned airmen tortured for years by the North Vietnamese said that they had benefited psychologically*: W. H. Sledge, J. A. Boydstun, and A. J. Rabe, "Self-Concept Changes Related to War Captivity," *Archives of General Psychiatry* 37 (1980): 430-3.

161 *Post-Traumatic Growth Inventory (PTGI)*: R. G. Tedeschi and L. G. Calhoun, "The Posttraumatic Growth Inventory: Measuring the Positive Legacy of Trauma," *Journal of Traumatic Stress* 9 (1996): 455-1.

162 *five elements that are known to contribute to post-traumatic growth*: R. G. Tedeschi and L. G. Calhoun, *Facilitating Posttraumatic Growth: A Clinician's Guide* (Mahwah, NJ: Erlbaum, 1999). Richard Tedeschi and Lawrence Calhoun have published a guide to help clinicians maximize the potential for post-traumatic growth in their clients.

See also R. G. Tedeschi and L. G. Calhoun, "A Clinical Approach to Posttraumatic Growth," in *Positive Psychology in Practice, eds.* P.A. Linley and S. Joseph (Hoboken, NJ: Wiley and Sons, 2004), pp. 405-9.

163 *Master Resilience Training*: K. Reivich, M. Seligman, and S. McBride, "Resilience Training," *American Psychologist* (forthcoming). Some of the ideas and some of the wording in this section are derived from these authors. Karen Reivich's creativity and energy is the backbone of this section of the book and of Master Resilience Training generally.

163 *"ordinary schoolteachers can be taught to deliver resilience training effectively to adolescents"*: S. M. Brunwasser and J. E. Gillham, "A Meta-Analytic Review of the Penn Resiliency Programme" (paper presented at the Society for Prevention Research, San Francisco, CA, May 2008).

164 *the author of Happiness*: R. Layard, Happiness: *Lessons from a New Science* (London: Penguin, 2005).

164 *he argues that government policy should be measured not by increases in gross domestic product but by increases in global well-being*: R. Layard, "Well- Being Measurement and Public Policy," *in Measuring the Subjective Well-Being of Nations: National Accounts of Time Use and Well-Being*, ed. A. Krueger (Cambridge, MA: National Bureau of Economic Research, 2008).

164 *"I want to take it to the schools of the United Kingdom"*: R. Layard, "The Teaching of Values" (Ashby Lecture, University of Cambridge, Cambridge, England, May 2, 2007). In a lecture delivered at the University of Cambridge in 2007, Layard outlined his ideas on positive education and how it might be incorporated in the British educational system. According to Layard, the effects of a large-scale program should be even larger than those observed in controlled scientific trials "because each child taking the programme would interact with other children who had also taken it. If this applied to all children in a city, it should be possible to modify the whole youth culture of that city."

165 *"You are to make resilience training happen for the whole army"*: B. Carey, "Mental Stress Training Is Planned for U.S. Soldiers," New York Times, August 17, 2009.

167 *the well-validated program we use to teach civilian teachers*: the Penn Resiliency Program, as reviewed in Chapter 6.

167 *Albert Ellis's ABCDE model*: as described in A. Ellis, J. Gordon, M. Neenan, and S. Palmer, *Stress Counseling: A Rational Emotive Behaviour Approach* (London: Cassell, 1997). A. Ellis, "Fundamentals of Rational-Emotive Therapy for the 1990s," *in Innovations in Rational-Emotive Therapy*, eds. W. Dryden and L. K. Hill (New York: Sage, 1993).

167 *thinking traps*: another term for cognitive biases or distortions, as described by A. T. Beck, A. J. Rush, B. F. Shaw, and G. Emery, Cognitive Therapy of Depression (New York: Guilford

Press, 1979).

168 *"icebergs," deeply held beliefs*: also referred to as "core beliefs," as defined in J. S. Beck, Cognitive Therapy: Basics and Beyond (New York: Guilford Press, 1995). J. E. Young, J. L. Rygh, A. D. Weinberger, and A. T. Beck, "Cognitive Therapy for Depression," *in Clinical Handbook of Psychological Disorders*: A Step-by-Step Treatment Manual, 4th ed., ed. D. H. Barlow (New York: Guilford Press, 2008), pp. 250-05.

170 *Gabriele Prati and Luca Pietrantoni*: G. Prati and L. Pietrantoni, "Optimism, Social Support, and Coping Strategies as Factors Contributing to Posttraumatic Growth: A Meta-Analysis," Journal of Loss and Trauma 14 (2009): 364-8.

171 *people who habitually acknowledge and express gratitude*: R. A. Emmons, Thanks! How the New Science of Gratitude Can Make You Happier (New York: Houghton Mifflin, 2007).

173 *four styles of responding*: E. L. Gable, H. T. Reis, E. A. Impett, and E. R. Asher, "What Do You Do When Things Go Right? The Intrapersonal and Interpersonal Benefits of Sharing Positive Events," *Journal of Personality and Social Psychology 87* (2004): 228-5.

173 *Dr. Carol Dweck's work on effective praise*: M. L. Kamins and C. Dweck, "Person Versus Process Praise and Criticism: Implications for Contingent Self- Worth and Coping," Developmental Psychology 35 (1999): 835-7.

174 *One poignant area is exploring how they talk to their own families*: much research has been conducted on the well-being of military families. Examples include L. M. Burrell, G. A. Adams, D. B. Durand, and C. A. Castro, "The Impact of Military Lifestyle Demands on Well-Being, Army, and Family Outcomes," *Armed Forced and Society* 33 (2006): 43-8; B. R. Karney and J. S. Crown, *Families Under Stress: An Assessment of Data, Theory, and Research on Marriage and Divorce in the Military* (Arlington, VA: Rand Corporation, 2007).

175 *"brainwashes" soldiers with positive thinking*: B. Levine, (July 29, 2010). *American Soldiers Brainwashed with "Positive Thinking."* Retrieved August 2, 2010, from www.alternet.org/world/147637/american_soldiers_brainwashed_ with_%22positive_thinking%22-page=2.

175 *war on terror*: J. Mayer, *The Dark Side* (New York: Doubleday, 2008), pp. 163-4. In the wildest blog I have seen, Thierry Meyssan (May 20, 2010, voltaire.net.org) wrote that I "supervised the torture experiments on Guantanamo prisoners. The navy formed a high-powered medical team. In particular, it invited Professor Seligman to Guantanamo . . . It was he who oversaw the experiments on human guinea pigs. U.S. torturers, under Professor Seligman's supervision, experimented and perfected every single coercive technique." This is wholly false and baseless.

176 *James Mitchell*: S. Shane, "2 U.S. Architects of Harsh Tactics in 9/11's Wake," *New York Times*, August 11, 2009.

181 The outcome of our training: P. Lester and S. McBride, "Bringing Science to Bear: An Empirical Assessment of the Comprehensive Soldier Fitness Program," *American Psychologist* (forthcoming). Some of the ideas and some of the wording in this section are derived from these authors.

182 *mental health is not just the absence of mental illness*: M. Jahoda, *Current Concepts of Positive Mental Health* (New York: Basic Books, 1958). This idea was proposed long ago by Marie Jahoda's pioneering book *Current Concepts of Positive Mental Health*. She proposed then that "it [is] unlikely that the concept of mental health can be usefully defined by identifying it with the absence of disease [. . .] The absence of disease may constitute a necessary, but not sufficient, criterion for mental health" (pp. 14-5).

C. L. M. Keyes, "Mental Illness and/or Mental Health? Investigating Axioms of the Complete State Model of Health," *Journal of Consulting and Clinical Psychology* 73 (2005): 539-8. Since then, empirical research has supported the idea that mental health and mental illness are not the two ends of one continuum but rather constitute separate dimensions of human functioning. Corey Keyes, therefore, proposed a *two continua* model of mental illness and mental health. Using confirmatory factor analysis, he found strong support for his model in a representative survey of more than three thousand American adults. Keyes found that only around 17 percent of his sample had "complete mental" health (low mental illness and high mental health). Around 10 percent were languishing without suffering from a disorder (low mental illness and low mental health); this group corresponds to those described in chapter 8 as "not [. . .] mentally ill, but [. . .] stuck and languishing in life." Finally, around 15 percent were mentally healthy while also suffering from a psychological disorder. These last two groups do not fit the traditional model positing a continuum of mental health and illness, and their existence, therefore, supports Keyes's two continua model.

See also C. L. M. Keyes and S. J. Lopez, "Toward a Science of Mental Health: Positive Directions in Diagnosis and Interventions," *in Handbook of Positive Psychology*, eds. C. R. Snyder and S. J. Lopez (New York: Oxford University Press, 2005), pp. 45-9.

P. J. Greenspoon and D. H. Saklofske, "Toward an Integration of Subjective Well-Being and Psychopathology," *Social Indicators Research* 54 (2001): 81-08; S. M. Suldo and E. J. Shaffer, "Looking Beyond Psychopathology: The Dual-Factor Model of Mental Health in Youth," *School Psychology Review* 37 (2008): 52-8. Studying children, Greenspoon and Saklofske proposed a similar model called the "dual factor system" (DFS). The researchers tested and verified the validity of the DFS on a sample of more than 400 schoolchildren (grades three through six). Next, Shannon Suldo and Emily Shaffer (2008) replicated and extended Greenspoon and Saklofske's findings. Using a sample 349 middle school students, they found that 57 percent of the children enjoyed "complete mental health" (high SWB, low psychopathology); 13 percent were vulnerable (low SWB, low psychopathology); 13 percent were symptomatic but content (high SWB, high psychopathology); and the remaining 17 percent were troubled (low SWB, high psychopathology). The researchers also found that children with "complete mental health" had a large number of favorable outcomes compared to others (for example, better reading skills, school attendance, academic success, social support).

Subjective well-being (or positive mental health), therefore, needs to be taken into account to understand optimal functioning in both children/adolescents and adults.

183 *(more than 95 percent of its budget goes to curtail illness)*: www.nih.gov/about/budget.htm. You can plow through it and try to make your own estimate. My plowing suggests that 5 percent to health as opposed to illness is conservative.

184 *"Is health a real thing"*: There have been numerous serious efforts to move medicine in the direction of a definition of positive health and away from a mere absence of illness definition of health. Health promotion, prevention, and the Wellness movement are examples. One article that reviews the history usefully is R. Manderscheid, C. Ryff, and E. Freeman, et al., "Evolving Definitions of Mental Illness and Wellness," Preventing Chronic Disease 7 (2010): 1-.

184 *discovered "learned helplessness" in the mid-*1960s: M. E. P. Seligman, *Helplessness*: On Depression, Development, and Death (San Francisco, CA: Freeman, 1975). A comprehensive account and complete bibliography of the helplessness experiments in animals. See also S. F. Maier and M. E. P. Seligman, "Learned Helplessness: Theory and Evidence," *Journal of Experimental Psychology: General* 105 (1976): 3-6.

C. Peterson, S. F. Maier, and M. E. P. Seligman, *Learned Helplessness: A Theory for the Age of Personal Control* (New York: Oxford University Press, 1993); J. B. Overmier, "On Learned Helplessness," Integrative Physiological and Behavioral Science 37 (2002): 4-. Debates about the theory of learned helplessness have continued up to this day. For a short introduction to the nature of these debates, as well as a list of relevant references, see Overmier.

184 *in the paradigm human experiment, carried out by Donald Hiroto*: D. S. Hiroto, "Locus of Control and Learned Helplessness," *Journal of Experimental Psychology* 102 (1974): 187-3.

See also D. S. Hiroto and M. E. P. Seligman, "Generality of Learned Helplessness in Man," *Journal of Personality and Social Psychology* 31 (1975): 311-7.

187 *this experiment-ublished in Science in 1982*: M. A. Visintainer, J. R. Volpicelli, and M. E. P. Seligman, "Tumor Rejection in Rats After Inescapable or Escapable Shock," Science 216 (1982): 437-9.

187 *the last time that I have been involved in an animal experiment*: S. Plous, "Attitudes Towards the Use of Animals in Psychological Research and Education: Results from a National Survey of Psychologists," *American Psychologist* 51 (1996): 1167-0. Plous conducted an interesting survey of members of the American Psychological Association and found that the majority of the four thousand respondents disapproved of studies that involve inflicting pain or death on animals. Plous quotes reasons given by respondents to disapprove of animal research, including reasons related to external validity: "I'm a neuropsychologist and have worked in rat and monkey labs. However, I'm increasingly convinced about differences between animal and human brains and behavior and think we should usually study humans"; "I used to conduct research with animals. I believe that much of the pain I inflicted on animals was not justified by the value of the data." Plous also quotes defendants of animal research, thus showing that this debate has certainly not been resolved.

188 *I have come to think that establishing external validity is an even more important but much more nettlesome scientific inference than establishing internal validity*: For additional comments on the relative importance of internal and external validity in psychological research, see M. E. P. Seligman, "Science as an Ally of Practice," *American Psychologist* 51 (1996): 1072-9; M. E. P. Seligman, "The Effectiveness of Psychotherapy: The Consumer Reports Study," *American Psychologist* 50 (1995): 965-4.

189 *It was this observation that led to the field called "learned optimism"*: M. E. P. Seligman, Learned Optimism (New York: Knopf, 1991).

189 *we looked systematically at the way that the people whom we could not make helpless interpreted bad events*: L. Y. Abramson, M. E. P. Seligman, and J. D. Teasdale, "Learned Helplessness in Humans: Critique and Reformulation," *Journal of Abnormal Psychology* 87 (1978): 49-4.

189 *we devised questionnaires to measure optimism*: C. Peterson, A. Semmel, C. VonBaeyer, L. Y. Abramson, G. I. Metalsky, and M. E. P. Seligman, "The Attributional Style Questionnaire," *Cognitive Therapy and Research* 6 (1982): 287-00.

189 *as well as content analytic techniques*: P. Schulman, C. Castellon, and M. E. P. Seligman, "Assessing Explanatory Style: The Content Analysis of Verbatim Explanations and the Attributional Style Questionnaire," *Behaviour Research* and Therapy 27 (1989): 505-2.

189 *We found that pessimists: for a review*, see G. M. Buchanan and M. E. P. Seligman, eds., Explanatory Style (Hillsdale, NJ: Erlbaum, 1995).

190 Only optimism [. . .] *predicted a second heart attack*: G. M. Buchanan and M. E. P. Seligman, "Explanatory Style and Heart Disease," *in Explanatory Style*, eds. G. M. Buchanan and M. E. P. Seligman (Hillsdale, NJ: Erlbaum, 1995), pp. 225-2.

191 *Men with the most optimistic style [. . .] had 25 percent less CVD than average*: L. Kubzansky, D. Sparrow, P. Vokonas, and I. Kawachi, "Is the Glass Half Empty or Half Full? A Prospective Study of Optimism and Coronary Heart Disease in the Normative Aging Study," *Psychosomatic Medicine* 63 (2001): 910-6.

191 *Death from cardiovascular disease was strongly influenced by a sense of mastery*: P. G. Surtees, N. W. J. Wainwright, R. Luben, K.-T. Khaw, and N. E. Day, "Mastery, Sense of Coherence, and Mortality: Evidence of Independent Associations from the EPIC-Norfolk Prospective Cohort Study," Health Psychology 25 (2006): 102-0.

192 *Pessimism was very strongly associated with mortality*: E. Giltay, J. Geleijnse, F. Zitman, T. Hoekstra, and E. Schouten, "Dispositional Optimism and All-Cause and Cardiovascular Mortality in a Prospective Cohort of Elderly Dutch Men and Women," *Archives of General Psychiatry* 61 (2004): 1126-5.

192 *if positive emotion worked through optimism*: K. W. Davidson, E. Mostofsky, and W. Whang, "Don't Worry, Be Happy: Positive Affect and Reduced 10-Year Incident Coronary Heart Disease: The Canadian Nova Scotia Health Survey," *European Heart Journal* (2010). Retrieved August 2, 2010, from doi:10.1093/eurheartj/ehp603.

B. Pitt and P. J. Deldin, "Depression and Cardiovascular Disease: Have a Happy Day -Just Smile!" *European Heart Journal* (2010). Retrieved August 2, 2010, from doi:10.1093/eurheartj/ehq031.

193 *The optimists (the top quarter) had 30 percent fewer coronary deaths than the pessimists*: H. Tindle, Y. F. Chang, L. Kuller, J. E. Manson, J. G. Robinson, M. C. Rosal, G. J. Siegle, and K. A. Matthews, "Optimism, Cynical Hostility, and Incident Coronary Heart Disease and Mortality in the Women's Health Initiative," *Circulation* 118 (2009): 1145-6.

193 *Something worth living for*: The three Japanese studies of ikigai are T. Sone, N. Nakaya, K. Ohmori, T. Shimazu, M. Higashiguchi, and M. Kakizaki, et al., "Sense of Life Worth Living (Ikigai) and Mortality in Japan: Ohsaki Study," *Psychosomatic Medicine* 70 (2008): 709-5; K. Shirai, H. Iso, T. Ohira, A. Ikeda, H. Noda, and K. Honjo, et al., "Perceived Level of Life Enjoyment and Risks of Cardiovascular Disease Incidence and Mortality: The Japan Public Health Center-t Based Study, Circulation 120 (2009): 956-3; K. Tanno. K. Sakata, M. Ohsawa, T. Onoda, K. Itai, and Y. Yaegashi, et al., "Associations of Ikigai as a Positive Psychological Factor with All-Cause Mortality and Cause-Specific Mortality Among Middle-Aged and Elderly Japanese People: Findings from the Japan Collaborative Cohort Study," Journal of *Psychosomatic Research* 67 (2009): 67-5.

See also P. Boyle, A. Buchman, L. Barnes, and D. Bennett, "Effect of a Purpose in Life on Risk of Incident Alzheimer Disease and Mild Cognitive Impairment in Community-Dwelling Older Persons," *Archives of General Psychiatry* 67 (2010): 304-0.

195 *they report fewer symptoms*: This phenomenon has been described in the following articles: D. Watson and J. W. Pennebaker, "Health Complaints, Stress, and Distress: Exploring the Central Role of Negative Affectivity," *Psychological Review* 96 (1989): 234-4; S. Cohen, W. J. Doyle, D. P. Skoner, P. Fireman, J. M. Gwaltney, and J. T. Newsom, "State and Trait Negative Affect as Predictors of Objective and Subjective Symptoms of Respiratory Viral Infections," *Journal of Personality and Social Psychology* 68 (1999): 159-9; S. Cohen, W. J. Doyle, R. B. Turner, C. M. Alper, and D. P. Skoner, "Emotional Style and Susceptibility to the Common Cold," Psychosomatic Medicine 65 (2003): 652-7.

197 *None developed sores, leading to the conclusion that they must have already been infected*: The story is told in E. Kraepelin, "General Paresis," Nervous and Mental Disease Monograph 14 (1923).

199 *People with high positive emotion before the rhinovirus develop fewer colds*: S. Cohen, W. J. Doyle, R. B. Turner, C. M. Alper, and D. P. Skoner, "Emotional Style and Susceptibility to the Common Cold," Psychosomatic Medicine 65 (2003): 652-7.

200 *The higher the positive emotion, the lower the interleukin-6*: W. J. Doyle, D. A. Gentile, and

S. Cohen, "Emotional Style, Nasal Cytokines, and Illness Expression After Experimental Rhinovirus Exposure," Brain, Behavior, and Immunity 20 (2006): 175-1.

200 *Sheldon replicated this study with flu virus as well as cold virus*: S. Cohen, C. M. Alper, W. J. Doyle, J. J. Treanor, and R. B. Turner, "Positive Emotional Style Predicts Resistance to Illness After Experimental Exposure to Rhinovirus or Influenza A Virus," Psychosomatic Medicine 68 (2006): 809-5.

200 *"if a crane falls on you, optimism is not of much use"*: M. E. P. Seligman, Learned Optimism (New York: Knopf, 1991). The same point is made in Chapter 10 (p. 176): "If you are hit by a Mack truck, your level of optimism is not going to make much difference. If you are hit by a bicycle, however, optimism could play a crucial role. I do not believe that when a patient has such a lethal load of cancer as to be deemed 'terminal,' psychological processes can do much good. At the margin, however, when the tumor load is small, when illness is beginning to progress, optimism might spell the difference between life and death."

201 *no measurable effect prolonging life in people with inoperable cancer*: P. Schofield, D. Ball, and J. Smith, et al., "Optimism and Survival in Lung Carcinoma Patients," Cancer 100 (2004): 1276-2; P. Novotny, R. Colligan, and B. Szydlo, et al., "A Pessimistic Explanatory Style Is Prognostic for Poor Lung Cancer Survival," *Journal of Thoracic Oncology* (forthcoming). Novotny and Colligan, et al., found that optimists survived six months longer than pessimists in a large sample of 534 adults.

201 *Ehrenreich recently published*: B. Ehrenreich, *Bright-Sided: How the Relentless Promotion of Positive Thinking Has Undermined America* (New York: Holt, 2009).

201 Smile or Die: B. Ehrenreich, *Smile or Die: How Positive Thinking Fooled America and the World* (London: Granta Books, 2009).

201 *seven years longer than those not smiling*: E. Abel and M. Kruger, "Smile Intensity in Photographs Predicts Longevity," Psychological Science 20 (2010): 1-.

202 *Evidence is thin*: M. Shermer, "Kool-Aid Psychology," Scientific American 39 (2010): 39. Michael Shermer is founding editor of Skeptic magazine. Coming from a bias to skepticism, I like the premises of the magazine, but in this case, the skeptic-in-chief failed to underpin his skepticism by reviewing the primary literature.

202 *eighty-three separate studies of optimism and physical health*: H. Rasmussen, M. Scheier, and J. Greenhouse, "Optimism and Physical Health: A Meta- Analytic Review," *Annals of Behavioral Medicine* 37 (2009): 239-6.

For a heated exchange about this meta-analysis, see J. Coyne and H. Tennen, "Positive Psychology in Cancer Care: Bad Science, Exaggerated Claims, and Unproven Medicine," *Annals of Behavioral Medicine* 39 (2010): 16?6.

L. Aspinwall and R. Tedeschi, "Of Babies and Bathwater: A Reply to Coyne and Tennen's Views on Positive Psychology and Health," Annals of Behavioral Medicine 39 (2010): 27-4.

M. Roseman, K. Milette, Y. Zhao, and B. Thombs, "Is Optimism Associated with Physical Health? A Commentary on Rasmussen et al.," *Annals of Behavioral Medicine* 39 (2010):

204-6.

M. F. Scheier, J. B. Greenhouse, and H. N. Rasmussen, "Reply to Roseman, Milette, Zhao, and Thombs," Annals of Behavioral Medicine 39 (2010): 207-09. I will let the scholarly reader judge, but I believe the cancer outcome is still an unsettled empirical issue, and the huge army data set will likely settle it within the next three years.

202 *although the effect was smaller than for CVD*: H. Tindle, Y. F. Chang, and L. Kuller, et al., "Optimism, Cynical Hostility, and Incident Coronary Heart Disease and Mortality in the Women's Health Initiative," *Circulation* 10 (2009): 1161-7.

203 *Yoichi Chida and Andrew Steptoe [. . .] recently published an exemplary comprehensive meta-analysis*: Y. Chida and A. Steptoe, "Positive Psychological Well-Being and Mortality: A Quantitative Review of Prospective Observational Studies," *Psychosomatic Medicine* 70 (2008): 741-6.

See also J. Xu and R. Roberts, "The Power of Positive Emotions: It's a Matter of Life or Death-ubjective Well-Being and Longevity Over 28 Years in a General Population," Health Psychology (forthcoming).

205 *there exists only one in the optimism-health literature*: G. M. Buchanan, C. A. R. Gardenswartz, and M. E. P. Seligman, "Physical Health Following a Cognitive- Behavioral Intervention," *Prevention and Treatment* 2 (1999). Retrieved November 14, 2009, from http://proxy.library.upenn.edu:8457/prevention/volume2/ pre210a.html.

See also M. Charlson, C. Foster, and C. Mancuso, et al., "Randomized Controlled Trials of Positive Affect and Self-Affirmation to Facilitate Healthy Behaviors in Patients with Cardiopulmonary Diseases: Rationale, Trial Design, and Methods," *Contemporary Clinical Trials* 28 (2007): 748-2.

206 *It was the optimists who gave up smoking*: G. E. Vaillant, *Aging Well: Surprising Guideposts to a Happier Life from the Landmark Harvard Study of Adult Development* (New York: Little, Brown and Company, 2003).

206 *Happy people also sleep better than unhappy people*: A. Steptoe, S. Dockray, and J. Wardle, "Positive Affect and Psychobiological Processes Relevant to Health," *Journal of Personality* 77 (2009): 1747-75.

206 *people who have one person whom they would be comfortable calling at three in the morning*: G. E. Vaillant, *Aging Well: Surprising Guideposts to a Happier Life from the Landmark Harvard Study of Adult Development* (New York: Little, Brown and Company, 2003).

206 *lonely people are markedly less healthy than sociable people*: J. T. Cacioppo, L. C. Hawkley, L. E. Crawford, J. M. Ernst, M. H. Burleson, R. B. Kowalewski, W. B. Kowalewski, E. Van Cauter, and G. G. Berntson, "Loneliness and Health: Potential Mechanisms, *Psychosomatic Medicine* 64 (2002): 407-7.

J. T. Cacioppo, L. C. Hawkley, and G. G. Berntson, "The Anatomy of Loneliness," Current Directions in *Psychological Science* 12 (2003): 71-4.

207 *The blood of optimists had a feistier response to threat*: L. Kamen-Siegel, J. Rodin, M. E. P.

Seligman, and J. Dwyer, "Explanatory Style and Cell-Mediated Immunity in Elderly Men and Women," *Health Psychology* 10 (1991): 229-5. See also S. Segerstrom and S. Sephton, "Optimistic Expectancies and Cell- Mediated Immunity: The Role of Positive Affect," *Psychological Science* 21 (2010): 448-5.

207 *promote atherosclerosis*: See for instance S. A. Everson, G. A. Kaplan, D. E. Goldberg, R. Salonen, and J. T. Salonen, "Hopelessness and 4-Year Progression of Carotid Atherosclerosis: The Kuopio Ischemic Heart Disease Risk Factor Study," *Arteriosclerosis, Thrombosis, and Vascular Biology* 17 (1997): 1490-5.

A. Rozanski, J. A. Blumenthal, and J. Kaplan, "Impact of Psychological Factors on the Pathogenesis of Cardiovascular Disease and Implications for Therapy," *Circulation* 99 (1999): 2192-217.

207 *women who score low in feelings of mastery and high in depression have been shown to have worse calcification of the major artery, the trunk-like aorta*: K. A. Matthews, J. F. Owens, D. Edmundowicz, L. Lee, and L. H. Kuller, "Positive and Negative Attributes and Risk for Coronary and Aortic Calcification in Healthy Women," *Psychosomatic Medicine* 68 (2006): 355-1.

207 *Helpless rats, in the triadic design, develop atherosclerosis at a faster rate than rats that demonstrated mastery*: G. M. Buchanan and M. E. P. Seligman, "Explanatory Style and Heart Disease," *in Explanatory Style*, eds. G. M. Buchanan and M. E. P. Seligman (Hillsdale, NJ: Erlbaum, 1995), pp. 225-2.

207 *less of a fibrinogen response to stress than unhappy people*: A. Steptoe, J. Wardle, and M. Marmot. "Positive Affect and Health-Related Neuroendocrine, Cardiovascular, and Inflammatory Processes," *Proceedings of the National Academy of Sciences* 102 (2005): 6508-2.

208 *high heart rate variability are healthier, have less CVD, less depression, and better cognitive abilities*: J. Thayer and E. Sternberg, "Beyond Heart Rate Variability: Vagal Regulation of Allostatic Systems," Annals of the New York Academy of Sciences 1088 (2006): 361-2.

210 *Normative Aging Study*: See www.nia.nih.gov/ResearchInformation/ ScientificResources/ StudyInfo.htm-id=26.

214 *Dr. Darwin Labarthe*: Darwin Labarthe is also the author of D. R. Labarthe, *Epidemiology and Prevention of Cardiovascular Disease*, 2nd ed. (Sudbury, MA: Jones and Bartlett, 2010).

215 *people who walk ten thousand steps every day markedly lower their risk for heart attack: See for instance* P. D. Savage, and P. A. Ades, "Pedometer Step Counts Predict Cardiac Risk Factors at Entry to Cardiac Rehabilitation," *Journal of Cardiopulmonary Rehabilitation and Prevention* 28 (2008): 370-7.

D. M. Bravata, C. Smith-Spangler, V. Sundaram, A. L. Gienger, N. Lin, R. Lewis, C. D. Stave, I. Olkin, and J. R. Sirard, "Using Pedometers to Increase Physical Activity and Improve Health: A Systematic Review," *Journal of the American Medical Association* 298 (2007): 2296-304. A review and meta-analysis of the benefits of walking on health.

215 *As Nietzsche tells us, good philosophy always says, "Change your life"*: see the introduction by the editor of F. Nietzsche, W. Kaufmann, and P. Gay, *Basic Writings of Nietzsche* (New York: Random House, 2000).

216 *the real epidemic, the worst killer, is the epidemic of inactivity*: D. C. Lee, X. Sui, and S. N. Blair, "Does Physical Activity Ameliorate the Health Hazards of Obesity?" *British Journal of Sports Medicine* 43 (2009): 49-1. Reviews Steve Blair's work on obesity and physical activity.

216 *Poor physical fitness correlates strongly with all-cause mortality, and particularly CVD*: X. Sui, J. N. Laditka, J. W. Hardin, and S. N. Blair, "Estimated Functional Capacity Predicts Mortality in Older Adults," *Journal of the American Geriatric Society* 55 (2007): 1940-7.

217 *Here is a representative one*: X. Sui, J. N. Laditka, M. J. LaMonte, J. W. Hardin, N. Chase, S. P. Hooker, S. P., and S. N. Blair, "Cardiorespiratory Fitness and Adiposity as Mortality Predictors in Older Adults," *Journal of the American Medical Association* 298 (2007): 2507-6.

218 Exercise will not make you much thinner: J. Cloud, "Why Exercise Won't Make You Thin," *Time*, August 9, 2009.

218 *The surgeon general's 2008 report*: www.cdc.gov/nccdphp/sgr/index .htm (1999).

219 *(The real danger point is fewer than 5,000 steps a day)*: C. Tudor-Locke and D. R. Bassett, "How Many Steps/Day Are Enough? Preliminary Pedometer Indices for Public Health," *Sports Medicine* 34 (2004): 1-. Based on previous evidence, Tudor-Locke and Bassett suggested the following indices to evaluate pedometerdetermined physical activity: fewer than 5,000 steps a day indicates that individuals have a sedentary lifestyle (which, as noted before, is associated with a wide array of negative health outcomes). Individuals who take 5,000 to 7,499 steps a day are considered "low active." Those who take 7,500 to 9,999 steps a day are considered "somewhat active." The cutoff for classifying individuals as "active" is 10,000 steps a day. Those who take more than 12,500 steps a day are considered "highly active."

Chapter 10: The Politics and Economics of Well-Being

221 *When politicians run for office, they campaign about what they will do, or have done, for the economy*: For an interesting discussion of the role of the economy in the 2008 presidential election, see the symposium in PS: Political Science and Politics 42, no. 3 (2009), including the articles R. S. Erikson, "The American Voter and the Economy, 2008," *PS: Political Science and Politics* 42 (2009): 467-1; M. S. Lewis-Beck and R. Nadeau, "Obama and the Economy in 2008," *PS: Political Science and Politics* 42 (2009): 479-3.

222 *perhaps an overabundance, of goods and services*: as described by G. Easterbrook, The Progress Paradox: How Life Gets Better While People Feel Worse (New York: Random House, 2003).

222 *Ed Diener and I published an article*: E. Diener and Seligman, M. E. P., "Beyond Money: Toward an Economy of Well-Being," Psychological Science in the Public Interest 5 (2004):

1-1.

223 *Life satisfaction in the United States has been flat for fifty years even though GDP has tripled*: E. Diener and Seligman, M. E. P., "Beyond Money: Toward an Economyof Well-Being," *Psychological Science in the Public Interest* 5 (2004): 1-1.

See also E. Zencey, "G.D.P. R.I.P.," New York Times, August 9, 2009.

223 *Depression rates have increased tenfold*: The two major studies that found the epidemic of depression are L. Robins, J. Helzer, M. Weissman, H. Orvaschel, E. Gruenberg, J. Burke, and D. Regier, "Lifetime Prevalence of Specific Psychiatric Disorders in Three Sites," *Archives of General Psychiatry* 41 (1984): 949-8; G. Klerman, P. Lavori, J. Rice, T. Reich, J. Endicott, N. Andreasen, M. Keller, and R. Hirschfeld, "Birth Cohort Trends in Rates of Major Depressive Disorder Among Relatives of Patients with Affective Disorder," *Archives of General Psychiatry* 42 (1985): 689-3.

223 Rates of anxiety have also risen: J. M. Twenge, "The Age of Anxiety? The Birth Cohort Change in Anxiety and Neuroticism, 1952-993," *Journal of Personality and Social Psychology* 79 (2000): 1007-1.

223 *Social connectedness in our nation has dropped*: R. Putnam, Bowling Alone: The Collapse and Revival of American Community (New York: Simon & Schuster, 2001).

223 *trust is a major predictor of well-being*: J. F. Helliwell, "How's Life? Combining Individual and National Variables to Explain Subjective Well-Being," onomic Modeling 20 (2003): 331-0.

224 *There is an enormous literature on money and happiness*: For a review, see R. Biswas-Diener, "Material Wealth and Subjective Well-Being," in The Science of Subjective Well-Being (New York: Guilford Press, 2008).

See also E. Diener and R. Biswas-Diener, "Will Money Increase Subjective Well-Being?" A Literature Review and Guide to Needed Research," *Social Indicators Research* 57 (2002): 119-9.

Finally, for a discussion of the relationship between money and happiness between nations, see E. Diener and S. Oishi, "Money and Happiness: Income and Subjective Well-Being Across Nations," *in Culture and Subjective Well-Being, eds*. E. Diener and E. M. Suh (Cambridge, MA: MIT Press, 2000), pp. 185-18.

224 *In the graph: A. Deaton, "Income, Health, and Well-Being Around the World*: Evidence from the Gallup World Poll," *Journal of Economic Perspectives* 22 (2008): 53-2.

224 *This is the venerable "Easterlin paradox"*: R. A. Easterlin, "Does Economic Growth Improve the Human Lot?" *in Nations and Households in Economic Growth: Essays in Honour of Moses Abramovitz* (New York: Academic Press, 1974); R. A. Easterlin, "Will Raising the Incomes of All Increase the Happiness of All?" *Journal of Economic Behavior and Organization* 27 (1995): 35-7.

224 *It has been challenged recently by my young colleagues at Penn, Justin Wolfers and Betsey*

Stevenson: J. Wolfers and B. Stevenson, "Economic Growth and Subjective Well-Being: Reassessing the Easterlin Paradox," Brookings Papers on Economic Activity (2008): 1-7.

226 *Life Satisfaction for Various Groups*: see E. Diener and M. E. P. Seligman, "Beyond Money: Toward an Economy of Well-Being," *Psychological Science in the Public Interest* 5 (2004): 1-1.

227 *these two components, mood and judgment, are differentially influenced by outcome*: as shown by E. Diener, D. Kahneman, R. Arora, J. Harter, and W. Tov, "Income's Differential Influence on Judgments of Life Versus Affective Well-Being," in E. Diener, Assessing Well-Being: The Collected Works of Ed Diener (New York: Springer, 2009), pp. 233-6.

227 *There are fifty-two nations for which substantial time series analyses of subjective well-being (SWB) exist from* 1981 to 2007: R. Inglehart, R. Foa, and C. Wetzel, "Development, Freedom, and Rising Happiness: A Global Perspective (1981-007)," *Perspectives on Psychological Science 3* (2008): 264-5.

227 *some very instructive anomalies appear*: R. Inglehart, R. Foa, and C. Wetzel, "Development, Freedom, and Rising Happiness: A Global Perspective (1981-007)," *Perspectives on Psychological Science 3* (2008): 264-5.

227 *Poor people in Calcutta*: See R. Biswas-Diener and E. Diener, "Making the Best of a Bad Situation: Satisfaction in the Slums of Calcutta," *Social Indicators Research* 55 (2001): 329-2; R. Biswas-Diener and E. Diener, "The Subjective Well- Being of the Homeless, and Lessons for Happiness," *Social Indicators Research* 76 (2006): 185-05.

227 *Utah is much happier than its income suggests*: see P. J. Rentfrow, C. Mellander, and R. Florida, "Happy States of America: A State-Level Analysis of Psychological, Economic, and Social Well-Being," *Journal of Research in Personality* 43 (2009): 1073-2.

229 *The importance of what we care about*: H. Frankfurt, "The Importance of What We Care About," *Synthese* 53 (1982): 257-2.

229 *"On Bullshit"*: H. G. Frankfurt, On Bullshit (Princeton, NJ: Princeton University Press, 2005).

229 *"functional autonomy of motives"*: G. W. Allport, "The Functional Autonomy of Motives," *American Journal of Psychology* 50 (1937): 141-6.

230 *My solution was "prepared" Pavlovian conditioning*: M. E. P. Seligman and J. L. Hager, eds., Biological Boundaries of Learning (New York: Appleton-Century- Crofts, 1972).

230 *This is called the Garcia effect*: J. Garcia and R. A. Koelling, "Relation of Cue to Consequence in Avoidance Learning," *Psychonomic Science* 4 (1966): 123-4; J. Garcia, B. K. McGowan, F. R. Ervui, and R. A. Koelling, "Cues: Their Relative Effectiveness as a Function of the Reinforcer," *Science* 760 (1968): 794-5.

230 *the "sauce bearnaise" phenomenon*: M. E. P. Seligman and J. L. Hager, "Biological Boundaries of Learning: The Sauce-Bearnaise Syndrome," *Psychology Today* 6 (August 1972): 59-1, 84-7.

230 *specific fears run in families*: See for instance I. Skre, S. Onstad, S. Torgersen, D. R. Philos, S. Lygren, and E. Kringlen, "The Heritability of Common Phobic Fear: A Twin Study of a Clinical Sample," *Journal of Anxiety Disorders* 14 (2000): 549-2.

230 *identical twins are more concordant for depression [···] than fraternal twins*: P. F. Sullivan, M. C. Neale, and K. S. Kendler, "Genetic Epidemiology of Major Depression: Review and Meta-Analysis," *American Journal of Psychiatry* 157 (2000): 1552-2.

232 *experiences bring more well-being than material goods of the same price*: L. Van Boven and T. Gilovich, "To Do or to Have? That Is the Question," *Journal of Personality and Social Psychology* 85 (2003): 1193-202; L. Van Boven, "Experien- tialism, Materialism, and the Pursuit of Happiness," *Review of General Psychology* 9 (2005): 132-2.

233 *baseline statistics for other projects that resemble theirs*: D. Kahneman and D. Lovallo, "Timid Choices and Bold Forecasts: A Cognitive Perspective on Risk Taking," *Management Science* 39 (1993): 17-3; D. Lovallo and D. Kahneman, "Delusions of Success: How Optimism Undermines Executives' Decisions," *Harvard Business Review* 81 (2003): 56-3.

233 *"How Positive Thinking Destroyed the Economy"*: See Chapter 7 in B. Ehrenreich, *Bright-Sided: How the Relentless Promotion of Positive Thinking Has Undermined America* (New York: Holt, 2009).

234 *(George Soros [...] calls it "reflexive reality")*: G. Soros, The Age of Fallibility (Perseus, 2006).

236 *Sandra Murray [...] has done an extraordinary set of studies on good marriages*: For a review, see S. L. Murray, J. G. Holmes, and D. W. Griffin, "Reflections on the Self-Fulfilling Effects of Positive Illusions," *Psychological Inquiry* 14 (2003): 289-5. See also S. L. Murray, J. G. Holmes, D. Dolderman, and D. W. Griffin, "What the Motivated Mind Sees: Comparing Friends' Perspectives to Married Partners' Views of Each Other," *Journal of Experimental Social Psychology* 36 (2000): 600-20; S. L. Murray, J. G. Holmes, and D. W. Griffin, "The Self-Fulfilling Nature of Positive Illusions in Romantic Relationships: Love Is Not Blind, but Prescient," *Journal of Personality and Social Psychology* 71 (1996): 1155-0.

237 *"one damn thing after another"*: A. J. Toynbee, A Study of History (Oxford: Oxford University Press, 1961). The historian Arnold Toynbee is credited for having said that history is not "one damn thing after another," a thesis he defended in his classic A Study of History, a twelve-volume opus describing and analyzing the rise, development, and decay of more than twenty civilizations.

238 *Huppert and Timothy So surveyed forty-three thousand adults*: T. So and F. Huppert, *"What Percentage of People in Europe Are Flourishing and What Characterizes Them?* (July 23, 2009). Retrieved October 19, 2009, from www.isqols2009.istitutodeglinnocenti.it/Content_en/Huppert.pdf. See also E. Diener and W. Tov, "Well-Being on Planet Earth," Psychological Topics 18 (2009): 213-9; D. Bok, *The Politics of Happiness: What Government Can Learn from New Research on Well-Being* (Princeton, N.J.: Princeton University Press, 2009); C. Keyes, "Promoting and Protecting Mental Health as Flourishing," *American Psychologist* 62 (2007): 95-08.

239 *Notice that such criteria are not merely subjective*: The importance of correlating subjective measures with objective indicators is underscored by A. Oswald and S. Wu, "Objective Confirmation of Subjective Measures of Human Well-Being: Evidence from the U.S.A.," *Science 327* (2010): 576-8.

240 *how to weight income disparity within a nation*: M. Berg and R. Veenhoven, "Income Inequality and Happiness in 119 Nations," in *Social Policy and Happiness in Europe*, ed. Bent Greve (Cheltenham, UK: Edgar Elgar, 2010). This is an example in which political leanings and the data are at odds and are presently duking it out. The Left holds that wide income disparity is unjust and that taxing the very rich to reduce it ought to make people happier. It points to Denmark,

옮긴이 **우문식**

우문식 박사는 2003년 긍정심리학을 국내에 처음 도입했으며, 지난 20여 년간 오직 긍정심리학 연구와 확산에만 몰두하고 있다. 안양대 일반대학원에서 경영학(긍정심리) 박사학위를 받았고 안양대 교수를 역임하고, 현재 커넬대학교 상담학교수 겸 한국 캠퍼스 학장으로 재직 중이다. 저서로는 『긍정심리학의 행복』, 『행복 4.0』, 『만 3세부터 행복을 가르쳐라』, 『긍정심리학은 기회다』, 『긍정심리 팔마스 성격(인성) 강점 카드북』이 있으며, 옮긴 책으로는 『마틴 셀리그만의 긍정심리학』, 『마틴 셀리그만의 낙관성 학습』, 『긍정심리학 코칭 기술』, 『회복력의 7가지 기술』, 『베스트 인생목표 이루기』, 『아이의 행복 플로리시』, 『긍정심리학의 강점 특권』등이 있다. 논문으로는 박사학위 논문인 '긍정심리의 긍정정서와 성격강점이 조직성과에 미치는 영향'(2013) 외 긍정심리학과 행복을 주제로 한 5편이 있다. 2011년 한국긍정심리연구소를 개소해 긍정심리학을 기반으로 하는 행복, 인성, 긍정조직, 긍정문화, 긍정 리더십 프로그램과 척도 개발, 교육, 강의, 코칭, 컨설팅, 저술 활동을 하고 있다. 또한 세계적 강연매체인 TED에서 '긍정심리학의 행복은 과학이다'를 주제로 강연했으며, 그가 강의한 삼성경제연구소 세리프로의 '행복한 직장인 되기'는 2014년부터 2016년까지 거의 매월 베스트 1~5위 안에 들기도 했다. 현재 긍정심리학을 상담심리에 적용시키기 위해 심리상담센터와 심리상담 대학원에서 상담심리를 5년째 연구하고 있으며, 한국긍정심리연구소 소장, 한국긍정심리협회 CEO를 맡고 있다.

윤상윤

성신여자대학교 심리학과를 졸업하였으며, 성균관대학교 전문번역가 양성과정을 수료하였다. 인문, 아동, 실용서 등 다양한 분야들을 관심 있게 번역하고 있으며, 현재는 번역에이전시 엔터스코리아에서 출판기획 및 전문 번역가로 활동하고 있다. 주요 역서로는 《세상의 비밀을 푸는 열쇠 SYMBOLS》,《미룸: 달콤한 그러나 치명적인 습관》,《기회를 만드는 확률의 법칙》,《꿈꾸는 뇌의 비밀》,《돌고래에게 배운다》,《정상적으로 먹기의 규칙–출간예정》 등 다수가 있다.

긍정심리학 플로리시

초판 1쇄 인쇄   2011년 7월 7일
개정판 1쇄 발행   2020년 5월 1일

지은이   마틴 셀리그만
옮긴이   우문식 · 윤상윤
펴낸이   우문식
펴낸곳   도서출판 물푸레

등록번호   제 1072
등록일자   1994년 11월 11일

주소   경기도 안양시 동안구 시민대로 230, 아크로타워 D동 1251호
대표전화   (031) 453-3211
팩시밀리   (031) 458-0097
홈페이지   http://www.mulpure.com

ISBN 978-89-8110-336-1   13180
값 23,000원

■ 책에 관한 문의는 CEO kppsi.com으로 해주시기 바랍니다.